W0374945

So kannst du mit dem Buch arbeiten:

1 Blaue Aufgaben
behandeln alle wichtigen Inhalte eines Kapitels. Du solltest sie auf jeden Fall bearbeiten.

1 Grüne Aufgaben
sind etwas einfacher. Wenn du diese Aufgaben machst, fällt dir die Lösung der blauen Aufgaben leichter. Sie helfen dir zum Beispiel, einen Text erst einmal zu verstehen. Diese Aufgaben kannst du manchmal auch überspringen.

1 Rote Aufgaben
sind etwas schwieriger und manchmal ganz schön knifflig. Du kannst sie zusätzlich bearbeiten, um noch mehr zu einem Thema zu erfahren.

1 Wahlaufgaben
bieten zwei unterschiedliche Aufgaben zum selben Thema an. Hier kannst du selbst zwischen den grünen a und den roten b Aufgaben auswählen.

Die Glühbirne verweist auf einen **Tipp** unten auf der Seite.

Tipp
Ein **Tipp** gibt dir Hilfestellung, wenn du bei einer Aufgabe nicht weiterkommst. Versuche zunächst aber immer, eine Aufgabe selbstständig zu lösen.

Lernbox
In den **Lernboxen** findest du Regeln, grundlegendes Wissen und zentrale Methoden. Hier kannst du alles Wichtige zum Thema nachlesen und nachschlagen.

In diesem Kapitel ...
Kästen mit der Überschrift **„In diesem Kapitel ...“** stehen oft am Anfang eines Kapitels. Hier erfährst du, worum es in dem Kapitel geht und was du darin lernen kannst.

Texte mit diesem Symbol findest du im Internet als **Hörtexte**. Gib dazu folgende Internetadresse am Computer ein: *www.westermann.de/122567-hoerproben*

Dieses Symbol regt dich dazu an, ein **Portfolio** zu deinen Lernfortschritten anzulegen oder einen selbst geschriebenen Text in dein Portfolio aufzunehmen.

Auf Seiten mit diesem Symbol geht es um **Medienbildung**. Hier lernst du, digitale Medien kompetent zu nutzen und über deinen Umgang mit Medien nachzudenken.

Inhaltsverzeichnis

Schwerpunkt: Sprechen und Zuhören

OTEL

Schwerpunkt: Schreiben

Sprache untersuchen

Rechtschreiben

über Rechtschreibprobleme sprechen, Rechtschreibstrategien und Übungsmöglichkeiten zur Verbesserung der Rechtschreibung gezielt nutzen, Wörterbücher und Nachschlagewerke verwenden, lang und kurz gesprochene Vokale sowie Konsonanten unterscheiden, Wörter mit Doppelkonsonanten, Wörter mit silbentrennendem -h

Endungen und Wortbausteine erkennen und nutzen, Nomen an Signalwörtern erkennen, Endungen bestimmen, Nominalisierungen von Adjektiven und Nomen erkennen und richtig schreiben

auf rechtschriftliche Besonderheiten achten, Wörter am Zeilenende richtig trennen

Satzzeichen in unterschiedlichen Satzarten anwenden, Kommas in Aufzählungen, Satzreihen und Satzgefügen richtig setzen

Methoden

den eigenen Lernprozess bewusst planen und reflektieren, im Team kooperieren und Arbeitsergebnisse präsentieren, Feedback geben

Sachtexte erschließen, Notizen anfertigen und auswerten, diskontinuierliche Texte erschließen, Zitate formgerecht und zweckentsprechend in eigene Texte integrieren

unterschiedliche Informationsquellen nutzen, schriftliche und mündliche Anfragen stellen, im Internet gezielt nach Informationen suchen

Arbeitsergebnisse am Computer erstellen und aufbereiten, technische Hilfsmittel und Programme zielorientiert zur Präsentation nutzen

Wiederholen und Nachschlagen

eigene Fehlerschwerpunkte ermitteln und gezielt üben, selbstständig nachschlagen und Verantwortung für den eigenen Lernprozess übernehmen

Anhang

Entscheidungen für die Zukunft treffen

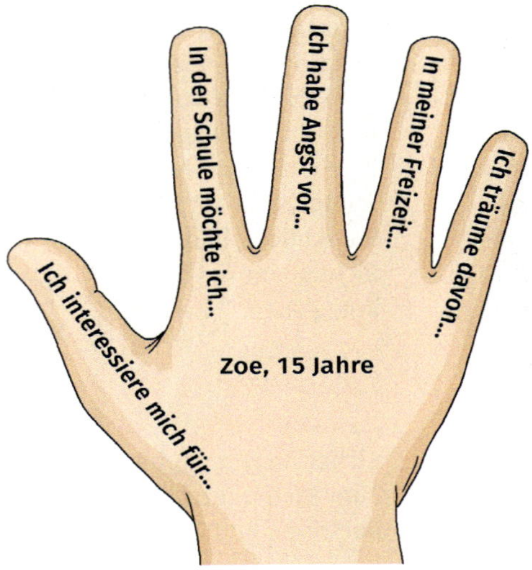

1 a) Worüber denkt das Mädchen nach? Sprecht zu zweit darüber.
b) Was würdet ihr zu dem Mädchen sagen, wenn es in eurer Klasse wäre? Notiert mindestens drei Sätze.
c) Sprecht in der Klasse über eure Ideen.

2 a) Betrachtet das Bild oben und besprecht zu zweit, was es mit dem Thema zu tun hat.
b) Überlegt gemeinsam, wann die nächsten wichtigen Entscheidungen in eurem Leben vermutlich anstehen. Welche sind das?
c) Tragt zusammen, welche Entscheidungen ihr in diesem Schuljahr treffen müsst. Sprecht darüber in der Klasse.

3 Sieh dir die Zeichnung an und erstelle eine eigene Version. Gehe dabei so vor:
a) Fahre auf einem leeren Blatt den Umriss deiner Hand nach oder nutze COPY 1.
b) Vervollständige die Sätze in den Fingern mit eigenen Ideen und Formulierungen.
c) Zeigt einander zu zweit eure Ergebnisse.
d) Präsentiert einige Sätze in der Klasse. Ihr könnt auch ein Ratespiel durchführen: Ein Spielleiter liest einzelne Sätze vor und die Gruppe rät, zu wem sie passen.

4 a) Erstellt zu zweit oder in einer Gruppe ein Cluster mit wichtigen Begriffen für eure private und/oder berufliche Zukunft.

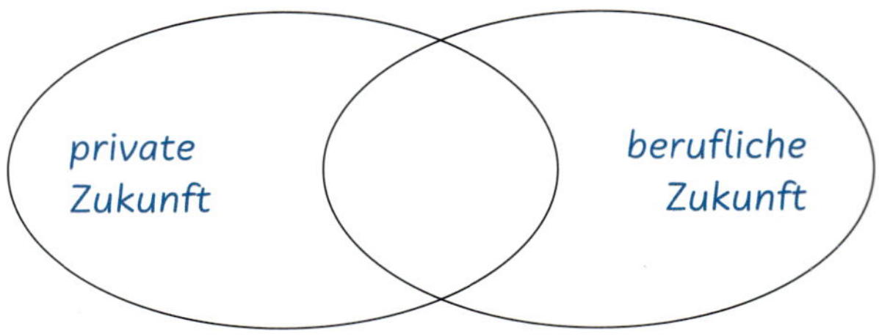

b) Wiederholt die Aufgabe am Beginn des zweiten Schulhalbjahres.

1.3 (1) sich konstruktiv an Gesprächen beteiligen und verbale und nonverbale Mittel versiert einsetzen · 1.3 (5) das eigene Lernverhalten im Hinblick auf die Abschlussprüfung reflektieren und sich dabei angemessene Ziele setzen

Mit den Erwartungen anderer umgehen

Junge
Die Ärzte

Junge, warum hast du nichts gelernt?
Guck dir den Dieter an, der hat sogar ein Auto!
Warum gehst du nicht zu Onkel Werner in die Werkstatt?
Der gibt dir 'ne Festanstellung – wenn du ihn darum bittest.
Junge ...

Und wie du wieder aussiehst – Löcher in der Hose, und ständig dieser Lärm!
Was sollen die Nachbarn sagen?
Und dann noch deine Haare, da fehlen mir die Worte – musst du die denn färben?
Was sollen die Nachbarn sagen?
Nie kommst du nach Hause, wir wissen nicht mehr weiter ...
[...]
Und du warst so ein süßes Kind.
Du warst so süß!

Und immer deine Freunde, ihr nehmt doch alle Drogen – und ständig dieser Lärm!
Was sollen die Nachbarn sagen?
Denk an deine Zukunft, denk an deine Eltern – willst du, dass wir sterben?

1 a) Lest den Text links oder hört euch das Lied gemeinsam an.
b) Besprecht zu zweit, ob ihr selbst schon eine ähnliche Situation erlebt habt.
c) Der Text enthält viele vorwurfsvolle Fragen. Formuliert zu zweit höfliche Antworten auf alle diese Fragen. Schreibt aus Sicht eines Jugendlichen in der 9. Klasse. Beispiel:
Junge, warum hast du nichts gelernt? – Ich habe noch nichts gelernt, weil ich leider noch keine Ausbildungsstelle gefunden habe.

2 Schreibt zu zweit eine positive Version des Liedes. Wählt dazu eine der Aufgaben.
a Schreibt einen fortlaufenden Text, in dem ihr alle Vorwürfe aus dem Lied in Ermutigungen verwandelt.
b Schreibt einen neuen Liedtext, der zum Rhythmus passt, und formuliert darin Ermutigungen für die Zukunft.

Tipp

zu 2) So könntet ihr beginnen:
Junge, es wird Zeit, dass du dich zeigst! Du brauchst den Dieter nicht – du hast bald selbst ein Auto! Mache dir erstmal bewusst, was du gern möchtest …

Selbstbewusst und höflich auftreten

1 Lies die Überschrift des Textes und überlege, worum es darin gehen könnte.

Die Lehrlingsprobe 1

Hans Bahrs

Zeugnisse waren gesichtet, die theoretischen und praktischen Kenntnisse und Fertigkeiten getestet. Ausbildungsleiter Meerwein hatte sich bis jetzt noch nicht gezeigt. Am letzten Nachmittag der Prüfung empfing er die Bewerber. Als es an Meerweins Büro klopfte, saß er am Schreibtisch und trank eine Tasse Kaffee. Auf ihr Klopfen bekamen die Jungen keine Antwort. Sie waren aber doch ausdrücklich bestellt worden. Ratlos blickten sie sich an und horchten. Stille! – Da fasste sich Franz Berner ein Herz: „Vielleicht hat er es nicht gehört. Ich klopfe noch einmal!“ Und er tat es. Darauf von drinnen ein Grollen. „Was hat er gesagt?“ Nun wurde auch Franz unsicher. – „Wahrscheinlich: Herein!“, erwiderte ein anderer. Da drückte Franz die Klinke. Die Jungen blieben auf der Schwelle stehen. „Unverschämte Bande! Habt ihr nicht gehört, dass ich nicht gestört werden will?“, donnerte es vom Schreibtisch her. „Na, wird's bald? Antwort!“ Franz trat vor: „Wir sind herbestellt worden. Entschuldigen Sie bitte, wir dachten, wir sollen hereinkommen.“ – „So? Das Warten habt ihr wohl noch nicht gelernt? – Raus und wartet ab! Ihr seht doch, dass ich beschäftigt bin!“ Nach einer ganzen Weile erst wurden sie vorgelassen. Da gab sich der Gewaltige schon menschlicher. „Habt ihr die Lehre von vorhin kapiert?“, fragte er auf einmal ganz unvermittelt. „Fühlt ihr euch von mir etwa ungerecht behandelt?“ Die Jungen wurden unsicher. Einer erwiderte: „Sie hatten natürlich Recht!“ Meister Meerwein blickte Franz an: „Und was meinst du dazu?“

2 a) Lest den Text oder hört ihn euch an. Besprecht zu zweit, ob sich eure Vermutungen aus Aufgabe 1 bestätigt haben.
b) Überlegt, wie es weitergehen könnte. Lest dann Teil 2 des Textes.

2

„Ich meine das nicht! Da wir Sie nicht verstanden hatten, glaubten wir, Sie hätten uns gerufen.“ – „Das dachtest du wohl, wie?“ – „Ja, das dachte ich.“ – „Mein Junge, merk dir eines: Überlass das Denken den Pferden, die haben einen größeren Kopf als du! Oder nicht?“ – „Nein, das Denken lasse ich mir nicht verbieten!“

3 a) Erläutere die Überschrift des Textes.
b) Besprecht zu zweit folgende Fragen:
- *Hat Franz richtig gehandelt?*
- *Welche Alternativen hatte er?*
- *Wie hättet ihr euch verhalten?*

c) Vermutet gemeinsam, wie es weitergeht.

4 Lest den Schluss und diskutiert in der Klasse:
- *Wie findet ihr das Ende des Textes?*
- *Woraufhin wurden die Lehrlinge getestet?*
- *Wie beurteilt ihr Herrn Meerweins Verhalten?*
- *Wie hat es Franz geschafft, höflich zu sein?*
- *Lohnt es sich immer, ehrlich zu sein?*

3

„Ihr anderen könnt gehen. Der ‚Denker' da bleibt noch einen Augenblick hier!“ Die Lehrlingsanwärter verschwanden. Kaum hatte sich die Tür geschlossen, da klopfte Herr Meerwein Franz kräftig auf die Schulter: „Gut, mein Junge! Bewahr dir deine Aufrichtigkeit und deine Zivilcourage[1]! Du wirst sie im Leben noch brauchen!“

[1] *Zivilcourage* = Eintreten für die eigenen Überzeugungen und für die Rechte Anderer

1.3 (5) das eigene Lernverhalten im Hinblick auf die Abschlussprüfung reflektieren und sich dabei angemessene Ziele setzen, Lernschritte planen und Lernerfolge erkennen · 2.1 (1) Lese- und Texterschließungstechniken eigenständig in komplexen kontinuierlichen und diskontinuierlichen Texten anwenden

Die richtigen Worte finden

1 Betrachte das Bild oben und lies die Überschrift des Gedichtes. Besprecht zu zweit, worum es in dem Gedicht gehen könnte.

2 a) Lies das Gedicht auf der rechten Seite zunächst still durch.
b) Trage es dann einem Partner/einer Partnerin vor. Klärt unbekannte Wörter.

3 a) Fasst zu zweit den Inhalt des Gedichtes in zwei Sätzen zusammen. Beginnt so: *In dem Gedicht … von … geht es um …*
b) Untersucht die Form des Gedichtes (Reim, Verse, Strophen).
c) Was vermutet ihr: Aus welcher Zeit stammt das Gedicht? Begründet eure Vermutung.

4 Recherchiert, wer Friedrich Schiller war und wann er gelebt hat. Erstellt einen Steckbrief.

5 a) Schreibe das Gedicht ab und lasse bei den markierten Stellen (A, B, C ...) je eine Zeile frei. Du kannst auch COPY 2 nutzen.
b) Erweitere das Gedicht: Füge an mindestens drei Stellen Hoffnungen ein, die Jugendliche heute formulieren könnten.
c) Besprecht eure Ideen zu zweit.
d) Präsentiert die Gedichte in der Klasse. Tragt sie dafür zu zweit abwechselnd vor.

Hoffnung
Friedrich Schiller

Es reden und träumen die Menschen viel
Von bessern künftigen Tagen,
A
Nach einem glücklichen goldenen Ziel
Sieht man sie rennen und jagen;
B
Die Welt wird alt und wird wieder jung,
Doch der Mensch hofft immer Verbesserung.

Die Hoffnung führt ihn ins Leben ein,
Sie umflattert den fröhlichen Knaben,
C
Den Jüngling locket ihr Zauberschein,
Sie wird mit dem Greis nicht begraben.
D
Denn beschließt er im Grabe den müden Lauf,
Noch am Grabe pflanzt er – die Hoffnung auf.

Es ist kein leerer schmeichelnder Wahn,
Erzeugt im Gehirne des Toren,
E
Im Herzen kündigt es laut sich an.
Zu was Besserm sind wir geboren!
F
Und was die innere Stimme spricht,
Das täuscht die hoffende Seele nicht.

Tipp

zu 5 b) Mögliche Formulierungen:
- *ein gut bezahlter Beruf*
- *eine gesunde und liebevolle Familie*
- *ein guter Schulabschluss*
- *Freude an der Arbeit zu jeder Zeit*
- *eine hochwertige Ausbildung*

Über Arbeit nachdenken

so der Lohn. | Ohne Fleiß | Wie die Arbeit, | Erst die Arbeit, | aller Laster Anfang. | bringt Segen. | Müßiggang ist | kein Preis. | keine Herrenjahre. | Lehrjahre sind | dann das Vergnügen. | Sich regen

1 Lies die Satzbausteine im Kasten und füge sie zu bekannten Redensarten zusammen. Lege eine Tabelle an oder nutze COPY 3. Schreibe die Redensarten in die linke Spalte.

Redensart	Bedeutung
Wie die Arbeit, …	*XXX*

2 a) Notiere in der rechten Spalte jeweils die Bedeutung der Redensarten. Ordne zu:
A) Bevor jemand sich ausruhen kann, muss er erst einmal arbeiten.
B) Arbeit ist nicht alles, aber sehr wichtig.
C) Wer faul ist, kommt leicht auf dumme Ideen.
D) Wer nicht arbeitet, kann sich nichts leisten.
E) Wer gut arbeitet, erhält einen guten Lohn.
F) Wer arbeitet, kann sich etwas leisten.

b) Kennst du noch weitere Redensarten zum Thema „Arbeit“? Ergänze die Tabelle. Du kannst auch im Internet recherchieren.

3 Wähle eine Redensart aus und erkläre sie einem Partner, ohne ein Wort daraus zu verwenden. Dein Partner muss die Redensart erraten. Tauscht anschließend die Rollen.

4 a) Betrachte die Fotos. Zu welcher Redensart aus dem Kasten passen die Bilder?
b) Welche Redensart gefällt dir am besten? Welche enthält eine Aussage, die du wichtig findest? Sprecht zu zweit darüber.

5 Bearbeitet zu zweit eine der Aufgaben.

a Verändert mindestens drei Redensarten so, dass eine gegenteilige Aussage entsteht. Welche Aussage trifft dann eher zu: Die alte oder die neue? Beispiel:
Müßiggang ist aller Laster Anfang.
→ Auf dem Sofa habe ich die besten Ideen.

b Stellt mindestens eine Redensart in einer Pantomime dar. Eure Mitschüler/-innen müssen dann raten, welche gemeint ist.

1.3 (5) das eigene Lernverhalten im Hinblick auf die Abschlussprüfung reflektieren und sich dabei angemessene Ziele setzen, Lernschritte planen und Lernerfolge erkennen · 4.1 (5) die Wirkung weiterer rhetorischer Formen des Sprachgebrauchs beschreiben, um Kommunikationsabsichten zu verstehen und sich selbst angemessen zu verständigen

Über Freizeit sprechen

1 a) Notiere in einer Liste alle Aktivitäten, die du selbst in deiner Freizeit machst.
b) Gehe mit deiner Liste in der Klasse herum und frage deine Mitschüler/-innen, welche Aktivitäten sie auch aufgeschrieben haben. Erstelle bei dieser Umfrage eine Strichliste.
c) Trefft euch in einer Gruppe und fertigt ein Diagramm mit den beliebtesten Freizeitaktivitäten der Klasse an (→ S. 95).
d) Präsentiert eure Ergebnisse. Sprecht darüber, wann ihr die Aktivitäten ausübt und wie ihr sie in euren Tagesplan integriert.

2 a) Was würdest du gern in deiner Freizeit unternehmen, das in deiner Umgebung aber nicht angeboten wird? Sprecht zu zweit darüber.
b) Sammelt mögliche Gründe, warum ihr manchmal etwas machen möchtet, es dann aber doch nicht tut.
c) Besprecht eure Überlegungen und mögliche Lösungen in der Klasse.

3 a) Welche deiner Freizeitaktivitäten kann dir im Beruf oder bei der Berufswahl helfen? Sprecht zu zweit darüber.
b) Tauscht euch auch darüber aus, wie sich euer Freizeitverhalten im Laufe der letzten Jahre verändert hat.
c) Sprecht darüber in der Klasse.

4 a) Stelle dir vor, du wirst auf einer einsamen Insel ausgesetzt. Welche drei Dinge würdest du mitnehmen? Notiere.
b) Trefft euch in einer Kleingruppe und einigt euch auf fünf Dinge, die ihr zusammen mitnehmen würdet.
c) Besprecht in der Gruppe, welche Bedeutung diese Dinge für euer Leben haben.
d) Sprecht darüber in der Klasse: Könnt ihr euch gemeinsam auf fünf Gegenstände einigen?

1.3 (1) sich konstruktiv an Gesprächen beteiligen und verbale und nonverbale Mittel versiert einsetzen · 1.3 (5) das eigene Lernverhalten im Hinblick auf die Abschlussprüfung reflektieren und sich dabei angemessene Ziele setzen, Lernschritte planen und Lernerfolge erkennen

Sich über den Quali informieren

Die Quali-Prüfungen rücken näher und die Menge an Terminen und Lerninhalten kann ganz schön überwältigend sein. Ein guter Überblick über deine Aufgaben und Termine ist daher besonders wichtig!

1 a) Sprecht in der Klasse über folgende Fragen und stellt die Ergebnisse in einer Tabelle, wie im Beispiel unten, übersichtlich dar:

A) Welche schriftlichen Prüfungen muss jeder ablegen?
B) Zwischen welchen Prüfungsfächern kannst du wählen?
C) In welchen Fächern finden praktische oder mündliche Prüfungen statt?
D) Wann sind die Termine der praktischen bzw. mündlichen Prüfungen?

b) Gestaltet ein Plakat zur Übersicht für das Klassenzimmer. Ergänzt das Plakat, sobald neue Termine hinzukommen.

2 Welche Themen und Inhalte kommen im Fach Deutsch im Quali auf dich zu?
a) Sammelt stichpunktartig Ideen.
b) Vergleicht mit dem Fahrplan auf Seite 17.

3 In welchen Bereichen, die im Quali vorkommen, fühlst du dich schon sicher? Lege mithilfe des Fahrplans auf Seite 17 eine Tabelle an oder nutze COPY 4.

Tipp

zu 3)
Darüber solltest du dir frühzeitig Gedanken machen:

1 Welche Prüfungsfächer wähle ich?
2 Für welche Prüfungen muss ich besonders viel lernen?
3 Lerne ich besser alleine oder zu zweit? Könnte eine Lerngruppe etwas für mich sein?
4 Wie kann ich meine Termine übersichtlich festhalten?

	Fach	Art der Prüfung			Termine
		schriftlich	mündlich	praktisch	
Pflicht	Deutsch Mathematik ...	*XXX*	*XXX*	*XXX*	*XXX*
Wahl	Englisch ...	*XXX*	*XXX*	*XXX*	*XXX*

1.3 (5) das eigene Lernverhalten im Hinblick auf die Abschlussprüfung reflektieren und sich dabei angemessene Ziele setzen, Lernschritte planen und Lernerfolge erkennen

Fahrplan – fit für den Quali im Fach Deutsch

1 Zuhören

- Hörtexten globale Informationen entnehmen → S. 32 – 37
- Detaillierte Fragen zu Hörtexten beantworten → S. 32 – 37
- Sich Notizen machen → S. 274 – 277

2 Sprachgebrauch (Sprachbetrachtung und Rechtschreiben)

- Wortarten erkennen und benennen → S. 204 – 209
- Verben in den verschiedenen Zeitformen → S. 210
- Satzarten erkennen und verändern → S. 215 – 216
- Satzglieder bestimmen → S. 214
- Direkte und indirekte Rede → S. 211 – 212
- Fachbegriffe / Fremdwörter verstehen → S. 232 – 235
- Redensarten / Sprichwörter erschließen → S. 14
- Rechtschreibstrategien kennen und anwenden → S. 236 – 247
- Groß- und Kleinschreibung → S. 248 – 250
- Wörter richtig schreiben und trennen → S. 252 – 258
- Zeichensetzung → S. 259 – 262

3 Lesen und Schreiben

- Texte und ihre Kernaussage zusammenfassen → S. 192 – 203
- Sprachliche Mittel kennen und erklären → S. 284 – 285
- Die eigene Meinung begründen → S. 182
- Sich in literarische Figuren hineinfühlen und ihre Gefühle beschreiben → S. 117
- Stellung zu einem Thema nehmen → S. 180 – 191
- Reimschema, Rhythmus und Form von Gedichten kennen → S. 98 – 109
- Eine Gedichtbeschreibung verfassen → S. 98 – 109
- Inhalte eines Textes zusammenfassen → S. 88 – 97
- Karikaturen beschreiben und interpretieren → S. 282 – 283
- Schaubilder auswerten → S. 280 – 281
- Wörter aus dem Zusammenhang erschließen → S. 278
- Aussagen mit Textstellen belegen und richtig zitieren → S. 286 – 287
- Einen Aufruf / Appell formulieren → S. 183

1.3 (5) das eigene Lernverhalten im Hinblick auf die Abschlussprüfung reflektieren und sich dabei angemessene Ziele setzen, Lernschritte planen und Lernerfolge erkennen

Einen Arbeitsplan erstellen

1 a) Verschaffe dir einen Überblick über das, was du für den Quali lernen musst. Nimm dazu die Inhaltsverzeichnisse deiner Schulbücher zur Hilfe.
b) Lege am Computer eine Tabelle mit deinen Prüfungsfächern an.
c) Trage die Lerninhalte in die Spalten ein.
d) Markiere farbig, was du bereits kannst.

Prüfungsfach	Das muss ich können!
Mathematik	• *Bruchrechnen* • *Prozentrechnen* • *Flächenberechnung* • …
Deutsch	• *Einen Sachtext bearbeiten* • *Satzglieder bestimmen* • …
Wirtschaft und Beruf	• *Berufsausbildungsvertrag* • …
…	• …

2 Um alle Termine im Blick zu haben, solltet ihr sie frühzeitig in einen Kalender eintragen.
a) Betrachtet den Kalender rechts und besprecht zu zweit, was er beinhaltet.
b) Ist es sinnvoll, auch private Termine in den Kalender einzutragen? Diskutiert darüber in der Klasse.
c) Trage deine feststehenden Termine in deinen Kalender (→ COPY 5) oder in eine geeignete App ein. Besprich deine Termine auch mit deinen Eltern.

	März	April	Mai	Juni	Juli
1				*Fahrstd.*	
2	*Stoff-übersicht erstellen*	*Training*			*mündliche Prüfung*
3					
4			*Fußball*		
5		*Spiel*			
6					
7				*Mofa-Führerschein*	
8					
9		*Training*	*Training*		
10	*Wochenplan beginnen*	*Osterferien*			
11			*Spiel*		
12				*praktische Prüfung*	
13					
14			*Fahrstd.*		
15					
16			*Training*		
17					
18			*Spiel*		
19					
20	*Abschlussfahrt*			*praktische Prüfung*	
21					
22					
23			*Training*		
24			*Pfingstferien*		
25					
26					
27				*Qu E*	
28	*Spiel*			*Qu D*	
29		*Besuch Oma*		*Qu M*	
30				*Qu WIB*	
31				*Qu NT*	

1.3 (5) das eigene Lernverhalten im Hinblick auf die Abschlussprüfung reflektieren und sich dabei angemessene Ziele setzen, Lernschritte planen und Lernerfolge erkennen

3 Wenn du mit dem Lernen beginnst, empfiehlt es sich, einen konkreteren Wochenplan (siehe Beispiel unten) zu erstellen, in dem du genau festhältst, was du dir für die jeweilige Woche vornimmst.

a) Lies die *Lernbox*.

b) Seht euch den Wochenplan unten an und überlegt zu zweit, welche Tipps aus Punkt 2 der *Lernbox* beachtet wurden.

4 Wie sieht eine Woche bei dir aus? Erstelle einen Wochenplan für deine aktuelle Woche. Lies dazu noch einmal die Punkte 2 und 3 der *Lernbox*.

Lernbox

Die Vorbereitung auf den Quali organisieren

1 Benutze einen Terminplaner:
- Trage **alle** wichtigen Termine ein (Probearbeiten, Klassenfahrt, ...).
- Aktualisiere deinen Kalender, sobald sich Termine verschieben.

2 Erstelle regelmäßig einen Wochenplan:
- Trage aktuelle Termine (Hausaufgaben, Treffen mit Lerngruppen, Training etc.) ein.
- Verteile deine Termine und Aufgaben gleichmäßig.
- Denke auch an Unterrichtszeiten und an deine Freizeitaktivitäten.

3 Nimm dir nicht zu viel vor:
- Teile deinen Lernstoff in kleine Portionen ein.
- Wiederhole Lerneinheiten regelmäßig.
- Gönne dir Pausen.

Woche vom XX. bis XX.XX.20XX

<table>
<tr><th></th><th>Montag</th><th>Dienstag</th><th>Mittwoch</th><th>Donnerstag</th><th>Freitag</th><th>Samstag</th><th>Sonntag</th></tr>
<tr><td>Vormittags</td><td colspan="5">Unterricht</td><td>Training</td><td></td></tr>
<tr><td rowspan="2">Nach-mittags</td><td>HA</td><td rowspan="2">Training</td><td>Lerngruppe E</td><td>WiB Duales System</td><td>M Bruch-rechnen</td><td rowspan="2">E Grammatik</td><td rowspan="2">E Vokabel-training</td></tr>
<tr><td>M. Prozentr.</td><td>HA</td><td>E Vokabeltraining</td><td>HA</td></tr>
<tr><td rowspan="2">Abends</td><td rowspan="2">WiB Ausbil-dungsver-trag</td><td>HA</td><td rowspan="2">D Sachtexte</td><td rowspan="2">Treffen mit Freunden</td><td rowspan="2"></td><td rowspan="2">Geburts-tagsparty</td><td rowspan="2">Kino</td></tr>
<tr><td>M Prozentr.</td></tr>
</table>

1.3 (5) das eigene Lernverhalten im Hinblick auf die Abschlussprüfung reflektieren und sich dabei angemessene Ziele setzen, Lernschritte planen und Lernerfolge erkennen

Eigene Stärken und Schwächen erkennen

1 a) Betrachte den Cartoon rechts und erkläre das Problem der rechten Ameise.
b) Notiere spontan mindestens fünf deiner Stärken auf einem Blatt Papier.
c) Tauscht euch zu zweit über eure Notizen aus.
d) Besprecht in der Klasse, ob es euch schwergefallen ist, eure Stärken zu formulieren.

2 a) Erkläre, was mit der folgenden Aussage gemeint ist:
„Jeder kann etwas – niemand kann alles."
b) Warum ist diese Aussage in Bezug auf deine Prüfungsvorbereitung hilfreich? Sprecht in der Klasse darüber.

3 a) Markiert im Klassenzimmer eine Meinungslinie.
b) Beziehe auf der Meinungslinie Stellung zu den folgenden Aussagen (A–E).
A) Ich arbeite besonders gut im Team.
B) Ich ergreife in Gruppenarbeiten gerne die Initiative.
C) Ich bin gut darin, anderen bei schwierigen Aufgaben zu helfen.
D) Ich kann Streitigkeiten schlichten.
E) Mir fällt es leicht, Informationen übersichtlich zusammenzufassen.
c) Begründe deinen Standpunkt in der Klasse.

4 a) Klebt euch gegenseitig Zettel mit Kreppband auf den Rücken.
b) Geht dann im Klassenzimmer umher und schreibt möglichst vielen Mitschülerinnen und Mitschülern eine ihrer positiven Eigenschaften auf den Zettel auf ihrem Rücken.
c) Hängt euren Zettel zu Hause an einem gut sichtbaren Platz auf. So könnt ihr ihn immer wieder lesen, wenn euch einmal Selbstzweifel überkommen.

Tipp

zu 4 a)
Besonders gut eignet sich DIN-A5-Tonpapier in einer hellen Farbe.

1.3 (5) das eigene Lernverhalten im Hinblick auf die Abschlussprüfung reflektieren und sich dabei angemessene Ziele setzen, Lernschritte planen und Lernerfolge erkennen

Verschiedene Lernwege kennenlernen

1

2

3

1 a) Betrachte die Bilder (1–3) und erkläre, was die Jugendlichen jeweils tun.
b) Überlegt zu zweit, auf welche Weise ihr die Eigenschaften eines Oktaeders erarbeiten würdet.
c) Ordnet die verschiedenen Wege des Lernens in der *Lernbox* den Jugendlichen auf den Bildern zu.
d) Tauscht euch in der Klasse darüber aus, auf welche Weise ihr selbst am besten lernt.

2 Für deine Prüfungsfächer bieten sich wahrscheinlich unterschiedliche Lernwege an.
a) Notiere kurz, welche Lernwege du für welches Fach geeignet findest.
b) Tauscht euch in der Klasse über eure Meinungen aus.

Lernbox

Einen geeigneten Lernweg finden

Oft hängt es vom Lernstoff ab, welcher Lernweg sich anbietet. Besonders gut und nachhaltig lernst du, wenn du verschiedene Lernwege kombinierst.

1 **Lernen durch Hören** (auditives Lernen): Du nimmst Informationen auf, indem du sie hörst.
Tipps für das Lernen: *Selbstgespräche führen, Audioaufnahmen anhören*
Tabu: *Nebengeräusche, Musik*

2 **Lernen durch Sehen** (visuelles Lernen): Du merkst dir Dinge, indem du sie anschaust.
Tipps für das Lernen: *im Unterricht mitschreiben, beim Lesen Notizen machen, Skizzen und Schaubilder anfertigen*
Tabu: *Unordnung am Arbeitsplatz*

3 **Lernen durch Tun** (haptischer Lernweg): Du lernst, indem du aktiv handelst und etwas tust.
Tipps für das Lernen: *Lernmaterial zum Anfassen nutzen, Rollenspiele spielen, Versuche durchführen*
Tabu: *langes Sitzen ohne Bewegung*

4 **Lernen im Gespräch** (kommunikativer Lernweg): Du lernst, indem du dich mit anderen über ein Thema austauschst.
Tipps für das Lernen: *Lerngruppen bilden, diskutieren*
Tabu: *ungerechte Aufteilung der Arbeit*

1.3 (5) das eigene Lernverhalten im Hinblick auf die Abschlussprüfung reflektieren und sich dabei angemessene Ziele setzen, Lernschritte planen und Lernerfolge erkennen

Den passenden Lernweg für sich finden

1 a) Betrachte die Lernkarten zur Prüfungsvorbereitung rechts. Findest du sie hilfreich? Begründe deine Meinung.
b) Überlegt zu zweit, wie man Lernkarten noch gestalten könnte. Lest dann die *Lernbox*.
c) Entwerft ein bis zwei Lernkarten zum Thema „Sprachliche Bilder" so, wie sie für euch zum Lernen hilfreich wären.

2 Entscheide dich für eine der folgenden Aufgaben.
a Lies den Text auf Seite 89. Notiere dir fünf Fremdwörter, schlage sie nach und erstelle Lernkarten dazu.
b Lies die Seiten 236–247. Erstelle fünf Lernkarten zum Thema „Rechtschreibstrategien".

3 a) Stellt eure Lernkarten in der Klasse aus und legt neben jedes Lernkarten-Set zwei Blockblätter.
b) Geht in der Klasse umher und betrachtet die Lernkarten eurer Mitschülerinnen und Mitschüler. Notiert jeweils auf einem Blockblatt, was ihr gut findet, auf dem anderen Tipps zur Verbesserung.

4 a) Tauscht euch in der Klasse darüber aus, welche Vor- und Nachteile das Erstellen von Lernkarten hat.
b) Für welche Inhalte eignet sich das Erstellen von Lernkarten besonders gut, für welche weniger?

Lernbox

Lernkarten erstellen und verwenden

1 Verwende für deine Lernkarten am besten **Karteikarten**. Je nach Thema kannst du unterschiedliche Karteikartengrößen wählen.
2 Auf der **Vorderseite** der Karte notierst du einen **Begriff** oder eine **Frage**, z. B. *Merkmale einer Ballade* oder *Wie frage ich nach den Satzgliedern?*
3 Auf der **Rückseite** hältst du die **Erklärung** oder **Antwort** fest. Das kann z. B. ein **Bild**, eine **Definition**, ein **Beispiel** oder ein **Synonym** sein.

1.3 (5) das eigene Lernverhalten im Hinblick auf die Abschlussprüfung reflektieren und sich dabei angemessene Ziele setzen, Lernschritte planen und Lernerfolge erkennen

Deutsche Bundeskanzler/-innen seit 1949
1. Konrad Adenauer (CDU, 1949 – 1963)
2. Ludwig Erhard (CDU, 1963 – 1966)
3. Kurt Georg Kiesinger (CDU, 1966 – 1969)
4. Willy Brandt (SPD, 1969 – 1974)
5. Helmut Schmidt (SPD, 1974 – 1982)
6. Helmut Kohl (CDU, 1982 – 1998)
7. Gerhard Schröder (SPD, 1998 – 2005)
8. Angela Merkel (CDU, seit 2005)

5 a) Lest die Namen, Parteien und Amtszeiten der deutschen Bundeskanzler/-innen seit 1949 auf dem Zettel oben.
b) Überlegt zu zweit, wie man sich die Liste am besten einprägen könnte.
c) Lies die *Lernbox* unten links. Wähle eine Methode zum Auswendiglernen und probiere sie mit der Liste aus.
d) Überprüft zu zweit, ob ihr alles behalten habt, indem ihr euch gegenseitig abfragt.
e) Tauscht euch darüber aus, welche Methode zum Auswendiglernen ihr jeweils angewandt habt.

6 Besprecht in der Klasse, für welche Lerninhalte der Quali-Prüfungen das Auswendiglernen sinnvoll ist.

Lernbox

Etwas auswendig lernen

Folgende Tipps helfen dir beim Auswendiglernen:
1 mehrfaches lautes Lesen,
2 mehrfaches Aufschreiben,
3 das Aufnehmen einer Audiodatei, die du dir mehrfach anhörst,
4 das Erstellen eines Clusters, eines „Spickzettels" oder eines Bildes,
5 Bewegung beim Lernen.

7 a) Betrachtet das Bild oben und tauscht euch zu zweit darüber aus, ob euch die dargestellte Situation bekannt vorkommt.
b) Sammelt Ideen, was die Schülerinnen und Schüler tun können, damit das Lernen in der Gruppe besser funktioniert. Hinweise dazu findet ihr in der *Lernbox* unten rechts.
c) Notiert Vor- und Nachteile von Lerngruppen.

8 a) Bildet Lerngruppen und legt fest, welches Prüfungsthema ihr gemeinsam erarbeiten wollt.
b) Beachtet die Tipps in der *Lernbox*.

Lernbox

Lernen in der Gruppe

1 Bildet feste Lerngruppen von drei bis fünf Personen.
2 Legt gemeinsam ein Thema fest.
3 Verteilt die Inhalte gleichmäßig und mit genauen Aufträgen.
4 Trefft euch regelmäßig in kurzen Abständen.
5 Erledigt zuverlässig eure Aufgaben bis zum gesetzten Termin.
6 Besprecht bei euren Treffen auch, was euch noch schwerfällt, und gebt einander Tipps.

1.3 (5) das eigene Lernverhalten im Hinblick auf die Abschlussprüfung reflektieren und sich dabei angemessene Ziele setzen, Lernschritte planen und Lernerfolge erkennen

Missverständnisse erklären und vermeiden

1 a) Sieh dir die Situationen 1 und 2 an und lies die Dialoge.
b) Überlege, was in der Kommunikation jeweils schiefläuft. Warum werden die Jugendlichen sauer?
c) Besprecht zu zweit eure Überlegungen.

2 a) Lies die *Lernbox* auf Seite 25.
b) Arbeitet zu zweit und erklärt euch gegenseitig das Kommunikationsmodell.
c) Seht euch erneut die Situationen 1 und 2 an. Erklärt sie mit dem „Vier-Ohren-Modell".

3 a) Sieh dir die Situation 3 auf Seite 25 oben an. Lies auch den Text.
b) Arbeitet zu zweit. Besprecht, wie die Aussage „Es ist grün" gemeint sein kann. Überlegt auch, wie Sarah auf Timos Aussage reagieren könnte.
c) Besprecht eure Ergebnisse in der Klasse.

1.1 (3) verbale und nonverbale Äußerungen analysieren (z. B. Stimmführung, Körpersprache) · 1.3 (3) den eigenen Standpunkt begründet, nachvollziehbar und differenziert darstellen und ggf. verändern. Die passende Sprachebene versiert wählen (z. B. Dialekt, Standardsprache, Fachsprache) und Inhalts- und Beziehungsebene nach einem Kommunikationsmodell berücksichtigen

4 a) Notiere weitere Situationen, in denen ein Missverständnis entstehen kann.
b) Bildet Kleingruppen, sucht euch eine der Situationen aus und spielt sie in einem Rollenspiel durch.
c) Überlegt gemeinsam und notiert:
- *Gründe, warum aus einer ganz normalen Situation ein Streit entstehen kann.*
- *Ideen, wie man die Situationen lösen und Missverständnisse vermeiden könnte.*

d) Besprecht eure Ergebnisse in der Klasse und klärt gemeinsam offene Fragen.

Sachebene: Die Ampel hat auf Grün geschaltet.
Selbstoffenbarung: Timo hat es eilig.
Beziehungsebene: Timo ist von Sarah genervt.
Appell: Timo will, dass Sarah endlich losfährt.

Lernbox

Die vier Seiten einer Botschaft – ein Kommunikationsmodell

Wie funktioniert Kommunikation? Und warum entstehen häufig Missverständnisse, wenn wir miteinander reden? Darauf gibt das „Vier-Ohren-Modell" eine Antwort. Es wurde 1981 von dem Psychologen und Kommunikationswissenschaftler Friedemann Schulz von Thun entwickelt.

Das **Vier-Ohren-Modell** besagt, dass jede Botschaft vier Seiten hat und auf verschiedene Weisen verstanden werden kann. Wenn der Sender seine Aussage anders gemeint hat, als sie der Empfänger versteht, kommt es zu Missverständnissen. Dies zeigt das folgende Schaubild.

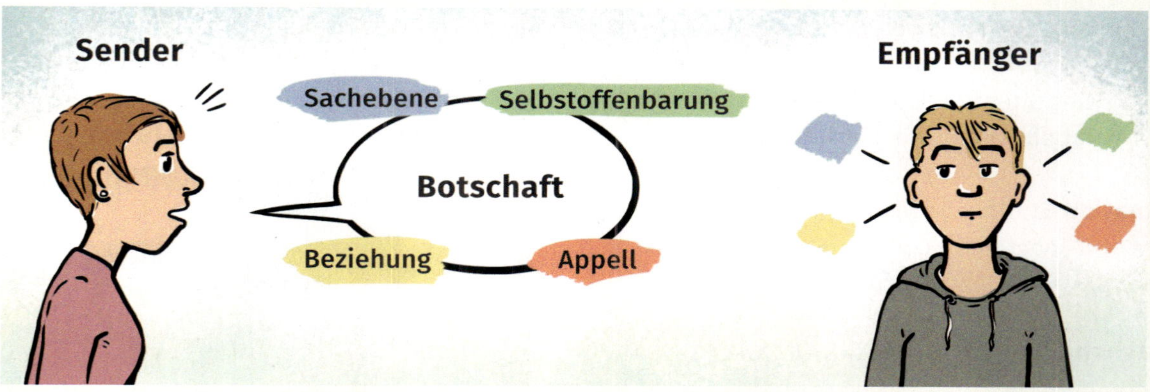

So kann man beschreiben, was der Sender mit den vier Seiten seiner Botschaft jeweils ausdrückt:

Sachebene	= die reine Information (das, worüber ich mit dir rede)
Selbstoffenbarung	= was ich fühle oder denke (das, was ich von mir erzähle)
Beziehung	= wie ich zu dir stehe (das, was ich über dich denke)
Appell	= was ich von dir möchte (das, was du tun/lassen sollst)

1.1 (3) verbale und nonverbale Äußerungen analysieren (z. B. Stimmführung, Körpersprache) · 1.3 (3) den eigenen Standpunkt begründet, nachvollziehbar und differenziert darstellen und ggf. verändern. Die passende Sprachebene versiert wählen (z. B. Dialekt, Standardsprache, Fachsprache) und Inhalts- und Beziehungsebene nach einem Kommunikationsmodell berücksichtigen

Aussagen richtig verstehen

1 a) Lies Situation 4 unten und untersuche sie mit dem „Vier-Ohren-Modell“ (→ S. 25).
b) Schreibe die Aussagen A – D ab und ordne sie den Ebenen links zu.

Situation 4: *Du kommst fünf Minuten nach dem Unterrichtsbeginn ins Klassenzimmer. Herr Müller: „Du bist schon wieder zu spät!“*

Sachebene		**A.** *Komm bitte zukünftig pünktlich!*
Selbstoffenbarung		**B.** *Du bist zu spät.*
Appell	**?**	**C.** *Wir können nur gut zusammenarbeiten, wenn du dich an die Regeln hältst.*
Beziehungsebene		**D.** *Mir ist es wichtig, dass du nichts verpasst.*

c) Vergleicht zu zweit eure Ergebnisse.

2 a) Lies Situation 5 und notiere, wie du die Tabelle ergänzen würdest.

Situation 5: *Tobi und Richie sitzen zusammen im Auto. Tobi fährt 70 km/h. Richie sagt: „Hier darf man 120 km/h fahren!“*

Sachebene	*XXXXXXXXXXXX*
Selbstoffenbarung	Richie hat es eilig.
Appell	*XXXXXXXXXXXX*
Beziehungsebene	Richie ist von Tobi genervt, weil er so langsam fährt.

b) Besprecht zu zweit eure Notizen.

3 a) Lies die Situationen A – F. Suche dir zwei aus, um sie genauer zu untersuchen.
A) Der Chef zum Angestellten: „Sie kommen immer als Erster ins Büro.“
B) Ein Kollege zum anderen: „Die Arbeit muss neu verteilt werden.“
C) Der Mann zu seiner Freundin: „Ich war lange nicht mit meinen Kumpels unterwegs.“
D) Die Mutter zur Tochter: „Zu meiner Zeit wurden Kinder nicht so verwöhnt.“
E) Die Mutter verlässt kopfschüttelnd das unordentliche Zimmer der Tochter.
F) Der Junge zu seiner Freundin: „Man sieht gar nicht, dass du geschminkt bist.“
b) Lege eine Tabelle wie in Aufgabe 2 an oder nutze COPY 6. Notiere jeweils die vier Seiten der Botschaften.
c) Präsentiert euch zu zweit eure Ergebnisse. Gebt einander Tipps zur Verbesserung.
d) Tauscht euch in der Klasse darüber aus.

4 a) Lies das Zitat von Charlie Chaplin.
b) Überlegt zu zweit, worin hier jeweils die *Sachebene*, der *Appell* und die *Selbstoffenbarung* bestehen könnte.

1.1 (3) verbale und nonverbale Äußerungen analysieren (z. B. Stimmführung, Körpersprache) · 1.3 (3) den eigenen Standpunkt begründet, nachvollziehbar und differenziert darstellen und ggf. verändern. Die passende Sprachebene versiert wählen (z. B. Dialekt, Standardsprache, Fachsprache) und Inhalts- und Beziehungsebene nach einem Kommunikationsmodell berücksichtigen

Den richtigen Ton treffen

Till spricht mit seiner Schwester Klara:

1 a) Seht euch zu zweit die Situation oben an und spielt sie nach. Wiederholt sie mehrfach und verändert dabei den Tonfall. Sprecht zum Beispiel *wütend* oder *besorgt*.
b) Besprecht, wie sich die Situation durch den Tonfall verändert.

2 a) Überlegt gemeinsam, wie Klara jeweils reagieren könnte.
b) Spielt die Situation erneut und baut Klaras Reaktion mit ein.

3 a) Ergänzt gemeinsam die Tabelle (→ COPY 7).

Tills Tonfall ist wütend	
Sachebene	xxxxxxxxxxxx
Selbstoffenbarung	xxxxxxxxxxxx
Beziehungsebene	xxxxxxxxxxxx
Appell	xxxxxxxxxxxx
Tills Tonfall ist besorgt	
Sachebene	xxxxxxxxxxxx
Selbstoffenbarung	xxxxxxxxxxxx
Beziehungsbene	xxxxxxxxxxxx
Appell	xxxxxxxxxxxx

b) Wie hat sich die Botschaft durch den Tonfall verändert? Welche Ebene betrifft das? Tauscht euch zu zweit darüber aus.

4 a) Arbeitet zu zweit. Sprecht folgende Sätze und verändert dabei den Tonfall:
A) „Das Essen schmeckt heute irgendwie anders als sonst."
B) „Der Geschirrspüler ist noch nicht ausgeräumt."
b) Notiert, wie sich die Reaktionen der Gesprächspartner verändern könnten.
c) Besprecht eure Ergebnisse in der Klasse.

5 a) Überlegt euch in Gruppen weitere Situationen, in denen der Tonfall wichtig ist.
b) Spielt die Situationen der Klasse vor. Untersucht sie mit dem „Vier-Ohren-Modell."

6 In einem Chat am Computer oder Handy kann dein Gegenüber deinen Tonfall nicht hören. Welche Möglichkeiten gibt es, um auszudrücken, wie etwas gemeint ist?

Tipp

zu 4 a)
Möglicher Tonfall: *neutral, angeekelt, überrascht, ärgerlich, jammernd, vorwurfsvoll.*

1.1 (3) verbale und nonverbale Äußerungen analysieren (z. B. Stimmführung, Körpersprache) · 1.3 (3) den eigenen Standpunkt begründet, nachvollziehbar und differenziert darstellen und ggf. verändern. Die passende Sprachebene versiert wählen (z. B. Dialekt, Standardsprache, Fachsprache) und Inhalts- und Beziehungsebene nach einem Kommunikationsmodell berücksichtigen

Ein Missgeschick ironisch verarbeiten

1 a) Betrachtet das Bild zu zweit und sprecht darüber. Kennt ihr solche Situationen?
b) Was wollen die Fußballspielerinnen eigentlich sagen? Schreibt auf, was sie denken.

2 a) Versetzt euch in Leas Situation. Wie fühlt sie sich vermutlich?
b) Versucht zu zweit, die Sätze so übertrieben zu sprechen, dass sie verletzend klingen.
c) Überlegt, wie ihr die Aussagen ergänzen könntet, um sie zu entschärfen. Notiert jeweils einen positiven Zusatz.
d) Sprecht die neuen Sätze wie in Aufgabe 2 b). Wie hat sich die Wirkung verändert?

3 Lies die *Lernbox*. Erkläre, welche Aussagen aus dem Bild ironisch sind.

Tipp

zu 2 c) Mögliche positive Ergänzungen:

Das war eine echte Glanzleistung, …
– aber heute hat die ganze Mannschaft verloren.
– trotzdem brauchen wir dich nach wie vor.
– aber sonst hast du echt gut gespielt.

4 Formuliert zu zweit ironische Aussagen zu folgenden Situationen:

A) Das Essen schmeckt nicht.
B) Die Probe ist schlecht ausgefallen.
C) Die Schule dauert heute bis abends.
D) Der Lieblingsverein hat gerade verloren.
E) Der Ausbildungsbetrieb hat abgesagt.

5 a) Ergänzt jeweils einen Satz, damit die Aussage nicht beleidigend wirkt.
b) Vergleicht eure Ergebnisse in der Klasse.

Lernbox

Ironische Bemerkungen

1 Ironische Bemerkungen meinen das **Gegenteil** von dem, was wörtlich gesagt wird. Beispiel: *Bei dir läuft es heute ja echt super!* kann heißen: *Bei dir geht ja heute alles schief!*
2 Ironische Bemerkungen können sehr **verletzend** sein. Das wird deutlich, wenn du sie mit übertrieben scharfer Stimme sprichst.
3 Positive Ergänzungen können die Ironie **entschärfen**. Beispiel: *Nächste Woche verhinderst du sicher wieder alle Tore.*

1.1 (3) verbale und nonverbale Äußerungen interpretieren (z. B. Stimmführung, Körpersprache) · 4.1 (5) die Wirkung weiterer rhetorischer Formen des Sprachgebrauchs beschreiben (z. B. Ironie, Personifikation), um Kommunikationsabsichten zu verstehen und sich selbst angemessen zu verständigen

Situationen durch Humor entschärfen

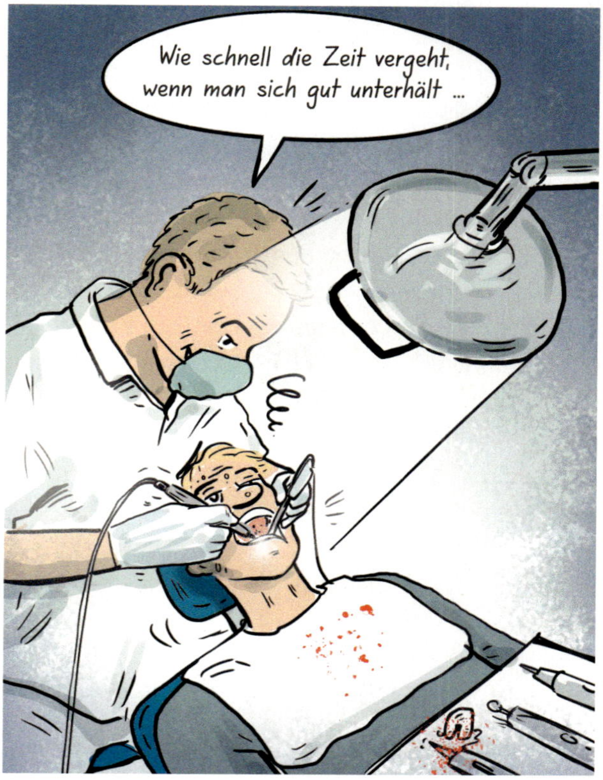

1 Zwischen Bild und Text besteht ein Gegensatz. Sprecht zu zweit über folgende Fragen:
– *Wie wirkt die Abbildung auf euch?*
– *Was drückt der Text dazu aus?*

2 a) Welche Situationen könnten Schülerinnen und Schülern einer 9. Klasse Angst machen? Sprecht zu zweit darüber.
b) *„Humor kann entspannen."* Überlegt euch dafür Beispiele und erläutert die Aussage.
c) Beantwortet zu zweit folgende Fragen:

A) *Worüber kann ich immer lachen?*
B) *Wie kann ich Freunde zum Lachen bringen?*
C) *Wie heißt der lustigste Film, den ich kenne? Warum ist dieser Film lustig?*
D) *Wann erzähle ich lustige Ereignisse?*

3 Menschen lachen, wenn etwas Unerwartetes oder Überraschendes passiert. Führt dazu mindestens eine der folgenden Übungen in der Klasse durch. Sprecht danach darüber.

Übung 1 – Die unpassende Kette
1. Die Lehrkraft stellt einer Schülerin eine Frage, z. B.: *Lotte, wann hast du Geburtstag?*
2. Die Schülerin antwortet auf ungewöhnliche Weise, z. B.: *Mein Vater arbeitet als Fußballtrainer.*
3. Dann stellt die Schülerin die nächste Frage an einen Mitschüler, der ähnlich kreativ antwortet. So geht es reihum weiter, bis alle einmal an der Reihe waren.

Übung 2 – Die Krankheit
1. Ein Schüler ist Arzt und verlässt den Raum. Die anderen überlegen sich gemeinsam eine „Klassenkrankheit" (z. B. alle heulen oder lachen in einer bestimmten Situation; jeder hält sich für einen Prominenten).
2. Nun kommt der Arzt wieder herein und befragt nacheinander einzelne Schüler, die nur mit *ja* oder *nein* antworten. So errät er die Krankheit. Beispielfragen: *Sieht man die Krankheit? Ist sie ansteckend?*
3. Dann werden die Rollen getauscht und eine andere Person verlässt den Raum.

4 Bearbeite eine der folgenden Aufgaben.
a) Übt zu zweit ein Gespräch ein, in dem ihr komplett aneinander vorbeiredet. Notiert euch dafür Stichpunkte oder ganze Sätze.
b) Erinnere dich an ein lustiges Ereignis aus dem Schulalltag (z. B. Probe, Wandertag). Erzähle dann einer Gruppe davon und verändere dabei die wirkliche Situation, indem du schamlos übertreibst.

1.1 (3) verbale und nonverbale Äußerungen interpretieren (z. B. Stimmführung, Körpersprache) · 1.2 (1) freie Redebeiträge leisten und dabei anekdotisch oder ironisch erzählen, sachlogisch sowie prägnant berichten und entwickelnd sowie appellierend mit klarem Adressatenbezug argumentieren

Witze wirkungsvoll erzählen

Drei Auszubildende sitzen in der Mittagspause auf einem Gerüst. Der Erste packt sein Brot aus und sagt: „Schon wieder Leberwurst. Dass Mama nie was anderes einfällt!" Er packt es wieder ein. Die Zweite meint: „Schon wieder Salami. Mein Vater will mich doch nur ärgern" und packt es auch wieder ein. Der Dritte packt sein Brot in die Tasche, ohne es auszupacken und nachzugucken. Fragt ihn der Erste: „Warum packst du es einfach ein?" Sagt er: „Schon wieder Käse. Ich hasse Käse!" Die Zweite: „Woher willst du das denn wissen?" Er: „Na, ich hab es mir doch heute Morgen selbst geschmiert!"

1 Betrachte das Bild oben und überlege, was hier wohl gerade passiert.

2 a) Lies den Witz daneben und übe, ihn humorvoll zu erzählen.
b) Schlage das Buch zu und erzähle den Witz auswendig einem/r Partner/-in.
c) Sprecht in der Klasse darüber, ...
- *was an der Situation witzig ist,*
- *ob man den Witz auf andere Situationen übertragen könnte.*

3 a) Lies folgende drei Pointen von Witzen:
A) *„Ist ihr Asthma verschwunden?" – „Nein, dafür meine Uhr, der Fernseher und der Laptop."*
B) *„Das hätten Sie gleich sagen müssen. Jetzt ist es zu spät!" – „Gut, dann behalte ich das Geld."*
C) *„Wir teilen alles." – „Warum essen Sie dann noch nicht?", fragt er die Frau. Darauf sie genervt: „Weil ich auf die Zähne warte!"*
b) Suche dir eine der Pointen aus und baue sie zu einem vollständigen Witz aus.
c) Erzähle den Witz einem/r Partner/-in.

„Welche beruflichen Ziele haben Sie?" „Feierabend!" *„Und mittelfristig?"* „Wochenende!" *„Ich meine auf lange Sicht."* „Ach so, dann Rente."

4 a) Betrachte das Bild und den Text darunter.
b) Überlege, in welche Situation du diesen Witz verlegen könntest.
c) Schreibe den Witz komplett neu.
d) Erzählt euch zu zweit gegenseitig den Witz. Gebt einander Tipps zur Verbesserung.
e) Erzähle den Witz vor der Klasse.

Tipp

zu 3 a) Pointe = überraschender Schluss

zu 4 b) Mögliche andere Situationen und Gesprächspartner:
- in der Schule: *Lehrkraft – Schüler/-in,*
- vor Gericht: *Richter/-in – Angeklagte/-r,*
- zu Hause: *Elternteil – Jugendliche/-r.*

1.1 (3) verbale und nonverbale Äußerungen interpretieren (z. B. Stimmführung, Körpersprache) · 1.2 (1) freie Redebeiträge leisten und dabei anekdotisch oder ironisch erzählen, sachlogisch sowie prägnant berichten (z. B. in Referaten und Präsentationen) und entwickelnd sowie appellierend mit klarem Adressatenbezug argumentieren

Bilder und Karikaturen beschreiben

1 a) Lies die *Lernbox* und beschreibe das Foto oben. Notiere dir Stichpunkte.
b) Besprecht eure Ergebnisse zu zweit und ergänzt eure Notizen.

2 a) Lies die *Lernbox* und beschreibe die Karikatur. Notiere dir Stichpunkte. Lies bei Bedarf auch auf Seite 282 nach.
b) Besprecht die Ergebnisse in der Klasse.

Tipp

zu 1 a) Mögliche Notizen:

- *das Bild hat aufrüttelnden Charakter*
- *Autobahn = freie Fahrt ↔ Stau = Stillstand*
- *Gegensatz regt zum Nachdenken an*
- *schnelle Fahrzeuge stehen auf der Autobahn*
- *Zahl der Fahrzeuge steigt, Verkehr nimmt zu*
- *zu viele Autos → Verkehr ist blockiert*

zu 2 a) Mögliche Notizen:

- *das Bild hat aufrüttelnden Charakter*
- *Natur fein gezeichnet ↔ Verkehr grob*
- *Gegensatz ist lustig, regt zum Nachdenken an*
- *Tourist schimpft über Touristen*
- *Straßenfläche nimmt zu, Natur nimmt ab*
- *Familie ist gestresst*

Lernbox

Karikaturen und Bilder erschließen

Die folgenden drei Fragen können dir dabei helfen, Bilder oder Karikaturen Schritt für Schritt zu erschließen:

1. **Was sehe ich?** Beschreibe das Bild genau. Gehe auch auf Einzelheiten ein. Beschreibe das Zentrum des Bildes, den Vordergrund und den Hintergrund.
2. **Was weiß ich?** Sammle Informationen zur Aussage und zum Kontext des Bildes. So kommst du dem Witz und der Aussage auf die Spur. Fotos geben oft die Realität wieder. Karikaturen zeigen dagegen oft das Gegenteil der Realität oder eine Übertreibung.
3. **Was vermute ich?** Erkläre die Bedeutung und fasse zusammen: Wie wirkt das Bild? Welche Aussage enthält es? Was soll damit vermutlich erreicht werden? Beispiel: *Die Karikatur/Das Bild zeigt XXX und möchte damit auf folgendes Problem aufmerksam machen: …*

1.2 (2) versiert klar strukturierte, anschauliche Vorträge und Präsentationen gestalten (z. B. Vorbereitung zur Projektprüfung) und bei Planung und Gestaltung adressaten- sowie situationsbezogen Körpersprache, Rhythmisierung, differenziertes Sprechverhalten und unterstützende Präsentationsmedien berücksichtigen

Hörtexten Informationen entnehmen

1 a) Betrachte das Bild. Welche Gedanken gehen dir dabei durch den Kopf?
b) Tauscht euch in der Klasse darüber aus.

2 Lies die drei Aussagen (A–C) oder höre sie dir an. Welche der Aussagen passt am besten zum Bild? Begründe deine Meinung.

A) *„Heimat ist, wo ich geboren wurde. Heimat bedeutet für mich, der Ort, an dem meine Wurzeln liegen."*

B) *„Heimat ist da, wo ich herkomme, wo ich hingehe und wo ich bin, solange es dort Menschen gibt, die ich liebe."*

C) *„Heimat ist für mich noch der Ort, an dem ich mich mit meiner Familie sicher fühle."*

3 *„In der Fremde erfährt man, was die Heimat wert ist, und liebt sie dann um so mehr."* *(Ernst Wichert)*
a) Erklärt euch gegenseitig das Zitat mit euren eigenen Worten.
b) Was hat das Bild oben mit dem Thema „Heimat" zu tun?
c) Erstelle ein Cluster zum Thema „Heimat".

4 a) Hört euch die Aussagen von Emma und Maximilian zum Thema Heimat an.
b) Notiert stichpunktartig, was für Emma und Maximilian jeweils Heimat bedeutet.
c) Vergleicht die beiden Aussagen miteinander und sprecht darüber, welche Gemeinsamkeiten und Unterschiede es gibt.

5 Wählt eine der folgenden Aufgaben aus. Bearbeitet sie alleine oder zu zweit.
a) Was bedeutet Heimat für dich? Gestalte ein Akrostichon.
b) Du kennst bestimmt jemanden, dessen Heimat ursprünglich nicht Deutschland war. Befrage sie oder ihn zum Thema „Heimat". Stelle dein Interview in der Klasse vor.

Tipp

zu 5 a)
Ein **Akrostichon** entsteht, indem du die Buchstaben eines Wortes untereinander schreibst und zu jedem Buchstaben ein neues Wort/Satz passend zum Thema hinzufügst.

H eimweh
E ...
I ...
M...
A ...
T ...

1.1 (1) Gesprächsbeiträge anderer sinnerfassend und vernetzend verfolgen; dabei wesentliche Informationen verstehen, sichern, wiedergeben und kritisch hinterfragen · 1.1 (2) Inhalt und Gehalt komplexer gesprochener Texte anhand von Verständnisfragen erschließen · 1.1 (3) verbale und nonverbale Äußerungen interpretieren (z. B. Stimmführung, Körpersprache)

Einen literarischen Text hören und verstehen

1 In diesem Kapitel werdet ihr einen Poetry-Slam-Text kennenlernen.

a) Was wisst ihr über Poetry Slams? Macht euch zu zweit Notizen dazu.

b) Informiert euch im Internet über folgende Fragen:
- *Welche Regeln gibt es bei einem Poetry Slam?*
- *Welche Art von Texten hört man dort?*
- *Wer tritt bei einem Poetry Slam auf?*

c) Besprecht eure Ergebnisse in der Klasse. Vergleicht sie dann mit der *Lernbox*.

2 a) Lest zunächst den Titel des Poetry-Slam-Textes rechts von Usama Elyas und Babak Ghassim und überlegt, worum es gehen könnte.

b) 🔊 Hört euch Teil 1 des Poetry-Slam-Textes an. Deckt den Text rechts dabei ab.

3 a) Lies dir folgende Fragen aufmerksam durch:
- *Wie viele Personen erzählen hier ihre Geschichte?*
- *Wer könnten die Erzähler sein?*
- *Was bedeutet für die Erzähler „Heimat"?*
- *Welche Stimmung entsteht bei dir beim Zuhören?*

b) Beantworte die Fragen schriftlich und möglichst ausführlich.

4 a) 🔊 Hört euch Teil 1 des Poetry-Slam-Textes noch einmal an und überprüft eure Antworten.

b) Vergleicht zu zweit eure Antworten. Lest, wenn nötig, im Text nach.

c) Sprecht in der Klasse über Teil 1 des Poetry-Slam-Textes.

Usama Elyas und Babak Ghassim

Teil 1

„Hinter uns mein Land"

Hinter uns mein Land, alles, was ich bin, wurde dort geboren.
Alles, was mir Heimat war – der Bolzplatz, wo wir als Kinder spielten, das Lächeln meiner ersten Liebe, der Apfelbaum bei uns im Park und der kleine See, hinterm Berg versteckt.
Der heiße Tee auf dem Blechtablett, faltige Geschichtenerzähler, Lachfalten zieren ihre Gesichter, Quatsch machen auf dem Rückweg von der Schule nach Haus.
Nachts warten bis die Eltern schlafen und dann wieder raus, das quietschende Fahrrad meines Bruders, die Gedichte Nerudas und der Geruch von nassem Rasen.
Radios, die gequälte Töne trotzdem wie Melodien raustragen, das Singen meiner Schwester am Morgen, meine Mutter.
Meine Mutter mit ihren ständigen Geldsorgen und – ich weiß nicht warum – Marienkäfer.
All das war mir Heimat. [...]

Lernbox

Poetry Slam

Ein **Poetry Slam** ist ein Dichterwettkampf, bei dem Menschen mit selbstverfassten Texten (Lyrik, Rap-Lyrics ...) gegeneinander antreten, in denen sie persönlich Erlebtes, aber auch frei Erfundenes erzählen. Lies mehr über die Regeln auf Seite 104–105.

1.1 (2) Inhalt und Gehalt komplexer gesprochener Texte anhand von Verständnisfragen erschließen · 1.1 (4) bei Hörmedien (z. B. literarisches Hörspiel) Inhaltselemente, stilistische Mittel und Strukturelemente untersuchen und werten

5 a) Notiert euch vor dem Anhören von Teil 2 des Poetry-Slam-Textes mindestens vier W-Fragen.

b) Hört euch nun Teil 2 an. Beantwortet eure W-Fragen in ganzen Sätzen.

6 a) Überprüft eure Antworten aus Aufgabe 5 b), indem ihr Teil 2 erneut anhört.

b) Notiert weitere Fragen. Lest, wenn nötig, im Text nach.

7 a) Tauscht zu zweit eure Fragen aus Aufgabe 6 b).

b) Hört Teil 2 noch einmal an und notiert die Antworten zu den Fragen eures Mitschülers/eurer Mitschülerin.

c) Sprecht über eure Antworten.

d) Tauscht euch auch in der Klasse darüber aus.

8 Am Ende von Teil 2 des Poetry-Slam-Textes (Z. 29 – 33) finden sich zwei sprachliche Bilder (→ S. 285).

a) Schreib die sprachlichen Bilder aus dem Text heraus.

b) Was sollen die sprachlichen Bilder ausdrücken? Tauscht euch zu zweit darüber aus.

c) Finde weitere sprachliche Bilder im Text und notiere sie mit Erklärung.

9 Informiere dich im Internet über die Fluchtroute über das Mittelmeer nach Europa. Stelle deine Ergebnisse der Klasse vor.

Tipp

zu 4 a)

Beginne deine Fragen mit den folgenden Fragewörtern: *Wer? Was? Wann? Wo? Weshalb?*

Teil 2

Aber ich konnte nicht mehr bleiben, hinter uns der Krieg, das frische Grab meiner Eltern. Der letzte Erdkrumen rollt noch ab, hat seinen festen Platz noch nicht gefunden. So frisch ist meine Trauer und nichts ist verarbeitet.

Ich konnte nicht mehr bleiben. Man sprach von uns als den Todgeweihten. Unsere Leute in Züge gezwungen, die im Rauch der Loks dahingleiten. Unsere Türen zertrümmert, Schaufenster in Scherben, unsere Eltern verängstigt, Geschwister geschunden und grausame Nachrichten von Freunden – denen, die noch da waren, die meisten waren verschwunden.

Man konnte nicht mehr bleiben, keinen weiteren Tag mehr. Der nächste Schritt in meiner Stadt, ist der letzte Schritt in meinem Land. Und der schlimmste Schritt dann, auf dieses rostige Boot, was wanken wird zunächst, uns halten wird zunächst und dann wird es sinken, uns dem Meer übergeben – dem Meer, so trostlos. Der Mond versteckt sich hinter den Wolken, die Nacht so dunkel – du siehst nichts.

Stundenlang nichts. Und wenn ich im Dunkeln die Augen schließe, höre ich meiner Mutters Stimme. Um uns her ist nur das Meer, als wär' unser Boot das Herz aller Dinge. Ich öffne die Augen und blicke Richtung Himmel. **Gebete sind unsere Segel.**

Rettungswesten werden den Rest übernehmen, **nur die Hoffnung können sie nicht tragen**. [...]

1.1 (1) Gesprächsbeiträge anderer sinnerfassend und vernetzend verfolgen; dabei wesentliche Informationen verstehen, sichern, wiedergeben und kritisch hinterfragen · 1.1 (2) Inhalt und Gehalt komplexer gesprochener Texte anhand von Verständnisfragen erschließen · 1.1 (3) verbale und nonverbale Äußerungen interpretieren (z. B. Stimmführung, Körpersprache)

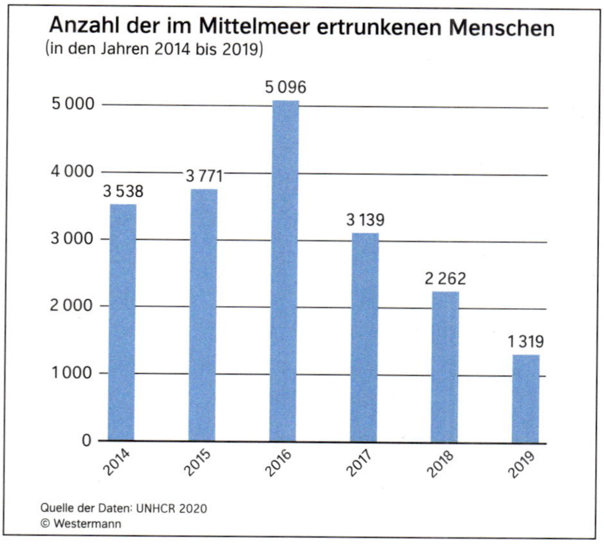

10 a) Betrachte das Bild unten auf Seite 34. In welchem Jahr könnte es aufgenommen worden sein?
b) Besprecht in der Klasse, was das Bild mit dem Poetry-Slam-Text zu tun haben könnte.

11 a) Hört euch Teil 3 des Poetry-Slam-Textes an.
b) Welches Ereignis wird zu Beginn beschrieben? Sprecht in der Klasse darüber.
c) Seht euch das Schaubild oben an und wertet es gemeinsam aus (→ S. 280 – 281).

12 Was geht nach dem Hören von Teil 3 in dir vor? Schreib deine Gefühle auf. Wenn du sie teilen möchtest, tausche dich mit einem Mitschüler/einer Mitschülerin aus.

13 a) Sprecht darüber, ob die Poetry Slammer Elyas und Ghassim (→ S. 33) jeweils über sich und persönlich Erlebtes erzählen.
b) Wie beschreiben Elyas und Ghassim das Ankommen im neuen Land? Belege deine Antwort mit Aussagen aus dem Hörtext.
c) Tragt in Kleingruppen zusammen, was ihr über Elyas und Ghassim erfahren habt.
d) Stellt eure Ergebnisse der Klasse vor.

Teil 3

Ein Mann schwimmt auf mich zu: „Hier nimm du – ich schaffe es nicht mehr. Ein Jahr ist er alt und Bersem sein Name“. Der Vater gleitet aus der Weste ins ewig dunkle Blaue. So wurde ich das erste Mal Vater – im Meer also, per Übergabe also. Der Mann aus der Weste gab mir sein Erbgut als Erbe.

Im Exil angekommen, habe ich schnell gemerkt: Die wichtigsten Wörter sind „Aufenthaltsgenehmigung“, „Entschuldigung“ und „Danke“. [...] Wenn ich nun „Heimweh“ sage, sage ich „Traum“, denn die alte Heimat gibt es kaum. **Und bleiben wir hier, werden wir wie der Strand: nicht ganz Meer, nicht ganz Land.** [...]

Im Exil angekommen, heißt mich ein Heer willkommen. Das andere Heer hißt mir fremde Fahnen. Manchmal spürt man die Liebe, manchmal spürt man den Hass. Dir schauen sie aufs Kopftuch, mir in den Pass. Aber sei ihnen nicht böse – Habibi – vergib ihnen, sie vergaßen die Liebe. [...]

Mein Name ist Ahmed Yussuf, Vater von Bersem und ich bin Flüchtling. Ich bin aus Syrien geflohen.

Mein Name ist Daniel Levi und ich bin Flüchtling. Ich bin aus Deutschland geflohen.

Das Jahr ist 2015.

Das Jahr ist 1938.

14 *„Und bleiben wir hier, werden wir wie der Strand: nicht ganz Meer, nicht ganz Land.“*
a) In dieser Aussage steckt ein Vergleich. Erkläre ihn mit eigenen Worten.
b) Was wollen die Autoren damit ausdrücken? Diskutiert in der Klasse darüber.

15 Hört euch den Poetry-Slam-Text noch einmal komplett an oder sucht im Internet das dazugehörige Video. Lasst es auf euch wirken.

1.1 (2) Inhalt und Gehalt komplexer gesprochener Texte anhand von Verständnisfragen erschließen · 1.1 (4) bei Hörmedien (z. B. literarisches Hörspiel) Inhaltselemente, stilistische Mittel und Strukturelemente untersuchen und werten

Einen Podcast hören und verstehen

1 a) Betrachtet das Bild oben und beschreibt euch zu zweit gegenseitig, was ihr seht.
b) Welche Überschrift würdet ihr dem Bild geben?
c) Notiere stichpunktartig, was du zum Thema „Flucht nach Europa“ weißt.
d) Tauscht euch in der Klasse über eure Notizen aus.

2 Carola Rackete ist im Sommer 2019 über Nacht bekannt geworden.
a) Lest den Text im gelben Kasten auf Seite 37.
b) Bildet Zweierteams. Teilt die folgenden Themen (A und B) untereinander auf und recherchiert dazu im Internet.
A) Carola Rackete als Kapitänin
B) Carola Rackete als Klimaschutzaktivistin
c) Setzt euch erneut in euren Zweierteams zusammen und tauscht euch über eure Ergebnisse aus.

3 Einem Hörtext Informationen zu entnehmen, kann schwierig sein.
a) Notiert Tipps, die dabei helfen können.
b) Vergleicht eure Tipps mit der *Lernbox* auf Seite 37.

4 a) Hört euch Ausschnitt 1 des Podcasts „Klamroths Konter“ mit Carola Rackete an.
b) Notiere stichpunktartig, was du in diesem Ausschnitt über Carola Rackete erfährst.
c) Warum spricht sie im Interview über das Computerspielen? Wähle aus den folgenden Möglichkeiten (A–C) aus:
A) Sie möchte vor dem Computerspielen warnen, da es für Kinder schädlich ist.
B) Sie möchte damit sagen, dass Leute ihre Interessen durchaus ändern können.
C) Sie spricht darüber, weil das Computerspielen zu ihren Hobbys zählt.

5 a) Schreibe den folgenden Text in dein Heft. Lasse an den Stellen, an denen Wörter fehlen, Lücken frei.

„Ja, es hatte für mich irgendwie keinen großen Reiz in Deutschland zu bleiben. Ich wollte XXX sehen und ich wusste nicht so richtig, was ich XXX sollte, aber verschiedene Sachen bei diesem Nautik-Seefahrt-Studium kamen mir ganz gelegen und es war wirklich XXX. Meine erste XXX habe ich nach XXX gemacht, als ich auf dieses Containerschiff eingestiegen bin, auf dem ich mein XXX angefangen habe.“

b) Höre nun Ausschnitt 1 noch einmal an und ergänze die Lücken in deinem Text.

6 a) Hört euch Ausschnitt 2 des Podcasts an, in dem Carola Rackete über ihren Werdegang spricht. Notiere so viele Informationen wie möglich.
b) Tauscht euch im Anschluss zu zweit über eure Notizen aus.

1.1 (1) Gesprächsbeiträge anderer sinnerfassend und vernetzend verfolgen; dabei wesentliche Informationen verstehen, sichern, wiedergeben und kritisch hinterfragen · 1.1 (2) Inhalt und Gehalt komplexer gesprochener Texte anhand von Verständnisfragen erschließen · 1.1 (3) verbale und nonverbale Äußerungen interpretieren (z. B. Stimmführung, Körpersprache)

7 a) Manche Länder weigern sich, Geflüchtete aufzunehmen. Diskutiert darüber in der Klasse.

b) Hört euch Ausschnitt 3 des Podcasts an und besprecht, was ihr erfahren habt.

c) Lies dir die folgenden Fragen bzw. Aussagen (A–C) genau durch.

A) „Es war schon seit 2017 klar, dass Seenotrettung extrem kriminalisiert wird. Damals wurde nämlich das Schiff ...

a. IUVENTA

b. Alan-Kurdi

... beschlagnahmt."

B) Welche Länder erklärten sich schließlich bereit, die geretteten Menschen aufzunehmen?

a. Norwegen, Finnland und Italien.

b. Deutschland, Frankreich und Portugal.

C) Welche deutsche Stadt hat angeboten, alle Geflüchteten aufzunehmen?

d) Höre dir Ausschnitt 3 erneut an und notiere die richtigen Antworten.

e) Tauscht zu zweit eure Antworten. Hört den Ausschnitt ein weiteres Mal an und überprüft gegenseitig eure Antworten.

Carola Rackete

Carola Rackete wurde am 8. Mai 1988 geboren. Sie ist eine deutsche Kapitänin und Klimaschutzaktivistin. International bekannt wurde sie als Kapitänin des Schiffes „Sea-Watch 3". Im Juni 2019 rettete sie mit ihrer Crew 53 geflüchtete Menschen im Mittelmeer aus Seenot. Nach wochenlangem Warten auf eine Genehmigung lief das Schiff trotz eines Verbotes durch italienische Behörden den Hafen der Insel Lampedusa an. Während diese Entscheidung in der Öffentlichkeit überwiegend positiv beurteilt wurde, wurde sie von einigen auch kritisch gesehen.

Carola Rackete

8 Kannst du nachvollziehen, warum Carola Rackete so gehandelt hat?

a) Nimm in wenigen Sätzen Stellung dazu.

b) Diskutiert darüber in der Klasse.

Lernbox

Einem Hörtext Informationen entnehmen

Folgende Tipps helfen dir dabei, einem Hörtext (z. B. einem Podcast) **Informationen** zu **entnehmen**:

1 Vor dem ersten Hören:
- Sieh dir Überschriften und Bilder an.
- Überlege, was du schon über das Thema weißt.
- Sieh dir die Aufgabentypen an. Was wird verlangt (Multiple Choice, ganze Sätze, Notizen, ...)?
- Welche Informationen/Schlüsselbegriffe werden gesucht?

2 Globale Informationen entnehmen:
- Um welche Textsorte handelt es sich (Interview, Nachricht ...)?
- Mache dir beim ersten Hören nur allgemeine Notizen (→ S. 274–277) zum Thema/Inhalt. Notiere noch keine Details.

3 Detaillierte Informationen entnehmen:
- Versuche möglichst viele W-Fragen zu beantworten (Wer? Was? Wann? Wo? ...).
- Achte nun auf Schlüsselbegriffe aus den Aufgaben.
- Überprüfe deine Antworten, während du den Text ein weiteres Mal anhörst.

Ein Projekt durchführen und vorstellen

1 Betrachte das Bild und erkläre, welche Situation dargestellt ist.

2 a) Tauscht euch zu zweit darüber aus, wie die Schülerin auf euch wirkt. Begründet eure Meinung.
b) Wie fühlst du dich in einer ähnlichen Situation? Wie wirkst du auf dein Publikum?

3 Die Schülerin hat Überschriften auf Karteikarten geschrieben.
a) Bringt diese zu zweit in eine für euch sinnvolle Reihenfolge und notiert diese.
b) Begründet die von euch gewählte Reihenfolge.

Schule vor 50 Jahren

Die Gründung

Schule heute

Besondere Aktivitäten

Was uns ausmacht

Das Leitungsteam

4 Ordne die folgenden Aussagen der Einleitung (E), dem Hauptteil (H) oder dem Schluss (S) des Vortrags zu. Notiere das Lösungswort.

	E	H	S
Das ist der wichtigste Punkt ...	N	V	M
Hier seht ihr meine Gliederung ...	O	P	S
Ihr habt bestimmt noch Fragen.	Ü	B	R
Jetzt möchte ich euch zeigen, ...	A	T	L
Meine Meinung lautet ...	N	K	R
So kam ich zu dem Thema: ...	A	D	F
Zusammenfassend möchte ich ...	I	H	G

5 Die Schülerin beginnt ihren Vortrag mit den folgenden Worten:

Heute halte ich einen Vortrag über unser Projekt „Unser Schuljubiläum".

a) Erkläre, ob der Einleitungssatz der Schülerin gelungen ist. Begründe deine Meinung.
b) Notiere eine alternative Einleitung zum Thema „Unser Schuljubiläum".

6 Erstelle einen Einleitungsentwurf für ein selbst gewähltes Thema.

In diesem Kapitel ...

kannst du auf dein Vorwissen aufbauen, wiederholen und üben, wie du ...

- ein Projekt durchführst und vorstellst,
- Informationen aufbereitest und anschließend präsentierst,
- ein Plakat/eine Präsentation interessant gestaltest,
- Feedback gibst.

1.2 (2) versiert klar strukturierte, anschauliche Vorträge und Präsentationen gestalten (z. B. Vorbereitung zur Projektprüfung) und bei Planung und Gestaltung adressaten- sowie situationsbezogen Körpersprache, Rhythmisierung, differenziertes Sprechverhalten und unterstützende Präsentationsmedien berücksichtigen

7 Die Vorstellung deines Projektes sollte durch Anschauungsmaterial unterstützt sein.

a) Sammelt zu zweit in einem Cluster alle Mittel, die ihr zur Veranschaulichung nutzen könnt.

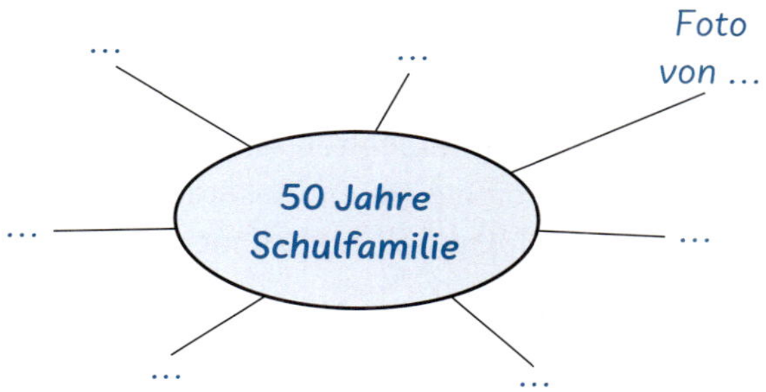

b) Sprecht darüber, wie man dieses Material einsetzen könnte.

8 Einstiege in Vorträge sollen Neugier bei den Zuhörern wecken.

a) Würdest du eines der folgenden Bilder zum Einstieg in das Thema „Schuljubiläum" wählen? Sprecht zu zweit darüber und begründet eure Auswahl.

b) Welche Einstiege könntet ihr euch bei folgenden Themen vorstellen?

– Projekt „Schülercafé"
– Projekt „Schul-T-Shirt für alle"

9 a) Lies dir die folgende Aufgabenstellung gründlich durch.

In eurer Schule findet in diesem Schuljahr das 50-jährige Schuljubiläum statt. Das ist ein großer Moment für alle aktuellen und ehemaligen Lehrkräfte und Schülerinnen und Schüler, der mit einem großen Fest gefeiert werden soll. Die Schulleitung bittet dich, im Vorfeld eine Präsentation über die Schule zu gestalten.

Das musst du tun:

1 Überlege und entwirf eine kurze Liste mit Inhalten, die deine Präsentation enthalten könnte. Suche dazu im Internet nach Beispielen aus anderen Schulen.
2 Entwirf auf einem Blatt eine Skizze, wie deine Präsentation von der Anordnung her aussehen könnte.
3 Überlege dir Gestaltungsmerkmale zur Ergänzung deiner Präsentation (→ S. 42–43).
4 Gestalte eine eigene Präsentation mit der Hand oder mit dem PC.

Bewertet werden folgende Teilleistungen:

- eigene Inhaltsliste für die Präsentation,
- eigene handgemachte Skizze,
- Entwurf von Gestaltungsmerkmalen,
- fertige Präsentation,
- Vorstellung der Ausarbeitung in der Klasse.

b) Besprecht zu zweit, wie dieser Leittext euch durch das Projekt führt.

10 Wähle eine der folgenden Aufgaben.

a Erstelle zu einem bereits stattgefundenen Projekt einen Vortrag mit Gliederung, Stichpunkten auf Karteikarten und einer Präsentation.

b Führe das Übungsprojekt oben selbstständig durch.

1.2 (2) versiert klar strukturierte, anschauliche Vorträge und Präsentationen gestalten (z. B. Vorbereitung zur Projektprüfung) und bei Planung und Gestaltung adressaten- sowie situationsbezogen Körpersprache, Rhythmisierung, differenziertes Sprechverhalten und unterstützende Präsentationsmedien berücksichtigen

Informationen aufbereiten und präsentieren

1 a) Betrachtet die Abbildung oben und lest die Überschrift des Textes unten. Tauscht euch aus, was ihr über die Zeit wisst, in der das Bild vermutlich entstanden ist.
b) Hört euch den Text an.
c) Fasst mündlich zusammen, worum es in dem Text geht.

Einführung der Schulpflicht in Bayern

Kurfürst Max IV. Joseph verkündete 1802 die allgemeine Schulpflicht. Jedoch waren Bürger und Bauern unterschiedlicher Meinung zu diesem Thema. Dem neuen Gesetz zufolge sollten alle Jungen und Mädchen vom sechsten bis zum zwölften Lebensjahr die Schule besuchen. Sie sollten das ganze Jahr hindurch, mit Ausnahme der Erntezeit, unterrichtet werden. Doch viele Eltern, vor allem auf dem Land, brauchten die Unterstützung ihrer Kinder bei der Beaufsichtigung kleinerer Geschwister oder zur Versorgung des Viehs. Mädchen mussten dazu noch kochen und waschen. Aus staatlicher Sicht war vor allem der Militärdienst ein Argument für die Einführung der allgemeinen Schulpflicht. Jeder Junge galt als potenzieller Kandidat für die Armee und sollte zumindest Grundkenntnisse im Lesen, Schreiben und Rechnen besitzen und sich körperlich ertüchtigen. Daher wurde die Schulpflicht eingeführt.

2 Lies den Text alleine still durch und beantworte folgende Fragen schriftlich. Notiere auch die entsprechenden Zeilen aus dem Text.
- *Seit wann gibt es in Bayern die Schulpflicht?*
- *Welche Kinder waren von der Schulpflicht betroffen?*
- *Warum war nicht jeder für die Schulpflicht?*
- *Warum wurde die Schulpflicht unter anderem eingeführt?*

3 Wähle eine der folgenden Aufgaben.
a Zeichne die Übersicht unten ab und fülle die Lücken mit Inhalten aus dem Text.
b Erstelle einen eigenen Plakatentwurf, der wichtige Textinhalte zusammenfasst.

4 a) Betrachte die Grafik oben. In welchem Bereich kannst du dich noch verbessern?
b) Tauscht euch zu zweit darüber aus.

5 a) Suche dir ein interessantes Thema aus, zu dem du einen Vortrag halten möchtest. Du kannst auch auf den Seiten 88-97 nach einem Thema auf die Suche gehen.
b) Recherchiere nach Materialien und Texten zu deinem Thema (z. B. im Internet, in der Schulbibliothek, in einer Zeitung ...).
c) Werte die Materialien aus (→ S. 278-281) und erstelle einen Stichwortzettel für deinen Vortrag.
d) Plane den Ablauf deines Vortrages: Überlege, wie du einsteigen möchtest, was im Hauptteil wichtig ist, wie du den Vortrag abrunden willst und welche Materialien benötigt werden. Du kannst auch ein Präsentationsprogramm nutzen.
e) Geht in Kleingruppen zusammen und übt euren Vortrag. Achtet auf Stimme, Blickkontakt, Haltung und Pausen.
f) Gebt euch gegenseitig eine Rückmeldung: Was war gut? Was kann man verbessern?

6 Lest die *Lernbox* und erklärt euch zu zweit gegenseitig den Aufbau eines typischen Vortrages.

7 a) Erklärt euch zu zweit gegenseitig mithilfe der *Lernbox* die *„KEKS-Formel"*.
b) Besprecht, wie ihr diese Formel für eigene Vorträge nutzen könnt.

Lernbox

Die KEKS-Formel

1 **Kurz** – Stelle umfassend, aber kurz den Inhalt vor.
2 **Einfach** – Formuliere in einfachen Worten.
3 **Kreativ** – Lasse keine Langeweile aufkommen: mit interessanten Fotos, Anschauungsmaterial und Gestaltungselementen in der Präsentation.
4 **Strukturiert** – Achte auf einen **motivierenden Einstieg**, einen **anschaulichen Hauptteil** und einen **zusammenfassenden Schluss** inklusive deiner eigenen Meinung zum Thema.

1.2 (2) versiert klar strukturierte, anschauliche Vorträge und Präsentationen gestalten (z. B. Vorbereitung zur Projektprüfung) und bei Planung und Gestaltung adressaten- sowie situationsbezogen Körpersprache, Rhythmisierung, differenziertes Sprechverhalten und unterstützende Präsentationsmedien berücksichtigen

Medien für die Präsentation nutzen

Du musst dich vor jeder Präsentation entscheiden, welche Präsentationsform und welches Medium am besten zu deinem Thema passen. Die zwei am häufigsten gewählten Medien sind die Computerpräsentation und das Plakat.

Beispiel 1: Rahmen und Fahnen

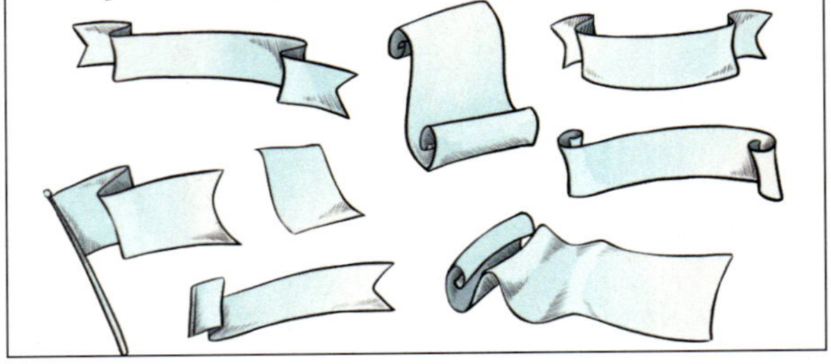

Beispiel 2: Figuren und Dinge

Beispiel 3: Pfeile

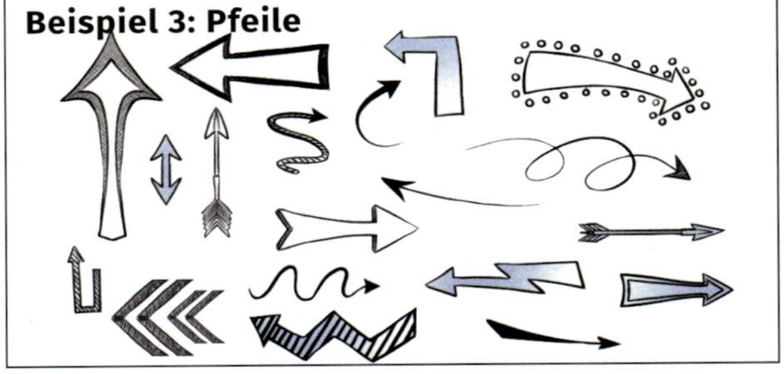

Beispiel 4: Wegweiser

1 a) Betrachte das Bild oben. Welche Elemente finden sich auch in deinen Plakaten, welche könntest du in Zukunft ergänzen?
b) Tauscht euch zu zweit darüber aus.

2 a) Besprecht, wie ihr eure Produkte verschönern könnt.
b) Recherchiert positive Beispiele im Netz.

3 Zahlreiche Gestaltungselemente können deine Plakate verschönern. Probiere auf einem leeren Blatt mindestens zwei aus jedem Bereich (Beispiel 1–4) aus.

4 Gestalte mithilfe der *Lernbox* auf Seite 43 und den Beispielen 1–4 einen eigenen Plakatentwurf zu einem selbstgewählten Thema, zum Beispiel „Unser Schuljubiläum“.

1.2 (2) versiert klar strukturierte, anschauliche Vorträge und Präsentationen gestalten (z. B. Vorbereitung zur Projektprüfung) und bei Planung und Gestaltung adressaten- sowie situationsbezogen Körpersprache, Rhythmisierung, differenziertes Sprechverhalten und unterstützende Präsentationsmedien berücksichtigen

5 a) Seht euch die Entwürfe zu einem Vortrag zum Thema „Unser Schuljubiläum“ mithilfe eines Präsentationsprogrammes genauer an.

> 50 Jahre Schulgeschichte
>
> Unsere Schule wurde 19XX gegründet mit zunächst 600 Schülerinnen und Schülern. Einige Jahre später, im Jahr 19XX, lag die Schülerzahl bereits bei 1600. Die Heranwachsenden wurden in 50 Klassen unterrichtet. Da die Räume unserer Schule aber bald nicht mehr ausreichten, wurde der Unterricht zum Teil auf dem Flur oder im Keller, aber auch in Räumen der Kirchen unserer Stadt abgehalten.

> **50 Jahre Schulgeschichte**
>
> – 19XX gegründet
> – Schülerzahl lag zunächst bei 600 Schülerinnen und Schülern, 19XX schon bei 1600 in 50 Klassen
> – Wegen Raumnot wurde u. a. auf dem Flur oder im Keller, aber auch in Räumen der Kirchen, unterrichtet.

b) Tauscht euch zu zweit darüber aus, was ihr gelungen bzw. nicht gelungen findet.

c) Notiert Tipps, die ihr beim Erstellen von Folien mithilfe einen Präsentationsprogrammes beachten müsst. Lest, wenn nötig, noch einmal in der *Lernbox* nach.

Lernbox

Ein Plakat gestalten

Die Checkliste hilft bei der Plakatgestaltung:

1 Schrift und Bilder groß genug
2 saubere Handschrift
3 sinnvolle Aufteilung und passende Bilder
4 Überschriften, die den Vortrag unterstützen
5 Stichpunkte (keine ganzen Sätze!)
6 Verhältnis von Bildern und Schrift angemessen
7 Quellen angegeben.

6 In der Klasse wird diskutiert, was für und was gegen den Einsatz eines Präsentationsprogrammes spricht.

a) Lest die beiden Aussagen.

Ich finde, dass eine Präsentation nicht die Voraussetzung für einen guten Vortrag ist. Ein gut gestaltetes Poster kann genauso informativ sein.

Eine Präsentation mit einem Präsentationsprogramm ist viel cooler. Man kann viele Bilder und Animationen einbauen. Hauptsache die Show stimmt, dann ist der Inhalt gar nicht mehr so wichtig.

b) Diskutiert über die beiden Aussagen. Ist es immer sinnvoll, ein Präsentationsprogramm einzusetzen?

Lernbox

Eine Computerpräsentation vorbereiten

Auf folgende Punkte solltest du bei einer Computerpräsentation achten:

1 Schrift groß genug (mind. 20 Punkt), gut lesbar,
2 sinnvolle Gliederung,
3 Stichpunkte (keine ganzen Sätze!),
4 Verhältnis von Bildern und Schrift angemessen,
5 passende Bilder gewählt,
6 einheitliches Design der Folien,
7 Quellen angegeben.

1.2 (2) versiert klar strukturierte, anschauliche Vorträge und Präsentationen gestalten (z. B. Vorbereitung zur Projektprüfung) und bei Planung und Gestaltung adressaten- sowie situationsbezogen Körpersprache, Rhythmisierung, differenziertes Sprechverhalten und unterstützende Präsentationsmedien berücksichtigen

Feedback geben

1 a) Trefft euch in Gruppen von drei bis fünf Schülerinnen und Schülern und präsentiert eure Arbeit.
b) Klärt Fragen, falls ihr etwas nicht verstanden habt oder etwas unklar ist.
c) Tauscht euch aus: Was ist gut gelungen? Wo habt ihr einen Tipp?

2 Führt eine Feedbackkonferenz durch. Lest dazu die *Lernbox* und verwendet die Prüflisten A–C (→ COPY 8).

Der Aufbau des Vortrags — A

	Ja	Nein
1. Einleitung:		
– Erfährt man, ... worum es genau geht?	X	X
... wie die Gliederung aussieht?	X	X
– Werden die Zuhörer neugierig gemacht?	X	X
2. Hauptteil:		
– Ist die Reihenfolge logisch?	X	X
– Ist der Inhalt verständlich?	X	X
– Sind Stellen unnötig oder langatmig?	X	X
– Werden Fachbegriffe erklärt?	X	X
3. Schluss:		
– Wird eine eigene Meinung dargestellt?	X	X

Der Ablauf — B

	Ja	Nein
– Werden Stichpunkte auf Karteikarten genutzt?	X	X
– Wird möglichst frei vorgetragen?	X	X
– Ist das Auftreten sicher?	X	X
– Gelingt der Vortrag reibungslos?	X	X

Material und Sprache — C

	Ja	Nein
– Werden die Zuhörer direkt angesprochen?	X	X
– Werden diese vielleicht sogar einbezogen?	X	X
– Ist die Sprache verständlich?	X	X
– Ist das Sprechtempo passend?	X	X
– Werden genug Sprechpausen gelassen?	X	X
– Hat der Vortragende eine eigene Meinung?	X	X
– Sind die Sätze abwechslungsreich?	X	X
– Dient das Material der Anschauung?	X	X
– Werden Quellen angegeben?	X	X
– Dient die Gestaltung dem Verständnis?	X	X

3 Think positive! ☺
a) Notiere Beispielsätze oder -stellen, die dir beim Zuhören besonders positiv auffallen.
b) Stelle diese Beispiele deiner Gruppe vor.
c) Nutze die Beispiele zur Überarbeitung deines eigenen Vortrags.

Lernbox

Feedbackkonferenz

1 Trefft euch in kleinen Gruppen.
2 Jeder von euch übernimmt eine der Prüflisten A oder C und prüft damit den Vortrag. Notiert in Stichpunkten, ...
– was gut gelungen ist,
– was man noch verbessern könnte.
3 Schnelle Schüler übernehmen zusätzlich die noch fehlende Prüfliste B.
4 Wichtiges wird direkt mit dem Vortragenden besprochen.
5 Der Vortragende entscheidet, was er aufnehmen und wie er seine Präsentation überarbeiten möchte.

1.2 (3) erarbeitete Feedbackmethoden selbstständig nutzen, um eigenes und fremdes Vortragsverhalten zu beurteilen · 1.2 (2) versiert klar strukturierte, anschauliche Vorträge und Präsentationen gestalten (z. B. Vorbereitung zur Projektprüfung) und bei Planung und Gestaltung adressaten- sowie unterstützende Präsentationsmedien berücksichtigen

Kompetenzcheck

1 Wähle eine der folgenden Aufgaben. Beachte dazu die Vorgaben der Seiten 38–43 und die Checkliste auf dieser Seite (→ COPY A).

a Überarbeite deine eigene Präsentation.

b Führe ein neues Projekt durch und bereite dazu eine passende Präsentation vor. Lasse dich z. B. von dem Plakat oben inspirieren.

2 Überprüfe eine andere Präsentation mithilfe des Kapitels „Feedback geben“ (S. 44) und der Checkliste auf dieser Seite.

Arbeitsrückschau

1 Du hast den Kompetenzcheck durchgeführt. Schaue nun auf deine Arbeit zurück. Was fiel dir leicht, was nicht? Notiere es.
2 Was konntest du schon, was hast du neu dazugelernt?
3 Ist es dir gelungen, Tipps von deinen Mitschülerinnen und Mitschülern anzunehmen und ihnen Tipps zu geben?
4 Besprich mit deiner Lehrkraft, was du noch nachlesen, wiederholen und weiter üben kannst.

Checkliste – Überprüfe deine Präsentation

Ich habe/du hast ...	selbst überprüft	vom Partner überprüft	von der Lehrkraft überprüft	übe weiter	erledigt am
... ein Thema gewählt.	xxxxxxxx	xxxxxxxx	xxxxxxxx	xxxxxxxx	xxxxxxxx
... zu einzelnen Fragen/ Punkten Informationen und Oberbegriffe gefunden.	xxxxxxxx	xxxxxxxx	xxxxxxxx	xxxxxxxx	xxxxxxxx
... Informationsquellen erschlossen und bearbeitet.	xxxxxxxx	xxxxxxxx	xxxxxxxx	xxxxxxxx	xxxxxxxx
... eine Gliederung erstellt.	xxxxxxxx	xxxxxxxx	xxxxxxxx	xxxxxxxx	xxxxxxxx
... eine interessante Einleitungsidee gefunden.	xxxxxxxx	xxxxxxxx	xxxxxxxx	xxxxxxxx	xxxxxxxx
... Karteikarten für den Vortrag erstellt.	xxxxxxxx	xxxxxxxx	xxxxxxxx	xxxxxxxx	xxxxxxxx
... Präsentationsmaterial erstellt und ausgewählt.	xxxxxxxx	xxxxxxxx	xxxxxxxx	xxxxxxxx	xxxxxxxx
... ein Plakat oder eine andere Präsentation gestaltet.	xxxxxxxx	xxxxxxxx	xxxxxxxx	xxxxxxxx	xxxxxxxx
... Anschauungsmaterial gefunden und ausgewählt.	xxxxxxxx	xxxxxxxx	xxxxxxxx	xxxxxxxx	xxxxxxxx
... Quellen angegeben.	xxxxxxxx	xxxxxxxx	xxxxxxxx	xxxxxxxx	xxxxxxxx
... die Sprache bedacht.	xxxxxxxx	xxxxxxxx	xxxxxxxx	xxxxxxxx	xxxxxxxx
... Feedback eingearbeitet.	xxxxxxxx	xxxxxxxx	xxxxxxxx	xxxxxxxx	xxxxxxxx
Was ich noch sagen wollte:	xxxxxxxxx	xxxxxxxxx	xxxxxxxx	xxxxxxxx	xxxxxxxx

1.2 (2) versiert klar strukturierte, anschauliche Vorträge und Präsentationen gestalten (z. B. Vorbereitung zur Projektprüfung) und bei Planung und Gestaltung adressaten- sowie situationsbezogen Körpersprache, Rhythmisierung, differenziertes Sprechverhalten und unterstützende Präsentationsmedien berücksichtigen

Übungen

Eltern als Begleiter
Leben in der Natur
Ziel: Kalendererstellung
tolle Preise
Kunstwettbewerb
Ziel: Teambildung
Projektwoche: Erlebnispädagogik
Kooperationspartner: Wortbank

- *Lieblingsstadt*
- *Geschichte des Freistaats*
- *Partystadt*
- *Hauptstadt Bayerns & größte Stadt*
- *ca. 1,5 Millionen Einwohner*
- *Regierungssitz*
- *Filmstudio*
- *Reise abwechslungsreich und informativ*
- *besonders: Viktualienmarkt*
- *München ist eine Reise wert*

Ein Projekt durchführen und vorstellen

1 a) Betrachte die Wortwolke oben. Übertrage die Tabelle und ordne die Begriffe zwei möglichen Themen zu.

Thema A	*Thema B*
XXX	*XXX*

b) Entscheide dich für eines der Themen und bringe die Stichpunkte in die richtige Reihenfolge für einen möglichen Vortrag.

2 a) Besprecht zu zweit, wie du eine Einleitung zum Thema „Schullandheim in München" interessant gestalten könntest.
b) Erstellt ein Cluster, welches Anschauungsmaterial dazu sinnvoll wäre.

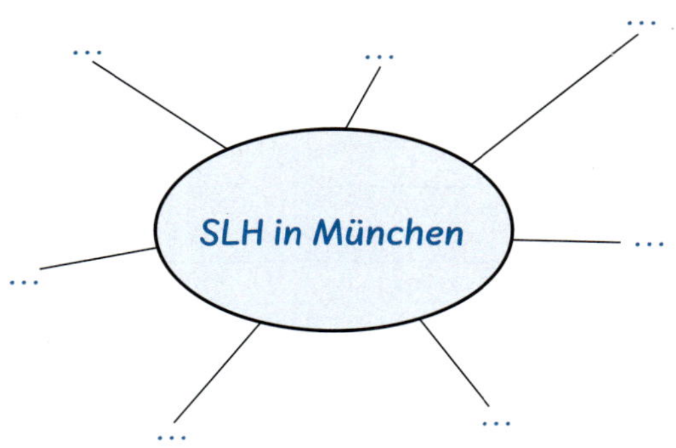

3 a) Lies dir die Stichpunkte oben in Ruhe durch.
b) Notiere Inhalte einer möglichen Gliederung in Einleitung, Hauptteil und Schluss.

4 Überlege, welche der folgenden Satzteile zusammengehören, und notiere die vollständigen Sätze.

Meine Einleitung	?	*habe ich auf einem Blatt ausformuliert.*
Die Informationen für den Hauptteil		*dem Spiegel oder mit Freunden geübt.*
Für jeden Oberbegriff		*sind nach Themen geordnet.*
Meine Karteikarten		*sind in der Reihenfolge des Vortrags nummeriert.*
Den Schluss meines Vortrags		*ist interessant.*
Ich habe den Vortrag vor		*lege ich eine Karteikarte an.*

1.2 (2) versiert klar strukturierte, anschauliche Vorträge und Präsentationen gestalten (z. B. Vorbereitung zur Projektprüfung) und bei Planung und Gestaltung adressaten- sowie situationsbezogen Körpersprache, Rhythmisierung, differenziertes Sprechverhalten und unterstützende Präsentationsmedien berücksichtigen

Ein Plakat interessant gestalten

5 Betrachtet die Abbildung oben und sprecht darüber, worauf ihr bei der Gestaltung eines Plakates achten müsst.

6 Wähle eine der folgenden Aufgaben zu diesen Begriffen: *Bezug, Idee, Übergang, Person, Zeit, Freude, Aufzählung, Gedanke, Überschrift.*

- a Recherchiere im Internet zu den Begriffen passende Gestaltungselemente wie im Beispiel unten und zeichne diese ab.
- b Zeichne zu den Begriffen eigene Gestaltungselemente wie im Beispiel unten.

7 Wähle eine der folgenden Aufgaben.

- a Gestalte ein eigenes Plakat oder eine eigene Präsentation interessant aus.
- b Gestalte eine Präsentation oder einen Entwurf zu einem Unterrichtsthema neu.

Informationen aufbereiten und präsentieren

8 a) Betrachtet die Bilder oben und beschreibt euch zu zweit gegenseitig, welche Gestik, Mimik und Körperhaltung jeweils dargestellt ist.

b) Besprecht, inwiefern die Bereiche Gestik, Mimik und Körperhaltung euch bei eurem Vortrag helfen könnten.

9 Ordne den folgenden Begriffen die richtigen Beschreibungen aus dem Kasten darunter zu: *Körperhaltung, Gesichtsausdruck, Blickführung, Gestik, Stimme.*

> auf die Zuhörer gerichtet – aufrecht und locker – freundlich und aufmerksam – angemessene Lautstärke – sinnvolle Betonung – passende Bewegung der Arme und Hände

1.2 (2) versiert klar strukturierte, anschauliche Vorträge und Präsentationen gestalten (z. B. Vorbereitung zur Projektprüfung) und bei Planung und Gestaltung adressaten- sowie situationsbezogen Körpersprache, Rhythmisierung, differenziertes Sprechverhalten und unterstützende Präsentationsmedien berücksichtigen

Bei einem Betrieb anrufen

1

1 a) Lena ruft bei einem Ausbildungsbetrieb an. Besprecht in der Klasse, ob die abgebildete Situation dazu geeignet ist, so ein wichtiges Telefonat zu führen.
b) Was sollte sie verbessern?

2 a) Besprecht zu zweit: Findet ihr es besser, sich bei einem Betrieb gleich persönlich vorzustellen oder ist es sinnvoller, dort erst anzurufen?
b) Notiert gemeinsam die Vor- und Nachteile.

3 Stelle dir vor, du möchtest bei einem Betrieb anrufen, um dort einen Ausbildungsplatz zu bekommen.
a) Notiere einen Begrüßungs- und einen Einleitungssatz, den du für das Telefongespräch nutzen könntest. Hinweise dazu findest du in der *Lernbox*.
b) Arbeitet zu zweit: Sprecht euch eure Einleitungssätze gegenseitig vor.
c) Gebt euch eine kurze Rückmeldung: Was war gut? Was sollte verbessert werden?

4 a) Schreibe mithilfe der Hinweise in der *Lernbox* einen Dialog, wie er bei einem Telefonat mit einem Betrieb ablaufen könnte. Baue dabei eine Antwort in den Text ein, die nicht optimal ist.
b) Tauscht zu zweit eure Texte. Findet ihr jeweils die Antwort, die nicht gelungen ist?
c) Korrigiert die Antwort und lest nacheinander beide Dialoge mit verteilten Rollen.

5 In vielen größeren Betrieben gibt es einen speziellen Ansprechpartner für Bewerber. Überlegt gemeinsam, wie ihr seinen oder ihren Namen in Erfahrung bringen könnt.

Lernbox

Bei einem Betrieb anrufen

1 Wichtig zu **Beginn**:
- Nenne deinen Vor- und Nachnamen: *Hallo, mein Name ist …*
- Erkläre, warum du anrufst: *Ich gehe in die 9. Klasse der Mittelschule XXX in XXX und wollte fragen, ob man in Ihrem Unternehmen eine Ausbildung machen könnte.*

2 Allgemeine **Regeln**:
- Sage, ab wann du die Ausbildung beginnen möchtest.
- Sei immer höflich und interessiert, stelle Fragen.
- Achte auf eine ruhige Umgebung.
- Sprich in einem angemessenen Ton.
- Danke deinem Gesprächspartner für seine Zeit.
- Frage, ob der Betrieb noch etwas von dir benötigt (z. B. Zeugnis, Adresse, Praktikumsbescheinigung ...).
- Verabschiede und bedanke dich, bevor du auflegst.

1.3 (2) eigenes Gesprächsverhalten kriterienorientiert reflektieren, das Gesprächsverhalten der Mitschülerinnen und Mitschüler kritisch bewerten und konstruktiv Rückmeldung geben

2

3

6 a) Betrachtet die Bilder 2 und 3 oben und tauscht euch in der Klasse darüber aus, was die Freundin Lena antworten könnte.
b) Seid ihr Lenas Ansicht, dass die Chefin so etwas gar nicht von ihr verlangen darf? Begründet eure Meinung.
c) Sprecht darüber, ob es in Ordnung ist, wenn Lenas Mutter die Unterlagen in der Firma abgibt.

7 Überlegt, was die Chefin der Firma, Frau Bender, wohl dazu sagen wird, dass Lena sich nicht an die Absprache hält, die Unterlagen am Abend abzugeben. Macht euch Notizen dazu. Bearbeitet dann eine der folgenden Aufgaben.
a Schreibt einen Dialog, wie Frau Bender Lena am ersten Arbeitstag darauf anspricht, dass sie ihre Unterlagen zu spät abgegeben hat. Spielt den Dialog anschließend der Klasse möglichst frei vor.
b Schreibt einen Dialog, wie ein erstes Gespräch zwischen Frau Bender und Lena zu ihrem Verhalten ablaufen könnte. Spielt den Dialog anschließend der Klasse möglichst frei vor.

8 Improvisiert zu zweit folgende Szene: Die Chefin erzählt ihren Kolleginnen und Kollegen von Lenas Verhalten.

9 Gestaltet in der Gruppe ein Lernplakat, auf dem ihr Regeln für ein angemessenes Verhalten bei einem Telefongespräch festhaltet. Nutzt dazu auch die *Lernbox* (S. 48).

10 Lest die Fortsetzung der Geschichte (Bild 4). Diskutiert in Kleingruppen über Lenas Aussage.

4

Ein Bewerbungsgespräch führen

1 a) Sieh dir die Abbildung oben an und beschreibe, was du siehst.
b) Erkläre, warum ein Monster abgebildet ist.
c) Was wisst ihr bereits über den Ablauf von Bewerbungsgesprächen? Tauscht euch in Kleingruppen darüber aus.

2 a) Lies die Sprechblasen A–F. Welche Fragen könnten tatsächlich in einem Bewerbungsgespräch gestellt werden? Begründe deine Meinung.
b) Notiere dir weitere Fragen, die ein Chef/eine Chefin im Bewerbungsgespräch stellen könnte.
c) Vergleicht eure Ergebnisse in der Klasse und erstellt eine gemeinsame Liste mit Fragen.
d) Schreibe die Liste ab und notiere dir zu jeder Frage die Antwort, die du selbst geben würdest.

A) *Warum hast du dich für unser Unternehmen entschieden?*

B) *Wie lautet der Name deiner Mutter?*

C) *Möchtest du hier wohnen bleiben oder hast du vor, nach der Ausbildung wegzuziehen?*

D) *Willst du später vielleicht noch die Meisterprüfung machen?*

E) *Du hast in der Bewerbung nur ein Hobby angegeben. Was machst du denn sonst noch den ganzen Tag?*

F) *Wie findest du es, in die Schule zu gehen?*

3 Übt nun zu zweit ein Bewerbungsgespräch. Geht dabei so vor:
- *Verteilt die Rollen (Bewerber/in, Chef/in).*
- *Führt mithilfe eurer Notizen ein Bewerbungsgespräch durch.*
- *Gebt einander Feedback: Was hat der Bewerber/die Bewerberin besonders gut gemacht und was kann er/sie noch verbessern? War das Verhalten des Chefs/der Chefin realistisch?*
- *Tauscht anschließend die Rollen.*
- *Spielt das Bewerbungsgespräch der Klasse vor und lasst euch wiederum ein Feedback geben.*

1.3 (2) eigenes Gesprächsverhalten kriterienorientiert reflektieren, das Gesprächsverhalten der Mitschülerinnen und Mitschüler kritisch bewerten und konstruktiv Rückmeldung geben

4 a) Deckt mit einem Blatt Papier die Tipps 1–4 unten auf dieser Seite ab.
b) Lest die Situationen A–D.

Situation A
Beim Bewerbungsgespräch wird Alina gefragt, ob es Aufgaben gibt, die sie nicht so gerne mag. Alina antwortet: „Putzen oder Kaffee kochen will ich lieber nicht. Das gehört ja auch nicht zu meinen Aufgaben in dieser Ausbildung."

Situation B
Emre wird im Bewerbungsgespräch gefragt, was er schon über das Unternehmen weiß. Emre: „Noch nicht viel, aber ich schau mir das im Internet noch an."

Situation C
Nachdem der Chef Okan einige Dinge gefragt hat, erklärt er ihm die Arbeit des Unternehmens. Okan unterbricht ihn: „Wie viel Geld verdiene ich hier eigentlich?"

Situation D
Die Chefin fragt: „Welchen Berufswunsch hast du genau?" Miranda sagt: „Einzelhandelskauffrau – deswegen bin ich hier." Chefin: „Komisch, auf deinem Profil im Internet steht Partyqueen".

5 a) Diskutiert in Kleingruppen, was die Jugendlichen jeweils hätten anders machen können.
b) Ordnet die Tipps 1–4 den Situationen A–D zu.

Tipp 1: Du solltest dein Gegenüber nicht unterbrechen – egal, was dir auf den Nägeln brennt. Grundsätzlich ist es aber völlig in Ordnung, nach der Höhe des Gehaltes zu fragen. Das sollte aber nicht die erste und einzige Frage sein.

Tipp 2: Viele Firmen informieren sich über Bewerber im Internet. Und auch wenn dein Profil auf einer anmeldepflichtigen Seite ist, kann es sein, dass der Chef es sehen kann. Achte deshalb darauf, welche Informationen du über dich ins Internet stellst! Auch unangemessene Fotos im Netz können schnell zu einer Absage führen!

Tipp 3: Informiere dich genau über das Unternehmen, bevor du zum Bewerbungsgespräch antrittst. Es kann passieren, dass dir Fragen dazu gestellt werden. Außerdem kannst du so viel besser entscheiden, ob die Firma zu dir passt.

Tipp 4: Lehne keine Aufgabe bereits vorher ab. Wenn unangenehme oder für die Ausbildung nicht relevante Aufgaben auf dich zukommen, kannst du immer noch ansprechen, dass du damit nicht ganz glücklich bist. Und manchmal sollte man auch Dinge erledigen, die so nicht in der Berufsbeschreibung stehen – sie können dir Pluspunkte bei Kollegen und Vorgesetzten einbringen. Zudem mussten wahrscheinlich schon alle Auszubildenden vor dir Aufgaben wie Kaffeekochen erledigen.

1.3 (3) diskutieren und debattieren, dabei den eigenen Standpunkt begründet, nachvollziehbar und differenziert darstellen und ggf. verändern. Die passende Sprachebene versiert wählen (z. B. Dialekt, Standardsprache, Fachsprache) und Inhalts- und Beziehungsebene nach einem Kommunikationsmodell berücksichtigen

Einen guten Eindruck hinterlassen

1

2

1 a) Seht euch die Bilder 1 und 2 an und besprecht zu zweit: Was würdet ihr Diana und Marian antworten?
b) Begründe, warum die Outfits von Diana und Marian für ein Bewerbungsgespräch nicht angemessen sind.
c) Erkläre, welche Wirkung diese Kleidung auf ihr/sein Gegenüber haben könnte.

2 a) Sieh dir Bild 3 an und entscheide, welche Kleidungsstücke du zu einem Bewerbungsgespräch tragen würdest. Welche Kleidungsstücke fehlen dir auf dem Bild?
b) Tauscht euch in der Klasse darüber aus.
c) Diskutiert darüber, ob die Wahl der Kleidung auch davon abhängt, für welchen Ausbildungsberuf man sich bewirbt.

3

1.3 (3) diskutieren und debattieren, dabei den eigenen Standpunkt begründet, nachvollziehbar und differenziert darstellen und ggf. verändern. Die passende Sprachebene versiert wählen (z. B. Dialekt, Standardsprache, Fachsprache) und Inhalts- und Beziehungsebene nach einem Kommunikationsmodell berücksichtigen

Sicherheit für das Gespräch gewinnen

1 a) Entscheide dich für einen Betrieb, bei dem du dich gerne bewerben möchtest.
b) Recherchiere auf der Internetseite, wie der Name deines Ansprechpartners/deiner Ansprechpartnerin lautet, und finde eine Telefonnummer, über die du Kontakt aufnehmen kannst.
c) Schreibe einen Dialog, wie das Telefonat mit dem Betrieb ablaufen könnte.
d) Setzt eure Dialoge zu zweit in einem Rollenspiel um.

2 a) Informiere dich über das Unternehmen. Dabei kannst du zum Beispiel folgende Fragen berücksichtigen:
- *Wie lange gibt es das Unternehmen schon?*
- *Wie heißt der Chef/die Chefin des Unternehmens?*
- *Wie viele Mitarbeiterinnen und Mitarbeiter gibt es dort?*
- *Welche Produkte verkauft das Unternehmen oder welche Dienstleistungen werden angeboten?*

b) Notiert euch in Kleingruppen weitere Fragen, deren Antworten ihr recherchieren solltet.

3 Tauscht euch zu zweit darüber aus, welche Anziehsachen aus eurem Kleiderschrank ihr zum Bewerbungsgespräch anziehen könntet. Macht, wenn möglich, ein Foto davon.

4 a) Notiere dir Fragen, die dir dein Gegenüber beim Bewerbungsgespräch stellen könnte. Schreibe auch passende Antworten auf.
b) Notiere dir Fragen, die du zum Unternehmen und zu deinen Aufgaben stellen könntest.

5 Übt zu zweit eure Bewerbungsgespräche. Nutzt dabei eure Notizen aus Aufgabe 4. Gebt euch gegenseitig Tipps, was ihr verbessern könnt.

6 Bearbeitet eine der folgenden Aufgaben.
a Gestaltet in Kleingruppen ein Lernplakat zum Thema „Vorbereitung auf das Bewerbungsgespräch“. Lest dazu auch die *Lernbox*. Präsentiert das Plakat der Klasse.
b Gestaltet in Kleingruppen eine Fotostory zum Thema „Vorbereitung auf das Bewerbungsgespräch“ (→ S. 151). Lest dazu auch die *Lernbox*. Präsentiert die Fotostory der Klasse.

Lernbox

Ein Bewerbungsgespräch vorbereiten

1 **Informiere dich über das Unternehmen:** So kannst du zeigen, dass du dich für den Betrieb interessierst.
2 **Überlege dir Antworten zu möglichen Fragen:** So kannst du viele Fragen (zum Beispiel nach der Begründung deiner Berufswahl) souverän beantworten, ohne lange nachdenken zu müssen.
3 **Achte auf eine angemessene Sprache, eine aufrechte Körperhaltung und passende Kleidung:** Ein guter erster Eindruck ist wichtig und kann sogar entscheidend sein.
4 **Stelle sinnvolle Fragen zum Betrieb und zu deiner Ausbildung:** So zeigst du deinem Gegenüber, dass du wirklich Interesse an dem Beruf hast.
5 **Beantworte Fragen ehrlich:** Es ist meist leicht zu erkennen, wenn jemand nicht die Wahrheit sagt. Selbst wenn es nicht gleich herauskommt, führt es später zu Misstrauen und schlimmstenfalls zur Kündigung.

1.4 (1) nach der Auseinandersetzung mit der Rollenbiografie verschiedene Ausdrucksformen und sprechgestaltende Mittel bewusst einsetzen und unterschiedliche Formen szenischen Darstellens praktizieren

Einen Einstellungstest meistern

1 a) Berichte der Klasse, was du bereits über Einstellungstests weißt.
b) Lest die *Lernbox* und gestaltet in Kleingruppen ein Poster, auf dem ihr die Begriffe *Leistungstest* und *Assessment-Center* stichpunktartig erklärt.
Hängt das Poster im Klassenzimmer auf.

2 Welche Art von Einstellungstest würdest du bevorzugen: Assessment-Center oder Leistungstest? Begründe deine Meinung.

3 Führt folgende Aufgaben durch, die typisch für ein Assessment-Center sind.

Gruppendiskussion 1

Diskutiert in der Gruppe (ca. 6 Personen) über das folgende Thema: *Wie kann ein Restaurant soziale Medien nutzen, um besser bei Jugendlichen anzukommen?*
Geht dabei so vor:
- *Bereitet in Einzelarbeit einen Vorschlag vor.*
- *Setzt euch in eurer Gruppe zusammen und präsentiert nacheinander eure Vorschläge.*
- *Diskutiert, welche Vorschläge passend sind und erstellt eine gemeinsame, überarbeitete Version, die dem Chef/der Chefin vorgelegt werden soll.*

Rollenspiel 2

Führt in der Gruppe (5 Personen) ein Rollenspiel durch:
- *Einer von euch soll ein Gespräch mit einem Kunden führen, dem ein Handy verkauft werden soll.*
- *Währenddessen unterhalten sich zwei andere Personen laut in der Nähe. Ein anderer Kunde redet immer wieder dazwischen.*
- *Auch eine Kollegin unterbricht das Gespräch immer wieder, weil sie sich noch nicht so gut auskennt und deshalb um Hilfe bittet.*

4 Reflektiert in der Klasse: Welche Aufgaben sind euch leicht- bzw. schwergefallen?

Lernbox

Einstellungstests in Unternehmen

Viele Unternehmen führen mit Bewerberinnen und Bewerbern Einstellungstests durch.

1 **Leistungstest:** Diese Art Einstellungstest wird vor allem in großen Unternehmen durchgeführt, die viele Bewerber/-innen haben. Dabei werden unter anderem das Allgemeinwissen, die Intelligenz und die Konzentrationsfähigkeit geprüft. Auch Kenntnisse in Deutsch, Mathematik, Geschichte, Fremdsprachen sowie Durchhaltevermögen und logisches Denken sind für die Unternehmen von Interesse. Außerdem wollen sie herausfinden, wie gut die Bewerberinnen und Bewerber unter Zeitdruck arbeiten können. Deshalb ist es fast immer unmöglich, alle Aufgaben in der vorgegebenen Zeit zu schaffen.

2 **Assessment-Center:** Im Assessment-Center geht es oft nicht um das endgültige Ergebnis, sondern darum zu sehen, wie du im Team arbeitest, wie du mit anderen umgehst, ob du praktisch veranlagt bist oder wie du an Problemstellungen herangehst. Ein Assessment-Center dauert meist einen halben Tag oder länger. Die Aufgaben sind vielseitig, z. B. werden Gruppendiskussionen und kleine Wettbewerbe durchgeführt, Kurzvorträge gehalten oder es soll gemeinsam eine Lösung für ein Problem gefunden werden.

1.3 (5) das eigene Lernverhalten im Hinblick auf die Abschlussprüfung reflektieren und sich dabei angemessene Ziele setzen, Lernschritte planen und Lernerfolge erkennen

5 Hier siehst du mögliche Beispielfragen für einen Leistungstest (→ COPY 9). Kannst du sie lösen?

① Vervollständige die Zahlenreihen nach dem passenden Muster.
a) 1 2 6 24 120 *XXX*
b) 540 270 135 67,5 *XXX*
c) 1 4 9 16 25 *XXX*
d) 230 460 46 92 9,2 *XXX*

② Nenne alle Bundesländer Deutschlands.

③ Nenne die Hauptstädte dieser Staaten:
Türkei, Portugal, Griechenland

④ Notiere die richtige Antwort. In welchem Jahrhundert fand der 30-jährige Krieg statt?
a) *15. Jahrhundert* b) *17. Jahrhundert*
c) *19. Jahrhundert* d) *20. Jahrhundert*

⑤ Notiere die richtige Antwort: Wer wählt den Bundespräsidenten?
a) *Senat* b) *Bundestag*
c) *Volk* d) *Bundesversammlung*

⑥ Wie viele Jahre beträgt eine reguläre Amtszeit eines Bundespräsidenten?
a) *4 Jahre* b) *5 Jahre*
c) *8 Jahre* d) *10 Jahre*

⑦ Laura und Michelle haben zusammen 30 Bonbons. Laura hat 5-mal so viele wie Michelle. Wie viele Bonbons hat Michelle?

⑧ Was ist 0,5 x 0,02 ?

⑨ Was ist die Wurzel aus 196 ?

⑩ Schreibe den folgenden Satz ab und ergänze die fehlenden Kommas:
Gestern musste er 40 Euro Strafe zahlen weil er vergesslich wie er war seine Fahrkarte zu Hause hatte liegen lassen.

⑪ Was bedeutet das Fremdwort *effizient*? Notiere die richtige Bedeutung:
a) *vollständig* b) *vergesslich*
c) *wirksam*

1 a) 720 b) 33,75 c) 36 d) 18,4
2 Bayern, Nordrhein-Westfalen, Hessen, Baden-Württemberg, Sachsen, Niedersachsen, Thüringen, Rheinland-Pfalz, Saarland, Schleswig-Holstein, Mecklenburg-Vorpommern, Sachsen-Anhalt, Brandenburg, Bremen, Berlin, Hamburg
3 Ankara, Lissabon, Athen
4 b) 17. Jahrhundert
5 d) Bundesversammlung
6 b) 5 Jahre
7 Michelle hat 5 Bonbons.
8 0,01
9 14
10 Gestern musste er 40 Euro Strafe zahlen, weil er, vergesslich wie er war, seine Fahrkarte zu Hause hatte liegen lassen.
11 c) wirksam

1.3 (5) das eigene Lernverhalten im Hinblick auf die Abschlussprüfung reflektieren und sich dabei angemessene Ziele setzen, Lernschritte planen und Lernerfolge erkennen

Die Stimme erproben

Diese Richtung ist gewiss,
Immer schreite, schreite!
Finsternis und Hindernis
Drängt mich nicht zur Seite.

Doch bin ich, wie ich bin,
Und nimm mich nur hin!
Willst du bessre besitzen,
So lass dir sie schnitzen.
Ich bin nun, wie ich bin;
So nimm mich nur hin!

1 a) Lest die beiden Strophen aus unterschiedlichen Gedichten von Johann Wolfgang von Goethe oben.
b) Besprecht zu zweit, worum es in den Strophen jeweils geht.

2 a) Entscheide dich für eine der beiden Strophen und begründe, warum sie dir mehr zusagt.
b) Lies die Strophe erneut und überlege dir, welche Stellen du mit deiner Stimme besonders hervorheben möchtest. Hinweise dazu findest du in der *Lernbox*.
c) Lest euch dann eure Strophen zu zweit gegenseitig laut vor.
d) Gebt einander Tipps zur Verbesserung und probiert verschiedene Sprechweisen aus.

3 a) Tragt euch zu zweit gegenseitig die Verse *„Drängt mich nicht zur Seite"* und *„Doch bin ich, wie ich bin"* in den folgenden Stimmungen vor:
traurig – wütend – fröhlich – schüchtern.
b) Besprecht anschließend, wie ihr eure Stimme verändert habt, um die entsprechende Stimmung auszudrücken.

Lernbox

Mit der Stimme arbeiten

Die Stimme ist ein wichtiges Instrument, um beispielsweise deiner Meinung oder einem bestimmten Gefühl Ausdruck zu verleihen. So kannst du den Ausdruck mit der Stimme variieren:

1 einzelne Wörter **betonen**, um die Wichtigkeit hervorzuheben, z. B.: *„<u>Du</u> darfst nicht kommen!"*
2 **laut** oder **leise** sprechen, um deine Gefühle auszudrücken, z. B.:
<u>besonders laute Stimme:</u> wütend/aufgeregt,
<u>leise Stimme:</u> traurig/schüchtern.
3 eine **Sprechpause** einlegen, um Spannung zu erzeugen, z. B.: *„Ich bin // fassungslos!"*
4 die **Aussprache** verändern, z. B.: *nuscheln, leiern, Dialekt sprechen.*

1.4 (2) szenische Darstellungen (z. B. Theaterbesuche) reflektieren, die Wirkung der einzelnen Aspekte hinsichtlich der stimmlichen Variation, des Ausdrucks in Mimik, Gestik sowie Körperhaltung beschreiben und Handlungsalternativen diskutieren

> *A) Wir fahren, fahren, fahren auf der Autobahn.*
> *B) Tomaten – nächste Woche im Supersonderangebot.*
> *C) Die Geburtstagsparty heute Abend wird der Knaller.*
> *D) Tagsüber ist es in der Wüste sehr heiß und nachts sehr kalt.*

4 a) Lest die Sätze A–D im Kasten oben.
b) Bildet dann Kleingruppen mit vier Personen und verteilt untereinander die Sätze.
c) Startet eine Non-Sense-Diskussion, bei der jeder nur seinen Satz auf verschiedene Arten wiederholt.
d) Beendet eure Diskussion, indem alle ihren Satz mit einer zufriedenen Stimme sagen.
e) Wiederholt die Diskussion und unterstützt eure Stimmen mit Gesten. Probiert unterschiedliche Ausgänge der Diskussion aus:
- *alle Vier sind wütend,*
- *einer ist beleidigt, zwei sind zufrieden und einer ist traurig,*
- *zwei sind wütend, zwei zufrieden.*

f) Wiederholt die Diskussion ein letztes Mal, ohne davor zu besprechen, wie die Diskussion enden soll.

5 a) Überlege dir, in welchen Bereichen es wichtig ist, deine Stimme bewusst einzusetzen.
b) Tauscht euch zu zweit über eure Überlegungen aus.

6 a) Schreibe die ersten vier Sätze auf, die dir zum Thema Frühling einfallen.
b) Geht zu zweit zusammen und tragt euch eure Sätze auf unterschiedliche Arten vor:
- *spannend,*
- *genervt,*
- *sachlich,*
- *überzeugend.*

c) Überprüft euch gegenseitig, ob ihr eure Stimme richtig eingesetzt habt. Gebt euch, wenn nötig, Tipps zur Verbesserung.

7 Führt in der Klasse das folgende Spiel durch:

Ball und Wort

1 Alle Schülerinnen und Schüler der Klasse bewegen sich frei im Klassenraum und werfen sich einen Ball zu.
2 Jeder, der den Ball fängt, muss ihn dem Nächsten zuwerfen. Dabei nennt er laut einen Begriff aus dem Bereich Obst- und Gemüsesorten.
3 Die Wörter sollen jeweils mit Nachdruck und Kraft artikuliert werden.

Tipp

zu 4 c)
Folgende Punkte solltest du während der Diskussion beachten:
1 Um deiner Meinung Ausdruck zu verleihen, kannst du deine Stimme variieren. Lies dazu noch einmal die *Lernbox* (→ S. 56).
2 Stelle dir eine richtige Diskussion zu einem Thema vor, das dir wichtig ist, um dich besser in die Diskussion einzufinden.
3 Achte auch auf die Stimmvariation deiner Mitschülerinnen und Mitschüler und passe deine Stimme entsprechend an.

1.2 (3) erarbeitete Feedbackmethoden selbstständig nutzen, um eigenes und fremdes Vortragsverhalten zu beurteilen · 1.4 (2) szenische Darstellungen (z. B. Theaterbesuche) reflektieren, die Wirkung der einzelnen Aspekte hinsichtlich der stimmlichen Variation, des Ausdrucks in Mimik, Gestik sowie Körperhaltung beschreiben und Handlungsalternativen diskutieren

Gestik und Mimik erkunden

1

2

3

1 a) Betrachte die Bilder 1–3 oben und notiere, welche Gefühle die Personen zeigen.
b) Tauscht euch zu zweit darüber aus, woran ihr das jeweilige Gefühl erkannt habt.

2 a) Lies die *Lernbox* auf Seite 59 und überlege, welche Wirkung die abgebildeten Gestiken und Mimiken jeweils haben.
b) Suche dir ein Gefühl aus und versuche es zunächst nur durch dein Gesicht zum Ausdruck zu bringen. Erkennen deine Mitschülerinnen und Mitschüler das Gefühl?

3 a) Geht in Kleingruppen zusammen. Schreibt Dinge/Situationen auf einzelne Zettel, die bei euch folgende Gefühle hervorrufen:
Wut – Ekel – Freude – Trauer.
b) Zieht abwechselnd einen Zettel und zeigt durch eure Mimik, welche Gefühle in euch ausgelöst werden. Die anderen erraten das Gefühl.

4 Geht zu zweit zusammen. Versucht euch gegenseitig nur durch eure Mimik zum Lachen zu bringen.

5 Bearbeitet in der Gruppe folgende Aufgabe.

Standbilder bauen

1. Teilt eure Gruppe in zwei Hälften auf.
2. Überlegt euch in der Kleingruppe ein Standbild zu den folgenden Situationen:
   - *Trennung von einem Freund/einer Freundin,*
   - *Erhalt einer schlechten Note in einer Probe,*
   - *Auffinden einer Spinne im Zimmer,*
   - *Halten eines Referats (sehr aufgeregt und schüchtern),*
   - *freudige Nachricht darüber, dass es in den Traumurlaub geht.*
3. Führt euch die Standbilder gegenseitig vor und erratet, welche Situation dargestellt wird.
4. Besprecht anschließend, wie ihr das jeweilige Standbild wahrgenommen habt.
5. Gebt euren Mitschülern Tipps, was sie noch besser machen könnten.

1.4 (2) szenische Darstellungen (z. B. Theaterbesuche) reflektieren, die Wirkung der einzelnen Aspekte hinsichtlich der stimmlichen Variation, des Ausdrucks in Mimik, Gestik sowie Körperhaltung beschreiben und Handlungsalternativen diskutieren

6 a) Zeigt euch zu zweit gegenseitig folgende Stimmungen, indem ihr eure Mimik mit passender Gestik unterstützt:
freudig – traurig – angewidert – wütend – albern.
b) Habt ihr die Stimmungen erkannt? Gebt einander, wenn nötig, Tipps zur Verbesserung.

7 Es gehören immer ein Gesichtsausdruck, eine Körperhaltung und ein Gefühl zusammen. Schreibe die zusammengehörigen Teile auf.

Wut *Schultern nach vorne hängend* *angespannt* *Trauer* *Freude* *Stirn gerunzelt* *Mundwinkel nach unten* *aufgerichtet* *Mundwinkel nach oben*

8 Spielt folgendes Spiel in der Klasse.

Stimmung raten
1 Überlege dir eine Stimmung, die du ausdrücken möchtest.
2 Überlege dir genau, wie du diese Stimmung nur mit Gestik und Mimik ausdrücken kannst.
3 Bewegt euch nun frei im Klassenzimmer.
4 Sobald du ein Klangsignal hörst, stellst du deinem Gegenüber deine Stimmung nur mit Gestik und Mimik dar.
5 Erratet ihr gegenseitig, welche Stimmung ihr jeweils darstellt? Wenn ja, kriegen beide einen Punkt. Falls nicht, kriegt keiner einen Punkt.

9 Besonders bei einem Referat oder einer Präsentation sind die richtige Mimik, Gestik und Körperhaltung wichtig.
a) Suche dir einen kurzen Text aus diesem Schulbuch aus.
b) Trage diesen vor einer Kleingruppe vor, als würdest du eine Präsentation halten.
c) Lasse dir Feedback zu deiner Außenwirkung geben. Vielleicht haben deine Mitschüler Tipps, wie du noch selbstbewusster auftreten kannst.
d) Trage den Text erneut deiner Gruppe vor und setze dabei die Tipps um.

Lernbox

Gestik und Mimik gezielt einsetzen

Die Gestik schließt den gesamten Körper ein – wir gestikulieren meist mit den Armen und den Händen – während sich die Mimik auf das Gesicht beschränkt.

1 Gesichtsausdruck, z. B. *Augenbrauen, Mundwinkel, Stirnfalten*

2 Körperhaltung, z. B. *gerader oder krummer Rücken, Schultern nach vorne/hinten*

3 Arme, z. B. *ausbreiten, verschränken, nach unten hängen lassen*

4 Beine, z. B. *breitbeinig stehen, Beine überkreuzen, ein Bein entlasten*

1.4 (2) szenische Darstellungen (z. B. Theaterbesuche) reflektieren, die Wirkung der einzelnen Aspekte hinsichtlich der stimmlichen Variation, des Ausdrucks in Mimik, Gestik sowie Körperhaltung beschreiben und Handlungsalternativen diskutieren

Gestik, Mimik und Stimme gezielt einsetzen

1

2

3

1 a) Betrachte die Bilder 1–3 oben. Um welche Situationen könnte es sich jeweils handeln?
b) Wie wirken die Personen in den Situationen auf dich?
c) Sprecht zu zweit darüber, warum die Bilder diese Wirkung haben. Berücksichtigt dabei auch die Gestik, Mimik und Körperhaltung der Personen. Lest dazu noch einmal die *Lernbox* auf Seite 59.

2 a) Warst du schon einmal in einer Situation, in der du dich unwohl gefühlt hast? Besprecht zu zweit, wie sich das geäußert hat.
b) In welchen Situationen ist es besonders wichtig, seine Mimik, Gestik und Stimme unter Kontrolle zu haben?

3 a) Denkt euch zu zweit einen Dialog für eine der auf den Bildern dargestellten Situationen aus.
b) Sucht euch zwei weitere Zweierteams und spielt euch die jeweiligen Dialoge auf folgende Arten vor:
– *sehr selbstbewusst,*
– *sehr eingeschüchtert.*
c) Die Zuschauer notieren, woran man erkennt, welche der Situationen auf welche Art gerade nachgespielt wird.

4 a) Geht in Vierergruppen zusammen.
b) Überlegt euch eine ähnliche Situation wie auf den Bildern oben und schreibt einen kurzen Dialog dazu.
c) Übt den Dialog. Probiert dabei verschiedene Körperhaltungen, Gestiken und Mimiken aus. Tragt den Dialog vor der Klasse vor.
d) Gebt euch gegenseitig Feedback, wie der Dialog gewirkt hat. Überlegt gemeinsam, welche Bedeutung die Körperhaltung, Gestik und Mimik für die Außenwirkung hat.

1.1 (3) verbale und nonverbale Äußerungen interpretieren (z. B. Stimmführung, Körpersprache) · 1.2 (3) erarbeitete Feedbackmethoden selbstständig nutzen, um eigenes und fremdes Vortragsverhalten zu beurteilen

Einen berühmten Dichter kennenlernen

1 a) Betrachte das Bild oben. Aus welcher Zeit könnte die Person stammen? Lies dazu auch den folgenden Brief.
b) Besprecht zu zweit, wie ihr auf eure Einschätzung gekommen seid.

Brief von Goethe an Schiller

[Sie] eröffnen mir eine doppelt angenehme Aussicht, sowohl auf die Zeitschrift welche Sie herauszugeben gedenken, als auf die Theilnahme zu der Sie mich einladen. Ich werde mit Freuden und von ganzem Herzen von der Gesellschaft sein. Sollte unter meinen ungedruckten Sachen sich etwas finden, das zu einer solchen Sammlung zweckmäßig wäre, so theile ich es gerne mit; gewiß aber wird eine nähere Verbindung mit so wackern Männern, als die Unternehmer sind, manches, das bei mir in's Stocken geraten ist, wieder in einen lebhaften Gang bringen. [...]

2 a) Lies die Infobox über Johann Wolfgang von Goethe oben rechts auf dieser Seite.
b) Tragt euch zu zweit alle Informationen so vor, ...
– *... als wäre es ein Referat,*
– *... als wäre es ein Geheimnis.*
c) Recherchiert weitere Informationen über Johann Wolfgang von Goethe im Internet bzw. mithilfe der Seiten 108 – 109.

Johann Wolfgang von Goethe
- *geboren am 28. August 1749 in Frankfurt a. M.,*
- *1765 – 1768 studiert er in Leipzig zunächst Jura,*
- *1769 erscheint seine erste Gedichtsammlung,*
- *1772 arbeitet Goethe als Praktikant im Reichskammergericht,*
- *1773 erscheint „Götz von Berlichingen" und ist der Beginn der Epoche „Sturm und Drang",*
- *1774 macht ihn der Briefroman „Die Leiden des jungen Werthers" in ganz Deutschland berühmt,*
- *1776 wird er Legationsrat und tritt damit in den weimarischen Staatsdienst ein,*
- *am 22. März 1832 stirbt Goethe in Weimar.*

3 Bildet Sechsergruppen und inszeniert „Die Rederunde". Geht dabei so vor:

1 Bestimmt einen Redemeister, einen Goethe und vier Leute für das Publikum.
2 Die Personen haben verschiedene Aufgaben:
- **Redemeister:** Du führst ein Interview mit Goethe. Überlege dir, welche Fragen du ihm stellen möchtest und wie du deine Gäste begrüßt.
- **Goethe:** Lies dir die Informationen über dich erneut durch und überleg dir, wie man in deiner Zeit gesprochen und wie man sich verhalten haben könnte.
- **Publikum:** Überlegt euch gemeinsam weitere Fragen, die ihr Goethe gerne stellen möchtet.

3 Beginnt nun die Rederunde. Der Redemeister begrüßt das Publikum und seinen Gast und beginnt, Fragen zu stellen. Immer wieder darf sich jemand aus dem Publikum melden und ebenfalls eine Frage an Goethe stellen.
4 Der Rest der Klasse beobachtet die Rederunde und gibt den Teilnehmerinnen und Teilnehmern anschließend Feedback.

1.4 (1) nach der Auseinandersetzung mit der Rollenbiografie verschiedene Ausdrucksformen und sprechgestaltende Mittel bewusst einsetzen und unterschiedliche Formen szenischen Darstellens praktizieren · 2.2 (2) eigenständig literarische Textsorten unterscheiden, ihre spezifische Wirkung diskutieren und Bezüge zwischen Werk, Autorenbiografie und Entstehungszeit herstellen

Eine Ballade kennenlernen

1 Lies den folgenden Text.

Der Zauberlehrling (1797)
Von Johann Wolfgang von Goethe

Hat der alte Hexenmeister
sich doch einmal wegbegeben!
Und nun sollen seine Geister
auch nach meinem Willen leben.
Seine Wort und Werke
Merkt' ich und den Brauch,
Und mit Geistesstärke
Tu ich Wunder auch.

Walle! walle
Manche Strecke,
Dass zum Zwecke
Wasser fließe
Und mit reichem, vollem Schwalle
Zu dem Bade sich ergieße!

Und nun komm, du alter Besen!
Nimm die schlechten Lumpenhüllen!
Bist schon lange Knecht gewesen;
Nun erfülle meinen Willen!
Auf zwei Beinen stehe,
Oben sei ein Kopf,
Eile nun und gehe
Mit dem Wassertopf!

Walle! walle
Manche Strecke,
Dass zum Zwecke
Wasser fließe
Und mit reichem, vollem Schwalle
Zu dem Bade sich ergieße!

Seht, er läuft zum Ufer nieder;
Wahrlich! ist schon an dem Flusse,
Und mit Blitzesschnelle wieder
Ist er hier mit raschem Gusse.
Schon zum zweiten Male!
Wie das Becken schwillt!
Wie sich jede Schale
Voll mit Wasser füllt!

Stehe! stehe!
Denn wir haben
Deiner Gaben
Voll gemessen! -
Ach, ich merk es! Wehe! wehe!
Hab ich doch das Wort vergessen!

Ach, das Wort, worauf am Ende
Er das wird, was er gewesen.
Ach, er läuft und bringt behende!
Wärst du doch der alte Besen!
Immer neue Güsse
Bringt er schnell herein,
Ach! und hundert Flüsse
Stürzen auf mich ein.

Nein, nicht länger
Kann ich's lassen;
Will ihn fassen.
Das ist Tücke!
Ach! nun wird mir immer bänger!
Welche Miene! welche Blicke!

O, du Ausgeburt der Hölle!
Soll das ganze Haus ersaufen?
Seh ich über jede Schwelle
Doch schon Wasserströme laufen.
Ein verruchter Besen,
Der nicht hören will!
Stock, der du gewesen,
Steh doch wieder still!

Willst's am Ende
Gar nicht lassen?
Will dich fassen,
Will dich halten
Und das alte Holz behende
Mit dem scharfen Beile spalten.

Seht, da kommt er schleppend wieder!
Wie ich mich nur auf dich werfe,
Gleich, o Kobold, liegst du nieder;
Krachend trifft die glatte Schärfe!
Wahrlich! brav getroffen!
Seht, er ist entzwei!
Und nun kann ich hoffen,
Und ich atme frei!

Wehe! wehe!
Beide Teile
Stehn in Eile
Schon als Knechte
Völlig fertig in die Höhe!
Helft mir, ach! ihr hohen Mächte!

Und sie laufen! Naß und nässer
Wird's im Saal und auf den Stufen.
Welch entsetzliches Gewässer!
Herr und Meister, hör mich rufen! –
Ach, da kommt der Meister!
Herr, die Not ist groß!
Die ich rief, die Geister,
Werd ich nun nicht los.

„In die Ecke,
Besen! Besen!
Seid's gewesen!
Denn als Geister
Ruft euch nur zu seinem Zwecke
Erst hervor der alte Meister."

1.4 (2) szenische Darstellungen (z. B. Theaterbesuche) reflektieren, die Wirkung der einzelnen Aspekte hinsichtlich der stimmlichen Variation, des Ausdrucks in Mimik, Gestik sowie Körperhaltung beschreiben und Handlungsalternativen diskutieren

2 a) Kläre dir unbekannte Wörter mithilfe eines Wörterbuches.
b) Fasse den Inhalt mit eigenen Worten in wenigen Stichpunkten zusammen.

3 a) Recherchiere im Internet über die Textsorte „Ballade“ und notiere stichpunktartig wichtige Merkmale.
b) Welche Merkmale findest du in der Ballade „Der Zauberlehrling“ wieder? Notiere.

4 a) Welche Lehre sollte der Zauberlehrling aus dieser Situation gezogen haben? Notiere einen Lehrsatz.
b) Erkläre mit eigenen Worten, warum diese Ballade aus dem Jahr 1797 auch für dich noch wichtig sein kann.

5 Der Zauberlehrling liest eine Woche vor seinem Missgeschick folgende Stellenanzeige:

Wir suchen dich!

Du bist verrückt nach Zaubertricks? Schon im Kindesalter hast du es geliebt, deine Familie mit Zaubereien zu unterhalten? Dann bist du bei uns genau richtig! Mache jetzt dein Hobby zum Beruf!
Wir suchen einen/eine

Auszubildende/n für die hohe Kunst der Zauberei

mit Aussicht auf einen Meisterbrief in Zauberei und Hexerei.

Ausbildungsbeginn: 01.09.20XX

Wir haben dein Interesse geweckt? Dann schicke noch heute deine Bewerbung an folgende E-Mail-Adresse: **MinisteriumfürZauberei@hokus.de**

a) Er möchte sich bewerben und überlegt, welche seiner Eigenschaften ihn besonders geeignet für diesen Job machen. Schreibe seine Gedanken auf.
b) Vergleicht zu zweit eure Ergebnisse.

6 a) Der Zauberlehrling befragt seine Freunde, welche Eigenschaften ihn ausmachen. Lies die Antworten: *fleißig – übereifrig – überschätzt sich selbst*.
b) Findest du in der Ballade Textstellen, die diese Eigenschaften bestätigen? Zitiere diese.
c) Tauscht euch zu zweit über eure Notizen aus.

7 Der Zauberlehrling erzählt seinen Eltern von der Stellenanzeige und befragt auch sie nach seinen Eigenschaften.
a) Lies die Antwort seiner Mutter.

Mutter: Ich finde, du bist sehr fleißig. Was ich auch besonders an dir schätze, ist, dass du immer pünktlich bist. Deine Lehrer meinten in der Schule immer, dass du richtig gut mit deinen Mitschülern zusammenarbeiten kannst und dich gut in die Gruppe integrierst. Ich halte dich auch für den Job besonders geeignet, da du dich schon immer für die Zauberei und Tricks begeistern konntest. Wenn du dich für etwas begeisterst, bist du sehr zielstrebig. Allerdings musst du auch ein bisschen aufpassen, da du dich manchmal wirklich überschätzt und dir dann auch nicht gerne etwas sagen lässt. Weißt du zum Beispiel noch, als dein großer Bruder dir gesagt hat, du solltest erstmal mit Stützen Fahrrad fahren, aber du meintest, du könntest das schon viel besser? Danach bist du ja leider ziemlich gestürzt. Also solltest du wirklich auf deine zukünftigen Lehrmeister hören und dir auch Kritik zu Herzen nehmen.

b) Schreibe die Eigenschaften heraus, die die Mutter nennt, und ergänze deine Liste aus Ausgabe 5a).

Eine Rollenbiografie schreiben

1 a) Notiert zu zweit Fragen, die ihr dem Zauberlehrling gerne stellen würdet, um ihn besser kennenzulernen.
b) Geht mit einem weiteren Zweierteam zusammen und beantwortet gegenseitig eure Fragen. Bei den Antworten dürft ihr kreativ sein.

2 a) Lies die *Lernbox*. Erkläre, was eine Rollenbiografie ist. Wobei kann einem das Schreiben einer Rollenbiografie helfen?
b) Schreibe nun mithilfe deiner Vorarbeiten (S. 62–64) eine Rollenbiografie für den Zauberlehrling.
c) Tauscht zu zweit eure Rollenbiografien. Untersucht sie mithilfe der folgenden Fragen:
- *Gibt die Rollenbiografie die Eigenschaften des Zauberlehrlings gut wieder?*
- *Stimmen die Eigenschaften mit den Aussagen der Mutter (S. 63) überein?*
- *Kannst du dich mithilfe der Rollenbiografie gut in den Zauberlehrling hineinversetzen?*

d) Überarbeitet eure Rollenbiografien mithilfe der Anmerkungen.

3 Der Meister denkt am Abend noch einmal über die Situation nach, die dem Zauberlehrling passiert ist. Betrachte das folgende Bild.

4 a) Besprecht zu zweit, welche Eigenschaften ihr dem Meister zuschreiben würdet.
b) Notiert Fragen, die ihr dem Meister gerne stellen würdet, um ihn besser kennenzulernen.
c) Geht mit einem weiteren Zweierteam zusammen und beantwortet gegenseitig eure Fragen. Bei den Antworten dürft ihr kreativ sein.

5 a) Schreibt zu zweit eine Rollenbiografie für den Meister. Lest hierzu auch noch einmal die *Lernbox*.
b) Vergleicht eure Rollenbiografien in der Klasse.

Lernbox

Eine Rollenbiografie schreiben

1. Eine Rollenbiografie **beschreibt eine Figur** einer Geschichte oder eines Films mit all ihren **Eigenschaften** und **Besonderheiten.**
2. Wenn du dich auf diese Art mit einer Figur auseinandersetzt, kann dir das helfen, die entsprechende Figur sowie ihr Handeln **besser zu verstehen.**
3. **So schreibst du eine Rollenbiografie:**
   - Du schlüpfst zum Verfassen der Biografie in die Rolle der Figur.
   - Du schreibst die Biografie aus der **Ich-Perspektive**, z. B.: *Ich bin ein Jäger, wie es auch mein Vater war. Deswegen mache ich diesen Beruf. Ich bin ein vertrauenswürdiger und stets höflicher Mensch. […]*
   - Du musst die Rolle genau aus dem jeweiligen Werk (z. B. Ballade, Film) herausarbeiten. Beachte dabei auch die **Vergangenheit** und **Zukunft** der Figur.

1.4 (1) nach der Auseinandersetzung mit der Rollenbiografie verschiedene Ausdrucksformen und sprechgestaltende Mittel bewusst einsetzen und unterschiedliche Formen szenischen Darstellens praktizieren

Eine Ballade szenisch darstellen

1 a) Lest euch die Ballade „Der Zauberlehrling" auf Seite 62 noch einmal genau durch.
b) Sprecht in der Klasse über die Stimmung, die die Ballade vermittelt.
c) „Der Zauberlehrling" wurde in vielen Internetvideos szenisch umgesetzt. Sucht ein solches Video und schaut es euch an.

2 Geht in Kleingruppen zusammen und entscheidet euch für eine der folgenden vier Ideen, die Ballade szenisch umzusetzen. Nutzt dabei eure Rollenbiografien von Seite 64.

Idee 1

Überlegt euch eine geeignete Melodie und versucht, die Ballade zu singen oder zu rappen.
Tipp: Die Ballade wurde bereits als Rap inszeniert. Hört euch den Rap im Internet an, falls ihr eine Inspiration benötigt.

Idee 2

Stellt euch die Situation im echten Arbeitsleben vor. Verteilt die einzelnen Rollen und schreibt echte Dialoge, die in einer solchen Situation am Arbeitsplatz vorkommen können. Spielt die Situation nach. Achtet auch auf die passende Gestik, Mimik und Stimmlage, um die Stimmung richtig herüberzubringen.

Idee 3

Verteilt die folgenden Rollen: Interviewer, Meister und Lehrling. Überlegt euch gemeinsam Fragen des Interviewers und Antworten des Meisters und des Lehrlings. Probt nun das Interview wie in einer Rederunde.

Idee 4

Verteilt untereinander die Rollen, die in der Ballade vorkommen. Schreibt die Ballade so um, dass sie als Drehbuch dienen kann. Spielt nun die Situation mit euch als Hauptpersonen nach.

3 a) Führt eure szenische Interpretation in der Klasse vor.
b) Besprecht anschließend folgende Fragen:
- *Was ist gelungen?*
- *Was kann man verbessern?*
- *Welche Stimmung wurde deutlich?*
- *Wurden Gestik, Mimik und Stimme passend eingesetzt?*
- *Passt die Umsetzung zur Ballade?*

c) Setzt die Anregungen direkt um und filmt eure Inszenierung, wenn ihr mögt.

1.4 (3) Texte adaptieren, die durch unterschiedliche Medien dargestellt werden, und ein angemessenes Repertoire an sprachlichen, körpersprachlichen sowie stimmlichen Mitteln zur szenischen Darstellung nutzen

Körpersprache bewusst einsetzen

A

B

C

D

E

1 a) Überlege, mit welcher dieser Personen du dich gerne unterhalten würdest.
b) Erkläre, warum du dich gerade für diese Person entschieden hast.

Tipp

zu 2 a)
Man kann Gefühle durch *Mimik* (Gesichtsausdruck), *Gestik* (z. B. Bewegung der Arme) und durch die *Körperhaltung* ausdrücken.

zu 2 b)
traurig – verzweifelt – entsetzt – wütend – genervt – gelangweilt – froh – selbstbewusst – unsicher – nervös

2 a) Benenne und erkläre die drei Aspekte der Körpersprache, durch die man seine Gefühle ausdrücken kann.
b) Welche Gefühle drücken die Personen (A – E) durch ihre Körpersprache aus?

3 Probiert in der Klasse das folgende Spiel aus.

Gefühle darstellen
- Setze dich einem Partner gegenüber.
- Drücke verschiedene Emotionen mit der Körpersprache aus. Lasse dein Gegenüber raten, welches Gefühl du vermitteln willst.
- Tauscht danach die Rollen.
- Überlegt anschließend, welche Gefühle besonders schwer darzustellen waren.

1.1 (3) verbale und nonverbale Äußerungen interpretieren (z. B. Stimmführung, Körpersprache)

4 Bildet Kleingruppen und bearbeitet die folgende Aufgabe.

Genau beobachten

1. Seht euch im Internet eine Diskussionsrunde (z. B. Talkshow zu einem aktuellen politischen Thema) ohne Ton an.
2. Jeder von euch soll eine der Personen beobachten. Macht euch Notizen zu Körperhaltung und Auftreten.
3. Seht euch nun die gleiche Diskussion mit Ton an. Macht euch Notizen zu Sprechweise und Umgangsformen „eurer" Person.
4. Stellt euch gegenseitig eure Beobachtungen vor. Welche Person konnte euch am meisten überzeugen und warum?

5 a) Lest die *Lernbox* und bereitet zu zweit einen Kurzvortrag zum Thema „Nonverbale Signale" vor.
b) Haltet die Vorträge in der Klasse.
c) Gebt euch gegenseitig Feedback.

Lernbox

Nonverbale Signale

Als nonverbale Signale bezeichnet man in der Kommunikation alles das, was nicht durch Worte vermittelt wird. Folgende Punkte sind wichtig für eine erfolgreiche Kommunikation:
- eine **aufrechte, selbstbewusste Körperhaltung** (keine verschränkten Arme),
- ein **offenes Lächeln**,
- **Blickkontakt**,
- eine **sichere Stimme**,
- eine **ruhige, entspannte Ausstrahlung**.

6 Stelle dir vor, du bist ein Politiker/eine Politikerin und möchtest in deiner Stadt etwas verändern. Du wirst von einem Moderator zu einem Interview eingeladen.
a) Bildet Dreiergruppen und verteilt die Rollen: Politiker/in, Moderator/in und Beobachter/in. Einigt euch auf eines der folgenden Themen:

- *Bau eines Basketball-/Skateplatzes*
- *Bau eines Jugendzentrums*
- *kostenfreie Nutzung öffentlicher Verkehrsmittel für unter 18-Jährige*

b) Bereitet eure Rollen vor und haltet eure Ideen stichpunktartig fest:
- Als Politiker/in sammelt ihr Argumente, die für euer Vorhaben sprechen.
- Überlegt auch, was dagegen sprechen könnte. Findet Argumente, mit denen ihr Personen mit gegenteiliger Meinung überzeugen könntet.
- Notiert Fragen, die ihr als Moderator/in stellen könnt.
- Entwerft als Beobachter/in einen Beobachtungsbogen mit den Punkten, auf die ihr besonders achten wollt.

c) Führt das Interview durch.
- *Achtet darauf, die Hinweise aus der Lernbox umzusetzen.*
- *Als Beobachter/in gebt ihr im Anschluss Feedback.*

d) Tauscht in einem zweiten Durchgang die Rollen. Wenn ihr möchtet, könnt ihr ein neues Thema wählen.

1.1 (1) Gesprächsbeiträge anderer sinnerfassend und vernetzend verfolgen; dabei wesentliche Informationen verstehen, sichern, wiedergeben und kritisch hinterfragen · 1.1 (3) verbale und nonverbale Äußerungen interpretieren (z. B. Stimmführung, Körpersprache) · 1.3 (1) sich konstruktiv an Gesprächen beteiligen und verbale und nonverbale Mittel versiert einsetzen

Höflich miteinander sprechen

1 a) Lest euch zu zweit nacheinander gegenseitig die Sätze A–D unten laut vor. Betont jeweils das in Großbuchstaben geschriebene Wort.

*A) **ICH** fahre morgen nach München (nicht Anna).*

*B) Ich **FAHRE** morgen nach München (Ich gehe nicht zu Fuß.).*

*C) Ich fahre **MORGEN** nach München […].*

*D) Ich fahre morgen nach **MÜNCHEN** […].*

b) Überlegt gemeinsam, wie die Sätze C und D weitergehen könnten.

c) Besprecht, wie sich die Bedeutung eines Satzes verändert, wenn ihr unterschiedliche Wörter betont.

d) Findet weitere Beispiele für Sätze, deren Bedeutung sich durch die Betonung der Wörter ändert.

2 Probiert nacheinander die folgenden drei Spiele aus.

Gefühle ausdrücken 1 **1**

- Lies einem Partner den folgenden Satz vor.

„Ich will das nicht."

- Lies mehrmals hintereinander und drücke dabei folgende Gefühle aus: *ängstlich, lustig, ärgerlich, wütend, traurig*.
- Lasse deinen Partner raten, welches Gefühl du ausdrücken wolltest.

Gefühle ausdrücken 2 **2**

- Schreibt zu zweit eigene Sätze auf, die ihr in verschiedenen Gefühlslagen vorlesen könnt.
- Lest einen eurer Sätze der Klasse vor. Erkennen die anderen das Gefühl?

Sich höflich ausdrücken **3**

- Lies folgende Sätze:
  „Ich sehe das anders."
  „Warum funktioniert das nicht?"
  „Das ist nicht richtig."
- Sprich die Sätze jeweils laut – einmal höflich und einmal unhöflich.
- Bewege dich im Klassenzimmer und sprich die Sätze in den beiden Versionen verschiedenen Mitschülern vor. Erkennt jeder, wann du höflich bzw. unhöflich mit ihm gesprochen hast?
- Lasse dir Tipps geben, was du verbessern kannst.

3 a) Erkläre die Redewendung *„Der Ton macht die Musik"*.

b) Erzähle, in welchem Zusammenhang du diese Redewendung schon einmal gehört hast.

1.1 (3) verbale und nonverbale Äußerungen interpretieren (z. B. Stimmführung, Körpersprache) · 1.3 (1) sich konstruktiv an Gesprächen beteiligen und verbale und nonverbale Mittel versiert einsetzen

Situation 1

Situation 2

Situation 3

Situation 4

4 Betrachte die Situationen 1 und 2 und erkläre, worin sie sich unterscheiden.

5 a) Überlege dir, wie die Dialoge weitergehen könnten und schreibe die Fortsetzung auf.
b) Notiere stichpunktartig Gründe, warum es wichtig ist, in Situationen wie oben höflich miteinander umzugehen.
c) Besprecht zu zweit eure Überlegungen.
d) Welche weiteren Alltagssituationen kennst du, in denen man unbedingt höflich miteinander umgehen sollte?

6 a) Erkläre mit eigenen Worten, was es bedeutet, „höflich" zu sein.
b) Diskutiert in der Klasse darüber.

7 Kennst du Situationen, in denen du dich schon einmal über die Unhöflichkeit einer Person geärgert hast? Erzähle deinen Mitschülern davon.

8 Betrachtet die Situationen 3 und 4 und besprecht zu zweit, worin sie sich unterscheiden.

9 Lies die *Lernbox* und erkläre den Vorteil von „Ich-Botschaften" an einem konkreten Beispiel.

Lernbox

Ich-Botschaften

Durch den Satzbeginn mit „Ich" ...
- ... teilst du dem Gesprächspartner mit, wie du dich selbst fühlst.
- ... erklärst du, wie das Verhalten deines Gegenübers auf dich wirkt.
- ... machst du dem anderen keinen Vorwurf und verurteilst ihn nicht.
- ... gibst du deinem Gesprächspartner die Möglichkeit, sein Handeln aus einem anderen Blickwinkel zu sehen.

1.1 (3) verbale und nonverbale Äußerungen interpretieren (z. B. Stimmführung, Körpersprache) · 1.3 (1) sich konstruktiv an Gesprächen beteiligen und verbale und nonverbale Mittel versiert einsetzen

Auf ein Argument eingehen

1 Lest das Gespräch und besprecht zu zweit, was ihr davon haltet.

2 a) Notiert Möglichkeiten, wie Mike anders reagieren könnte.
b) Schreibt den Dialog sinnvoll um.
c) Spielt die Situation in der veränderten Version eurer Klasse vor.

3 Erkläre, wie ein Argument aufgebaut sein sollte.

4 a) Bei einer Diskussion kannst du widersprechen, zustimmen, nachfragen oder ergänzen. Bildet Kleingruppen und schreibt die vier Punkte auf ein Blatt Papier.
b) Notiert passende Sätze oder Satzanfänge wie im Beispiel unten.

widersprechen – *Was du sagst, ist nicht ganz richtig …*	**zustimmen** – *Richtig! Das sehe ich genauso. …*
nachfragen – *Kannst du mir das bitte erläutern?*	**ergänzen** – *Dazu kann man außerdem sagen…*

5 Wählt in Kleingruppen eines der folgenden Themen aus und diskutiert darüber. Achtet darauf, immer das Argument des vorhergehenden Sprechers aufzugreifen.
Klassenfahrt – Abendplanung – Schuluniform – verändertes Angebot des Pausenverkaufs

Tipp

zu 3) Aufbau eines Arguments

Behauptung
Triff eine Aussage.
↓
Hunden kann man viel beibringen, …

Begründung
Sage, warum du so denkst.
↓
… weil sie kluge Tiere sind.

Beispiel
Finde ein konkretes Beispiel, das deine Aussage bestätigt.
↓
Zum Beispiel gibt es Hunde, die blinden Menschen im Alltag helfen.

→ Bei einem mündlichen Meinungsaustausch lässt man das *Beispiel* manchmal weg. *Behauptung* und *Begründung* müssen aber immer vorkommen.

1.3 (3) diskutieren und debattieren, dabei den eigenen Standpunkt begründet, nachvollziehbar und differenziert darstellen und ggf. verändern. Die passende Sprachebene versiert wählen (z. B. Dialekt, Standardsprache, Fachsprache) und Inhalts- und Beziehungsebene nach einem Kommunikationsmodell berücksichtigen

Eine Diskussion leiten

Situation 1

Situation 2

1 a) Seht euch die Bilder oben auf der Seite aufmerksam an und überlegt zu zweit, was in den Situationen jeweils schiefläuft.
b) Findet eine Möglichkeit, wie der Moderator jeweils reagieren könnte. Die *Lernbox* kann dabei helfen.

2 Geht in Kleingruppen zusammen und spielt eine der Situationen nach. Geht dabei so vor:

1 Jeder von euch ist einmal der Moderator. Findet in dieser Rolle jeweils eine eigene Möglichkeit, auf die Situation zu reagieren.
2 Entscheidet am Ende, welche Reaktion am besten war. Begründet eure Meinung.
3 Spielt eure Szene der Klasse vor.

3 a) Schreibe zu einem Stichpunkt der *Lernbox* ein weiteres Dialogbeispiel wie oben.
b) Tauscht zu zweit eure Dialoge. Lasse deinen Partner/deine Partnerin erraten, auf welchen Stichpunkt sich dein Dialog bezieht.

4 a) Schreibe zu jedem Stichpunkt der *Lernbox* ein bis zwei Sätze auf, die du als Formulierungshilfen nutzen kannst.
Beispiel:
aufpassen, dass alle beim Thema bleiben:
– *„Lasst uns bitte zum Thema zurückkehren."*
– *„Jetzt wollen wir wieder über das eigentliche Thema sprechen."*
...
b) Vergleicht zu zweit eure Ergebnisse und ergänzt die Formulierungshilfen.

Lernbox

Eine Diskussion leiten

Als Diskussionsleiter ist es deine Aufgabe, ...
- aufzupassen, dass alle beim Thema bleiben,
- verschiedene Meinungen anzuhören,
- Übergänge zwischen den Themen zu finden,
- neutral zu bleiben,
- alle ausreden zu lassen,
- bei Streitigkeiten zu vermitteln,
- Abstimmungen durchzuführen,
- Ergebnisse zusammenzufassen.

1.3 (4) mithilfe von selbst erstellten Moderationsplänen versiert Gespräche leiten, das Gespräch im Fluss halten, Argumente einander gegenüberstellen, Inhalte zusammenfassen, Entscheidungen oder Kompromisse herbeiführen und im Anschluss die Gespräche reflektieren

Eine Problemsituation erfassen

1 a) Lies dir die Situation der Familie Freudmann/Hartinger und die Rollenkarten auf dieser Doppelseite durch (→ COPY 10).

Situation der Familie Freudmann/Hartinger
David lebt mit seinen beiden Kindern **Ella** und **Anton** sowie seiner Lebensgefährtin **Sabine** in dem Ort Kleineck. Sabines Sohn **Enrico** ist 20 Jahre alt und lebt in einer Wohnung in München. Enrico hat erfahren, dass in seiner Nähe eine Wohnung in guter Lage frei wird, und fragt, ob seine Mutter und die Familie nicht dorthin ziehen wollen. In München werden gute Handwerker immer gesucht und außerdem viele Ausbildungsstellen angeboten. In der Landeshauptstadt leben etwa 1,5 Millionen Menschen. Die Miete ist dort viel höher als in einem kleinen Ort.

b) Erkläre, vor welchem Problem die Familie steht.

2 a) Sprecht in der Klasse über die Situation.
b) Überlegt, wie die Situation für die Familie ausgehen könnte.

3 a) Bildet Kleingruppen und verteilt die Rollen.
b) Lest noch einmal eure Rollenkarte.

4 Schreibe einen Tagebucheintrag deiner Person und beantworte dabei die folgenden Fragen:
- *Wie geht es ihm/ihr?*
- *Was hat er/sie für Wünsche?*
- *Wie stellt er/sie sich seine/ihre Zukunft vor?*

Familie Freudmann/Hartinger

David Freudmann (48)
- Er arbeitet seit 16 Jahren in einem Kleinbetrieb als Schlosser.
- Der Kleinbetrieb läuft nicht besonders gut.
- Schon zweimal wurde der Lohn verspätet gezahlt.
- Sein Bruder, den er selten sieht, wohnt in München.
- Er würde sich über einen Neuanfang in der Stadt freuen.

Ella Freudmann (18)
- Ella macht gerade eine Ausbildung zur Industriekauffrau.
- Sie möchte gerne ausziehen.
- Sie möchte ein Auto, kann sich das aber nur leisten, wenn sie weiterhin zu Hause wohnt.
- Ella kann sich nicht mit der Idee anfreunden, in die Großstadt zu ziehen.

Anton Freudmann (14)
- Er beendet demnächst die Schule.
- Er hat viele Freunde in Kleineck.
- Ein Bekannter führt einen Betrieb, in dem er eine Lehre als Zweiradmechaniker machen könnte.
- Anton kann sich nicht vorstellen, in München zu leben.

1.3 (4) mithilfe von selbst erstellten Moderationsplänen versiert Gespräche leiten, das Gespräch im Fluss halten, Argumente einander gegenüberstellen, Inhalte zusammenfassen, Entscheidungen oder Kompromisse herbeiführen und im Anschluss die Gespräche reflektieren

Enrico Hartinger (20)
- Er lebt seit zwei Jahren in München.
- Anton arbeitet als Mechatroniker in einem mittelständischen Betrieb.
- Er wohnt in einer sehr kleinen Wohnung, die er sich gerade so leisten kann.
- Er genießt es, dass man in München alles „vor der Haustüre“ hat
- Enrico würde sich freuen, seine Mutter in der Nähe zu haben

Sabine Hartinger (44)
- Sie ist die Lebensgefährtin von David und findet als Friseurin im Moment keinen Job in Kleineck.
- Sie ist sich unsicher, ob das Einkommen einer Friseurin und eines Schlossers reicht, um das Leben in München finanzieren zu können.
- Sabine möchte näher bei ihrem Sohn leben.

5 a) Setzt euch nun nach Rollen geordnet in Gruppen zusammen: alle Davids, alle Antons usw.

b) Erstellt ein Cluster mit Gründen, die für bzw. gegen den Umzug nach München sprechen – je nach Rolle.

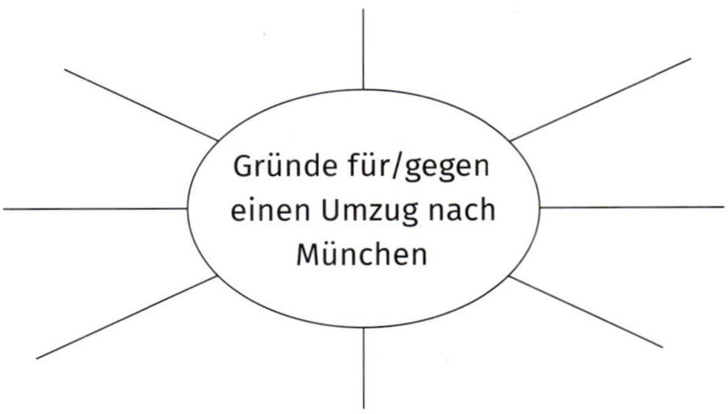

c) Jedes Gruppenmitglied hält die Ideen auf einem Zettel fest.

d) Formuliert stichhaltige Argumente (*Behauptung, Begründung*, wenn möglich *Beispiel*), die für bzw. gegen den Umzug sprechen.

6 a) Überlegt, welche Argumente die anderen Familienmitglieder anbringen könnten. Legt eine Liste an.

b) Geht die Liste anschließend Punkt für Punkt durch: Was könntest ihr ihm/ihr jeweils antworten, um das Argument zu entkräften?

7 a) Bildet nun neue Gruppen, die aus den verschiedenen Familienmitgliedern bestehen, und diskutiert über den Umzug.

b) Seid ihr zu einer Einigung gekommen?

Ja!
→ Dann lest Aufgabe 1 auf Seite 74.

Nein!
→ Dann lest Aufgabe 2 auf Seite 74.

1.3 (4) mithilfe von selbst erstellten Moderationsplänen versiert Gespräche leiten, das Gespräch im Fluss halten, Argumente einander gegenüberstellen, Inhalte zusammenfassen, Entscheidungen oder Kompromisse herbeiführen und im Anschluss die Gespräche reflektieren

Einen Kompromiss finden

1 Ihr habt bei eurer Diskussion zum Thema „Umzug" (→ S. 73) keine Einigung gefunden. Berichtet der Klasse von eurer Diskussion und beantwortet die folgenden Fragen:
- *Welche Argumente haben überzeugt?*
- *Wer hat sich in der Diskussion durchgesetzt? Wer hat nachgegeben und warum?*

2 Ihr habt bei eurer Diskussion zum Thema „Umzug" (→ S. 73) eine Einigung gefunden. Berichtet der Klasse von eurer Diskussion und beantwortet die folgenden Fragen:
- *Welches waren die größten Streitpunkte?*
- *Hat jemand nachgegeben oder haben alle auf ihrer Meinung beharrt?*

3 Überlegt, wie ihr das Dilemma trotzdem noch lösen könntet. Lest dazu auch die *Lernbox*.

4 a) Hast du schon einmal eine ähnliche Situation erlebt wie die der Familie Freudmann/Hartinger? Berichte der Klasse davon.
b) Die Eltern diskutieren das Thema mit ihren Kindern. Würde das in deiner Familie auch so ablaufen? Berichte.

5 Sieh dir die folgenden Bilder an: Welche Diskussionsthemen sind hier gemeint?

6 a) Überlegt euch zu zweit weitere Situationen, über die in einem Familienrat diskutiert werden sollte.
b) Setzt euch in Kleingruppen zusammen. Sucht euch ein Thema aus und diskutiert darüber im Familienrat. Verteilt dafür zunächst die Rollen. Findet einen Kompromiss. Hinweise findet ihr in der *Lernbox*.
c) Reflektiert am Ende gemeinsam das Diskussionsverhalten jedes Einzelnen.

7 Erklärt, warum es wichtig ist, schwerwiegende Entscheidungen gemeinsam zu treffen.

Lernbox

Kompromisse finden

1 So trägst du dazu bei, Kompromisse zu finden:
- andere um Rat fragen,
- nachfragen, wenn etwas unklar ist,
- die Meinung anderer akzeptieren,
- nach gemeinsamen Lösungen suchen,
- am Ende das Gesagte reflektieren.

2 Das solltet ihr dabei unbedingt vermeiden:
- Vorwürfe (z. B. *Du hast ja echt keine Ahnung!*),
- persönliche Beleidigungen,
- ironische Bemerkungen,
- ein abruptes Beenden des Gesprächs (beispielsweise, indem du einfach gehst),
- sehr emotionale Reaktionen (z. B. schreien, weinen).

Das Diskussionsverhalten reflektieren

1 In eurer Stadt gibt es eine Grünfläche. Nun wird diskutiert, was damit passieren soll.
a) Bildet Sechsergruppen und lest die Informationen zur Bürgerdiskussion im Rathaus unten.
b) Verteilt die Rollen untereinander.

Bürgerdiskussion: *Was soll mit der Grünfläche passieren?*
Teilnehmende:
- Bauunternehmer/-in (möchte einen Wohnkomplex bauen)
- Umweltschützer/-in (möchte eine naturbelassene „grüne Insel" in der Stadt haben)
- Mutter/Vater (wünscht sich einen Spielplatz für die Kinder)
- Jugendliche/-r (wünscht sich einen Basketballplatz)
- Rentner/-in (möchte einen Park haben, in dem man spazieren gehen kann)
- Tierschützer/-in (will einen Wildpark errichten)

2 a) Setzt euch nun so zusammen, dass alle Bauunternehmer/-innen, alle Umweltschützer/-innen usw. zusammensitzen.
b) Notiert Argumente, die für euer Projekt sprechen.
c) Notiert Argumente, die gegen eure Pläne sprechen und überlegt, wie ihr diese entkräften könnt.

3 Setzt euch nun mit der ursprünglichen Gruppe zusammen und spielt die Bürgerdiskussion in einem Rollenspiel den anderen Gruppen vor. Findet eine Einigung.

4 Die Zuschauer beobachten jeweils eine/-n Diskussionsteilnehmer/-in und machen sich Notizen zum Diskussionsverhalten. Fertigt dazu einen Reflexionsbogen wie im Beispiel unten an oder nutzt COPY 11.

5 Reflektiert in der Klasse eure Diskussion.

		gut gelungen	weiter üben
Thema: *xxxx xxxx xxxx xxxx xxxx xxxx xxxx xxxx xxxx xxxx xxxx xxxx xxxx xxxx*			
Wer beobachtet? *xxxx xxxx xxxx xxxx xxxx xxxx xxxx xxxx xxxx xxxx xxxx xxxx*			
Wer wird beobachtet? *xxxx xxxx xxxx xxxx xxxx xxxx xxxx xxxx xxxx xxxx xxxx*			
Der Diskussionsteilnehmer ... / Die Diskussionsteilnehmerin ...			
inhaltlich	... formuliert Argumente aus Behauptung, Begründung und Beispiel.	*xxxx*	*xxxx*
	... benutzt abwechslungsreiche Satzanfänge.	*xxxx*	*xxxx*
	... nennt verschiedene Argumente.	*xxxx*	*xxxx*
	... argumentiert schlüssig.	*xxxx*	*xxxx*
sprachlich	... redet angemessen viel.	*xxxx*	*xxxx*
	... geht auf das vorher Gesagte ein.	*xxxx*	*xxxx*
	... spricht laut und deutlich.	*xxxx*	*xxxx*
	... greift zuvor Gesagtes noch einmal auf.	*xxxx*	*xxxx*
sozial	... hört anderen aufmerksam zu.	*xxxx*	*xxxx*
	... ist an einer Lösung interessiert.	*xxxx*	*xxxx*
	... bleibt sachlich.	*xxxx*	*xxxx*
Was ist das Ergebnis der Diskussion? *xxxx xxxx xxxx xxxx xxxx xxxx xxxx xxxx xxxx xxxx xxxx xxxx xxxx xxxx xxxx xxxx xxxx xxxx xxxx xxxx xxxx xxxx xxxx xxxx xxxx xxxx xxxx xxxx xxxx xxxx xxxx xxxx*			

1.3 (4) mithilfe von selbst erstellten Moderationsplänen versiert Gespräche leiten, das Gespräch im Fluss halten, Argumente einander gegenüberstellen, Inhalte zusammenfassen, Entscheidungen oder Kompromisse herbeiführen und im Anschluss die Gespräche reflektieren

Über die Mediennutzung sprechen

1

2

3

4

1 a) Betrachtet die Gegenstände (1–4) oben.
b) Entscheidet euch für zwei Gegenstände und erklärt mit ihnen die Begriffe „neue Medien“ und „traditionelle Medien“. Hinweise dazu findet du auch in der *Lernbox*.

2 a) Welche weiteren Medien kennst du? Erstellt eine Mindmap. Nutzt dafür die Methode „Think-Pair-Square-Share“ (→ S. 296).
b) Markiert in eurer Mindmap alle *neuen Medien* mit einer Farbe, alle *traditionellen Medien* mit einer anderen Farbe.

3 a) Sprecht in der Gruppe darüber, welche Medien ihr zu Hause nutzt.
b) Gibt es Medien in eurer Mindmap, die ihr selbst gar nicht nutzt?
c) Überlegt gemeinsam, welche Medien selten genutzt werden und daher langsam aus unserem Alltag verschwinden.

4 Wie viel Zeit verbringst du „medienfrei“?
a) Lege eine Tabelle an, in der du zwei Tage protokollierst.

Datum	Uhrzeit	Tätigkeit
23.04.	18–19 Uhr	Essen mit der Familie
XXXX	*XXXX*	*XXXX*

b) Vergleicht eure Tabellen zunächst zu zweit und anschließend in der Klasse.

Lernbox

Medien

Medien sind Informationsträger. Sie können genutzt werden, um sich zu informieren, um zu kommunizieren oder etwas zu veranschaulichen. Man unterscheidet zwei Arten von Medien:

1 Neue Medien sind digitale Informationsträger, z. B. *Handy*, *Tablet*. Sie erlauben eine Reaktion der Nutzer und wechselseitiges Kommunizieren. Sie sind also *interaktiv*.

2 Traditionelle Medien sind analoge (= nicht digitale) Informationsträger, z. B. Printmedien (= gedruckte Medien) wie *Zeitungen* oder *Bücher*. Bei traditionellen Medien verläuft die Kommunikation einseitig vom Sender zum Empfänger.

2.4 (4) den eigenen Medienkonsum sowie seine Folgen kritisch reflektieren (z. B. Medienprotokoll) und dabei die Erfahrungen der Mitschülerinnen und Mitschüler sowie empirisches Material aus verschiedenen Medien einbeziehen

5 a) Lies den Text in der rechten Spalte.
b) Notiere Toms Tagesablauf in Stichpunkten.
c) Markiere in deinen Notizen alle Aktionen, bei denen Tom sein Handy verwendet.

6 a) Besprecht zu zweit, ob Tom sein Handy angemessen oft benutzt.
b) Tauscht eure Meinungen in der Klasse aus und diskutiert darüber.

7 a) Erstelle selbst eine Liste, bei welchen Gelegenheiten du täglich dein Handy verwendest.
b) Vergleiche deine Liste mit der von Tom: Wer verwendet das Handy öfter?

8 a) Finde Momente in Toms Tagesablauf, in denen er auf das Handy verzichten könnte oder vielleicht sogar unbedingt verzichten sollte. Lege eine Liste an.
b) Vergleicht eure Ergebnisse in einer Kleingruppe.

9 a) Was haltet ihr von dem Handyverbot an Toms Schule? Sammelt zu zweit Argumente für und gegen ein solches Verbot.
b) Schreibt einen Brief an euren Schulleiter/eure Schulleiterin, warum ihr ein Handyverbot an eurer Schule unterstützt oder warum ihr dagegen seid.
c) Besprecht eure Texte in einer Schreibkonferenz (→ S. 272).

Tipp

zu 9 b)
Denke daran, dass gute Argumente aus *Behauptung*, *Begründung* und *Beispiel* bestehen. Bei Bedarf kannst du auf Seite 180 nachlesen, wie du Argumente überzeugend aufbauen kannst.

Ein ganz normaler Tag

Der Wecker klingelt um 6:30 Uhr. Nachdem Tom die Augen aufgeschlagen hat, greift er zum Nachttisch: Vielleicht hat Angelina ihm ja endlich geantwortet? Oder eine andere wichtige Nachricht hat ihn in der Nacht erreicht?
Langsam schlurft Tom ins Bad und putzt sich die Zähne. Dabei checkt er schnell, ob sich in den sozialen Netzwerken etwas getan hat. Auf der Toilette schreibt er noch zwei Kurznachrichten, damit seine Freunde wissen, dass er auf diesen Schultag echt gar keine Lust hat.
Am Küchentisch sieht sich Tom ein Musikvideo an, danach den einen oder anderen Film von Leuten, denen irgendein Missgeschick passiert ist. Die Videos bringen Tom zum Lachen.
Auf dem Weg zur Schule antwortet Tom nur auf Kurznachrichten und schaut keine Videos – schließlich muss er beim Fahrradfahren hin und wieder auf die Straße schauen ...
In der Schule darf Tom das Handy nicht benutzen. Heimlich sieht er aber auf dem Jungenklo nach, ob er nicht doch eine Nachricht bekommen hat. Zu Hause am Nachmittag macht Tom Hausaufgaben, dabei läutet das Handy ziemlich oft – im Klassenchat kommen täglich manchmal 250 Nachrichten rein.
Später schlägt Toms Mutter vor, dass er mitkommen solle zu seiner Oma. Eigentlich mag Tom seine Oma, aber es nervt schon ziemlich, dass man bei ihr im Dorf kein gutes Netz hat.
Abends fällt Tom müde ins Bett und legt das Handy neben die Nachttischlampe. Wer wohl als Nächstes schreibt?

Medien verantwortungsvoll nutzen

Ein Plakat an der Autobahn (2018)

1 a) Sieh dir das Plakat oben genau an.
b) Überlege, was es dir sagen möchte.
c) Besprecht eure Ideen zu zweit.
d) Wie findet ihr das Plakat? Diskutiert in Kleingruppen über die Aussage des Plakates und eure Meinung dazu.

2 a) Lies den Text in der rechten Spalte.
b) Sprecht zu zweit darüber, worum es in dem Text geht.
c) Kennt ihr sogenannte „Smombies" oder habt ihr euch auch schon einmal so im Straßenverkehr verhalten?

3 a) Bildet Gruppen und überlegt gemeinsam: Welche Gefahren birgt es, wenn man im Straßenverkehr ein Handy benutzt?
b) Präsentiert eure Ergebnisse in der Klasse und fertigt eine gemeinsame Liste an.
c) Formuliert Regeln, wie ihr euch sicher im Straßenverkehr bewegen könnt.

4 a) Schätze, wie viele Menschen im letzten Jahr in Deutschland einen Unfall hatten, weil sie im Straßenverkehr ihr Handy benutzt haben. Notiere deine Schätzung.
b) Recherchiere im Internet die tatsächliche Zahl. War deine Schätzung richtig?

„Smombies[1]" im Straßenverkehr

Man nennt sie auch „Smombies" – Menschen, die durch den ständigen Blick auf ihr Telefon so stark abgelenkt sind, dass sie ihre Umgebung kaum noch wahrnehmen. Im Jahr 2015 wurde „Smombie" bereits einmal zum „Jugendwort des Jahres" gewählt. Doch es klingt lustiger, als es in Wirklichkeit ist. Denn den „Smombies" fehlt auch der Blick für mögliche Gefahren, zum Beispiel im Straßenverkehr.
[...]
Eine 16-Jährige fiel in einer Silvesternacht durch ein Glasdach, als sie gerade ein Foto von sich selbst machte. Sie erlitt ein schweres Wirbelsäulentrauma [...] und Schnitte an der Hand. Einem weiteren Mädchen, ebenfalls 16, rollte ein Auto über die Hand, als es sein Smartphone von der Straße aufheben wollte. [...] Beim Blick auf die mögliche Entwicklung derartiger Unfälle zeigt sich Professor Lacher, Direktor der Kinderchirurgie am Universitätsklinikum Leipzig, eher pessimistisch: „Bald werden wir den ersten Todesfall in Deutschland erleben."

Was gegen ein weiteres Ansteigen der Unfallzahlen helfen könnte, ist eigentlich klar: Weniger oft auf das Gerät schauen und mehr Aufmerksamkeit durch Erziehungsberechtigte, die ihre Vorbildrolle auch ernst nehmen.*

[1] *Smombie* = Zusammensetzung aus „Smartphone" und „Zombie"

5 Bearbeite eine der folgenden Aufgaben.
a) Schreibe einen Brief an eine Person, die im Straßenverkehr ständig ihr Handy benutzt.
b) Was denkst du über Smombies? Schreibe einen Beitrag für die Schülerzeitung.

2.4 (4) den eigenen Medienkonsum sowie seine Folgen kritisch reflektieren (z. B. Medienprotokoll) und dabei die Erfahrungen der Mitschülerinnen und Mitschüler sowie empirisches Material aus verschiedenen Medien einbeziehen *verändert

Alles echt? Reality-Shows im Fernsehen

1 a) Sieh dir das Bild auf der rechten Seite an. Kennst du eine Fernsehsendung, zu der das Bild passen könnte?
b) Siehst du gern solche Reality-Shows? Begründe deine Meinung und beschreibe, was dir daran (nicht) gut gefällt.

2 Lest die *Lernbox* und sammelt gemeinsam Titel verschiedener Reality-TV- und Scripted-Reality-Shows, die ihr kennt.

3 a) Wählt eine Folge einer Scripted-Reality-Show aus und untersucht sie genauer. Lest dafür die Punkte im Kasten unten und erstellt eine Checkliste.
b) Seht euch die Folge an und überprüft sie mithilfe der Checkliste.
c) Stellt eure Ergebnisse in der Klasse vor.

4 Untersucht weitere Scripted-Reality-Shows anhand der Kriterien.

Scripted Reality erkennen
Folgende Punkte können Hinweise geben, dass es sich um ein Scripted-Reality-Format handelt:
- Die Handlung spielt an **alltäglichen Orten** (z. B. Wohnung, Straße, Arbeitsplatz).
- Es gibt einen **dramatischen Höhepunkt**.
- Typische **Themen** sind *Familie, Freundschaften, Konflikte im Berufsleben* und *Kriminalfälle*.
- Der Zuschauer erfährt meist erst im Abspann, dass es sich um **erfundene Figuren und Ereignisse** handelt.
- Die Figuren wirken wie normale Menschen. Es gibt aber **typische Rollen**, z. B. *den Netten, den Bösen, die Liebevolle, die Gemeine*.
- Es werden viele, oft **extreme Emotionen** gezeigt (z. B. *Neid, Freude, Spaß, Trauer*).

5 Bei Reality-Shows soll es den Zuschauern vorkommen, als wären sie mitten im Geschehen. Wodurch wird dieses Gefühl erzeugt? Tauscht euch in einer Gruppe darüber aus.

6 a) Besprecht erst zu zweit und dann in der Gruppe: Welche Probleme können entstehen, wenn die Zuschauer denken, die Personen und Ereignisse seien echt?
b) Tragt eure Überlegungen in der Klasse zusammen.

Lernbox

Reality-TV und Scripted Reality

1 Es gibt viele **Unterhaltungssendungen**, die vorgeben, reale Personen und Ereignisse zu zeigen. Meist sind die Situationen und Konflikte aber nicht echt, sondern inszeniert. Solche Fernsehformate heißen **Reality-TV**.

2 Eine spezielle Form von Reality-Shows wird **Scripted Reality** genannt. In diesen Filmen und Serien spielen Laienschauspieler nach einem Drehbuch alltägliche Situationen. Die Zuschauer sollen aber denken, es würden reale Personen und Ereignisse gezeigt.

2.4 (1) die Wirkung grundlegender Darstellungsmittel audiovisueller und digitaler Medien sowie die Vermischung von Realität und Fiktion in medialen Darstellungen (z. B. Scripted Reality) erkennen und werten

Computerspiele hinterfragen

1 a) Notiere, welche Spiele du auf deinem Handy oder zu Hause auf dem PC hast.
b) Tauscht euch zu zweit darüber aus, welche Spiele ihr gerne spielt.

2 Besprecht in der Klasse: Habt ihr schon einmal für ein Spiel, das anfangs kostenlos oder günstig schien, im Endeffekt viel Geld ausgegeben? Wenn ja, wie kam es dazu?

3 a) Sprecht zu zweit über die Spiele, die ihr kennt. Teilt die Spiele in Kategorien ein.
b) Notiert, welche Gemeinsamkeiten und Unterschiede es zwischen den Spielen gibt.

Tipp

zu 3 a) Mögliche Kategorien: *Strategiespiele, Shooter, Kriegsspiele, mit Altersbeschränkung (FSK) …*

Die Tricks der Computerspielindustrie
Von Yannic Hannebohn

Wenn man die Computer- und Videospielindustrie betrachtet, wird schnell klar, dass man es mit einer hochgradig professionalisierten Branche zu tun hat, die allein 2017 in Deutschland 3,3 Milliarden Euro umgesetzt hat. [...] Besonders beliebt ist die sogenannte Free-to-play-Vermarktung. „Das Free-to-play-Konzept, das muss man vielleicht kurz noch mal sagen, ist halt ein Umsonst-Spiel, das man halt runterlädt, ohne was zu bezahlen," sagt Spieledesigner Arnold Rauers, „das heißt, ab einer gewissen Zeit im Spiel kann man dann im Spiel Geld ausgeben, sozusagen um möglichst viele User dazu zu bekommen, zu spielen, und ihnen dann tatsächlich Geld aus der Tasche zu ziehen." [...] Auch das Phänomen, dass Menschen gerne Dinge abschließen, das Spiel seine Nutzer aber durch Werbeunterbrechungen oder knapp bemessene Spieleleben daran hindert, ist eine oft eingesetzte Technik. Der einzige Ausweg: Die Spieler zahlen. [...]
Ebenso beliebt: das Spiel mit der Verlustangst. Dem Spieler werden am Anfang etwa eine gute Startposition und viele Vorschüsse geschenkt, die ihm dann im weiteren Verlauf genommen werden. Will man weiterkommen, muss man irgendwann Geld ausgeben. Auch Mechanismen, die man sonst nur aus der Glücksspielbranche kennt, werden verwendet, wie die zufällige Ausgabe von wertvollen Gegenständen in Rollenspielen nach einem erfolgreichen Spielabschnitt, oder der Verkauf von so genannten Lootboxen: virtuelle Kisten mit zufälligen Inhalten, die die Spiele grafisch aufwerten und die Sammellust beim Spieler aktivieren sollen. [...]
Einer der gewichtigsten Gründe sei aber oft der ausgeklügelte Wettkampf mit anderen Spielern. Spieledesigner Arnold Rauers sagt dazu: „Wettkampf ist vor allem in männlichen Spielern tief verankert, einfach auch urmenschtechnisch: Der Stärkere überlebt."*

2.4 (4) den eigenen Medienkonsum sowie seine Folgen kritisch reflektieren (z. B. Medienprotokoll) und dabei die Erfahrungen der Mitschülerinnen und Mitschüler sowie empirisches Material aus verschiedenen Medien einbeziehen *verändert

4 a) Lies den Text auf Seite 80 unten sorgfältig durch. Kläre alle unbekannten Wörter.
b) Fasse mit eigenen Worten zusammen, worum es in dem Text geht.
c) Finde eine alternative Überschrift für den Text.

5 Der Text wurde zunächst im Radio gesendet und erst später schriftlich veröffentlicht. Zitiere zwei Stellen, an denen man erkennen kann, dass es sich ursprünglich um einen mündlichen Beitrag handelt.

6 a) Notiere in Stichpunkten: Welche Tricks nutzen Spieleentwickler, um möglichst viele (zahlende) Nutzer zu bekommen?
b) Vergleicht zu zweit eure Notizen.
c) Sprecht darüber, ob solche Tricks schon einmal bei euch funktioniert haben.

7 a) Notiere, wie viel Geld die Videospielindustrie im Jahr 2017 umgesetzt hat.
b) Recherchiere im Internet aktuelle Zahlen und stelle sie der Klasse vor.

8 Welche Informationen aus dem Text waren neu für dich?

9 a) Wähle ein Spiel aus, das du gut kennst und genauer untersuchen möchtest.
b) Informiere dich darüber und beantworte dazu den folgenden Fragebogen in Stichpunkten (→ COPY 12).

Computerspiele – ein Fragebogen

Allgemeine Informationen
- *Wie heißt das Spiel und welche Firma hat es veröffentlicht?*
- *Wie viel kostet das Spiel, wenn man es kauft oder herunterlädt?*
- *Wie bist du auf dieses Spiel gekommen? (z. B. Werbung in sozialen Netzwerken, Freunde, Suchmaschine)*

Konzept und Ziele
- *Was muss man in dem Spiel genau tun?*
- *Was ist das Ziel des Spieles?*

Beurteilung
- *Was gefällt dir an dem Spiel besonders gut? Was hat dir nicht gefallen?*
- *Welche Tricks der Spielentwickler (→ S. 80) werden in dem Spiel genutzt?*
- *Was ist das Besondere an diesem Spiel?*
- *Wie viel Zeit verbringst du täglich damit (oder hast du täglich damit verbracht), das Spiel zu spielen?*

c) Stelle dein Spiel in einem Kurzvortrag der Klasse vor.
d) Gebt euch gegenseitig Feedback zu euren Vorträgen.

10 a) Sieh dir das Bild links an. Was würdest du dem linken Jungen antworten?
b) Tauscht euch in der Klasse darüber aus.

2.4 (4) den eigenen Medienkonsum sowie seine Folgen kritisch reflektieren (z. B. Medienprotokoll) und dabei die Erfahrungen der Mitschülerinnen und Mitschüler sowie empirisches Material aus verschiedenen Medien einbeziehen

Sicherheitseinstellungen bewusst vornehmen

1 Erzähle von Situationen, in denen du schon einmal die Standortfunktion deines Handys verwendet hast.

2 Sammelt in der Klasse, was ihr über die Standortbestimmung von Handys wisst. Erstellt dazu eine Mindmap.

3 a) Überprüfe, wie viele Apps auf deinem Handy Zugriff auf deinen Standort haben. Notiere die Namen der Apps.
b) Überprüfe diese Apps genauer: Welche benötigen aus nachvollziehbaren Gründen deinen Standort? Notiere, warum.

4 a) Lies die Sprechblase unten. Kannst du dir vorstellen, wie es dazu kam?
b) Tauscht zu zweit eure Ideen aus.

Gestern Abend war ich in einer Boutique shoppen und habe mir eine Hose gekauft. Beim nächsten Mal im Internet hatte ich Werbung auf dem Handy für Oberteile und Hosen, genau in der gleichen Preisklasse!

Tipp

zu 3a) Bei jeder App kannst du in den Einstellungen überprüfen, ob sie Zugriff auf deinen Standort hat.

zu 5c) Die Apps könnten zum Beispiel:
(1) unbemerkt Fotos und Videos mitschneiden,
(2) ungewollt Daten löschen oder bei Verbindung mit dem Internet irgendwohin hochladen,
(3) Bildschirme mit Werbung blockieren oder unbemerkt Daten verschicken.

5 Bei vielen Apps musst du folgenden Punkten zustimmen, um sie nutzen zu können:
(1) Fotos und Videos aufnehmen
(2) Speicherinhalte löschen/ändern
(3) vollständiger Internetzugriff

a) Hast du selbst diesen Punkten schon einmal zugestimmt?
b) Besprecht zu zweit, welche Apps eine solche Zustimmung erfordern.
c) Überlegt, was Apps im schlimmsten Fall mit euren Daten machen könnten, wenn ihr allen Punkten zustimmt.
d) Besprecht eure Ergebnisse in der Klasse.

6 a) Lies die Sprechblase unten. Stimmst du zu? Notiere *Ja* oder *Nein* auf einem Zettel.
b) Wertet die Abstimmung gemeinsam aus.
c) Diskutiert das Ergebnis in der Klasse.

Mir doch egal, wenn jeder weiß, wo ich bin. Ich habe nichts zu verheimlichen!

2.4 (5) die aktuellen digitalen Medien und sozialen Netzwerke kritisch und verantwortungsbewusst unter Beachtung wesentlicher rechtlicher und sozialer Grundlagen verwenden

Fake News erkennen

A. Streit und Schläge auf dem Schulhof – ein Schüler leicht verletzt

B. Brutale Gewalt in der Hofpause – Schläger terrorisiert Mitschüler

C. Notarzteinsatz in der Schule – Araber-Gang verprügelt erneut wehrloses Opfer

D. Anti-Gewalt-Training wirkt – gleichaltrige Streitschlichter lösen Konflikte

1 a) Lies die vier Schlagzeilen oben (A–D).
b) Sprecht in Kleingruppen darüber:
- *Auf welche Schlagzeile würdet ihr im Internet klicken, um mehr zu erfahren?*
- *Wie erzeugen die Schlagzeilen Neugier und Aufmerksamkeit?*

2 a) Lest den folgenden Text. Er beschreibt, was auf dem Schulhof wirklich passiert ist.

Mirko und Ferhad gerieten nach der Sportstunde in Streit. Erst beschimpften sie sich gegenseitig, dann trat Mirko Ferhad gegen das Schienbein. Ferhad schlug zurück, Mitschüler trennten die beiden. Mirko blutete aus der Nase. Die Pausenaufsicht vereinbarte einen Termin mit den Streitschlichtern. Mirko und Ferhad versprachen, daran teilzunehmen.

b) Vergleicht den Text mit den Schlagzeilen. Welche Schlagzeile passt, welche nicht?
c) Überlegt, warum die Schlagzeilen (A–D) möglicherweise so formuliert wurden.
- *Wen lassen die Schlagzeilen jeweils besonders schlecht oder gut dastehen?*
- *Wem könnten die Schlagzeilen nutzen?*

d) Lest die *Lernbox* und erklärt, welche der Schlagzeilen A–D offenbar Fake News sind.

3 a) Überlegt zu zweit, warum es oft schwierig ist, Fake News zu erkennen.
b) Diskutiert, was man tun kann, wenn man vermutet, dass eine Nachricht erfunden ist. Erstellt gemeinsam eine Checkliste.

4 a) Sind dir schon einmal Fake News begegnet? Berichte von deinen Erfahrungen.
b) Was haltet ihr davon, dass Menschen Fake News verbreiten? Diskutiert in der Klasse.

Lernbox

Fake News

1 Fake News sind **gefälschte Informationen**, die als Nachrichten verbreitet werden, vor allem in sozialen Netzwerken.
2 Fake News sind manchmal komplett **erfundene** Nachrichten, oft aber auch Meldungen oder Bilder, die **aus dem Kontext gerissen** oder **manipuliert** wurden.
3 Wer Fake News verbreitet, verfolgt damit meist einen **Zweck**, zum Beispiel:
- Klickzahlen zu erhöhen (um mehr Geld mit Werbung auf der Seite zu verdienen),
- Aufmerksamkeit für ein Thema erzeugen,
- Stimmung machen gegen jemanden/etwas.

4 Begegnest du besonders auffälligen Nachrichten, dann solltest du **prüfen**:
- Wer ist der **Urheber/Autor**? Verfolgt er/sie womöglich einen bestimmten Zweck?
- Findest du die Information **auch an anderer Stelle**, auf seriösen und vertrauenswürdigen Seiten?

2.4 (5) die aktuellen digitalen Medien und sozialen Netzwerke kritisch und verantwortungsbewusst unter Beachtung wesentlicher rechtlicher und sozialer Grundlagen verwenden

Internetangebote kritisch prüfen

Fragwürdige und gefährliche Internetseiten

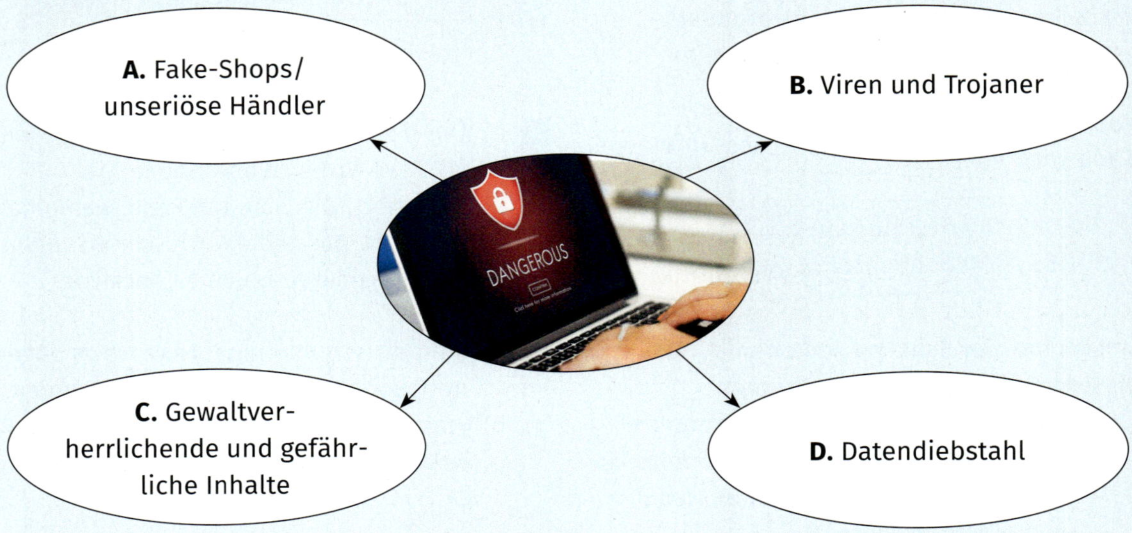

1 a) Sieh dir die Grafik oben an.
b) Erläutere, was die Grafik zeigt.

2 a) Besprecht zu zweit: Habt ihr selbst Erfahrungen mit einem der Themen gemacht?
b) Tauscht euch in der Klasse darüber aus.

3 a) Bildet Kleingruppen und entscheidet euch für eines der vier Themen (A–D).
b) Lest den Text zu eurem Thema und fasst ihn in Stichpunkten zusammen.
c) Lest die *Lernbox* und informiert euch im Internet weiter zu eurem Thema:
- *Wo liegen besondere Gefahren?*
- *Wie kann man sich schützen?*

4 a) Erarbeitet ein Plakat oder eine digitale Präsentation zu eurem Thema.
b) Präsentiert eure Ergebnisse in der Klasse.

Fake-Shops und unseriöse Händler **A**

In manchen Internetshops wird vermeintliche (Marken-)Ware zu extrem günstigen Preisen angeboten. Meist soll die Zahlung per Vorkasse erfolgen. Ein Impressum sucht man vergebens, die Produktbeschreibungen und die Allgemeinen Geschäftsbedingungen sind in fehlerhaftem Deutsch verfasst. Nach der Zahlung erhält der Kunde oft keine Lieferung. Das Unternehmen ist nicht zu erreichen, eine Rückerstattung des Kaufpreises gibt es nicht. Oder es wird Ware geliefert, die sich als Markenfälschung herausstellt. Außerdem gewähren diese Unternehmen kein Widerrufsrecht, obwohl sie es müssten, oder es lässt sich nicht durchsetzen.*

2.4 (5) die aktuellen digitalen Medien und sozialen Netzwerke kritisch und verantwortungsbewusst unter Beachtung wesentlicher rechtlicher und sozialer Grundlagen verwenden *verändert

Viren und Trojaner B

Viren sind kleine Programme, die zum Beispiel als Anhang einer E-Mail auf den Computer eingeschleust werden, die sich aber auch in Programmen verstecken können. Die Namensgebung kommt nicht von ungefähr: Die meisten Viren sind darauf programmiert, sich selbst zu vervielfältigen und anschließend weiter zu verbreiten. Viren können enormen Schaden anrichten – bis hin zum kompletten Datenverlust oder dem berüchtigten Festplatten-Crash. [...] Trojaner verstecken sich in scheinbar nützlichen Programmen, gelangen so unbemerkt auf den Computer und beginnen dann damit, Schaden anzurichten oder schädliche Komponenten aus dem Internet nachzuladen.*

Gefährliche Inhalte C

Neben vielen nützlichen Inhalten sind im Internet insbesondere für Kinder und Jugendliche auch ungeeignete Inhalte nur einen Mausklick weit entfernt. Gewaltverherrlichende Online-Spiele, rassistische Äußerungen oder pornografische Darstellungen sind nur einige Beispiele.
Selbst in vermeintlich harmlosen Online-Diensten wie Messengern und sozialen Medien lauern Gefahren und Risiken: Immer wieder gibt es Menschen, die mithilfe falscher Profile ihre wahre Identität verbergen und auf diese Weise versuchen, mit Kindern in Kontakt zu kommen.*

Datendiebstahl D

Auf Computersystemen befinden sich meist sensible Dateien oder Informationen sowie Zugangsdaten zu Online-Konten und vieles mehr. Diese Daten sind auch für Kriminelle interessant. Online-Banking-Zugänge oder Kreditkarten-Informationen lassen sich beispielsweise direkt zu Geld machen. Meist bleibt ein derartiger Diebstahl unbemerkt, da nichts verändert oder gestört wird. Das Problem bemerken viele erst, wenn Geld vom Konto abgebucht wird. Mit gestohlenen Zugangsdaten ist auch Identitätsdiebstahl möglich. Dabei verwenden Kriminelle beispielsweise dein Benutzerkonto oder handeln in deinem Namen, zum Beispiel in sozialen Medien.*

Lernbox

Vertrauenswürdige Internetseiten erkennen

Folgende Angaben sollten auf jeder seriösen und vertrauenswürdigen Internetseite zu finden sein (meist unten, am Fuß der Seite).

1. **Impressum:** Im Impressum müssen Namen, Kontaktdaten und E-Mail-Adressen von den Verantwortlichen angegeben sein. Besonders vertrauenswürdig sind Seiten von Behörden, öffentlichen Institutionen und großen Zeitungen oder Fernsehsendern.
2. **Datenschutzerklärung:** Hier wird erläutert, was die Betreiber der Seite mit deinen Daten machen dürfen. Der Text sollte ausführlich, ohne Rechtschreibfehler und (bei deutschsprachigen Internetseiten) auf Deutsch sein.
3. **Nutzungsbedingungen:** Hier stehen die Bedingungen, denen jeder zustimmt, der die Dienste der Seite nutzt.

2.4 (5) die aktuellen digitalen Medien und sozialen Netzwerke kritisch und verantwortungsbewusst unter Beachtung wesentlicher rechtlicher und sozialer Grundlagen verwenden *verändert

Zivilcourage im Netz zeigen

#mitmachen
Kennt ihr Maja aus der 9a? Die lästert über jeden und nervt nur rum. Wenn keiner mehr mit ihr redet, kapiert sie es vielleicht :-D

1. Kommentar *BenanB.*
Ja, die hat gerade ein Foto gepostet. Sieht die fett darauf aus ☺☺☺

2. Kommentar *Enya*
Klar, lass uns sie ignorieren! Aber die kapierts wahrscheinlich trotzdem nicht ...

1 a) Lies den Post aus einem sozialen Netzwerk oben und die Kommentare dazu.
b) Besprecht in der Klasse: Sind euch im Internet schon einmal ähnliche Beiträge aufgefallen?
c) Erklärt den Begriff *Zivilcourage* mit eigenen Worten. Schlagt bei Bedarf im Wörterbuch nach.

2 a) Besprecht folgende Fragen in der Klasse: Was passiert mit den Betroffenen, wenn sie Kommentare wie oben lesen? Was kann man als Betroffener selbst dagegen unternehmen?
b) Stellt euch vor, so ein Post wird über euren besten Freund oder Freundin geschrieben. Erarbeitet Tipps, was ihr in dieser Situation tun könnt und was ihr ihm/ihr raten würdet.

3 a) Lest die *Lernbox* und gestaltet ein Plakat zum Thema „Zivilcourage im Internet".
b) Ergänzt gegebenenfalls weitere Punkte.

4 a) Arbeitet zu zweit und informiert euch im Internet, welche Projekte es zum Thema „Zivilcourage im Internet" gibt.
b) Entscheidet euch für eines der Projekte und stellt es der Klasse vor.
c) Überlegt, ob ihr eines der Projekte in der Klasse umsetzen wollt und einigt euch.

Lernbox

Zivilcourage im Internet

So kannst du im Internet Zivilcourage zeigen:

1 **Respektiere** andere Meinungen und beleidige niemanden. Beleidigungen führen dazu, dass Menschen wütend werden, aber nicht dazu, dass sie über ihr Handeln nachdenken.
2 **Informiere dich**, bevor du Meinungen unterstützt oder ihnen widersprichst. Prüfe die Fakten und widerlege Falschinformationen.
3 **Ignoriere es nicht**, wenn jemand bedroht oder persönlich angegriffen wird. Melde solche Posts dem Seitenbetreiber oder hole dir Hilfe bei Eltern und Lehrkräften.
4 **Schlichte Streit** anstatt Hass zu schüren: Kläre Missverständnisse, bleibe ruhig und versuche zu vermitteln.
5 **Unterstütze Betroffene**, z. B. durch persönliche Gespräche, private Nachrichten oder freundliche Kommentare.
6 **Beziehe klar Stellung:** Zeige deutlich, dass du auf der Seite der Person stehst, die angegriffen oder beleidigt wird.

Hass und Beleidigungen entgegentreten

In den sozialen Netzwerken sind Hasskommentare und Beleidigungen keine Seltenheit. Auf dieser Seite lernst du, wie du reagieren kannst, wenn du ihnen im Netz begegnest.

A. „Gebt dem Mädchen mal was zu essen!"

B. „Kein Wunder, dass du immer noch niemanden abgekriegt hast – so, wie du rumläufst."

C. „Such dir lieber mal einen vernünftigen Job, du Schlampe!"

D. „Über Nachhaltigkeit sprechen und selbst aus einem Plastikbecher trinken. Das sind mir die Richtigen!"

1 a) Lies die Kommentare A–D.
b) Sprecht zu zweit darüber, was ihr von den Aussagen haltet.

2 Hasskommentare sind in sozialen Netzwerken ein großes Problem. Die extreme Form davon wird als *Hate Speech* bezeichnet.
a) Lest Punkt 1 der *Lernbox*.
b) Sprecht darüber, wodurch Menschen Opfer von Hasskommentaren werden können.
c) Überlegt auch, warum Menschen online oft eine niedrigere Hemmschwelle haben und Hasskommentare äußern.

3 a) Tauscht euch darüber aus, welche Erfahrungen ihr bereits mit Hasskommentaren gemacht habt, die ihr selbst bekommen oder bei anderen gelesen habt.
b) Besprecht, wie man auf solche Kommentare reagieren und was man dagegen unternehmen kann. Lest auch Punkt 2 der *Lernbox*.

4 Notiert eigene Beispiele von Hasskommentaren auf einem Blatt. Jeder sollte ein Beispiel vor sich liegen haben. Geht dann so vor, wie es im Kasten „Counter Speech üben" steht. Besprecht, ob die Gegenreden passend waren.

Counter Speech üben

1 In der ersten Runde habt ihr eine Minute Zeit, das Beispiel mit einen Counter Speech zu kommentieren, bevor ihr das Blatt weitergebt.
2 In der zweiten Runde könnt ihr auch die Kommentare der anderen kommentieren.
3 Tauscht euch darüber aus, wie ihr beim Kommentieren vorgegangen seid.

Lernbox

Hate Speech und Counter Speech

1 Hate Speech: Als Hate Speech (Hassrede) werden Kommentare bezeichnet, mit denen Personen oder Personengruppen verunglimpft oder herabgesetzt werden sollen. Hate Speech ist strafbar, da es sich dabei um Beleidigung, Verleumdung, Volksverhetzung oder Bedrohung handelt.

2 Counter Speech: Als Counter Speech (Gegenrede) werden Antwortkommentare bezeichnet, die die Hate Speech in Frage stellen und entkräften. Das können z.B. Gegenargumente oder Fakten sein. Oft hilft es auch schon, Hasskommentare explizit zu benennen, z.B.: „Das ist rassistisch!"

2.4 (5) die aktuellen digitalen Medien und sozialen Netzwerke kritisch und verantwortungsbewusst unter Beachtung wesentlicher rechtlicher und sozialer Grundlagen verwenden

Informationen aus einem Text entnehmen

Arktis: Wandel der Eisbedeckung **1980** **2012**

1 a) Betrachte die Bilder und beschreibe, was du darauf siehst.
b) Wie fühlst du dich dabei? Erkläre, welche Stimmung die Bilder erzeugen.

2 a) Notiere stichpunktartig, was dir zum Thema „Klimawandel" einfällt. Was weißt du über die Ursachen und Folgen?
b) Sprecht zu zweit über eure Notizen.

3 Entscheide dich für eine der beiden Teilaufgaben und erschließe den Text „Earth Overshoot Day 2020: Ressourcenbudget verbraucht" auf Seite 89 (→ COPY 13).
a Erschließe den Text mithilfe der einzelnen Teilschritte der 5-Schritt-Lesemethode. Der Kasten rechts hilft dir dabei.
b Wenn du die 5-Schritt-Lesemethode schon sicher beherrschst, erschließe den Text eigenständig.

Einen Text mit der 5-Schritt-Lesemethode erschließen

1 Feststellen, wovon der Text handelt
- *Lies die Überschrift des Textes. Wovon könnte der Text handeln?*
- *Welche Fragen kommen dir in den Sinn, wenn du die Überschrift liest? Notiere mindestens drei.*
- *Lies den Text aufmerksam und beantworte, wenn möglich, die Fragen.*

2 Unbekannte Wörter klären
- *Notiere alle dir unbekannten Wörter oder unterstreiche sie auf COPY 13.*
- *Versuche zunächst, ihre Bedeutung aus dem Textzusammenhang zu klären.*
- *Schlage die Wörter im Wörterbuch oder im Internet nach.*

3 Schlüsselstellen im Text markieren
- *Notiere die Schlüsselstellen des Textes mit Zeilenbeleg oder markiere sie auf COPY 13.*

4 Den Text in Sinnabschnitte gliedern
- *Lege eine Tabelle nach folgendem Muster an und ergänze sie. Vergleicht zu zweit.*

Sinnabschnitt	*Zeilen*	*Überschrift*
1	*XXX*	*XXX*

5 Die Informationen zusammenfassen
- *Fasse den Text mit eigenen Worten zusammen. Schreibe auch einen passenden Einleitungssatz.*

2.1 (1) Lese- und Texterschließungstechniken eigenständig in komplexen kontinuierlichen und diskontinuierlichen Texten anwenden und Gelesenes grafisch sowie strukturiert visualisieren

Earth Overshoot Day 2020: Ressourcenbudget verbraucht

Die Menschheit hat die Ressourcen, welche die Natur in einem Jahr wiederherstellen kann, 2020 in knapp acht Monaten verbraucht. Die Organisation Global Footprint Network berechnet den Earth Overshoot Day mithilfe des Ökologischen Fußabdrucks. Dieser ist ein Indikator für den Ressourcenverbrauch und die Auswirkungen menschlichen Handelns auf die Umwelt. Denn die Ressourcen auf der Erde sind endlich: Wir stoßen beispielsweise mehr Kohlendioxid aus, als Wälder und Ozeane absorbieren können, fischen schneller als sich die Bestände erholen oder fällen mehr Bäume als nachwachsen. Bildlich gesprochen lebt die Weltbevölkerung derzeit so, als hätte sie 1,6 Erden zur Verfügung. Die Menschen nutzen die Natur also 1,6-mal schneller, als Ökosysteme sich generieren können. Mit vielfältigen Folgen für die Umwelt, wie u. a. Klimawandel, Artensterben oder schrumpfende Wälder. Noch 1987 fiel der Earth Overshoot Day auf den 19. Dezember. Durch das hohe Konsumverhalten in Industrie- und Schwellenländern sowie das schnelle Bevölkerungswachstum ist der Tag im Kalender immer weiter nach vorne gerückt, auch wenn er im Ausnahmejahr 2020 durch die Corona-Pandemie einige Wochen nach hinten verschoben wurde. Damit der Earth Overshoot Day zukünftig später im Jahr stattfindet, sind alle gefragt. Denn jede und jeder Einzelne kann einen Beitrag leisten: Energie sparen, das Auto öfter stehen lassen, saisonale Lebensmittel und langlebige Produkte mit Recyclingmaterialien kaufen und Abfälle generell vermeiden. Würden beispielsweise allein die Nahrungsmittelabfälle weltweit halbiert, würde der Earth Overshoot Day 11 Tage später stattfinden. Eine Halbierung des CO_2-Ausstoßes würde das Datum um 89 Tage verschieben.

4 Tauscht eure Zusammenfassungen zu zweit aus.

a) Gebt euch gegenseitig eine Rückmeldung zu eurer Zusammenfassung. Was kann man noch verbessern?

b) Verbessert eure Zusammenfassungen entsprechend der Anmerkungen.

Du kannst die Größe deines eigenen ökologischen Fußabdrucks im Internet berechnen.

5 Was kannst du persönlich tun, um dem Ressourcenverbrauch entgegenzuwirken?

a) Erstelle eine Mindmap mit deinen Ideen.

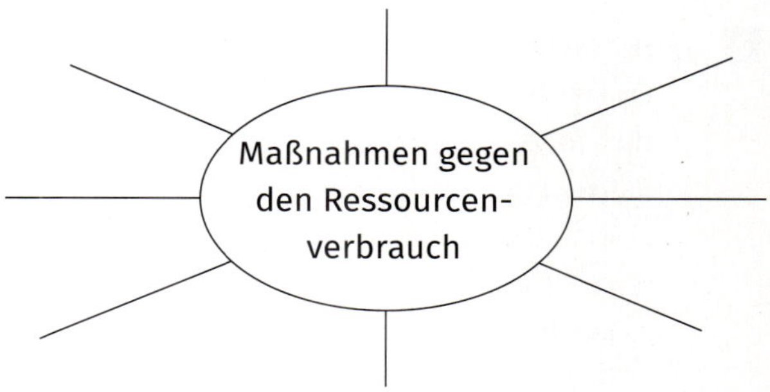

b) Tauscht euch zu zweit über eure Ideen aus.

c) Überlegt gemeinsam, was eure Schule tun könnte, um dem Ressourcenverbrauch entgegenzuwirken. Welche Maßnahmen ließen sich schnell umsetzen, welche bräuchten mehr Zeit?

Ein Schaubild auswerten

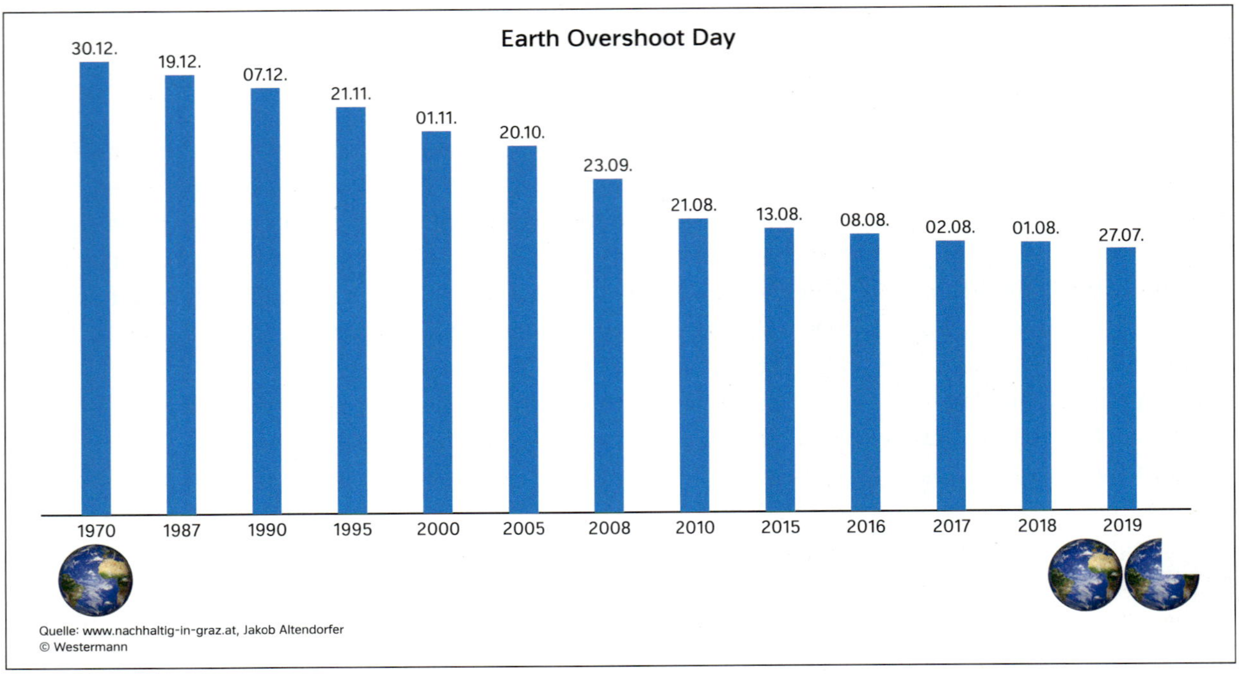

Schaubild 1

1 Erkläre mit eigenen Worten, was man unter dem „Earth Overshoot Day" versteht. Lies bei Bedarf noch einmal im Text auf Seite 89 nach.

2 a) Betrachte das Schaubild oben zum „Earth Overshoot Day" und mache dir Notizen zu den folgenden Fragen:
- *Wie sind die Achsen des Schaubildes beschriftet?*
- *Über welche Zeitspanne haben die Forscherinnen und Forscher die Entwicklung des „Earth Overshoot Days" gemessen?*
- *Woher stammen die Daten?*
- *Was haben die beiden Abbildungen der Erde links und rechts im unteren Teil des Schaubildes zu bedeuten?*
- *Welches sind die zentralen Aussagen des Schaubildes?*

b) Vergleicht zu zweit eure Ergebnisse.

3 a) Werte das Schaubild aus und schreibe die Auswertung ausführlich auf. Folgende Satzanfänge helfen dir dabei:
- *In diesem Schaubild geht es um …*
- *1970 war der Earth Overshoot Day noch am …*
- *Außerdem lässt sich erkennen, dass …*

b) Vergleicht zu zweit eure Auswertungen und besprecht, was ihr durch dieses Schaubild herausgefunden habt.

Tipp

zu 3 a)
Ein Schaubild auswerten

Auf folgende Punkte solltest du bei der Auswertung eines Schaubildes eingehen: *Form (z. B. Balkendiagramm) – Thema – Zeitpunkt/Zeitraum – Quelle der Daten – Ergebnisse – Schlussfolgerungen – Auffälligkeiten.*

2.3 (2) selbstständig kontinuierliche und diskontinuierliche Texte aus unterschiedlichen Medien auswerten und dabei die Textfunktion analysieren, wesentliche Textaussagen unter der Verwendung von Zitaten herausarbeiten und begründet Schlussfolgerungen ziehen

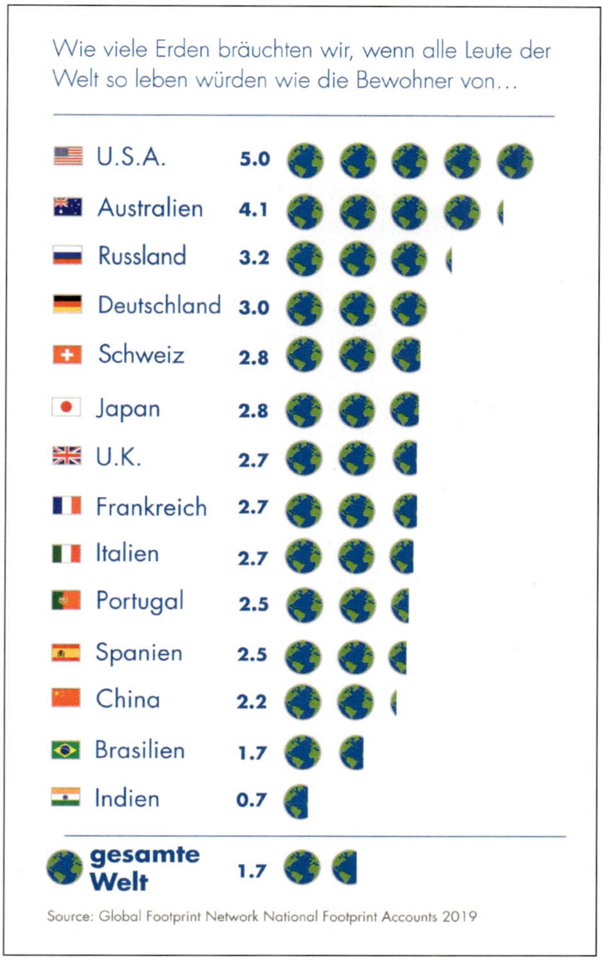

Schaubild 2

4 Lies die Überschrift von Schaubild 2 und gib wieder, um welches Thema es geht.

5 a) Beantworte die folgenden Fragen zum Schaubild schriftlich:
- *Hättest du die gleiche Reihenfolge der Länder erwartet? Begründe.*
- *Woran könnte es liegen, dass einige Länder besonders viele „Erden" verbrauchen?*
- *Warum ist der durchschnittliche Verbrauch der gesamten Welt so viel geringer als z. B. der Verbrauch von den USA, Australien oder Russland?*

b) Vergleicht eure Antworten in der Klasse und diskutiert darüber.

6 Informiere dich darüber, was in Deutschland für den Klimaschutz getan wird.
a) Recherchiere im Internet nach konkreten Projekten.
b) Stellt euch die Projekte in Kleingruppen gegenseitig vor.
c) Wählt ein Projekt aus, das ihr gemeinsam der Klasse präsentiert.

7 a) Schreibe einen Aufruf für die Schülerzeitung. Gehe dabei so vor:
- *Berichte zunächst über den „Earth Overshoot Day".*
- *Rufe dann deine Mitschülerinnen und Mitschüler dazu auf, etwas gegen den Klimawandel und das verfrühte Auftreten des „Earth Overshoot Days" zu unternehmen.*
- *Nenne mögliche Maßnahmen.*

b) Tauscht zu zweit eure Aufrufe und überprüft euch gegenseitig. Beachtet dabei folgende Fragen:
- *Wurde richtig über den „Earth Overshoot Day" berichtet?*
- *Fühlst du dich durch den Aufruf dazu aufgefordert, etwas gegen das verfrühte Auftreten des „Earth Overshoot Days" zu tun?*

Tipp

zu 7 a)
Was ein Aufruf ist und was du beim Schreiben eines Aufrufes beachten musst, kannst du auf Seite 183 nachlesen.
Ein *Aufruf* wird auch *Appell* genannt (jemanden zu etwas *aufrufen*, an jemanden *appellieren*).

2.3 (2) selbstständig kontinuierliche und diskontinuierliche Texte aus unterschiedlichen Medien auswerten und dabei die Textfunktion analysieren, wesentliche Textaussagen unter der Verwendung von Zitaten herausarbeiten und begründet Schlussfolgerungen ziehen

Sachtexte und Schaubilder vergleichen

1 Lies den folgenden Text.

Ursachen und Folgen von Lebensmittelverschwendung

Die Verschwendung von Lebensmitteln ist ein großes ethisches Problem – und sie belastet die Umwelt. Lebensmittelabfälle treten in der gesamten Herstellungskette auf, von der ursprünglichen Erzeugung bis hin zu den privaten Haushalten.

Weltweit hungern mehr als 900 Millionen Menschen. Zudem werden für Herstellung und Transport der nicht genutzten Lebensmittel unnötig Energie, Wasser und Flächen beansprucht sowie Dünge- und Pflanzenschutzmittel verwendet. Dabei werden Treibhausgasemissionen in Höhe von mehr als drei Gigatonnen verursacht. Gleichzeitig stellt es eine Herausforderung dar, auch in Zukunft für die Ernährungssicherheit zu sorgen. Denn der Klimawandel gefährdet in vielen Regionen der Erde die Nahrungsmittelproduktion, während die Weltbevölkerung weiterhin wächst.

Die Lebensmittelverschwendung wird zunehmend öffentlich diskutiert. Die Welternährungsorganisation FAO unterscheidet zwei Bereiche der Lebensmittelabfälle: Lebensmittelverluste und Lebensmittelverschwendung. Als Lebensmittelverluste bezeichnet die FAO den Anteil, der verloren geht oder verdirbt, bevor das Produkt fertig beziehungsweise im Handel ist. Dazu zählen zum Beispiel Kartoffeln, die bei der Ernte vom Anhänger fallen. Daneben gibt es verschiedenste weitere Ursachen während der Ernte, der Lagerung, beim Verpacken oder beim Transport, die zum Verlust von Lebensmitteln führen.

Als Verschwendung bezeichnet es die FAO, wenn zum Verzehr geeignete Lebensmittel weggeworfen werden oder verderben. Dazu zählen zum Beispiel Bananen, die im Handel weggeworfen werden, weil ihre Schale fleckig geworden ist. Ursachen für die Verschwendung sind zum Beispiel Missverständnisse beim Mindesthaltbarkeitsdatum [oder] falsche Lagerung. Die Abfälle unterscheiden sich zudem danach, ob sie vermeidbar sind. Nicht vermeidbar ist zum Beispiel, dass bei der Zubereitung von Speisen die nicht essbaren Bestandteile von Lebensmitteln entfernt werden. Dazu zählen zum Beispiel Bananenschalen oder Knochen. Teilweise vermeidbar sind Lebensmittelabfälle, die aufgrund von Gewohnheiten entstehen. Zum Beispiel schälen viele Menschen Äpfel, andere essen sie dagegen gern mit Schale. Als vermeidbar gelten Abfälle, wenn die Lebensmittel zum Zeitpunkt der Entsorgung noch genießbar waren oder bei rechtzeitigem Verzehr genießbar gewesen wären.*

2.3 (2) selbstständig kontinuierliche und diskontinuierliche Texte aus unterschiedlichen Medien auswerten und dabei die Textfunktion analysieren, wesentliche Textaussagen unter der Verwendung von Zitaten herausarbeiten und begründet Schlussfolgerungen ziehen

* verändert

2 a) Fasse in ein bis zwei Sätzen zusammen, worum es in dem Text geht.
b) Erkläre mit eigenen Worten die Begriffe *Lebensmittelverschwendung* und *Lebensmittelverlust*. Nenne dabei jeweils ein Beispiel aus dem Text.

3 Beantworte die folgenden Fragen zum Text:
- *In welche Bereiche unterteilt die FAO die Lebensmittelabfälle?*
- *Welchen Einfluss hat die Lebensmittelverschwendung auf den Klimawandel?*

4 a) Betrachte das Schaubild rechts und formuliere eine alternative Überschrift.
b) Notiere stichpunktartig die wichtigsten Informationen des Schaubildes.

5 a) Beantworte die folgenden Fragen zum Schaubild:
- *Wer wurde befragt?*
- *Woher stammen die Daten?*
- *In welcher Form sind die Daten dargestellt?*
- *Warum wurde diese Form ausgewählt, um die Daten darzustellen?*

b) Werte das Schaubild aus.
c) Tauscht euch zu zweit über eure Ergebnisse aus.

6 a) Erkläre, welche Informationen aus dem Text in dem Schaubild noch einmal verdeutlicht werden.
b) Welche weiteren Informationen aus dem Text könnten außerdem in einem Schaubild dargestellt werden?
c) Erstellt zu zweit einen Entwurf für ein solches Schaubild.

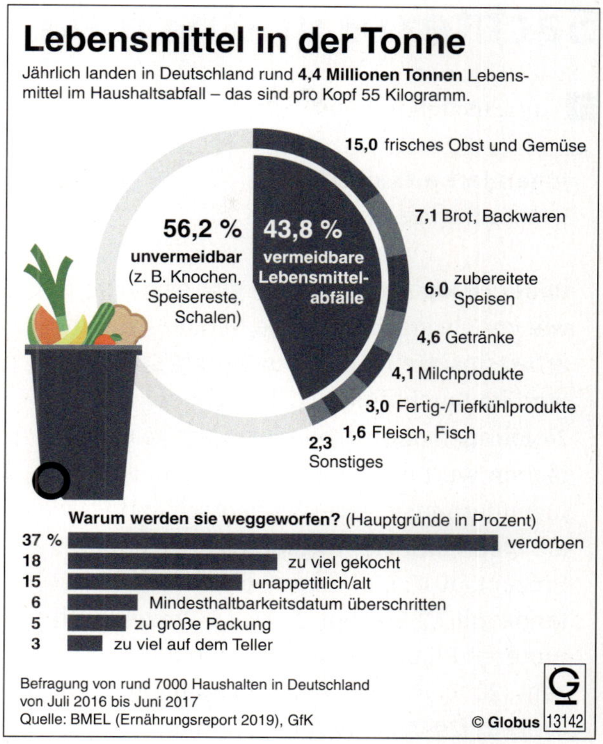

7 Stellt euch zu zweit gegenseitig die folgenden Fragen zum Schaubild auf dieser Seite:
- *Hat das Schaubild geholfen, einige Sachverhalte aus dem Text besser zu verstehen? Wenn ja, inwiefern?*
- *Liefert dieses Schaubild weitere interessante Informationen zum Text? Wenn ja, welche?*
- *Hättest du den Text und das Schaubild auch unabhängig voneinander verstanden?*

8 a) Betrachtet die schwarzen Balken des Schaubildes und diskutiert zu zweit, wie man den Verlust und die Verschwendung von Lebensmitteln einschränken kann.
b) Tauscht euch in der Klasse über eure Ideen aus.

Sachtexte grafisch darstellen

1 a) Lies den folgenden Text.

Jugendarbeitslosigkeit
Von Katharina Mass

In der Europäischen Union gibt es nach wie vor ein starkes Gefälle bei der Jugendarbeitslosigkeit. So waren 2018 in Deutschland im Durchschnitt 6,2 Prozent der 15- bis 24-Jährigen ohne Arbeit (zum Vergleich: 2017 lag der Wert bei 6,8 Prozent). Damit war die Jugendarbeitslosigkeit in Deutschland EU-weit am niedrigsten. Es folgten Tschechien mit 6,7 Prozent (2017: 7,9 Prozent) und die Niederlande mit 7,2 Prozent (2017: 8,9 Prozent). Die hinteren Plätze belegten Italien mit 32,2 Prozent (2017: 34,7 Prozent) und Spanien mit 34,3 Prozent (2017: 38,6 Prozent). Höher war die Jugenderwerbslosenquote im vergangenen Jahr nur in Griechenland. Dort waren 39,9 Prozent (2017: 43,6 Prozent) der Jugendlichen arbeitslos. [...] Nach wie vor sind die Jugenderwerbslosenquoten in großen Teilen Mitteleuropas niedriger als in südlichen EU-Staaten. Besonders Griechenland, Spanien und Italien spürten in den Jahren nach der Eurokrise von 2010 deren Auswirkungen. Dabei war die Jugendarbeitslosigkeit in der EU vor allem 2012 und 2013 im Durchschnitt mit jeweils über 23 Prozent besonders hoch. Insgesamt sind die Jugenderwerbslosenquoten zurückgegangen. Durchschnittlich waren [im Jahr 2018] 15,2 Prozent der Jugendlichen in den EU-Mitgliedstaaten arbeitslos [...].*

b) Besprecht zu zweit, worum es in dem Text geht.

2 a) Beantworte die folgenden Fragen zum Text schriftlich:
- *Welches Land hat die niedrigste Arbeitslosenquote?*
- *Welches Land hat die höchste Arbeitslosenquote?*
- *Wie hoch war der Durchschnitt der Jugendarbeitslosenquote in Europa im Jahr 2018?*
- *Wie hat sich die Jugendarbeitslosenquote in der Zeit von 2013 bis 2018 allgemein entwickelt?*
- *Welche Krise hatte große Auswirkungen auf die Jugendarbeitslosigkeit?*

b) Vergleicht in Kleingruppen eure Ergebnisse.

3 a) Bei welchen Informationen des Textes wäre ein Schaubild sinnvoll, um diese anschaulicher zu machen?

b) Notiere stichpunktartig die Informationen oder markiere sie auf der COPY 14.

Tipp

zu 3 a)
Der **Vergleich von Prozentangaben** im Hinblick auf verschiedene Länder und die **Entwicklung** im Laufe der Jahre lassen sich besonders gut in einem Schaubild darstellen.

2.1 (1) Lese- und Texterschließungstechniken eigenständig in komplexen kontinuierlichen und diskontinuierlichen Texten anwenden und Gelesenes grafisch sowie strukturiert visualisieren *verändert

4 Du kennst bereits verschiedene Möglichkeiten, um Informationen aus einem Text in einem Schaubild darzustellen.

a) Besprecht zu zweit, welche Art von Schaubild für den Text auf Seite 94 geeignet wäre. Hinweise dazu findet ihr in der *Lernbox*.

b) Entscheide dich für eine der Informationen, die du in Aufgabe 3 markiert hast, und erstelle ein Schaubild dazu.

c) Formuliere zum Schluss eine passende Überschrift für dein Schaubild.

5 a) Tauscht eure Schaubilder in der Klasse und wertet jeweils das Schaubild eines Mitschülers oder einer Mitschülerin aus.

b) Gebt euch gegenseitig Feedback zur Gestaltung der Schaubilder.
Geht dabei auf folgende Fragen ein:
- *Ist das Schaubild klar, gut verständlich und informativ?*
- *Wurden unterschiedliche Farben verwendet? Wenn ja, wofür?*
- *Was kann man noch verbessern?*

Lernbox

Ein Schaubild erstellen

1 Schaubilder stellen Informationen grafisch dar. Sie machen Zusammenhänge anschaulich. Oft beziehen sie sich auf statistische **Daten**, **Zahlen** oder **Prozentangaben** aus einem Text.

2 Es gibt verschiedene Möglichkeiten, Daten in einem Schaubild darzustellen (z. B. **Säulen-, Balken-, Kurven- und Tortendiagramm**).

3 Um eine **Entwicklung** abzubilden oder Daten im **Vergleich** zu zeigen, eignen sich besonders **Kurven- oder Säulendiagramme**.

6 Überarbeite dein Schaubild mit den Anmerkungen deines Mitschülers oder deiner Mitschülerin.

7 a) Präsentiere dein Schaubild einer Kleingruppe. Erkläre, wie du beim Erstellen des Schaubildes vorgegangen bist.

b) Berichte, wie du die Arbeit an den Schaubildern erlebt hast.
Beantworte dabei folgende Fragen:
- *Ist es dir schwer- oder leichtgefallen, ein informatives Schaubild zu gestalten? Begründe.*
- *Welche Tipps konntest du deinem Mitschüler oder deiner Mitschülerin geben?*
- *Welche Tipps deines Mitschülers oder deiner Mitschülerin hast du umgesetzt?*
- *Hat es dir geholfen, ein Schaubild zum Text zu erstellen, um diesen besser zu verstehen?*

Tipp

zu 4 b)

Ein Säulendiagramm erstellen

1 Schreibe dir die **Kriterien**, die genannt werden sollen (z. B. Länder oder Jahre), und die Daten (z. B. Prozentzahlen) dazu auf.

2 Nimm ein kariertes Papier und erstelle ein Diagramm, indem du eine Einheit vorgibst (z. B. 1 Kästchen = 5 Punkte).

3 Beschrifte die **Hochachse** mit der Prozentzahl und die **Querachse** mit den gewählten Kriterien (z. B. mit Jahreszahlen oder Ländern).

4 Zeichne deine **Säulen** senkrecht nach oben und beschrifte sie. Achte darauf, dass alle Säulen gleich breit sind.

Fit für den Quali

Auf dieser Doppelseite findest du einen Text und Aufgaben, wie sie in der Prüfung zum qualifizierenden Abschluss der Mittelschule vorkommen können. Bearbeite sie zunächst alleine und schätze dich selbst mit der Checkliste ein. Besprecht dann die Aufgaben und gebt euch gegenseitig Feedback.

Jugendliche trinken seltener – junge Erwachsene dafür exzessiver

Regelmäßiger Alkoholkonsum ist bei Jugendlichen in Deutschland laut einer Studie [der Bundeszentrale für gesundheitliche Aufklärung (BZgA)] so unbeliebt wie nie – unter jungen Erwachsenen nimmt exzessives Trinken aber wieder bedenklich zu. Unter den 12- bis 17-Jährigen trinken laut Studie aktuell noch 8,7 Prozent mindestens einmal pro Woche Bier, Wein oder anderes – ein neuer Tiefstand. Im Jahr 2004 waren es 21,2 Prozent gewesen. Noch nie im Leben Alkohol getrunken haben nun 38,1 Prozent der Jugendlichen. [...] Bei jungen Erwachsenen zwischen 18 und 25 zeigt sich dann ein anderes Bild. Fast alle (95,1 Prozent) haben schon Alkohol getrunken. Regelmäßig tun dies laut Umfrage aktuell auch wieder mehr. Nämlich ein Drittel (33,4 Prozent), nachdem es vor zwei Jahren 30,7 Prozent waren. [...] Die Drogenbeauftragte der Bundesregierung, Marlene Mortler, betonte, einen ansteigenden Trend bei jungen Leuten gelte es zu bremsen. Erwachsensein heiße nicht, dass es plötzlich in Ordnung sei, zu viel zu trinken. Es sei nicht „in irgendeiner Weise cool, sich mit Alkohol in einen Zustand der Besinnungslosigkeit zu befördern“. Zum Gegensteuern setzt sie vor allem auf Aufklärung und Vorbeugung, insbesondere direkt vor Ort. Ziel müsse es sein, lebenslang einen bewussten Umgang mit Alkohol zu erreichen.

1 a) Lies den Text im blauen Kasten.
b) Formuliere zwei zentrale Aussagen des Textes.
c) Fasse den Text mit eigenen Worten zusammen. Beginne mit einem Einleitungssatz.

2 a) Erkläre die folgenden Begriffe mit deinen eigenen Worten:
Tiefstand – exzessiv – Trend – cool.
b) Welche dieser Wörter sind Fremdwörter? Nenne diese.
c) Die folgende Erklärung passt zu einem Fremdwort aus dem Text.
Ordne sie richtig zu.
– etwas zu sich nehmen oder etwas kaufen.

3 *„Trotz des Rückgangs des regelmäßigen Alkoholkonsums ist die momentane Situation noch nicht zufriedenstellend.“*
Begründe dies anhand von zwei Zitaten aus dem Text. Gib auch die Zeilen dazu an.

2.1 (1) Lese- und Texterschließungstechniken eigenständig in komplexen kontinuierlichen und diskontinuierlichen Texten anwenden und Gelesenes grafisch sowie strukturiert visualisieren

Rauschtrinken – exzessives Trinkverhalten bei jungen Erwachsenen (2017 und 2019)

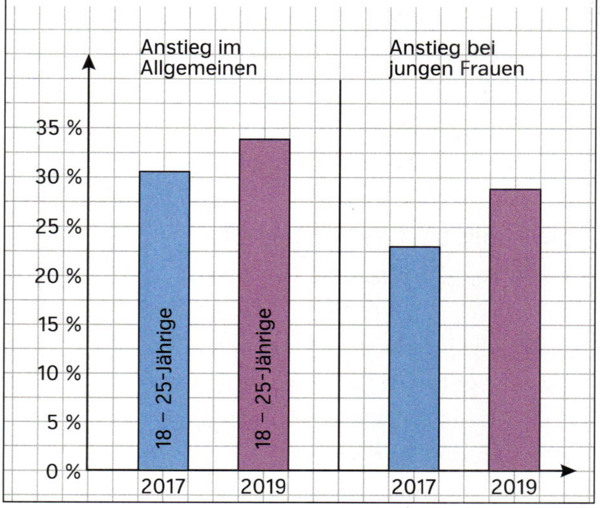

4 a) Betrachte das Schaubild oben und bearbeite dazu die folgenden Aufgaben:
- *Formuliere das Thema des Schaubildes mit eigenen Worten.*
- *Wie ist das Schaubild beschriftet?*
- *Wozu nutzt das Schaubild zwei unterschiedliche Farben?*
- *Schreibe die wichtigsten Informationen des Schaubildes stichpunktartig auf.*

b) Stelle einen Bezug zwischen dem Schaubild und dem Text her.

5 Welche Schlussfolgerung lässt sich aus dem Schaubild ziehen? Wähle aus und begründe:
A) Der prozentuale Anstieg bei jungen Frauen ist höher als der prozentuale Anstieg bei 18-25-Jährigen im Allgemeinen.
B) Junge Männer zeigen ein verringertes exzessives Trinkverhalten.

6 Sollte es bei der Abschlussfeier Alkohol geben, ja oder nein?
a) Sammle Argumente in einer Mindmap (→ S. 266). Informiere dich dazu auch über das Jugendschutzgesetz in Bayern und das Alter, ab dem es überhaupt erlaubt ist, Alkohol zu trinken.
b) Begründe deine Meinung, indem du mindestens zwei vollständige Argumente formulierst (→ S. 180).

7 a) Schätze dich mithilfe der Checkliste unten (→ COPY B) zunächst selbst ein.
b) Tausche deine Aufgaben dann mit einem Mitschüler oder einer Mitschülerin. Kontrolliert euch gegenseitig und gebt einander Feedback: Was war schon gut? Was könnt ihr noch verbessern?
c) Sprecht in der Klasse darüber, was euch schon gut gelungen ist und bei welchen Aufgaben ihr noch Probleme hattet.

Checkliste

Ich habe/du hast …	++	+	–	––	*Einschätzung des/der Partners/-in*
… den Inhalt des Textes treffend zusammengefasst.	*X*	*X*	*X*	*X*	*XXXXXXXXXXXX*
… die Bedeutung von Fachbegriffen und Fremdwörtern gut erklärt.	*X*	*X*	*X*	*X*	*XXXXXXXXXXXX*
… das Schaubild verständlich erklärt.	*X*	*X*	*X*	*X*	*XXXXXXXXXXXX*
… einen sinnvollen Bezug zwischen Text und Schaubild hergestellt.	*X*	*X*	*X*	*X*	*XXXXXXXXXXXX*
… eine eigene Meinung zum Thema formuliert und mit guten Argumenten begründet.	*X*	*X*	*X*	*X*	*XXXXXXXXXXXX*

3.2 (8) die Ergebnisse bei Textuntersuchungen auch im Vergleich mehrerer Texte strukturiert darstellen und auf die formale und stilistisch unterschiedliche Gestaltungsweise der Textsorten achten

Mit Gedichten experimentieren

1 a) Lies den Text „Gedanke“ und betrachte das Bild.
b) Sprecht zu zweit über folgende Fragen:
– *Wie wirkt der Text auf euch?*
– *Was ist das eigentlich: ein Gedicht?*

Gedanke
Harald Schwiewagner

Gebracht
Gelacht
Gedacht
Gemacht
Gedicht

2 a) Lies das Gedicht „Über einige Davongekommene“ unten.
b) Besprecht zu zweit, auf welches Ereignis das Gedicht Bezug nimmt.
c) Aus wie vielen Sätzen besteht der Text? Wodurch ist er als Gedicht erkennbar?
d) Tragt das Gedicht wirkungsvoll vor.

Über einige Davongekommene
Günter Kunert

Als der Mensch
unter den Trümmern
seines
bombardierten Hauses
hervorgezogen wurde,
schüttelte er sich
und sagte:
Nie wieder!

Jedenfalls nicht gleich.

3 a) Lies das Gedicht „Willkommen und Abschied“ und notiere das Reimschema. Lies dazu auch die *Lernbox* auf S. 301.
b) Schreibe eine aktuelle, auf einen anderen Ort bezogene Version des Gedichtes.

Willkommen und Abschied
Johann Wolfgang von Goethe

Es schlug mein Herz, geschwind zu Pferde!
Es war getan fast eh gedacht.
Der Abend wiegte schon die Erde,
Und an den Bergen hing die Nacht;
Schon stand im Nebelkleid die Eiche,
Ein aufgetürmter Riese, da,
Wo Finsternis aus dem Gesträuche
Mit hundert schwarzen Augen sah. [...]

4 a) Übertrage das Gedicht „lehmslauf“ ins Hochdeutsche oder in deine Mundart/Muttersprache.
b) Wie versteht ihr das Gedicht? Sprecht zu zweit darüber.

lehmslauf
Fitzgerald Kusz

wennds aff di weld kummsd
gräichsd vuä deim geburds-
daddum ä schdernlä
wennsd schdirbsd ä kreizlä:
wos willsdn meä?

Tipp

zu 3 b)

Z.B.: zu Pferde = mit dem Auto; an den Bergen = in der Stadt; die Eiche = das Bushäuschen; ein aufgetürmter Riese = der Nachtbus; das Gesträuche = der Weg

2.2 (1) eigenständig komplexe Texte interpretieren und dabei Erwartungen formulieren [...] und sich mit anderen darüber austauschen · 2.2 (2) eigenständig literarische Textsorten unterscheiden, ihre spezifische Wirkung diskutieren und Bezüge zwischen Werk, Autorenbiografie und Entstehungszeit herstellen

5 a) Den linken Text hat eine Schülerin geschrieben, überarbeitet und ver***dichtet***.
b) Erstelle selbst einen Text, den du dann allein oder mit einem Partner ver***dichtest***.

~~Was mir~~ das Liebste ~~ist~~:
~~Ich träume~~ jede Nacht ~~von dir. Ohne dich kann~~
~~ich mir~~ mein Leben ~~nicht mehr vorstellen.~~
~~Wie sollte ich nur einen Tag auf dich verzichten?~~
~~In~~ Gedanken ~~bin ich immer~~ bei dir. ~~Die Konzent-~~
~~ration in der~~ Schule fällt ~~mir~~ schwer,
~~weil ich mich dauernd von dir ablenken lasse.~~
Ich ~~fühle mich manchmal wie~~ ein Stück Eisen,
~~das von einem Magneten angezogen wird.~~ Du
~~bist~~ der Magnet, ~~der mich magisch anzieht.~~
~~Oh, mein liebes~~ Handy. ~~Was würde ich nur ohne~~
~~dich machen?~~ Ich liebe dich.

Das Liebste
Jede Nacht
Mein Leben

Gedanken bei dir
Schule fällt schwer

Ich das Stück Eisen
Du der Magnet

Handy
Ich liebe dich.

Verschiedene Sprachen
Hans Manz

Es gibt die Muttersprache
Vatersprache
Kindersprache
Männersprache
Frauensprache [...]
Notsprache
Zahlensprache
XXX

6 a) Lest den Ausschnitt aus dem Gedicht von Hans Manz abwechselnd zu zweit.
b) Schreibt das Gedicht ab und ergänzt mindestens 20 weitere Begriffe, die in das Gedicht passen.
c) Vergleicht eure Ergebnisse in der Klasse.

Maifest
Johann Wolfgang von Goethe

Wie herrlich leuchtet
Mir die Natur!
Wie glänzt die Sonne!
XXX

Und Freud und Wonne
Aus jeder Brust.
XXX
XXX

Wie ich dich liebe
Mit warmem Blut,
XXX
XXX

7 a) Vervollständige die drei Gedichtstrophen mit den Textbausteinen im Kasten. Schreibe die Strophen vollständig auf.

Und Freud und Mut – Die du mir Jugend – O Erd, o Sonne! – O Glück, o Lust! – Wie lacht die Flur!

b) Vergleiche mit dem Original (→ S. 107).

2.2 (4) im Rahmen der Interpretation schwieriger literarischer Texte Fachbegriffe eigenständig und sicher anwenden · 3.2 (2) im Rahmen des produktiven Schreibens verschiedene Erzähltechniken anwenden und dabei sprachlich gestalterische Mittel bewusst einsetzen (z. B. Metaphern, rhetorische Fragen)

Gedichte in Mundart verstehen

1 a) Lies dir die Gedichte auf den Seiten 100 – 101 durch oder höre sie an. Um welche Mundart handelt es sich jeweils?
b) Wähle ein Gedicht, das du gut verstehst, und trage es einem Partner/einer Partnerin oder der Klasse vor.
c) Schreibe das Gedicht auf Hochdeutsch ab.

S'Leem is ned vui wert
Walter Flemmer

S'Leem
is ned vui wert
host du gsogt
so vui is vakehrt
host du gmoant
Awa wenn mia s
zu zwoat packn
kunnt sei
dass se s Leem
no amoi lohnt

Geh weiter, Zeit, bleib steh
Helmut Zöpfl

I lieg am Bodn und hör an Wind
wiara se stroaft am Gras;
koa Uhr is da, de wo mi zwingt
und sagt ma: dua jetzt was!

I blinzl in de warme Sonn
und denk mir bloß: wia schee!
... Schad, dass ma nix derhaltn konn.
Geh weiter, Zeit, bleib steh!

2 a) Besprecht zu zweit, wer in dem Gedicht „S'Leem is ned vui wert" möglicherweise miteinander spricht.
b) Ergänzt das Gedicht nach Vers 3 und nach Vers 5 (= Zeile 5). Welche Beispiele könnten genannt werden? Notiert Ideen.
c) Ergänzt am Ende mindestens einen Vers, der besagt, warum sich das Leben lohnt. Schreibt den Vers in Mundart oder auf Hochdeutsch.

3 a) Hast du eine ähnliche Situation wie in dem Gedicht „Geh weiter, Zeit, bleib steh" schon einmal erlebt?
b) Besprecht zu zweit, was das Besondere an der Situation sein könnte, die das Gedicht beschreibt.
c) Ergänzt eine weitere Strophe in der Mitte des Gedichtes, in der die Situation näher beschrieben wird. Schreibt sie in Mundart oder auf Hochdeutsch.

Tipp

zu 2 b)

Mögliche Beispiele:
- Streit unter Freunden
- Umweltzerstörung
- Probleme in der Familie
- Zukunftsängste

2.2 (1) eigenständig komplexe Texte interpretieren und dabei Erwartungen formulieren, eigene Deutungen mit Zitaten belegen, literarische Figuren als Archetypen und Repräsentanten für Werthaltungen erkennen und sich mit anderen darüber austauschen

A Wält
Wilhelm König

Sisch a guate Wält
sisch a baesa Wält
abr sisch mei Wält

Isch koe guate Wält
isch a baese Wält
ko-ase jo bessr macha

Wenne abr schaffa soll
muaße freile ao
abbas dsassat hao

Subbermän
Harald Weigand

Alla wummi kenna
mahna
dass iech
a klanns Werschtla bin
a großer Schisser
a Housnscheißer
a Greinmeicherla
a Angsthos

Wimmersi deischn kann!

In Werglichkeit
binni nämli
a ganz schneidier Kund
a richtis Mannsbild
a Knallharder
a Draufgänger
a Held
sou ahner wie der Subbermän.

Shod is
dass bis ezz
nu kanner
ausganga hadd
wii wergli bin.

4 a) Die ersten beiden Strophen des Gedichtes „A Wält" bestehen aus Gegensätzen. Besprecht diese zu zweit.
b) Notiert Gründe für eine gute und eine böse Welt.
c) Ergänzt das Gedicht an den passenden Stellen in Mundart oder auf Hochdeutsch.
d) Schreibt eine eigene Version des Gedichtes in Mundart oder auf Hochdeutsch.

5 a) Die Person im Gedicht „Subbermän" verändert sich. Sprecht zu zweit darüber.
b) Sprecht über Situationen, in denen ihr besonders sicher/unsicher seid.
c) Schreibt eine eigene Version des Gedichtes in Mundart oder auf Hochdeutsch.

4.1 (2) weitere Sprachvarietäten unterscheiden und deren Eigenschaften beschreiben, um über variable Sprachregister zu verfügen und um Zusammenhänge von Sprache und sozialen Verhältnissen zu reflektieren

Ein Thema lyrisch verarbeiten – früher und heute

1 a) Betrachtet die Abbildung und sprecht zu zweit darüber, welche Situation hier dargestellt ist.
b) Welche Situationen empfindet ihr als traurig?

2 a) Lest die folgenden Verse aus dem Gedicht „Einer Toten".

Einer Toten
Detlev von Liliencron

Schwer und kalt umsaugt
Die Erde deinen Sarg und hält dich fest.
Ich geh nicht hin, ich finde dich nicht mehr.
Und Wiedersehn?
Was soll ein Wiedersehn,
Wenn wir zusammen Hosianna[1] singen,
Und ich dein Lachen nicht mehr hören kann?

[1] *Hosianna* = Ruf der Freude, des Jubels, Gebetsruf

b) Wie wirken die Verse auf euch? Fühlt ihr euch angesprochen? Tauscht euch darüber in der Klasse aus.
c) Sprecht darüber, wie der Autor das Ereignis darstellt.

3 Sarah Connor verarbeitet das Thema „Tod" in einem Songtext.
a) Lies den Titel und notiere stichpunktartig deine Erwartungen an das Lied.
b) Kann ein so schwieriges Thema in einem Lied verarbeitet werden? Sprecht zu zweit darüber.

4 a) Lies den Songtext still für dich.

Das Leben ist schön
Sarah Connor

Wenn der Tag gekommen ist
Und ich meine Augen schließe
Und mich mein Löwenmut verlässt
Wenn der Tag gekommen ist
Und ich mit dem Wasser fließe
Hoffe ich, dass ihr mich nicht vergesst

Ich will keine Trauerreden
Ich will keine Tränen sehen
Kein Chor, der Halleluja singt
Ich will, dass ihr feiert,
Ich will, dass ihr tanzt
Mit 'nem lächelnden Blick
Und 'nem Drink in der Hand
'Nen Heißluftballon, auf dem riesengroß steht
Das Leben ist schön,
Auch wenn es vergeht
Und wenn ihr schon weint
Dann bitte vor Glück
Dann bin ich da oben
Und ich sing' mit euch mit – Yeah
Und ich sing' mit euch mit – Hmm

Sucht die schönsten Kleider aus
Und kommt in den hellsten Farben
Wie tausend Lichter in der Nacht
Jeden einzelnen von euch
Werd ich immer bei mir tragen
Auch wenn ich euch irgendwann verlass'

Refrain

2.2 (1) eigenständig komplexe Texte interpretieren und dabei Erwartungen formulieren, eigene Deutungen mit Zitaten belegen, literarische Figuren als Archetypen und Repräsentanten für Werthaltungen erkennen und sich mit anderen darüber austauschen

b) Probiert zu zweit folgende Lesevarianten aus:
- *abwechselndes zeilenweises Lesen,*
- *ein Partner liest die „Wenn"-Sätze, der/die andere den Rest,*
- *eigene Lesevariante.*

5 Sprecht in der Klasse darüber, wie das Lied auf euch wirkt. Haben sich eure Erwartungen aus Aufgabe 3 bestätigt?

6 Erkläre die folgenden Formulierungen aus dem Liedtext:
- *„Und mich mein Löwenmut verlässt" (Z. 3)*
- *„Und ich mit dem Wasser fließe" (Z. 5)*

7 Notiere in einem Cluster, was sich die Sängerin im Lied für ihre Beerdigung wünscht.

8 Bearbeite eine der folgenden Aufgaben.

a Finde weitere Gedichtbeispiele im Buch, in denen dasselbe Thema auf verschiedene Arten lyrisch verarbeitet wird. Vergleiche sie miteinander und stelle das Ergebnis in der Klasse vor.

b Finde im Internet weitere Gedichte, in denen dasselbe Thema auf verschiedene Arten lyrisch verarbeitet wird. Vergleiche sie miteinander und stelle das Ergebnis in der Klasse vor.

9 Sarah Connor und Detlev von Liliencron gehen unterschiedlich an dasselbe Thema heran.

a) Beantworte die folgenden Fragen schriftlich. Die Hinweise in der *Lernbox* helfen dir dabei.
- *Worin gleichen sich das klassische Gedicht „Einer Toten" und der moderne Songtext „Das Leben ist schön"?*
- *Worin unterscheiden sie sich?*
- *Welche Form (Gedicht oder Songtext) spricht dich an? Wie würdest du dich diesem schwierigen Thema nähern?*

b) Tauscht euch zu zweit über eure Notizen aus.

Lernbox

Klassische und moderne Lyrik

Klassische Lyrik:
- Gliederung in **Verse** und **Strophen**
- Zeilen in den Strophen werden beim Lesen betont und **reimen** sich in der Regel.
- **bildhafte Sprache**
- Leserinnen und Leser deuten die Texte für sich meist unterschiedlich.

Moderne Lyrik:
- Merkmale des klassischen Gedichtes sind oft aufgelöst.
- Inhalt spielt größere Rolle als Struktur.
- Autoren schreiben frei, **ohne Formzwänge.**
- Zur modernen Lyrik zählen auch **Songtexte**: Songschreiber versuchen, eine Geschichte zu erzählen oder ein Thema zu behandeln. Die Liedstruktur gibt dabei den formalen Rahmen vor.

2.2 (2) eigenständig literarische Textsorten unterscheiden, ihre spezifische Wirkung diskutieren und Bezüge zwischen Werk, Autorenbiografie und Entstehungszeit herstellen

Einen Poetry-Slam-Text schreiben

Warst du schon einmal bei einem Poetry Slam? Auch in vielen Schulen finden inzwischen solche Dichter-Wettbewerbe statt. Die Regeln sind einfach: Alle, die möchten, können selbst geschriebene Texte auf einer Bühne oder im Klassenzimmer vortragen. Der Applaus entscheidet dann, wer gewinnt.

1 Bearbeite eine der folgenden Aufgaben.

a Schreibe einen eigenen Slam-Beitrag. Die Ideen-Kästen 1–4 helfen dir dabei. Mindestens zwei Vorschläge daraus sollten in deinem Slam vorkommen.

b Schreibe einen eigenen Slam-Beitrag, ohne die Hilfen zu verwenden.

1 Gruppenübung: Wachsende Reime

- Einigt euch in der Gruppe auf ein Thema, z. B. *Freundschaft, Hobbys, Familie*.
- Jedes Gruppenmitglied schreibt abwechselnd ein Wort zu dem Thema auf, z. B. *Vertrauen, Neid, Spiel, Natur*.
- In der zweiten Runde findet ihr nun Reimwörter zu den ersten Wörtern: *Vertrauen – bauen, Neid – bereit, Spiel – viel, Natur – Schwur*.
- Baut die Reimwörter dann zu Versen aus: *Familie heißt **Vertrauen**. Jeder kann auf jeden **bauen**. Wir sind frei von Neid und zu jedem Spaß **bereit** …*

2 Einzel-/Partnerübung: Silben nutzen

Slamtexte können rhythmisch vorgetragen werden. Sortiere und notiere die acht blauen Sätze nach der Silbenlänge und bringe sie in eine sinnvolle Abfolge. Trage sie dann betont vor. Wenn du möchtest, kannst du Wörter des Textes verändern.

Dann kommt unbedingt zu unsrem Sport!
Und gibt es doch einmal Streit.
Einer ist für den andern da.
Ist es nur ne Kleinigkeit.
Unser Team ist fit.
Das ist einfach nur wunderbar.
Das ist schlicht der Hit.
Wollt ihr auch ständigen Spaß vor Ort?
Euer Schachverein 8x8

1.2 (2) versiert klar strukturierte, anschauliche Vorträge und Präsentationen gestalten (z. B. Vorbereitung zur Projektprüfung) und bei Planung und Gestaltung adressaten- sowie situationsbezogen Körpersprache, Rhythmisierung, differenziertes Sprechverhalten und unterstützende Präsentationsmedien berücksichtigen

3 Gruppenübung: Anfangsbuchstaben
- Einigt euch auf einen Buchstaben.
- Sammelt allein oder abwechselnd möglichst viele Wörter mit diesem Anfangsbuchstaben.
- Bildet aus den Wörtern Verse und Strophen, wobei pro Vers höchstens ein Wort mit einem anderen Anfangsbuchstaben vorkommen darf.
- Ändert danach den Anfangsbuchstaben.

Beispiel: *Andauernd angle ich ausgiebig,*
andere äußern sich albern,
aber alle akzeptieren Angelerfolge –
also akzeptiere ich Angelalbernheiten.

4 Einzel-/Partnerübung: Themen finden
Slamtexte können sich reimen, müssen es aber nicht. Wichtiger ist, dass die Themen interessant sind.
Schreibe alleine oder mit einem Partner Themen auf, bei denen du Figuren zu Wort kommen lassen kannst, und die interessant sind, weil sie einen Gegensatz enthalten, z. B. *Streit: Chef–Azubi, Lehrkraft–Schüler*.
Lasst euch auch passende Situationen einfallen, z. B. *beim Praktikum, in der Mensa*.
Die Themen/Situationen sollen für euch alle eine Bedeutung haben, aber auch überraschen.
Ein Cluster kann für Übersicht sorgen.

2 a) Tauscht zu zweit eure fertigen Texte. Gebt einander Tipps zu folgenden Punkten:
- *Verständlichkeit und Inhalt,*
- *Thema und Aufbau (z. B. interessante Situation, Gegensatz, Überraschung),*
- *Sprache (z. B. Reime, Rhythmus, gleiche Anfangsbuchstaben),*
- *Betonung, Vorschläge zu Sprechpausen,*
- *Zeit (Limit eingehalten?).*

b) Besprecht die Tipps und überarbeitet eure Texte.

3 a) Tragt euch eure Texte gegenseitig zu zweit oder in einer kleinen Gruppe vor.
b) Gebt einander Rückmeldung zum Vortrag. Nutzt dafür die Kriterien aus Aufgabe 2.
c) Tragt einige Texte in der Klasse vor. Beachtet dabei die Frageliste Poetry-Slam.

Frageliste Poetry-Slam
A) Welche Klasse/-n soll/-en teilnehmen?
B) Welche/-r Schüler/-in moderiert?
C) Wann findet der Slam statt? Wer lädt ein?
D) Wird eine Mikrofonanlage/Bühne benötigt?
E) Bekommt der Sieger/die Siegerin etwas?
F) Soll es überhaupt einen Gesamtsieger/eine Gesamtsiegerin geben?
G) Wie wird der Applaus gemessen? (Handy?)
H) Wie wird die Reihenfolge bestimmt? (losen?)

3.2 (2) im Rahmen des produktiven Schreibens verschiedene Erzähltechniken anwenden und dabei sprachlich gestalterische Mittel bewusst einsetzen

Gedichte genau analysieren

Jeder kann ein Dichter/eine Dichterin sein!

1 Besprecht zu zweit, was die Abbildung und deren Beschriftung aussagen.

2 a) Beim Zugang zu Gedichten helfen dir Leitfragen. Lies die Fragen A bis N (→ COPY 15).

A) Wie wirkt das Gedicht auf mich?
B) Was fällt mir spontan auf?
C) Wer ist der Autor?
D) Was ist das Thema des Gedichtes?
E) Gibt es eine Handlung?
F) An welchem Ort, zu welcher Zeit spielt sie?
G) Welche Bedeutung hat der Titel?
H) Gibt es Hinweise auf eine bestimmte Zeit?
I) Wer spricht in dem Gedicht?
J) Wird jemand angesprochen?
K) Wie viele Strophen hat das Gedicht?
L) Reimen sich die Verse?
M) Gibt es sprachliche Mittel wie Vergleiche, Personifikationen oder Metaphern?
N) Wann wurde das Gedicht geschrieben?

b) Untersuche das Gedicht „Umwelt" mithilfe der Fragen. (Achtung: Nicht alle Fragen lassen sich in diesem Fall beantworten.)

c) Fasse deine Ergebnisse in einem Text zusammen. Gehe so vor, wie in der *Lernbox* beschrieben.

Umwelt
Walther Petri

das Wort ist falsch
das Wort ist dumm
als ginge die Welt
um uns herum

wir sind jedoch
ein Teil der Welt
was wir auch tun
es fällt
auf uns zurück

es fällt auf Ozeane
auf den Schnee
auf Tiere
Pflanzen
nah und fern

was wir auch tun
trifft unseren Stern

Lernbox

Über Gedichte schreiben

1 Benenne in einem **Einleitungssatz** Textart, Titel, Autor, Jahr, Thema: *In dem Gedicht XXX von XXX aus dem Jahr XXX geht es um …*

2 Fasse im **Hauptteil** den Inhalt und die dargestellten Gefühle und Gedanken **Strophe für Strophe** in eigenen Worten zusammen. Nutze die Fragen als Hilfe für Satzanfänge: *Das Thema …*
Dabei bedeutet der Titel …
Die Zeit, in der das Gedicht entstand, …

3 Beschreibe im **Schluss**, wie das Gedicht auf dich wirkt und wie du es findest: *Ich finde das Gedicht XXX, weil es XXX …*

4 Schreibe im Präsens.

2.2 (1) eigenständig komplexe Texte interpretieren und dabei Erwartungen formulieren, eigene Deutungen mit Zitaten belegen, literarische Figuren als Archetypen und Repräsentanten für Werthaltungen erkennen und sich mit anderen darüber austauschen

Sprachliche Besonderheiten untersuchen

Maifest
Johann Wolfgang von Goethe

Wie herrlich leuchtet
Mir die Natur!
Wie glänzt die Sonne!
Wie lacht die Flur!

Es dringen Blüten
Aus jedem Zweig
Und tausend Stimmen
Aus dem Gesträuch.

Und Freud und Wonne
Aus jeder Brust.
O Erd', o Sonne,
O Glück, o Lust,

Du segnest herrlich
Das frische Feld –
Im Blütendampfer
Die volle Welt!

O Mädchen, Mädchen,
Wie lieb' ich dich!
Wie blinkt dein Auge,
Wie liebst du mich!

Wie ich dich liebe
Mit warmem Blut,
Die du mir Jugend
Und Freud und Mut

Tipp

zu 2 c)

Für alle sieben Besonderheiten gibt es mindestens ein Beispiel in dem Gedicht.

1 a) Lest die Überschrift und betrachtet das Bild. Besprecht zu zweit: Worum geht es in dem Gedicht?
b) Lest das Gedicht abwechselnd laut. Welchen Eindruck macht es auf euch?

2 a) Schreibe das Gedicht sauber ab oder arbeite mit COPY 16.
b) Lies die *Lernbox* und suche sprachliche Besonderheiten im Gedicht „Maifest". Markiere sie und schreibe dazu, um welche Besonderheit es sich handelt.
c) Vergleicht zu zweit eure Ergebnisse.

3 Bearbeite eine der folgenden Aufgaben.
a) Suche im Internet nach weiteren Gedichten, in denen sprachliche Besonderheiten aus der Lernbox unten vorkommen.
b) Schreibe ein Gedicht, in dem mehrere sprachliche Besonderheiten vorkommen.

Lernbox

Sprachliche Besonderheiten in Gedichten

1 **Anapher** – Wörter am Anfang der Verse werden wiederholt: *Liebste .../Liebste ...*
2 **Enjambement** – Der Satz endet nicht am Versende, sondern erst in der nächsten Zeile: *Immer und überall .../bin ich bei Dir.*
3 **Hyperbel** – Übertreibung: *wie Sand am Meer, schön wie Juwelen.*
4 **Lautmalerei** – Geräusche werden durch Worte hörbar: *dröhnen, rasseln, schlürfen.*
5 **Metapher** – Ein Ausdruck ist nicht wörtlich gemeint, die Bedeutung wird übertragen: *Das Feuer der Liebe entfachen.*
6 **Vergleich** – Dinge werden verglichen: *stark wie ein Löwe, groß wie ein Baum.*
7 **Personifikation** – Tiere oder Dinge handeln wie Menschen: *das Glück winkt, die Sonne lacht.*

2.2 (2) eigenständig literarische Textsorten unterscheiden, ihre spezifische Wirkung diskutieren und Bezüge zwischen Werk, Autorenbiografie und Entstehungszeit herstellen · 2.2 (4) im Rahmen der Interpretation schwieriger literarischer Texte Fachbegriffe eigenständig und sicher anwenden

Einen Dichter in seiner Zeit kennenlernen

1 a) Betrachte das Bild des Dichters Johann Wolfgang von Goethe. Welcher Zeit würdest du es zuordnen?

b) Informiere dich im Internet und auf S. 61 über Goethe. Lege eine Tabelle an und ergänze darin folgende Informationen:

Johann Wolfgang von Goethe	
Geburtsjahr:	*XXX*
Geburtsort:	*XXX*
Sterbejahr:	*XXX*
Sterbeort:	*XXX*
Familienstand:	*XXX*
Beruf:	*XXX*
Religion:	*XXX*
Wohnort 1765:	*XXX*
Wohnort 1768:	*XXX*
Wohnort 1775:	*XXX*
Werke (2 Beispiele)	*XXX*

2 a) Goethe hatte neben dem Dichten noch einen Hauptberuf und viele Interessen. Besprecht zu zweit, was das für sein Leben bedeutet haben könnte.

b) Recherchiert gemeinsam, in welcher Zeit Goethe gelebt hat. Erstellt aus wichtigen Daten ein Cluster zu seiner Zeit.

3 a) Suche dir eines der Gedichte auf den Seiten 108 und 109 aus. Beantworte dazu folgende Fragen:
- *Wie wirkt das Gedicht auf dich?*
- *Welche Stimmung vermittelt es?*
- *Woran erkennst du die Stimmung?*

b) Finde im Internet möglichst viele Informationen zu dem Gedicht und stelle es einem Partner oder der Klasse vor.

Über allen Gipfeln
Johann Wolfgang von Goethe

Über allen Gipfeln
Ist Ruh,
In allen Wipfeln
Spürest Du
Kaum einen Hauch;
Die Vöglein schweigen im Walde.
Warte nur, balde
Ruhest du auch.

4 Zu welcher Tageszeit wurde das Gedicht „Über allen Gipfeln" wohl geschrieben? Begründe deine Einschätzung.

Nicht ist alles Gold
Johann Wolfgang von Goethe

Nicht ist alles Gold, was gleißt,
Glück nicht alles, was so heißt;
Nicht alles Freude, was so scheint;
Damit hab ich gar manches gemeint.

5 Erläutere das *Gold*, das *Glück* und die *Freude* aus dem Gedicht oben in jeweils einem Satz.

2.2 (1) eigenständig komplexe Texte interpretieren und dabei Erwartungen formulieren, eigene Deutungen mit Zitaten belegen, literarische Figuren als Archetypen und Repräsentanten für Werthaltungen erkennen und sich mit anderen darüber austauschen · 3.2 (3) das heuristische Schreiben zur Klärung des eigenen Standpunkts nutzen

Abschied
Johann Wolfgang von Goethe

Zu lieblich ist's, ein Wort zu brechen,
Zu schwer die wohlerkannte Pflicht,
Und leider kann man nichts versprechen,
Was unserm Herzen widerspricht.

Du übst die alten Zauberlieder,
Du lockst ihn, der kaum ruhig war,
Zum Schaukelkahn der süßen Torheit wieder,
Erneust, verdoppelst die Gefahr.

Was suchst du mir dich zu verstecken!
Sei offen, flieh nicht meinen Blick!
Früh oder spät musst ich's entdecken,
Und hier hast du dein Wort zurück.

Was ich gesollt, hab' ich vollendet,
Durch mich sei dir von nun an nichts verwehrt;
Allein verzeih dem Freund, der sich nun von dir wendet
Und still in sich zurücke kehrt.

6 Notiere Textstellen aus dem Gedicht „Abschied", die zeigen, dass dem Sprecher im Gedicht die Trennung schwerfällt.

7 Lies das Gedicht „Wonniglich ist's" und notiere in einem Cluster, wie sich der Sprecher im Gedicht fühlen könnte. Verwende dafür passende Zitate aus dem Gedicht.

Wonniglich ist's
Johann Wolfgang von Goethe

Wonniglich ist's, die Geliebte verlangend im Arme zu halten,
Wenn ihr klopfendes Herz Liebe zuerst dir gesteht.
Wonniglicher, das Pochen des Neulebendigen fühlen,
Das in dem lieblichen Schoß immer sich nährend bewegt.
Schon versucht es die Sprünge der raschen Jugend; es klopfet
Ungeduldig schon an, sehnt sich nach himmlischem Licht.
Harre noch wenige Tage! Auf allen Pfaden des Lebens
Führen die Horen* dich streng, wie es das Schicksal gebeut.
Widerfahre dir, was dir auch will, du wachsender Liebling –
Liebe bildete dich; werde dir Liebe zuteil!

* Horen: Göttinnen, die das Leben überwachen

8 Bearbeite eine der folgenden Aufgaben:

a Analysiere eines der Goethe-Gedichte, wie auf Seite 106 vorgeschlagen.

b Wähle eines der Goethe-Gedichte aus, suche dann im Internet ein Gedicht aus dem gleichen Jahr und vergleiche sie inhaltlich miteinander.

Neugierig?
Recherchiere auch nach
Christoph Martin Wieland
Friedrich Schiller
Johann Gottfried Herder.
Erstelle für sie jeweils einen Lebenslauf.

2.2 (2) eigenständig literarische Textsorten unterscheiden, ihre spezifische Wirkung diskutieren und Bezüge zwischen Werk, Autorenbiografie und Entstehungszeit herstellen · 2.2 (4) im Rahmen der Interpretation schwieriger literarischer Texte Fachbegriffe eigenständig und sicher anwenden

Einen Romanauszug lesen und verstehen

1 Seht euch den Titel und das Cover des Romans an. Überlegt zu zweit, welche Geschichte dahinterstecken könnte. Notiert euch Stichpunkte.

2 Lies den Romanauszug.

Nachdem Maik Bjarne, von dem er sich seit der Grundschulzeit zum Außenseiter gemacht fühlte, brutal zusammengeschlagen hat, sind 80 Sozialstunden und eine Teilnahme am Antigewalt-Training seine einzige Möglichkeit, dem Gefängnis zu entgehen. Der folgende Textausschnitt erzählt von der letzten Stunde des AGT-Trainings mit den Trainern Katzner und Maus.

„Stellt euch bitte vor, dieser Baum stellt euer Leben dar. Die Wurzel steht dabei für eure Geburt. Die Spitze des Baumes für den Tag, der uns alle mal trifft." „Aha", ulkte Maik weiter. „Dann halten wir also Sargnägel in der Hand." Die anderen kicherten, doch Maus ignorierte den Einwurf.

„Wenn also der Baum euer ganzes Leben repräsentiert, dann sollt ihr nun einschätzen, an welcher Stelle eures Lebens ihr euch gerade befindet."

Nun verstanden sie ihren Auftrag. Es wurde still in der Gruppe. Alle Augen waren auf diesen Baum gerichtet, der sich etwa zwanzig Zentimeter über ihren Köpfen weit auseinandergabelte.

„Und diese Gabelung?", hakte Tobias nach. „Wofür steht die?"

„Was glaubt ihr denn?", erwiderte Katzner.

„Das eine ist der gute Weg, der andere der schlechte", schlug Tobias vor. „Stimmt's?"

„Das müsst ihr selbst entscheiden", gab Maus zurück.

Tobias wandte sich an die anderen drei. „Seid ihr einverstanden? Der rechte Zweig des Baumes, das ist der Weg, wenn man es geschafft hat, also ehrlich geblieben ist, vielleicht einen Job hat. Also so was. Und der linke Zweig, der ist für ..." Es fiel ihm sichtlich schwer weiterzureden. [...]

„Einverstanden", sagten Maik und Andy. Dann war es eine Weile ruhig.

Maik dachte an das Gespräch in der vergangenen Woche, als er mit seiner Mutter und Julia in der Eisdiele gesessen hatte. Wie er ihnen von seinen Plänen berichtet hatte und wie begeistert beide waren. Darum dachte er nicht mehr lange nach, sondern bat Andy: „Machst du mir eine Räuberleiter?"

Andy verschränkte die Hände ineinander und hielt sie Maik wie einen Steigbügel hin. Maik trat mit einem Fuß darauf, reckte sich in die Höhe und setzte seinen Namen ganz dicht an den Anfang des rechten Zweiges. Dann sprang er von der Räuberleiter herunter und sah es sich an. Ja, es gefiel ihm. Sein Name war an der richtigen Stelle angebracht. [...]

„Mag jemand etwas dazu sagen?", erkundigte sich Maus.

Maik hob die Hand. „Ich denke, ich hab allmählich kapiert, worauf es ankommt", sagte er und blickte zu seinem Namen. „Und ich glaube auch, dass ich ziemlich gefestigt bin. Aber mein Weg ist noch neu und deshalb hab ich mich an den Anfang des Zweiges gesetzt."

„Wie sieht er denn aus, dein neuer Weg?", bohrte Katzner nach.

2.2 (1) eigenständig komplexe Texte interpretieren und dabei Erwartungen formulieren, eigene Deutungen mit Zitaten belegen, literarische Figuren als Archetypen und Repräsentanten für Werthaltungen erkennen und sich mit anderen darüber austauschen

„Ich hab mich beworben“, verkündete Maik und zog damit die Blicke aller auf sich. „Mithilfe von Frau Massem hab ich eine wirklich schöne Bewerbungsmappe zusammenbekommen. An fünf Einrichtungen hab ich sie bereits verschickt.“

„An welche denn?“, fragte Maus interessiert. Tobias kam Maik zuvor: „Landschaftsgärtner, stimmt’s? So, wie du uns ständig von dem Schrebergarten deines Großvaters vorgeschwärmt hast ...“

Maik winkte ab. „Das habe ich auch immer gedacht, doch dann wurde mir klar, dass ich Opas Garten lieber als Hobby weiterführen will. Ich hab mit ihm eine Absprache, dass wir uns jetzt jeden Samstag im Schrebergarten treffen. Wir wollen einiges umbauen und umgestalten. Ich kann bei ihm die Schulden für meine Mutter abarbeiten. Das dauert zwar noch ein ganzes Weilchen, aber das ist okay.“

„Wo hast du dich denn dann beworben?“ Andy war nun richtig neugierig. Maik druckste ein bisschen herum, bevor er endlich damit rausrückte: „Ich hab bisher nie was davon verraten, weil ich nicht wusste, wie ihr reagieren würdet. Ich möchte Pfleger werden.“ Die anderen staunten. „Echt?“

„Ich hatte euch doch von Bernd erzählt. Der Junge mit Downsyndrom aus der Schule, in der ich meine Sozialstunden abgeleistet habe. Nach langem Überlegen ist mir klar geworden, dass ich mit solchen Menschen arbeiten will.“

Messut kam einen Schritt vor. „Warum hast du nicht eher was gesagt?“

„Weiß nicht. In meiner alten Clique hieß es immer, das sei Weiberkram. Oder Pfleger sind Urinkellner oder Bettpfannen-Jongleure oder so ...“

„Quatsch“, brachte Tobias hervor. „Das ist ein total cooler Beruf. Mach das. Das passt

zu dir.“ [...] „Das klingt doch gut“, bestätigte Katzner. „Aber warum hast du deinen Zettel nicht weiter nach oben gesetzt, sondern so eng an die Weggabelung. Du wirkst auf mich, als wärest du ein ganzes Stück weiter vorn.“

„Ehrlich gesagt, sind Sie daran schuld“, gestand Maik.

Katzner starrte ihn verblüfft an. „Ich?“

„Solange ich die Antwort nicht gefunden habe auf die Frage, die Sie mir gestellt haben, so lange weiß ich nicht, ob ich nicht doch noch mal abrutschen kann in den ganzen alten Scheiß.“

„Ach, das meinst du. Du suchst immer noch die Antwort auf die Frage, wie du bei Bjarne hättest reagieren können.“

„Genau. Ich finde sie nicht, die Antwort.“

„Belastet dich das?“

„Klar.“

„Dann lass uns einen Kompromiss schließen. Gib dir selbst noch ... sagen wir ... weitere vier Wochen Zeit. Wenn du die Antwort bis dahin nicht hast, lass uns treffen. Komm zu mir ins Büro und wir reden darüber, ja?“

Maik verdrehte die Augen. „Vier Wochen?“ Er hatte gehofft, alles Grübeln hätte endlich hier ein Ende – am letzten AGT-Abend. Doch da er Katzner vertraute, willigte er ein. „Einverstanden.“ [...]

2.2 (1) eigenständig komplexe Texte interpretieren und dabei Erwartungen formulieren, eigene Deutungen mit Zitaten belegen, literarische Figuren als Archetypen und Repräsentanten für Werthaltungen erkennen und sich mit anderen darüber austauschen

3 a) Beantworte die folgenden Fragen zum Text stichpunktartig:
- *Welche Personen kommen im Text vor und was erfährst du über sie?*
- *Vor welche Aufgabe sind die Jugendlichen in ihrer letzten AGT-Stunde gestellt?*
- *An welche Stelle hängt Maik seinen Zettel und wie begründet er seine Entscheidung?*
- *Für welchen Beruf hat sich Maik entschieden?*
- *Warum hat er der Gruppe bisher nichts davon erzählt?*

b) Tauscht euch zu zweit über eure Ergebnisse aus.

4 Fasse den Inhalt des Textausschnittes zusammen. Beginne mit einem Einleitungssatz (→ S. 195).

5 Du weißt nun, worum es in dem Roman geht. Sieh dir noch einmal eure Überlegungen aus Aufgabe 1 (→ S. 110) an. Findest du den Titel und das Cover passend gewählt? Begründe.

6 Im Text wird deutlich, dass Maik Pfleger werden möchte.

a) Zitiere die entsprechende Textstelle.

b) Nimm schriftlich Stellung zu Mikes Berufswunsch (→ S. 182).

7 Maik erinnert sich zurück an den Abend, als er Bjarne zusammengeschlagen hat. Lies den folgenden Textausschnitt dazu.

„Du bist immer noch so stur wie früher. Hör zu: Wir wollen hier in Ruhe sitzen. Wir wollen uns unterhalten. Und vor allem wollen wir keinen Ärger. Geh! Niemand will dich hier dabeihaben. Hau einfach ab, klar? Keiner von uns hat Lust auf das Gelaber von einem Loser!“

Da war es wieder. Maik zuckte zusammen. Dieses Wort, das ihn schon immer verfolgt hatte. „Ich bin kein Loser!“, zischte er fast automatisch und ballte die Fäuste. „Du verhältst dich aber wie einer“, gab Bjarne zurück. „Hast du keine Freunde? Wir möchten unsere Ruhe haben.“

Diese Stimme. In Maik kochte es. Die längst verdrängten Gefühle aus seiner Schulzeit kamen wieder hoch. Und auch Bilder. Bilder, die er längst verdrängt hatte. Bjarne, der sich vor Maik aufbaute und ihn vor der ganzen Klasse bloßstellte. Die ständigen Erniedrigungen. Seine Arroganz. Die Einträge in der Schulakte. Und ... ja, auch die Bilder von Bjarnes Zuhause. Von dem Reichtum der Familie, auf den Maik stets neidisch gewesen war. Und da entlud sich sein Zorn: „Du blödes Stück Scheiße! Wenn du nur wüsstest. Wenn...“ „Es reicht! Hau ab.“ Bjarne drehte sich um. „Wir haben keinen Bock auf dein Versager-Gelalle, du versoffener Loser!“

Es war, als drehe man einen Schalter um. Versager. Loser. Das waren Knöpfe, die gedrückt wurden. Knöpfe, die Maiks Verstand aus – und die Wut auf diese Welt einschalteten. [...]

Anschließend schlägt Maik Bjarne brutal zusammen.

2.2 (1) eigenständig komplexe Texte interpretieren und dabei Erwartungen formulieren, eigene Deutungen mit Zitaten belegen, literarische Figuren als Archetypen und Repräsentanten für Werthaltungen erkennen und sich mit anderen darüber austauschen

8 Besprecht gemeinsam in der Klasse, worum es in dem Textausschnitt geht.

9 Erkläre, welche *Knöpfe* bei Maik *gedrückt* worden sind, die solch eine Tat auslösten.

10 Maik weiß auch in seiner letzten AGT-Stunde noch nicht, wie er in der Situation mit Bjarne hätte reagieren können.
a) Was würdest du ihm raten? Schreibe einen Brief an Maik.
b) Lest eure Briefe in der Klasse vor.

11 Welche Situationen könnten Maik auf seinem neuen Weg gefährlich werden?
Notiert Stichpunkte und vergleicht sie anschließend in der Klasse.

12 Maik und Andy treffen sich nach einem Jahr wieder. Wie könnte ihr Gespräch verlaufen?
a) Verfasst zu zweit einen Dialog.
b) Spielt den Dialog eurer Klasse vor.

13 Denke noch einmal an die Situation, als die Jugendlichen ihre Zettel an den Baum gehängt haben.
a) Erkläre, an welche Stelle des Baumes du deinen Zettel hängen würdest.
b) Um welches sprachliche Bild handelt es sich bei dem *Baum* (→ S. 110, Z. 1)?

14 Erkläre, warum sich der Baum als Symbol für das Leben eignet.

Tipp

zu 17 b)
Protagonisten nennt man die handelnden Figuren in einer Geschichte. Häufig verwendete Begriffe sind auch: *Hauptfigur, Hauptperson, literarische Figur.*

15 Die AGT-Trainer geben den Jugendlichen eine zweite Chance. Sollte man an die Verbesserung der Jugendlichen glauben? Begründe deine Meinung.

16 a) Tragt in der Klasse zusammen, was ihr bereits über die Begriffe *Erzählform* und *Erzählperspektive* wisst.
b) Vergleicht eure Überlegungen mit der *Lernbox*.

17 a) Analysiere die Erzählform des Textes.
b) Bei welchen der Protagonisten erfährst du etwas über die Gedanken und Gefühle (Innensicht)? Welchen der Protagonisten kannst du als Leser/Leserin nur von außen betrachten (Außensicht)? Belege mit Zitaten aus dem Text.

Lernbox

Erzählform und Erzählperspektive

Erzählform

1 Erzählung in der 1. Person (Ich-Erzähler):
Ich bin Anja und fühle mich nicht gut heute. Gestern erlebte ich …
Es wird erzählt, was der Ich-Erzähler erlebt, denkt oder fühlt. Der Ich-Erzähler „filmt" sein Leben selbst.

2 Erzählung in der 3. Person (Er-/Sie-Erzähler):
Anja fühlt sich heute nicht gut. Gestern erlebte sie …
Es wird die Geschichte einer Figur erzählt, als würde eine Kamera sie begleiten. Dabei können auch die Gedanken und Gefühle der Figur dargestellt werden.

Erzählperspektive
Bei der **Erzählperspektive** unterscheidet man zwischen **Innensicht** und **Außensicht** (→ S. 160).

Eine Kurzgeschichte lesen und verstehen

1 Lest den Titel und seht euch das Bild zum folgenden Text an. Überlegt zu zweit, welche Geschichte dahinterstecken könnte. Notiert euch Stichpunkte.

2 Lest den folgenden Text.

Schwarzfahren für Anfänger
Von Marlene Röder

Die gelben Halteschlaufen der S-Bahn schwingen hin und her. An manchen Schlaufen hängen Menschen und halten sich fest. Josefine sieht aus dem Fenster: Draußen ist finsterste Nacht.
Sie hat gesagt: Ich ruf dich an. Dann die ausgetretenen Treppen runter, zweiter Stock, erster Stock, Erdgeschoss, raus. Kein Blick hoch zu seinem Fenster. Vorbei am Bäcker, bei dem er neulich Brötchen geholt hat, Stefans Eltern waren nicht da, und der Honig ist aufs Bettlaken getropft. Die Rosenstraße lang, dann rechts. Der Eingang zum S-Bahnhof, Stufen hoch, Gleis 1, die nächstbeste S-Bahn. Jetzt ist Josefine wieder dort, denn die S-Bahn fährt im Kreis.
Sie blinzelt, bis Gleis 1 zwischen ihren Wimpern verschwimmt. Wie gerne wäre sie jetzt woanders, in einer Stadt, die sie nicht kennt. Endlich fährt die S-Bahn weiter. Ein paar Leute sind zugestiegen, auch eine Frau um die vierzig. Sie trägt normale Kleidung, aber dann holt sie ein Klemmbrett aus der Tasche und sagt: „Fahrgastbefragung." Drinnen Neonlicht, draußen Schwärze.
Josefine ist eine Schwarzfahrerin. Normalerweise erkennt sie Kontrolleure schon aus zwanzig Metern Entfernung und verdrückt sich rechtzeitig. Aber heute war sie wohl abgelenkt, wegen der Sache mit Stefan. Stefan gehört zu den Leuten, die immer ein Ticket haben und auch sonst alles richtig machen.
In der spiegelnden Scheibe beobachtet Josefine, wie die Frau in ihre Richtung läuft. Neben ihrem Sitz bleibt sie stehen. Josefine muss wohl oder übel zu ihr aufschauen.
„Hallo. Kann ich dir ein paar Fragen stellen?"
Josefine nickt so halb und starrt auf die polierten Schuhe der Frau. [...]
„Und wo willst du hin?", fragt sie, ohne den Blick zu heben. Wo will man hin, wenn man mit der S-Bahn im Kreis fährt? Die Frage ist wohl eher, wo man nicht hinwill.
Das ungeduldige Klicken des Kulis reißt Josefine aus den Gedanken. „Wo willst du aussteigen?"
„Keine Ahnung", stammelt Josefine. „Ich ... ich mach das manchmal gerne, einfach so rumfahren."
Warum hat sie nicht irgendeine blöde Haltestelle genannt? Aber da ist der Satz schon raus.

Tipp

zu 1) Du kannst zum Lesen und Verstehen des Textes die 5-Schritt-Lesemethode (→ S. 278–279) anwenden.

2.2 (1) eigenständig komplexe Texte interpretieren und dabei Erwartungen formulieren, eigene Deutungen mit Zitaten belegen, literarische Figuren als Archetypen und Repräsentanten für Werthaltungen erkennen und sich mit anderen darüber austauschen

Die Frau sagt „Aha“ und mustert Josefine abschätzig. Josefine ist gerade ziemlich neben der Spur. Aber das ist doch noch lange kein Grund, sie so anzusehen. Schließlich hat es genau so angefangen mit Stefan und ihr. Mit dem Rumfahren.

Manchmal hat Josefine keinen Bock auf ihre Mutter, keinen Bock auf zu Hause. Dann fährt sie rum und schaut raus auf ihre Stadt. Oder sie guckt sich die Leute in der S-Bahn an und malt sich aus, wie diese Leute wohl leben. So war es auch an dem Tag, an dem sie Stefan zum ersten Mal traf. [...]

„Willst du eins?“, fragte der Typ, der vielleicht ein Handtaschenräuber war. „Was?“, fragte sie.

„Ob du ein Gummibärchen willst. Weil du dauernd auf die Packung starrst, dachte ich ...“ „Oh. ‘tschuldigung ... Darf ich wirklich?“ „Klar. Welche Farbe?“ „Egal, Hauptsache kein Rotes.“ „Die meisten mögen die Roten am liebsten.“ „Mir schmecken die nicht. Ich wette, die Leute nehmen sie nur wegen der Farbe. Rot wie rote Rosen, wie Liebe ... Das ganze Herz-Schmerz-Zeug. Nee, danke. Ich bin kuriert von roten Gummibärchen.“ So haben Josefine und Stefan sich kennengelernt. Sie haben die Gummibärchenfrage ausdiskutiert, und nachdem sie zweimal im Kreis gefahren waren, haben sie Handynummern ausgetauscht. Danach haben sie sich noch oft getroffen, nicht nur in der S-Bahn. Aber jetzt ... Josefine merkt plötzlich, dass ihr etwas das Gesicht runterläuft, und dreht sich zum Fenster. Die Frau mit dem Klemmbrett starrt sie an, das spürt sie. Kann die nicht endlich abhauen? Sie wünscht sich eine Stunde zurück, ihren Kopf wieder in Stefans Schoß, seine streichelnden Finger in ihrem kurzen, stacheligen Haar. „Erinnerst du dich noch an den Tag, an dem wir uns kennengelernt haben?“, hat er gefragt. „Ich musste eigentlich zum Basketballtraining. Aber als die Haltestelle kam, bin ich einfach weitergefahren.“ „Warum das denn?“, hat sie gefragt und sich im nächsten Moment gewünscht, sie könnte die Worte wieder zurück in ihren Mund stopfen und sie könnten einfach liegen bleiben und Musik hören. Doch es war zu spät, Stefan nahm ihr Gesicht in seine Hände und küsste Josefine auf den Mund. Er schmeckte nach roten Gummibärchen und jeder Menge Herz-Schmerz-Zeug. „Darum“, sagte er. „Ich ... ich glaub, ich bin in dich verliebt.“ So was hatte er noch nie zu ihr gesagt, so was sagten sie nicht zueinander, das machte alles kaputt! Josefine rückte von Stefan ab, wischte sich über den Mund, aber das Gefühl an ihren Lippen ging nicht weg und ihr Herz hämmerte, hämmerte. So wie eine S-Bahn, die zu schnell fährt, eine S-Bahn, die gleich entgleist. Sein warmer Atem auf ihrer Haut. Sein fragender Blick. Josefine dachte daran, wie sie einmal nachts S-Bahn gefahren waren. Sie waren die Letzten im Abteil gewesen und hatten auf die Lichter draußen geschaut. Und es war so ein Gefühl, als würde die Stadt ihnen ganz allein gehören. Als ob alles möglich wäre.

Doch dann musste Josefine an ihre Mutter denken, die sich auf den Boden geworfen hatte, als Papa wegging, einfach auf den Boden, und geschluchzt hatte: Es tut so weh, so weh ... „Sag was, Fine", bat Stefan.

Aber Josefine sagte nichts. Sie war stumm vor Wut. Wie konnte Stefan sich so sicher sein? Was ist das eigentlich, Liebe? Und woher weiß man, dass man sie hat? Woher weiß man, dass es kein schrecklicher Irrtum ist? Josefine sagte nichts. Und dann: Ich muss jetzt los. *Ich ... ich ruf dich an. Danach ging sie. Zweiter Stock, erster Stock, Erdgeschoss, raus. Kein Blick hoch zu seinem Fenster.*

Nächstbeste S-Bahn. Und jetzt sitzt sie hier. Fühlt sich irgendwie beschissen. Von Stefan. Von der Bahn. Vom Leben. Von sich selbst. „Mädchen, ich weiß ja nicht, was mit dir los ist, aber ich würde gerne mal deinen Fahrschein sehen", fordert die Frau.

Josefine zuckt die Achseln. „Hab keinen Fahrschein", murmelt sie, zu erschöpft, um zu lügen. Anscheinend ist sie sogar zu blöd zum Schwarzfahren. Die Frau presst die Lippen zusammen. „Dann hätte ich jetzt gerne deinen Personalausweis." Josefine kramt nach ihrem Portmonee, den Kopf gesenkt, sodass sie die Kontrolleurin nicht ansehen muss, sondern nur ihre polierten Schuhe. Plötzlich gerät ein Paar Turnschuhe in Josefines Blickfeld. Nicht irgendwelche Turnschuhe – die da kennt sie!

„Da haben Sie ihren Fahrschein", sagt Stefan.

[...]

„Könnte ich bitte auch deinen Fahrschein sehen, junger Mann?" „Ich hab keinen", entgegnet Stefan und schaut der Kontrolleurin gelassen in die Augen. Ihre Lippen verziehen sich zu einem kurzen Lächeln. Aber vielleicht hat Josefine sich das auch nur eingebildet. Anschließend stellt die Kontrolleurin Stefan einen Bußgeldbescheid aus. Die ganze Zeit über muss Josefine ihn anstarren wie ein Wunder. „Was machst du denn hier?", platzt es aus ihr raus, kaum dass die Kontrolleurin gegangen ist. „War klar, dass du in die nächste S-Bahn steigst", antwortet Stefan und lässt sich auf den Sitz neben ihr fallen.

„Ich musste einfach nur am Bahnsteig stehen bleiben und warten, bis du irgendwann vorbeigefahren kommst. War Glück, dass ich dich gesehen hab." Dann schweigen sie und trauen sich beide nicht, sich richtig anzusehen. [...]

3 a) Beantworte die folgenden Fragen zum Text schriftlich:
- *Welche Personen kommen in der Geschichte vor?*
- *Warum verschwindet Josefine so schnell bei Stefan?*
- *Warum steigt Josefine in die S-Bahn?*
- *Wie hilft Stefan Josefine aus der Situation mit der Kontrolleurin?*
- *Wie haben sich Josefine und Stefan kennengelernt?*
- *Was erfährst du über Josefines Mutter?*

b) Tauscht euch zu zweit über eure Ergebnisse aus.

4 Fasse den Inhalt der Kurzgeschichte zusammen. Schreibe auch einen Einleitungssatz (→ S. 195).

2.2 (1) eigenständig komplexe Texte interpretieren und dabei Erwartungen formulieren, eigene Deutungen mit Zitaten belegen, literarische Figuren als Archetypen und Repräsentanten für Werthaltungen erkennen und sich mit anderen darüber austauschen

Eine Figur charakterisieren

1 a) Suche im Text nach Informationen über die Hauptfigur Josefine und markiere diese in unterschiedlichen Farben (→ COPY 17).

Farbe 1: äußere Merkmale, z. B. Aussehen
Farbe 2: innere Merkmale, z. B. Beziehung zu Stefan

b) Notiere die markierten Informationen stichpunktartig. Sortiere sie nach *äußeren* und *inneren Merkmalen*.
c) Schreibe mit deinen Informationen eine Charakterisierung. Hinweise dazu findest du in der *Lernbox*.

2 *„,Ich … ich glaub, ich bin in dich verliebt.' […], das machte alles kaputt." (Z. 107–110)*
a) Warum macht diese Aussage für Josefine alles kaputt? Notiere Stichpunkte.
b) Besprecht zu zweit eure Stichpunkte.

3 a) Stelle dir vor, Josefine würde nicht weglaufen, sondern bleiben. Wie könnte sie Stefan ihre Gefühle erklären? Notiere Stichpunkte.
b) Schreibt zu zweit ein mögliches Gespräch zwischen den beiden auf und präsentiert es in der Klasse.

4 Wenn Josefine alles zu viel wird, steigt sie in die S-Bahn und fährt herum. Was tust du, wenn du eine Auszeit brauchst und auf andere Gedanken kommen möchtest?
Erstelle eine Liste mit Möglichkeiten.

5 a) Diskutiert in der Klasse, ob der Titel „Schwarzfahren für Anfänger" passend für die Kurzgeschichte ist.
b) Formuliere einen alternativen Titel.

6 In welcher Erzählform und aus welcher Erzählperspektive ist die Kurzgeschichte geschrieben? Belege mit Zitaten aus dem Text. Die *Lernbox* auf Seite 113 hilft dir dabei.

7 *„,Ich bin kuriert von roten Gummibärchen.'" (Z. 78 f.)*
a) Lies die *Lernbox* auf Seite 285.
b) Erkläre, um welches sprachliche Bild es sich bei der Aussage von Josefine handelt.

8 Welche weiteren sprachlichen Bilder kennst du für die Liebe?

Lernbox

Eine Figur charakterisieren

1 Bei einer Charakterisierung beschreibst du eine Figur genauer. Dabei unterteilst du **äußere Merkmale** (z. B. Aussehen und Verhalten) und **innere Merkmale** (z. B. Gedanken, Gefühle, Vorlieben).
2 Eine Charakterisierung besteht aus einem **Einleitungssatz**, einem **Hauptteil** und einem **Schluss**. Du kannst die Charakterisierung so beginnen: *„Schwarzfahren für Anfänger", eine Kurzgeschichte von Marlene Röder, handelt von Josefine, die im Folgenden charakterisiert werden soll.*
3 Im **Hauptteil** beschreibst du zunächst die äußeren Merkmale der Figur und arbeitest dich dann Schritt für Schritt nach Innen vor. Deine Aussagen **belegst** du mit **Zitaten**.
4 Am **Schluss** kannst du die Figur und ihr Verhalten **bewerten** und deine **persönliche Meinung** notieren – z. B. ihr Verhalten kritisieren.
5 Eine Charakterisierung schreibst du im **Präsens**. Bleibe **sachlich** und **objektiv**.

2.2 (4) im Rahmen der Interpretation schwieriger literarischer Texte Fachbegriffe eigenständig und sicher anwenden (z. B. auktoriale Erzählperspektive, Zeilensprung)

Merkmale einer Kurzgeschichte erkennen

1 a) Lies die *Lernbox* zu den Merkmalen einer Kurzgeschichte.
b) Erklärt euch zu zweit gegenseitig, woran ihr eine Kurzgeschichte erkennt.

2 Untersuche die Geschichte „Schwarzfahren für Anfänger“ (S. 114–116) auf Merkmale einer Kurzgeschichte. Notiere die Merkmale, die du wiederfindest, und schreibe passende Beispiele aus dem Text heraus.

Merkmale einer Kurzgeschichte in „Schwarzfahren für Anfänger“
1 *Umfang: …*
2 *Anfang: Die Geschichte beginnt damit, dass …*
Ende: …
3 *Erzählte Zeit: …*

3 Lies noch einmal Punkt 7 der *Lernbox*.
a) Erkläre den Begriff Dialog.
b) Welche Personen treten in der Kurzgeschichte „Schwarzfahren für Anfänger“ miteinander in einen Dialog?
c) *„Die Sätze sind kurz und einfach“* (vgl. Punkt 7 der *Lernbox*). Erkläre, wie diese Aussage zu verstehen ist, und zitiere dazu zwei Beispiele aus dem Text.

4 Bearbeite eine der folgenden Aufgaben.
a Nachdem Stefan Josefine mit dem Fahrschein geholfen hat, sitzen die beiden schweigend nebeneinander. Überlege, wie die Geschichte weitergehen könnte, und schreibe sie zu Ende.
b Wieder zu Hause angekommen, schreibt Josefine in ihr Tagebuch und berichtet von ihrem Erlebnis mit Stefan. Verfasse den Eintrag in der Ich-Form.

5 Stellt eure Texte aus Aufgabe 4 in einer Schreibkonferenz (→ S. 272–273) vor.

Lernbox

Merkmale einer Kurzgeschichte

1 **Umfang:** Eine Kurzgeschichte ist relativ kurz. Der Umfang ist gering, die Handlung beschränkt sich auf das Wesentliche.
2 **Anfang und Ende:** Statt mit einer Einleitung zu beginnen, „springt“ eine Kurzgeschichte mitten ins Geschehen. Das Ende ist meist offen und manchmal überraschend.
3 **Erzählte Zeit:** Die erzählte Handlung dauert oft nur Minuten oder wenige Stunden.
4 **Themen und Personen:** Es geht um Personen und Themen aus dem Alltag.
5 **Orte und Personen:** Handlungsorte und Personen werden meist nicht genauer beschrieben oder vorgestellt.
6 **Ein besonderes Ereignis:** Im Mittelpunkt steht ein Ereignis, das das Leben des Protagonisten verändert/verändern kann.
7 **Sprache:** In Kurzgeschichten gibt es meist viele Dialoge. Die Sätze sind kurz und einfach. Es gibt nur wenige Beschreibungen.

2.2 (2) eigenständig literarische Textsorten unterscheiden, ihre spezifische Wirkung diskutieren und Bezüge zwischen Werk, Autorenbiografie und Entstehungszeit herstellen

Fit für den Quali

Auf den Seiten 119–120 findest du einen Text und Aufgaben, wie sie in der Prüfung zum qualifizierenden Abschluss der Mittelschule vorkommen können. Bearbeite sie zunächst alleine und tausche dich dann mit Mitschülerinnen und Mitschülern darüber aus. Gebt euch gegenseitig Feedback.

1 Lies die Kurzgeschichte.

Schließlich ist letztes Mal auch nichts passiert

Von Kirsten Boie

Zum Beispiel könnte er das Fahrrad nehmen. Man kann auch im Regen Rad fahren, zwölf Kilometer sind schließlich nicht die Welt. Oder wenn er das Geld für ein Taxi hätte.
„Manu?", ruft Hilde aus dem Wohnzimmer. „Musst du nicht los?"
Und außerdem ist es unwahrscheinlich, dass etwas passiert. Beim letzten Mal ist ja auch nichts passiert. Und all die tausend Male davor. Beim letzten Mal nur beinahe. Oder eigentlich nur: vielleicht beinahe. „Manu?", ruft Hilde. „Gleich ist es vier!" Auf der Hinfahrt hat er sowieso keine Angst. Solange es hell ist. Obwohl das natürlich überhaupt nichts damit zu tun hat, aber trotzdem. Auf der Hinfahrt hat er keine Angst. Eher dann schon auf der Rückfahrt. Das weiß man doch, wie die Leute sind. Bis da einer aufsteht. Bis da einer was sagt. Bis da einer, das schon überhaupt nicht, dazwischengeht.
„Manu?", ruft Hilde. „Um zwölf nach geht die Bahn!" Aber es muss ja auch keiner gleich zuschlagen. Natürlich, reden, das tun sie. Aber das haben sie schließlich schon immer getan.
„Manu?", sagt Hilde. Sie steht in der Zimmertür, die Lesebrille verrutscht.
„Ich dachte, es ist so wichtig heute? Ich dachte, weil es das letzte Training ist ..." „Wir hatten Mathe auf", sagt Manu. Er schlägt den Ordner zu und steckt ihn in den Rucksack. Langsam. „Wenn du dich beeilst, kriegst du die U-Bahn noch", sagt Hilde. Sie sieht ihn misstrauisch an. „Oder ist irgendwas los?" Manu schiebt den Stuhl unter den Schreibtisch. „Nee, nee, alles okay", sagt er.
Wenn Hilde sich nicht immer so einmischen würde. Fragen und kontrollieren und aufpassen, dass er nicht zu spät kommt. „Ja, dann beeil dich aber auch mal!", sagt Hilde, und allmählich klingt ihre Stimme ungeduldig. „Manchmal versteh ich dich wirklich nicht!"
Musst du ja auch nicht, denkt Manu. Verlangt kein Mensch von dir. Könntest du auch gar nicht. Meine Güte, was weißt denn du!
„Ich nehm sowieso das Rad", sagt Manu und schnürt sich die Stiefel zu. „Nur keine Hektik." Hilde zuckt die Achseln und geht zurück ins Wohnzimmer. „Viel Spaß jedenfalls", sagt sie und guckt noch einmal über die Schulter zurück. „Aber irgendwas ist los, ich bin doch nicht blöd."
Nee, bist du vielleicht nicht, denkt Manu. Blöd seid ihr ja alle nicht. Aber Ahnung habt ihr trotzdem keine. Der Regen schlägt vor der Haustür auf die Steine. Wenn er läuft, kriegt er die U-Bahn noch leicht. Er müsste ja verrückt sein, jetzt mit dem Rad zu fahren. Bei diesem Wetter ausgerechnet.
Manu zieht den Kopf zwischen die Schultern und läuft. Er ist gut im Training, die Strecke schafft er in drei Minuten. Höchstens. Und schließlich, denkt Manu, was ist schon gewe-

sen. Ihre Bierdosen haben sie aufgerissen, ihre Mäuler auch.

Noch nicht mal Glatzen haben sie gehabt, noch nicht mal Springerstiefel, irgendwie völlig normal.

Müsste einem fast peinlich sein, dass man sich da gleich so aufregt. Schließlich haben sie früher auch schon geredet. Solange er denken kann schon. Aber früher haben sie eben noch keine Menschen angezündet, das macht einen Unterschied. Jetzt kann man ihnen glauben, was sie sagen.

„Ey, guck mal, die Dachpappe", hat einer gesagt. Offene Jacke, Pickel rechts am Kinn. Da saßen sie schon lange mit ihm im Abteil, zu dritt, hatten längst ihre Bierdosen geöffnet. Hatten gerülpst und die Beine von sich gespreizt, hatten sich über die missbilligenden Blicke der Alten gefreut und über die Jungen, die taten, als sähen sie nichts. Angestrengt. Und plötzlich war Rülpsen nicht mehr genug.

„Ey, guck mal, die Dachpappe! Darf der seinen schwarzen Arsch auf deutsche Bänke setzen?"

„Genau!", sagte der Nächste: klein, ein bisschen dick, ein deutscher Mann. Sah in die Richtung, in der Manu saß und tat, als läse er Stephen King. „Und später setzen sich da wieder deutsche Frauen hin, was? Wo der mit seinem Kaffernarsch ..." Zwei Männer mit Aktenkoffern und den Gesichtern von Taubblinden drängten sich an den dreien vorbei und stiegen aus der Bahn. Noch zwei Haltestellen bis zu Hause.

„He, Dachpappe! Arsch hoch, aber bisschen rucki, zucki!"

Manu sah erstaunt, wie weiß seine Fingerknöchel waren, so fest hielt er jetzt das Buch. Bisher war noch alles ganz harmlos. Bei Stephen King kam das Grauen immer erst langsam. „Du nix deutsch, oder was? Du nur Uga-Uga, bumbu?" Wenn sie lachten, war es erst mal gut. Wenn sie sich auf die Schenkel schlugen, war

es gut, so lange waren sie zufrieden. So lange mussten sie nicht zu ihm kommen und tun, was sie nun tun wollten und wovon sie vielleicht noch nicht einmal wussten, was es sein würde. Das würde sich dann schon ergeben.

„Nächste Haltestelle ...", sagte der Lautsprecher. Wenn er hier ausstieg, war er in Sicherheit. Er konnte die nächste Bahn abwarten und das letzte Stück zwanzig Minuten später fahren. Aber wenn er hier ausstieg, war er vielleicht mit den dreien auf dem dunklen Bahnsteig allein. Eine alte Frau ging langsam zur Tür. Stieg über die weit in den Gang gestreckten Beine, sah niemanden an, hielt krampfhaft ihre Tasche. In der offenen Tür drehte sie sich noch einmal um.

„Schämen solltet ihr euch, schämen!", rief sie. Ihre Stimme war klein und dünn, und die drei schlugen sich auf die Schenkel.

„Tun wir ja, Oma, tun wir ja!", schrie der mit der offenen Jacke.

Um sie herum starrten die Leute aus dem Fenster. Manche hatten das Glück, in ihre Zeitung sehen zu können. „Ich hab gehört, Dachpappe brennt gut", sagte der mit der Jacke und rülpste wieder. „Was? Brennt tierisch gut, der Scheiß!"

Manu stand langsam auf. Der Lautsprecher sagte die Station an, gleich war er angekommen.

„Guck mal, kann doch deutsch, der Kaffer", sagte der Kleine. „Und jetzt putz die Bank mal schön sauber, Zuluhäuptling! Bevor sich da der nächste Weiße hinsetzt!"

2.2 (1) eigenständig komplexe Texte interpretieren und dabei Erwartungen formulieren, eigene Deutungen mit Zitaten belegen, literarische Figuren als Archetypen und Repräsentanten für Werthaltungen erkennen und sich mit anderen darüber austauschen

Drei Meter nur bis zur Tür, er war gut im Training.
„Hast du nicht gehört, Kanake?", brüllte der Kleine. „Abputzen sollst du!"
Da war der Bahnsteig, und die Tür war offen, und Manu rannte, rannte am Kiosk vorbei und die Treppe nach oben, horchte nicht, ob Schritte hinter ihm waren. Erst zu Hause merkte er, dass er das Buch in der Bahn gelassen hatte. Es war aus der Bücherei gewesen, bestimmt musste er es bezahlen. Arschlöcher, denkt Manu. Die Bahn fährt noch nicht einmal ein, als er auf den Bahnsteig kommt. Er hat doch gewusst, dass er es schaffen kann. – Bestimmt hatten die nur geredet. Die hätten mir nie was getan. Aber ich bin ja immer gleich in Panik. Er geht ein paar Schritte zu einer Frau, die einen kleinen Jungen an der Hand hält. Und wenn sie was versucht hätten, wäre auch bestimmt jemand gekommen, bestimmt. Man darf nicht danach gehen, wie die Leute sich verhalten, solange nichts passiert. Es ist doch schließlich nichts passiert. Vielleicht haben sie alle nur gewartet. Vielleicht haben sie dagesessen mit ihren starren Gesichtern, die Fäuste in den Taschen. Vielleicht wären sie aufgesprungen, alle zusammen, es ist nicht nötig, Angst zu haben. Die Bahn fährt ein, die Türen öffnen sich.
Wenn er ganz nahe bei der Frau bleibt, was soll schon passieren. Schließlich ist letztes Mal auch nichts passiert.

2 Beantworte die folgenden Fragen zu der Kurzgeschichte schriftlich:
- *Welche Figuren kommen in der Geschichte vor?*
- *Manu zweifelt, ob er noch einmal mit der U-Bahn fahren möchte. Was erlebte er bei seiner letzten Fahrt?* (Antworte in zwei Sätzen.)
- *Womit versucht sich Manu immer wieder selbst zu beruhigen?*
- *Manu bleibt in der Nähe einer Frau mit ihrem Kind. Was erhofft er sich dadurch?*

3 Fasse den Inhalt der Kurzgeschichte zusammen. Schreibe auch einen Einleitungssatz (→ S. 195).

4 Die Geschichte spielt in der Gegenwart und Vergangenheit. Was passiert wann? Übertrage die Tabelle und ergänze sie mit je zwei Stichpunkten.

	Handlung Manu
Gegenwart	*xxx*
Vergangenheit	*xxx*

5 Wie reagieren die anderen Leute in der U-Bahn auf die Äußerungen der drei Männer? Belege mit passenden Textstellen.

6 Wähle eine der folgenden Schreibaufgaben.
a Manu schreibt in sein Tagebuch und berichtet von seinem Erlebnis.
b Die alte Frau berichtet ihrem Enkel von dem Geschehen.

7 a) In Zeile 92 schreibt die Autorin *„[…] und den Gesichtern von Taubblinden […]"*. Was meint sie damit?
b) Nenne Gründe für das Verhalten der Männer.

8 Bei dem Text von Kirsten Boie handelt es sich um eine Kurzgeschichte. Belege dies anhand von zwei Merkmalen (→ S. 118).

9 Die wenigsten Fahrgäste zeigen in diesem Fall Zivilcourage (→ S. 86).
a) Erkläre den Begriff *Zivilcourage* mit eigenen Worten mithilfe eines Wörterbuches.
b) Überlege dir zwei weitere Situationen, in denen Menschen Zivilcourage zeigen können.
c) *„Es ist wichtig Zivilcourage zu zeigen."* Nimm Stellung zu dieser Aussage (→ S. 182).

2.2 (2) eigenständig literarische Textsorten unterscheiden, ihre spezifische Wirkung diskutieren und Bezüge zwischen Werk, Autorenbiografie und Entstehungszeit herstellen

Literatur im Spiegel der Zeit

1

2

1 Betrachtet die Bilder 1–5 auf dieser Doppelseite. Haltet zu jedem Bild in Stichpunkten fest, was ihr seht.

2 a) Lest die *Lernbox* und erklärt mit eigenen Worten, was eine Epoche ist.

b) Überlegt, aus welcher Epoche die Bilder (1–5) stammen könnten. Lest dann den Text „Die Nachkriegszeit in Deutschland“ im Kasten rechts.

c) Notiere in einer Tabelle, was du bisher über die Epoche erfahren hast.

Um welche Epoche geht es?	Von wann bis wann dauerte die Epoche?	Was erfährst du über die Epoche?
XXX	*XXX*	*XXX*

d) Vergleicht zu zweit eure Ergebnisse und ergänzt euch gegenseitig.

e) Was habt ihr in anderen Fächern über diese Epoche gelernt? Ergänzt eure Notizen.

Die Nachkriegszeit in Deutschland

Am Ende des Krieges lag Deutschland in Trümmern. Die Menschen waren froh, dass der Krieg vorbei war, hatten aber mit Armut, Hunger und Wohnungsnot zu kämpfen. Familien waren auseinandergerissen, traumatisierte Soldaten kehrten nach Hause zurück. Erinnerungen an die Grausamkeiten des Krieges und die Verbrechen der Nationalsozialisten beschäftigten viele Menschen – aber auch Gefühle der Schuld und der Verantwortung, die oft verdrängt wurden.

Die Siegermächte teilten Deutschland in vier Besatzungszonen auf, in denen der Wiederaufbau begann. In den Westzonen kam es zu einem ungeahnten wirtschaftlichen Aufschwung. Die unterschiedliche Entwicklung in West- und Ostdeutschland führte 1949 schließlich zur Gründung der BRD und der DDR. Als Ende der Nachkriegszeit gilt das Jahr 1968 mit den Studentenprotesten.

Lernbox

Epoche

Eine Epoche ist ein Zeitabschnitt in der Geschichte. Sie beginnt und endet mit einem wichtigen Ereignis. Eine Epoche der deutschen Geschichte ist z. B. die Nachkriegszeit. Sie begann mit dem Ende des Zweiten Weltkriegs am 8. Mai 1945.

2.1 (1) Lese- und Texterschließungstechniken eigenständig in komplexen kontinuierlichen und diskontinuierlichen Texten anwenden und Gelesenes grafisch sowie strukturiert visualisieren

3

4

5

3 a) Bildet Kleingruppen und vergleicht eure Ergebnisse aus Aufgabe 2.
b) Recherchiert weitere Informationen über die Nachkriegszeit in Deutschland. Nutzt dafür auch das Internet.
c) Tragt eure Ergebnisse anschließend in der Klasse zusammen.

4 Auch in der Literatur spiegeln sich die Ereignisse der jeweiligen Zeit wider.
a) Lies Punkt 1 der *Lernbox* rechts und erkläre mit eigenen Worten, was eine literarische Epoche ist.
b) Warum weisen literarische Texte einer Epoche gemeinsame Merkmale auf?

5 a) Lest nun die Punkte 2 und 3 der *Lernbox*.
b) Besprecht in der Klasse, welche Themen die Schriftstellerinnen und Schriftsteller in der Nachkriegszeit bewegt haben. Welche Textsorte haben sie bevorzugt?

6 Überlegt, wie ihr das Wissen dieser Doppelseite auf einem Plakat festhalten könnt. Erstellt das Plakat und präsentiert es eurer Klasse.

Lernbox

Literarische Epochen

1 Eine **literarische Epoche** ist ein Zeitabschnitt, in dem die literarischen Texte bestimmte gemeinsame Merkmale aufweisen. Diese lassen sich oft zurückführen auf neue Ideen, die Lebensumstände und Probleme der Zeit.

2 In der **Literatur der Nachkriegszeit** (ca. 1945–1968) spiegelten sich die Probleme, die viele Menschen dieser Zeit beschäftigten, wider. So entstand der Begriff der „Trümmerliteratur“.

3 Eine verbreitete Textsorte in der Nachkriegsliteratur war die **Kurzgeschichte**, in der es vor allem um den einzelnen Menschen, seine Gefühle, Probleme und seine Verantwortung ging. Viele Autorinnen und Autoren der Nachkriegszeit setzten sich in ihren Texten auch kritisch mit den Verbrechen der Nationalsozialisten auseinander und stellten die Frage nach der Schuld.

2.1 (2) eigenverantwortlich zu Texten zusätzliches Hintergrundwissen aus unterschiedlichen Medien recherchieren und die Zusatzinformationen (z. B. biografischer, historischer oder soziokultureller Kontext) für die Textinterpretation nutzen

Einen Dramenauszug erschließen

1 a) Notiere stichpunktartig, was es bedeutet, die „Verantwortung" für etwas zu tragen.
b) Sprecht zu zweit über eure Notizen.

2 Das Drama „Draußen vor der Tür" von Wolfgang Borchert spielt nach Kriegsende 1946 in Hamburg. Der ehemalige Soldat Beckmann kehrt heim. Von seiner Frau verlassen irrt er durch die Stadt.
a) Lies den folgenden Dramenauszug (= Auszug aus einem Theaterstück).

OBERST. Was wollen Sie denn von mir?
BECKMANN. Ich bringe sie Ihnen zurück.
OBERST. Wen? –
BECKMANN *(beinah naiv).* Die Verantwortung. Ich bringe Ihnen die Verantwortung zurück. Haben Sie das ganz vergessen, Herr Oberst? Den 14. Februar? Bei Gorodok[1]. Es waren 42 Grad Kälte. Da kamen Sie doch in unsere Stellung, Herr Oberst, und sagten: Unteroffizier Beckmann. Hier, habe ich geschrien. Dann sagten Sie, und Ihr Atem blieb an Ihrem Pelzkragen als Reif hängen – das weiß ich noch ganz genau, denn Sie hatten einen sehr schönen Pelzkragen – dann sagten Sie: Unteroffizier Beckmann, ich übergebe Ihnen die Verantwortung für die zwanzig Mann. Sie erkunden den Wald östlich Gorodok und machen nach Möglichkeit ein paar Gefangene, klar? Jawohl, Herr Oberst, habe ich da gesagt. Und dann sind wir losgezogen und haben erkundet. Und ich – ich hatte die Verantwortung. Dann haben wir die ganze Nacht erkundet, und dann wurde geschossen, und als wir wieder in der Stellung waren, da fehlten elf Mann. Und ich hatte die Verantwortung. Ja, das ist alles, Herr Oberst. Aber nun ist der Krieg aus, nun will ich pennen, nun gebe ich Ihnen die Verantwortung zurück, Herr Oberst, ich will sie nicht mehr, ich gebe sie Ihnen zurück, Herr Oberst.
OBERST. Aber mein lieber Beckmann, Sie erregen sich unnötig. So war das doch gar nicht gemeint.
BECKMANN *(ohne Erregung, aber ungeheuer ernsthaft).* Doch. Doch, Herr Oberst. So muss das gemeint sein. Verantwortung ist doch nicht nur ein Wort, eine chemische Formel, nach der helles Menschenfleisch in dunkle Erde verwandelt wird. Man kann doch Menschen nicht für ein leeres Wort sterben lassen. Irgendwo müssen wir doch hin mit unserer Verantwortung. Die Toten – antworten nicht. Gott – antwortet nicht. Aber die Lebenden, die fragen. Die fragen jede Nacht, Herr Oberst. Wenn ich dann wach liege, dann kommen sie und fragen. Frauen, Herr Oberst, traurige, trauernde Frauen. Alte Frauen mit grauem Haar und harten rissigen Händen – junge Frauen mit einsamen sehnsüchtigen Augen, Kinder, Herr Oberst, Kinder, viele kleine Kinder. Und die flüstern dann aus der Dunkelheit: Unteroffizier Beckmann, wo ist mein

[1] Gorodok = Ort in Russland – Beckmann kehrt von der Ostfront zurück.

2.1 (2) eigenverantwortlich zu Texten zusätzliches Hintergrundwissen aus unterschiedlichen Medien recherchieren und die Zusatzinformationen (z. B. biografischer, historischer oder soziokultureller Kontext) für die Textinterpretation nutzen

Vater, Unteroffizier Beckmann? Unteroffizier Beckmann, wo ist mein Sohn, wo ist mein Bruder, Unteroffizier Beckmann, wo ist mein Verlobter, Unteroffizier Beckmann? Unteroffizier Beckmann, wo? wo? wo? So flüstern sie, bis es hell wird. Es sind nur elf Frauen, Herr Oberst, bei mir sind es nur elf. Wieviel sind es bei Ihnen, Herr Oberst? Tausend? Zweitausend? Schlafen Sie gut, Herr Oberst? Dann macht es Ihnen wohl nichts aus, wenn ich Ihnen zu den zweitausend noch die Verantwortung für meine elf dazugebe. Können Sie schlafen, Herr Oberst? Mit zweitausend nächtlichen Gespenstern? Können Sie überhaupt leben, Herr Oberst, können Sie eine Minute leben, ohne zu schreien? Herr Oberst, Herr Oberst, schlafen Sie nachts gut? Ja? Dann macht es Ihnen ja nichts aus, dann kann ich wohl nun endlich pennen – wenn Sie so nett sind und sie wieder zurücknehmen, die Verantwortung. Dann kann ich wohl nun endlich in aller Seelenruhe pennen. Seelenruhe, das war es, ja, Seelenruhe, Herr Oberst! Und dann: schlafen! Mein Gott!

OBERST *(ihm bleibt doch die Luft weg, aber dann lacht er seine Beklemmung fort, ...)*

b) Fasse kurz zusammen, worum es in dem Dramenauszug geht.

c) Beantworte schriftlich die folgenden Fragen. Suche dafür die entsprechenden Textstellen im Dramenauszug.
   - *Wem gegenüber verspürt Beckmann Verantwortung?*
   - *Wie wirkt sich die Last der Verantwortung bei Beckmann aus?*

d) Zitiere die Textstellen, die dir bei der Beantwortung der Fragen geholfen haben (→ S. 286).

e) Vergleicht zu zweit eure Ergebnisse.

HAMBURGER
KAMMERSPIELE
LEITUNG: IDA EHRE

Freitag, den 21. November 1947, 19 Uhr

URAUFFÜHRUNG

Draußen vor der Tür

von Wolfgang Borchert

Inszenierung: Wolfgang Liebeneiner · Bühnenbild: Helmut Koniarsky

Beckmann	Hans Quest	Ein Oberst	Gerhard Ritter	Frau Kramer	Luise Franke-Booch
Seine Frau	Gisela Borries	Seine Frau	Karin Hagemann	Der alte Mann	Willi Schweisguth
Deren Freund	Jürgen Wulf	Seine Tochter	Helga Aust	Der Beerdigungsunternehmer	Hermann Schomberg
Ein Mädchen	Käte Pontow	Deren Mann	Gerd Möllenberg	Der Andere	Hermann Lenschau
Ihr Mann	Heinz Scheider	Ein Kabarettdirektor	Erwin Geschonneck	Die Elbe	Heidi Boyes

Weitere Aufführungen siehe Wochenspielplan

Wir machen die Theaterbesucher darauf aufmerksam, daß Zuspätkommende erst nach dem 1. Akt den Zuschauerraum betreten können. · Vorverkauf 6 Tage im voraus werktags von 10 bis 13 Uhr an der Tageskasse und in den bekannten Vorverkaufsstellen · Preise von RM 4,- bis 10,- · Fahrverbindungen: Linie 18, 22, 27 bis Hallerstraße, U-Bahn bis Hallerstraße, S-Bahn bis Dammtor

HAMBURG 13 · HARTUNGSTRASSE 9

Das Drama „Draußen vor der Tür" wurde am 21. November 1947 in Hamburg uraufgeführt.

3 Wo könnt ihr selbst heute und in Zukunft Verantwortung übernehmen? Diskutiert darüber in der Klasse.

4 a) Bildet Kleingruppen und macht euch Notizen dazu, wie ihr die Szene aus dem Drama „Draußen vor der Tür" auf der Theaterbühne umsetzen könntet.

b) Tragt eure Ergebnisse in der Klasse zusammen.

5 Sucht im Internet nach Inszenierungen von „Draußen vor der Tür" und vergleicht sie mit euren Ideen aus Aufgabe 4.

Tipp

zu 4a)

Denkt bei der Umsetzung der Szene z. B. an folgende Punkte:
- Spielweise der Personen
- Kostüme
- Lichtgestaltung
- Requisiten
- Bühnenbild

Eine Kurzgeschichte erschließen

1 a) Lest die folgende Kurzgeschichte „Nachts schlafen die Ratten doch" in Abschnitten – jeweils bis zum Stoppzeichen.

Nachts schlafen die Ratten doch **1**

Von Wolfgang Borchert

Das hohle Fenster in der vereinsamten Mauer gähnte blaurot voll früher Abendsonne. Staubgewölke flimmerte zwischen den steilgereckten Schornsteinresten. Die Schuttwüste döste. Er hatte die Augen zu. Mit einmal wurde es noch dunkler. Er merkte, dass jemand gekommen war und nun vor ihm stand, dunkel, leise. Jetzt holen sie mich! dachte er.

b) Sprecht in der Klasse über die folgenden Fragen, bevor ihr weiterlest:
- *Worum geht es in dem Textabschnitt?*
- *Wo und zu welcher Zeit könnte die Geschichte spielen?*
- *Wie stellt ihr euch den beschriebenen Ort vor?*

2 a) Wie gelingt es dem Autor, dass der Leser/die Leserin sich die Szene gut vorstellen kann? Tauscht euch zunächst zu zweit und anschließend in der Klasse darüber aus.

b) Notiere den Fachbegriff für das folgende sprachliche Bild (→ S. 285): *„Das hohle Fenster [...] gähnte". (Z. 1f.)*

c) Notiere noch ein weiteres Beispiel zu diesem sprachlichen Bild aus dem Textabschnitt oben.

3 a) Tauscht euch in der Klasse darüber aus, weshalb Borchert zunächst nicht den Namen der Person nennt, um die es geht.

b) Wer könnte der „Er" im Text sein? Notiert eure Vermutungen.

4 a) Überlegt, wie die Geschichte weitergehen könnte und notiert eure Gedanken in wenigen Stichpunkten.

b) Lest nun den nächsten Textabschnitt.

2

Aber als er ein bisschen blinzelte, sah er nur zwei etwas ärmlich behoste Beine. Die standen ziemlich krumm vor ihm, dass er zwischen ihnen hindurchsehen konnte. Er riskierte ein kleines Geblinzel an den Hosenbeinen hoch und erkannte einen älteren Mann. Der hatte ein Messer und einen Korb in der Hand. Und etwas Erde an den Fingerspitzen. Du schläfst hier wohl, was? fragte der Mann und sah von oben auf das Haargestrüpp herunter. Jürgen blinzelte zwischen den Beinen des Mannes hindurch in die Sonne und sagte: Nein, ich schlafe nicht. Ich muss hier aufpassen. Der Mann nickte: So, dafür hast du wohl den großen Stock da? Ja, antwortete Jürgen mutig und hielt den Stock fest. Worauf passt du denn auf? Das kann ich nicht sagen. Er hielt die Hände fest um den Stock. Wohl auf Geld, was? Der Mann setzte den Korb ab und wischte das Messer an seinem Hosenboden hin und her.

Tipp

zu 2 a)

Achte darauf, welche Wortart in dem Textabschnitt häufig verwendet wird.

2.1 (2) eigenverantwortlich zu Texten zusätzliches Hintergrundwissen aus unterschiedlichen Medien recherchieren und die Zusatzinformationen (z. B. biografischer, historischer oder soziokultureller Kontext) für die Textinterpretation nutzen

Nein, auf Geld überhaupt nicht, sagte Jürgen verächtlich. Auf ganz etwas anderes. Na, was denn? Ich kann es nicht sagen. Was anderes eben. Na, denn nicht. Dann sage ich dir natürlich auch nicht, was ich hier im Korb habe. Der Mann stieß mit dem Fuß an den Korb und klappte das Messer zu. Pah, kann mir denken, was in dem Korb ist, meinte Jürgen geringschätzig, Kaninchenfutter. Donnerwetter, ja! sagte der Mann verwundert, bist ja ein fixer Kerl. Wie alt bist du denn? Neun. Oha, denk mal an, neun also. Dann weißt du ja auch, wie viel drei mal neun sind, wie? Klar, sagte Jürgen, und um Zeit zu gewinnen, sagte er noch: Das ist ja ganz leicht. Und er sah durch die Beine des Mannes hindurch. Dreimal neun, nicht? fragte er noch einmal, siebenundzwanzig. Das wusste ich gleich. Stimmt, sagte der Mann, und genau so viel Kaninchen habe ich. Jürgen machte einen runden Mund: Siebenundzwanzig? Du kannst sie sehen. Viele sind noch ganz jung. Willst du? Ich kann doch nicht. Ich muss doch aufpassen, sagte Jürgen unsicher. Immerzu? fragte der Mann, nachts auch? Nachts auch. Immerzu. Immer. Jürgen sah an den krummen Beinen hoch. Seit Sonnabend schon, flüsterte er.

5 a) Fasst den Textabschnitt mit eigenen Worten zusammen.
b) Sprecht darüber, ob sich eure Vermutungen (→ Aufgabe 4a) bestätigt haben.

6 Von Jürgen heißt es, er sei *unsicher* (Z. 54). Finde im Text weitere Eigenschaften von Jürgen und notiere sie in einem Cluster. Ergänze auch die jeweiligen Zeilenangaben.

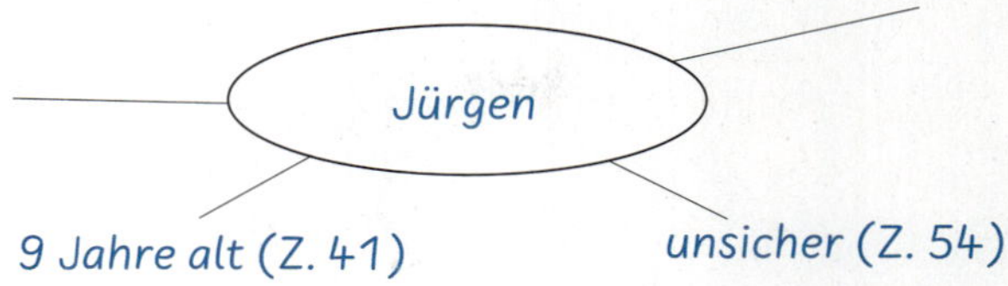

7 a) Borchert verwendet viele Sätze in wörtlicher Rede, die aber nicht durch Satzzeichen gekennzeichnet sind. Schreibt die Zeilen 20–28 mit korrekten Satzzeichen auf.
b) Wie verändert sich die Wirkung des Textes durch das Einfügen der Satzzeichen?

8 Überlegt und haltet in Stichpunkten fest, wie die Geschichte weitergehen könnte, bevor ihr den nächsten Textabschnitt lest.

3

Aber gehst du denn gar nicht nach Hause? Du musst doch essen. Jürgen hob einen Stein hoch. Da lag ein halbes Brot und eine Blechschachtel.
Du rauchst? fragte der Mann, hast du denn eine Pfeife? Jürgen fasste seinen Stock fest an und sagte zaghaft: Ich drehe. Pfeife kann ich nicht ab. Schade, der Mann bückte sich zu seinem Korb, die Kaninchen hättest du ruhig mal ansehen können. Vor allem die Jungen. Vielleicht hättest du dir eines ausgesucht. Aber du kannst hier ja nicht weg. Nein, sagte Jürgen traurig, nein, nein.

Der Mann nahm den Korb hoch und richtete sich auf. Na ja, wenn du hierbleiben musst – schade. Und er drehte sich um.

Wenn du mich nicht verrätst, sagte Jürgen da schnell, es ist wegen der Ratten. Die krummen Beine kamen einen Schritt zurück: Wegen den Ratten? Ja, die essen doch von Toten. Von Menschen. Da leben sie doch von. Wer sagt das? Unser Lehrer. Und du passt nun auf die Ratten auf? fragte der Mann.

Auf die doch nicht! Und dann sagte er ganz leise: Mein Bruder, der liegt nämlich da unten. Da. Jürgen zeigte mit dem Stock auf die zusammengesackten Mauern. Unser Haus kriegte eine Bombe. Mit einmal war das Licht weg im Keller. Und er auch. Wir haben noch gerufen.

Er war viel kleiner als ich. Erst vier. Er muss hier ja noch sein. Er ist doch viel kleiner als ich.

Der Mann sah von oben auf das Haargestrüpp. Aber dann sagte er plötzlich: Ja, hat euer Lehrer euch denn nicht gesagt, dass die Ratten nachts schlafen? Nein, flüsterte Jürgen und sah mit einmal ganz müde aus, das hat er nicht gesagt. Na, sagte der Mann, das ist aber ein Lehrer, wenn er das nicht mal weiß. Nachts schlafen die Ratten doch. Nachts kannst du ruhig nach Hause gehen. Nachts schlafen sie immer. Wenn es dunkel wird, schon.

Jürgen machte mit seinem Stock kleine Kuhlen in den Schutt. Lauter kleine Betten sind das, dachte er, alles kleine Betten. Da sagte der Mann (und seine krummen Beine waren ganz unruhig dabei): Weißt du was? Jetzt füttere ich schnell meine Kaninchen und wenn es dunkel wird, hole ich dich ab. Vielleicht kann ich eins mitbringen. Ein kleines oder, was meinst du? Jürgen machte kleine Kuhlen in den Schutt. Lauter kleine Kaninchen. Weiße, graue, weißgraue. Ich weiß nicht, sagte er leise und sah auf die krummen Beine, wenn sie wirklich nachts schlafen.

Der Mann stieg über die Mauerreste weg auf die Straße. Natürlich, sagte er von da, euer Lehrer soll einpacken, wenn er das nicht mal weiß.

Da stand Jürgen auf und fragte: Wenn ich eins kriegen kann? Ein weißes vielleicht?

Ich will mal versuchen, rief der Mann schon im Weggehen, aber du musst hier solange warten. Ich gehe dann mit dir nach Hause, weißt du? Ich muss deinem Vater doch sagen, wie so ein Kaninchenstall gebaut wird. Denn das müsst ihr ja wissen. Ja, rief Jürgen, ich warte. Ich muss ja noch aufpassen, bis es dunkel wird. Ich warte bestimmt. Und er rief: Wir haben auch noch Bretter zu Hause. Kistenbretter, rief er. Aber das hörte der Mann schon nicht mehr.

Er lief mit seinen krummen Beinen auf die Sonne zu. Die war schon rot vom Abend, und Jürgen konnte sehen, wie sie durch die Beine hindurchschien, so krumm waren sie. Und der Korb schwenkte aufgeregt hin und her. Kaninchenfutter war da drin. Grünes Kaninchenfutter, das war etwas grau vom Schutt.

2.1 (2) eigenverantwortlich zu Texten zusätzliches Hintergrundwissen aus unterschiedlichen Medien recherchieren und die Zusatzinformationen (z. B. biografischer, historischer oder soziokultureller Kontext) für die Textinterpretation nutzen

9 An welcher Stelle wird deutlich, dass Jürgen nicht nach Hause geht? Notiere die entsprechende Textstelle inklusive der Zeilenangaben.

10 Findet gemeinsam in der Klasse Antworten auf die folgenden Fragen:
- *Auf wen passt Jürgen auf?*
- *Wie verändert sich Jürgens Verhalten im Laufe der Geschichte?*

11 Fasst die gesamte Geschichte mithilfe eurer Vorarbeiten mit eigenen Worten zusammen.

12 Der Mann schafft es schließlich, Jürgen zum Nachhausegehen zu bewegen.
a) Notiere die entsprechende Textstelle, in der dies deutlich wird.
b) Warum will der Mann Jürgen dazu bringen, nach Hause zu gehen?

13 a) Lies den kurzen Sachtext im Kasten oben rechts auf dieser Seite und erkläre, welchen „Trick" der Mann anwendet, um Jürgen zu überzeugen.
b) Beurteile, ob es in Ordnung ist, dass der Mann nicht die Wahrheit sagt.

14 *Beide – Jürgen und der Mann – übernehmen Verantwortung.* Erklärt diese Aussage und notiert Textstellen, die dafür sprechen.

Ratten sind Nagetiere.
Es gibt weltweit mehr als 60 Arten. Sie sind anpassungsfähig, gute Kletterer und können praktisch überall überleben.
Zu ihrer Nahrung gehören Samen, Nüsse und Früchte, aber auch Kleintiere und Insekten. Die **Wanderratte** ist vorwiegend ein Fleischfresser. Da sie gelernt hat, sich dem Menschen anzuschließen und auch in seine Lebensräume einzudringen, wird sie von vielen als eklig oder gefährlich angesehen. Ratten sind eher nachtaktiv. Sie gehen gerne nach Einbruch der Dämmerung und kurz vor Sonnenaufgang auf Nahrungssuche.

15 Bearbeite eine der folgenden Aufgaben.
a *„[…] und Jürgen konnte sehen, wie sie durch die Beine hindurchschien, […]"* (Z. 133 – 135). Was könnte Jürgen in diesem Moment denken? Mache dir Notizen dazu.
b Wie könnte die Geschichte weitergehen? Schreibe ein passendes Ende.

2.1 (2) eigenverantwortlich zu Texten zusätzliches Hintergrundwissen aus unterschiedlichen Medien recherchieren und die Zusatzinformationen (z. B. biografischer, historischer oder soziokultureller Kontext) für die Textinterpretation nutzen

Eine Kurzgeschichte in ihrer Zeit sehen

1 a) Lest die Informationen zum Leben des Autors Wolfgang Borchert im Kasten rechts.
b) Erklärt, warum die Kurzgeschichte „Nachts schlafen die Ratten doch" der „Trümmerliteratur" zuzuordnen ist.

2 a) Wiederholt die Merkmale einer Kurzgeschichte (→ S. 118).
b) Legt euch eine Tabelle mit den neun Merkmalen einer Kurzgeschichte an und notiert, inwiefern sich diese in „Nachts schlafen die Ratten doch" wiederfinden.

1 Umfang: Die Geschichte ist ...
2 Anfang: xxx
3 xxx: hört einfach auf.

3 a) Schreibt mithilfe eurer Vorarbeiten zu der Kurzgeschichte „Nachts schlafen die Ratten doch" (S. 126–129) eine vollständige Textanalyse.

Tipp

zu 3 a)
Textanalyse:

1 Nenne im Einleitungssatz den Titel, die Textsorte und den Autor. Schreibe in einem weiteren Satz auf, worum es in der Geschichte geht.
2 Gib im Hauptteil mit wenigen Sätzen die Handlung wieder. Beschreibe dabei auch die Personen und wie sie zueinander stehen. Gib deine Vermutungen dazu an, warum der Autor den Text wahrscheinlich geschrieben hat (Intention).
3 Schreibe am Schluss deine Meinung zu der Geschichte. Begründe sie. Beachte dabei auch ihre Entstehungszeit.

b) Besprecht eure Texte in einer Schreibkonferenz (→ S. 272).
c) Überarbeitet eure Texte.

4 a) Informiert euch über weitere Kurzgeschichten, die der „Trümmerliteratur" zugeordnet werden.
b) Stellt einige davon in der Klasse vor.

Wolfgang Borchert war ein deutscher Schriftsteller. Mit seinem nicht sehr umfangreichen Werk an Kurzgeschichten, Gedichten und dem Drama „Draußen vor der Tür" erlangte er in der Nachkriegszeit große Berühmtheit.
Er wurde am 20. Mai 1921 in Hamburg geboren. Dem Nationalsozialismus stand er kritisch gegenüber. Im Zweiten Weltkrieg wurde er verwundet. Da man dachte, er habe sich selbst verwundet, kam er ins Gefängnis. Bald darauf, wieder an der Front, kritisierte er die Nazis. Dafür kam er wieder ins Gefängnis. Durch die schlechten Haftbedingungen wurde er sehr krank. Davon erholte er sich nach Kriegsende nicht mehr. Er verstarb deshalb bereits am 20. November 1947 in Basel mit nur 26 Jahren.
In seinen Werke „Draußen vor der Tür", „Nachts schlafen die Ratten doch", „Laterne, Nacht und Sterne", „Die Hundeblume", „An diesem Dienstag" und „Die traurigen Geranien" verarbeitet er seine Kriegserfahrungen. Man rechnet sie der Trümmerliteratur zu.

2.1 (2) eigenverantwortlich zu Texten zusätzliches Hintergrundwissen aus unterschiedlichen Medien recherchieren und die Zusatzinformationen (z. B. biografischer, historischer oder soziokultureller Kontext) für die Textinterpretation nutzen

Ein Gedicht in seiner Zeit sehen

1 Lies zunächst nur die Überschrift des Gedichtes und erstelle ein Cluster mit Begriffen, die dir spontan zu diesem Thema einfallen.

2 a) Lies nun das ganze Gedicht.

Reklame
Ingeborg Bachmann

Wohin aber gehen wir
ohne sorge sei ohne sorge
wenn es dunkel und wenn es kalt wird
sei ohne sorge
aber
mit musik
was sollen wir tun
heiter und mit musik
und denken
heiter
angesichts eines Endes
mit musik
und wohin tragen wir
am besten
unsre Fragen und den Schauer aller Jahre
in die Traumwäscherei ohne sorge sei ohne sorge
was aber geschieht
am besten
wenn Totenstille

eintritt

b) Notiere in Stichpunkten, welchen Eindruck das Gedicht bei dir hinterlässt.

c) Vergleiche deine Stichpunkte mit deiner Mindmap aus Aufgabe 1. Was fällt dir auf?

d) Tauscht euch zu zweit über eure Ergebnisse aus.

3 Auffällig ist die äußere Form des Gedichtes.
a) Notiert in Kleingruppen, was euch auffällt.
b) Überlegt, weshalb Ingeborg Bachmann sich für diese Form entschieden haben könnte.

4 Das Gedicht soll als Hördatei aufgenommen werden.
a) Bildet Kleingruppen und tragt euch das Gedicht einige Male gegenseitig vor.
b) Plant anschließend die Aufnahme (Sprecher, Musik, Durchführung, ...) und nehmt euren Vortrag mit einem geeigneten Programm auf.
c) Präsentiert und vergleicht eure Aufnahmen in der Klasse.

5 a) Erstellt zu zweit einen Kurzvortrag zum Thema „Literatur in Deutschland von 1945 bis 1968“. Nutzt dafür eure Aufzeichnungen und recherchiert weitere Informationen im Internet.
b) Haltet den Kurzvortrag in der Klasse. Klärt anschließend offene Fragen.

Ingeborg Bachmann war eine bedeutende Schriftstellerin der 1950er- und 1960er-Jahre. Sie wurde am 25. Juni 1926 in Klagenfurt geboren und starb am 17. Oktober 1973 in Rom. Ihr Werk umfasst vor allem Lyrik und Prosa. Ihr Band „Die gestundete Zeit“ entstand 1953 in der Nachkriegszeit und machte sie sehr bekannt. Das Gedicht „Reklame“ entstand 1956.

Ein Buch auswählen

1 Mit persönlichen Fotos und Dokumenten vermittelt das Buch auch jugendlichen Lesern ein anschauliches Bild von Pakistan.

2 Intensiv, drastisch und bewegend – das Buch zum vielfach ausgezeichneten TV-Film „Homevideo“.

3 Wer hier nicht weint und nicht lacht, fühlt schon lange nichts mehr. [...] Das ist kein Jugendbuch, sondern Literatur für alle – anmutig, komisch, kostbar.

4 Ein mitreißendes Buch, in dem eine junge Muslima vor die schwierigste Aufgabe ihres Lebens gestellt wird: ihre Eltern und gleichzeitig sich selbst glücklich zu machen.

5 Helen Endemanns atemberaubender Politthriller erzählt von den Folgen der Flucht für zurückbleibende Familien. [...] Endemann hat ein Stück Geschichte für Jugendliche zugänglich gemacht.

1 a) Lies die Texte 1–5 in den Kästen oben rechts auf dieser Seite. Beschreibe, um welche Art von Texten es sich handelt.
b) Klärt gemeinsam unbekannte Begriffe.

Tipp

zu 2 b)

Eine *Rezension* ist eine (kritische) Besprechung eines Romans, eines Films oder eines Theaterstücks. Rezensionen erscheinen typischerweise in Zeitungen oder im Internet. In einer Rezension bewertet ein Kritiker ein Buch und gibt seine Meinung wieder; man spricht auch von einer Buchbesprechung oder Buchkritik.

2 a) Die Texte 1–5 sind Auszüge aus Rezensionen zu fünf verschiedenen Büchern.
b) Besprecht zu zweit folgende Fragen:
- *Was ist mit dem Begriff Rezension gemeint?*
- *Wo begegnen dir im Alltag Rezensionen?*
- *Wofür ist eine Rezension gut?*
- *Wieso ist eine Rezension unter Umständen auch kritisch zu sehen?*

3 a) Überlegt in Kleingruppen, wovon die einzelnen Bücher handeln könnten.
b) Welches der Bücher 1–5 würdest du am ehesten lesen wollen?
c) Tauscht euch in Kleingruppen aus und begründet eure Wahl.

2.2 (3) ein auf der Basis von Leseempfehlungen (z. B. Rezensionen, Bestsellerlisten) selbst ausgewähltes Jugendbuch eigenständig mithilfe produktiver und analytischer Methoden erschließen

4 a) Lies die Klappentexte A–E auf dieser Seite.
b) Ordne die Klappentexte den Rezensionen (1–5) auf Seite 132 zu.
c) Vergleicht zu zweit eure Ergebnisse.

Text A Hazel Grace und August lernen sich in einer Selbsthilfegruppe für Krebspatienten kennen. Was hier beginnt, ist eine der ergreifendsten und schönsten Liebesgeschichten der Literatur.

Text B Es ist 1985. Du lebst in Ost-Berlin, in der DDR. Und du hast eine Masse Ärger am Hals, weil du mal wieder deine Klappe zu weit aufgerissen hast. Vermutlich stecken sie dich ins Erziehungsheim. Und das wird deine Oma niemals überleben.

Und dann auf einmal diese einmalige Chance zur Flucht in den Westen. Blöd nur, dass du dafür einen Jungen kidnappen musst, der nun mal genauso aussieht wie du.
Aber der ist ein Wessi, und was haben die schon zu befürchten. Oder? ODER??

Text C Jakobs Kamera ist wie ein Tagebuch. Mit ihr filmt der 15-Jährige, was ihn bewegt. Doch dann gerät ein selbstgedrehtes, intimes Video durch Zufall in die Hände von Mitschülern, die es ins Netz stellen. In kürzester Zeit verbreitet es sich in der ganzen Schule und nicht nur dort.
Jakob wird ausgelacht, angemacht und gemobbt. Seine Freundin zieht sich von ihm zurück. Lehrer und Eltern wissen kaum, wie sie mit der Sache umgehen sollen. Keiner kann helfen, keiner kann die Hassbotschaften stoppen. Und das Unglück nimmt seinen Lauf ...

Text D Deine Worte verändern die Welt! Als einzige Muslima in ihrer Schule hat Sheherazade viel einzustecken, und seit ihrer Flucht nach Dänemark wird ihre Mutter zunehmend religiöser. Sie hat feste Pläne für die Zukunft ihrer Tochter. Als dann ihr Vater, der immer noch unter den Schrecken des Krieges leidet, ins Krankenhaus muss, weiß Sheherazade nicht mehr weiter. Das Einzige, was hilft, sind ihre Texte, die sie kunstvoll-provokativ mit Bildern verwebt. Niemals würde sie diese jemandem zeigen. Bis sie sich verliebt. Und ihre Worte plötzlich Kraft haben.

Text E Als die Taliban die Macht in Pakistan übernahmen, sollten Mädchen nicht mehr zur Schule gehen. Doch Malala ließ sich nicht einschüchtern und kämpfte für ihr Recht auf Bildung.

Am 9. Oktober 2012 schossen ihr Terroristen in den Kopf, als sie auf dem Weg von der Schule nach Hause war. Sie überlebte den Anschlag schwer verletzt, doch aufgegeben hat sie nicht – im Gegenteil: Sie ist zur Symbolfigur für den Frieden und zum Vorbild vieler Jugendlicher auf der ganzen Welt geworden.

2.2 (3) ein auf der Basis von Leseempfehlungen (z. B. Rezensionen, Bestsellerlisten) selbst ausgewähltes Jugendbuch eigenständig mithilfe produktiver und analytischer Methoden erschließen

Ein Leseportfolio anlegen

Auf den Seiten 136–145 findest du Leseproben zu fünf verschiedenen Jugendbüchern. So kannst du in alle Bücher hineinlesen und das passende Buch für dich finden. Lies es vollständig und lege ein Portfolio dazu an. Wie du dabei vorgehst, erfährst du im Kasten unten. Viel Spaß dabei!

A

B

C

D

E

1 a) Sieh dir die fünf Bücher (A–E) genau an. Welches Cover gefällt dir am besten?
b) Welches Cover könnte zu welcher Rezension und zu welchem Klappentext passen (S. 132–133)? Begründe.
c) Tauscht euch zu zweit über eure Überlegungen aus.

2 Welches Buch möchtest du nun am liebsten lesen? Begründe deine Auswahl.

3 Besprecht in der Klasse:
– *Was war entscheidend für deine Auswahl?*
– *Hat sich die Entscheidung im Laufe der Zeit noch einmal verändert? Wenn ja, warum?*

Ein Buch auswählen und ein Leseportfolio erstellen – so gehst du dabei vor:

1. **Lies die Leseproben** auf den Seiten 136–145 durch. Überlege dann:
   – *Welcher Text war am verständlichsten?*
   – *Welches Thema interessiert mich am meisten?*
   – *Bei welchem Auszug konntest du besonders gut mit der Hauptfigur mitfühlen?*
2. **Wähle ein Buch aus**, das du komplett lesen möchtest.
3. **Besorge dir das Buch** (z. B. in der Buchhandlung, Schulbibliothek, Bücherei, Internet).
4. **Lies das Buch** vollständig durch.
5. **Bearbeite alle Pflichtaufgaben** im roten Kasten auf Seite 135. Stelle deine Ergebnisse in einem Leseportfolio zusammen.
6. **Bearbeite mindestens vier Wahlaufgaben** aus dem grünen Kasten auf Seite 135.
7. **Gestalte dein Portfolio** gut sortiert und ordentlich. Hefte alle Ergebnisse in eine Mappe ein.
8. Lasse dir von Mitschülerinnen und Mitschülern **Feedback zu deinem Portfolio** geben (S. 146–147). Gib dein Portfolio dann deiner Lehrkraft zur Bewertung.

2.2 (3) ein auf der Basis von Leseempfehlungen (z. B. Rezensionen, Bestsellerlisten) selbst ausgewähltes Jugendbuch eigenständig mithilfe produktiver und analytischer Methoden erschließen

Pflichtaufgaben
(alle sind zu bearbeiten):

- Gestalte ein ordentliches **Deckblatt** für dein Portfolio mit allen wichtigen Angaben (*Titel des Buches, Name, Klasse, Fach*).
- Erstelle ein **Inhaltsverzeichnis** für dein Portfolio (mit Überschriften und Seitenzahlen) in Tabellenform. Beispiel:

Inhaltsverzeichnis	*Seite*
1. Steckbrief zum Autor	*1*
2. Kurze Inhaltsangabe	*2*
3. Wahlaufgabe: …	*3*

- Erstelle einen **Steckbrief zum Autor** des Buches (mit Bild und Angaben zu Geburtsdatum, Ausbildung, weiteren Werken).
- Verfasse eine **Inhaltsangabe** (ca. eine halbe bis ganze Seite). Beginne mit einem **Einleitungssatz**, in dem du den Titel, den Autor und das Thema des Buches nennst: *In dem Buch XXX von XXX geht es um …*
- Schreibe zu dem Buch eine **Rezension**, in der du auf positive und/oder negative Punkte eingehst und deine Einschätzung begründest. Deine eigene Meinung sollte deutlich werden (→ siehe Seite 132).
- Reflektiere im **Rückblick** deine Arbeit am Leseportfolio. Ergänze z. B. folgende Notizen:
  - *So habe ich mir die Zeit eingeteilt: …*
  - *Diese Aufgabe hat mir am meisten Spaß gemacht: …*
  - *Das ist mir schon gut/noch nicht so gut gelungen: …*
  - *Beim nächsten Mal würde ich folgende Dinge anders machen: …*

Wahlaufgaben
(mindestens vier sind zu bearbeiten):

- Erstelle einen **Steckbrief** zu einer der Hauptpersonen.
- Entwirf ein **Cluster** oder eine **Collage** zum Hauptthema des Buches.
- Verfasse einen **Tagebucheintrag** aus der Sicht einer Person aus dem Buch.
- Erfinde ein **Rätsel** oder ein **Quiz** zu einem Kapitel oder zum ganzen Buch.
- Finde einen **neuen Titel** für das Buch und gestalte ein **neues Cover** dazu.
- Erfinde ein **neues Ende.**
- Suche nach **anderen Büchern**, die ein ähnliches Thema behandeln, und liste sie auf.
- Finde ein **Lied**, das zu dem Buch passt, notiere und gestalte den Liedtext.
- Stelle in einer **Grafik** die Beziehungen der wichtigsten Personen des Buches zueinander dar.
- Zitiere und gestalte eine **Textstelle**, die dir besonders gut gefallen hat.
- Schreibe die **Zukunft der Hauptpersonen** auf (→ Wie leben sie wohl in zehn Jahren?).
- Zeichne einen **Comic** zu einem Kapitel des Buches.
- Nehmt zu zweit eine **Fotostory** zu einem Kapitel auf und klebt sie auf.
- Schreibe und gestalte ein **Gedicht** zum Thema des Buches.
- Schreibe eine **E-Mail** an eine der Hauptpersonen und teile ihr mit, was du von ihrem Verhalten hältst.

Karin Kaçi und Jan Braren: „Homevideo“

Ein Virus ist ein Schleim, der sich nicht aus eigener Kraft vermehren kann. Er wäre harmlos, wenn er dort bliebe, wo er ist. Aber wenn er auf Lebewesen trifft, die ihn als Gast aufnehmen und ernähren, kann er wuchern und fett werden, bis er nicht mehr aus der Tür passt, durch die er gekommen war.
Gäste wird man manchmal nicht mehr los, auch wenn sie einem irgendwann unangenehm werden. In der Schule wimmelte es anscheinend von Gastgebern, die nur darauf gewartet hatten, sich ein bisschen Unterhaltung ins Haus zu holen, weil sonst nichts in ihren Wirtszellen los war.
Am Morgen stöhnten sie Jakob im Treppenhaus entgegen. Oberstufenschüler, die er nicht einmal kannte. Mit einem Schlag machten sie jegliche Leichtigkeit zunichte. Jakob öffnete wie in Trance seine Klassenzimmertür. Alle starrten ihn an. Einige verstummten prompt, andere begannen zu kichern. Die Mädchen glucksten und musterten ihn neugierig. Die unbeteiligten Jungen glotzten mitleidig, die beteiligten hatten sich um Toms Handy geschart. Es stöhnte.
Der Schleim war vor ihm über die Schwelle gekrochen. […]
Jakob taumelte auf seinen Platz und versuchte, sein Herz und sein Hirn auf Durchzug zu stellen, wie er es die letzten Monate wegen seiner Eltern trainiert hatte. Alles rauschte an ihm vorbei, als hätte ihm ein Vorschlaghammer die Sinne geraubt, und stach doch gleichzeitig mitten hinein. Mit Henry wäre er fertig geworden. Aber einem Virus konnte er nicht aufs Maul hauen.
Der Gang in die Pause war gesäumt von Blicken, von mitleidigen, neugierigen, amüsierten und spöttischen, von Wichsgesten und gedämpftem Gestöhne. *I love you*, hauchte es aus der Parallelklasse, aus der Oberstufe und selbst aus der Fünften.
Auf dem Hof sprang der Virus, das Video längst von einem Wirt zum anderen, programmierte ihre Gehirnzellen um, sodass sie neuen Schleim produzierten und weitertrugen.
Ob er notgeil sei.
Ob er schwul sei.
Ob er einsam sei.
Überall schienen sie in Grüppchen zusammenzustehen, ein Netzwerk aus Parzellen mit seiner Stimme, seinem Stöhnen, seinem „I love you“ in ihrer Mitte. Als Jakob Tom sah, der auch hier wieder sein Handy umzingelt von grinsenden Schülern zum Fixpunkt machte, riss er sich plötzlich aus seiner Lähmung, stürzte sich auf ihn und schnappte nach dem Gerät. „Gib her!“
Die Gruppe zersprang.
„Nerv nicht“, pampte Tom zurück.
Jakob drängte ihn an die Wand und drückte sein Handgelenk so fest gegen den Beton, dass Tom loslassen musste. Sein Telefon knallte auf den Asphalt und zersplitterte.
„Hau ab, Mann!“, brüllte er und stieß Jakob von sich.
Der strauchelte, konnte sich gerade noch halten und verpasste Tom mit voller Wucht einen Schlag in die Fresse. Tom rappelte sich auf und boxte zurück. Dann rollten sie unter den Pfiffen der anderen über den Boden, bis Jakob Tom im Schwitzkasten hatte und wild auf ihn eindrosch. Erik, der die ganze Zeit wie paralysiert danebengestanden hatte, versuchte jetzt, ihn wegzuziehen, ihn zu beruhigen.
Aber Jakob schüttelte ihn ab. „Verpiss dich!“
Er hockte sich auf seinen Gegner und schlug wie von Sinnen auf ihn ein. Erik starrte still auf seinen Freund und rührte sich nicht mehr. Tom auch nicht. Sein Gesicht war blutüberströmt. Auch die Pfiffe waren verstummt.

2.2 (3) ein auf der Basis von Leseempfehlungen (z. B. Rezensionen, Bestsellerlisten) selbst ausgewähltes Jugendbuch eigenständig mithilfe produktiver und analytischer Methoden erschließen

„Hey! Auseinander! Schluss! Aufhören, verdammt!“ Erst ein [...] Lehrer schaffte es, Jakob von Tom loszureißen. Er zog ihn am Kragen auf die Beine. Reflexartig stieß Jakob ihm den Ellbogen in die Rippen und rannte davon.

Der Himmel hatte sich wieder zugezogen und senkte sich wie eine Betondecke über Jakob. Er war die Kellerassel, die auf dem Asphalt zerquetscht werden sollte. Das Grau drückte schon auf seinen Kopf.

1 Lies den Auszug aus dem Jugendbuch und beantworte die folgenden Fragen schriftlich:
- *Worum geht es in dem Text?*
- *Was erfährst du über den Ort und die Zeit des Geschehens?*
- *Welche Personen kommen vor und was tun sie?*

2 Fasse den Inhalt des Textes in wenigen Sätzen zusammen. Beginne mit einem Einleitungssatz: *In diesem Ausschnitt aus dem Jugendbuch XXX von XXX geht es um …*

3 Erkläre folgende sprachliche Bilder:
A) *Auf dem Hof sprang der Virus, das Video von einem Wirt zum anderen [...]* (Z. 40–41)
B) *„Das Grau drückte schon auf seinen Kopf."* (Z. 86–87)

4 Zitiere eine Stelle aus dem Text, in der klar wird, dass Jakob machtlos ist und kaum etwas gegen das Mobbing tun kann (→ 286).

5 Erkläre anhand eines Beispiels, warum sich durch digitale Medien Mobbing oft noch verstärkt.

6 Bearbeite eine der folgenden Aufgaben.
a Verfasse einen Tagebucheintrag, in dem Jakob seine Gefühle beschreibt.
b Schreibe einen Brief an Jakob und gib ihm darin Tipps, wie er sich verhalten sollte.

7 Mobbing in der Schule hat oft schlimme Auswirkungen. Häufig kommen die Täter jedoch straffrei davon. Sollte Mobbing generell härter bestraft werden?
a) Erstelle eine Pro- und Kontratabelle zu dieser Frage.

Pro	Kontra
• *Mobbing-Opfer werden massiv verletzt.*	• *Jugendliche sind sich oft der Folgen ihres Handelns nicht bewusst.*
• *XXXXXXXXX*	• *XXXXXXXXX*
• *XXXXXXXXX*	• *XXXXXXXXX*

b) Besprecht zu zweit eure Überlegungen.
c) Bildet eine Kleingruppe und führt eine Diskussion zu der Frage durch.

8 Nimm in einem Text Stellung zu der Frage aus Aufgabe 7 (→ S. 182).

Malala Yousafzai: „Malala – Meine Geschichte“

„Vom fünfzehnten Januar an soll kein Mädchen, weder groß noch klein, mehr zur Schule gehen. Ihr wisst, was sonst passiert. Wir werden Eltern und Schulleiter zur Rechenschaft ziehen.“

Diese Nachricht kam Ende Dezember 2008 über den Mullah-Sender[1]. Erst hielt ich sie für eine weitere verrückte Drohung. Wir lebten im einundzwanzigsten Jahrhundert! Wie wollte ein Mann über fünfzigtausend Mädchen daran hindern, in die Schule zu gehen? Ich bin ein optimistischer Mensch – meine Freunde würden vielleicht sogar sagen, *zu* optimistisch. Aber ich konnte einfach nicht glauben, dass dieser Mann uns aufhalten würde. Es war unser Recht, in die Schule zu gehen. Wir diskutierten im Unterricht über seine neue Verordnung.

„Wer kann ihn aufhalten?“, fragten die anderen Mädchen. „Die Taliban[2] haben Hunderte Schulen in die Luft gesprengt, und niemand hat etwas dagegen getan.“

„Wir werden etwas dagegen tun“, sagte ich. „Wir werden die Regierung auffordern, diesen Wahnsinn zu beenden.“

„Die Regierung?“, fragte ein Mädchen. „Die schafft es nicht einmal, Fazlullahs[3] Radiosender zu schließen!“

Die Debatte drehte sich im Kreis. Ich gab nicht nach. Aber selbst in meinen Ohren klangen meine Argumente schwach. Ein Mädchen nach dem anderen kam nicht mehr in die Schule. Ihre Väter verboten es ihnen. Ihre Brüder verboten es ihnen. Innerhalb weniger Tage war die Klasse von siebenundzwanzig auf zehn Mädchen geschrumpft. [...]

Manchmal war es schwer, nicht den Mut zu verlieren; nicht zu glauben, dass diese Familien sich Fazlullah einfach ergaben.

Aber immer, wenn ich mich mit einem Gefühl der Niederlage erwischte, führte ich eines meiner Gespräche mit Gott: „Lass uns die Schultage wertschätzen, die uns noch bleiben, Gott. Und gib uns den Mut, für weitere Tage zu kämpfen.“

Die Winterferien sollten wie üblich in der ersten Januarwoche beginnen, doch mein Vater beschloss, die Ferien zu verschieben.[4] Wir würden den Unterricht bis zum 14. Januar fortsetzen. So konnten wir jede Minute nutzen, die uns noch blieb. Und nach der Schule trödelten wir übrig gebliebenen Mädchen jeden Tag lange auf dem Hof herum, falls dies die letzten Nachmittage sein sollten, die wir zusammen verbringen konnten.

An den Abenden zu Hause fragte ich mich, was ich mit meinem Leben anfangen würde, wenn ich nicht mehr in die Schule gehen konnte. Eine meiner Mitschülerinnen war noch vor Fazlullahs Verordnung verheiratet worden. Sie war zwölf. Ich wusste, dass meine Eltern mir das nie antun würden. Aber was *würde* ich tun? Den Rest meines Lebens im Haus verbringen, ohne Fernseher und ohne Bücher? [...]

Während wir Mädchen unsere letzten Schultage auskosteten, schlug Fazlullah wieder und wieder zu. Das vorangegangene Jahr war hart gewesen, doch die Tage im Januar 2009 gehörten zu den dunkelsten unseres Lebens. Jeden Morgen traf eine neue Schreckensmeldung über eine weitere Tötung ein, die in der Nacht stattgefunden hatte, oder sogar zwei oder drei. Fazlullahs Männer hatten eine Frau in Mingora getötet, weil sie sagten, sie begehe Fahashi, sie verhalte sich unzüchtig, weil sie Tänzerin war. Sie töteten einen Mann aus der Region, weil er sich weigerte, die Hosen kurz wie die der Taliban zu tragen. Und bald würden wir nicht mehr zur Schule gehen dürfen.

[1] *Mullah-Sender* = Radiosender, über den die Taliban islamistische Regeln verbreiten
[2] *Taliban* = islamistische Terrororganisation
[3] *Fazlullah* = Anführer einer Taliban-Gruppe
[4] Malala ist die Tochter des Schulleiters.

2.2 (1) eigenständig komplexe Texte interpretieren und dabei Erwartungen formulieren, eigene Deutungen mit Zitaten belegen, literarische Figuren als Archetypen und Repräsentanten für Werthaltungen erkennen und sich mit anderen darüber austauschen

1 Lies den Auszug aus dem Jugendbuch und beantworte die folgenden Fragen schriftlich:
- *Worum geht es in dem Text?*
- *Was erfährst du über den Ort und die Zeit des Geschehens?*
- *Welche Personen kommen vor und was tun sie?*

2 Fasse den Inhalt des Textes in wenigen Sätzen zusammen. Beginne mit einem Einleitungssatz: *In diesem Ausschnitt aus dem Jugendbuch XXX von XXX geht es um …*

3 In welcher Erzählform ist der Text geschrieben (→ 113)? Belege mit einer Textstelle.

4 Die Taliban stellten neue „Verordnungen" für die Menschen in Pakistan auf. Gib zwei dieser Verordnungen wieder, indem du eine passende Textstelle zitierst (→ 286).

5 Erkläre folgende Fremdwörter aus dem Text:
- *optimistisch (Z. 12),*
- *Region (Z. 71).*

6 Finde eine passende Überschrift für den Textausschnitt.

7 Bearbeite eine der folgenden Aufgaben.

a Notiere stichpunktartig, wie die Situation in Pakistan Anfang 2009 im Textausschnitt beschrieben wird.

b Denke an den Text zurück. Schreibe in Malalas Namen eine E-Mail an die Regierung Pakistans, in der du um Hilfe bittest.

8 Obwohl der Terrorismus ihr Land beherrscht, lässt sich Malala nicht unterkriegen und möchte weiterhin mutig zur Schule gehen.

a) Erstelle eine Tabelle mit Argumenten, die für Malalas Verhalten sprechen.

Malala sollte weiter zur Schule gehen
• *Sie sollte für ihre Rechte kämpfen.* • *XXXXXXXXXX* • *XXXXXXXXXX*

b) Besprecht zu zweit eure Überlegungen.

c) Bildet eine Kleingruppe und führt eine Diskussion über das Thema durch.

9 Schreibe einen Aufruf an die Mädchen in Pakistan, in dem du sie dazu aufforderst, weiter die Schule zu besuchen (→ S. 183).

2.2 (1) eigenständig komplexe Texte interpretieren und dabei Erwartungen formulieren, eigene Deutungen mit Zitaten belegen, literarische Figuren als Archetypen und Repräsentanten für Werthaltungen erkennen und sich mit anderen darüber austauschen

Helen Endemann: „Todesstreifen“

Mit einem Ruck fahre ich hoch. Die Tür ist zugefallen. Vor mir steht ein Junge, dünn wie eine Bohnenstange, aber mit einem ungeheuer breiten Kreuz. „Wer zum Teufel bist du?“, fragt er. „Und wo ist Ben?“ Das muss Andi sein, der offensichtlich nicht übers Wochenende nach Hause gefahren ist. „Was willst du, Kumpel?“, versuche ich zu bluffen. „Hör auf mit dem Quatsch. Wer bist du?“ Andi thront so dicht über mir, dass ich den Kopf in den Nacken legen muss, um ihm ins Gesicht zu sehen. „Bist du auf Drogen? Ich bin Ben, dein Stubenkamerad.“ „Stubenkamerad!“, schnaubt Andi. Er fängt an, im Kreis zu laufen. Dann bleibt er stehen und zeigt mit dem Finger auf mich. „Okay, Stubenkamerad, dann sag mir mal: Wie viel Warp erreichte die Enterprise NX-01 maximal?“ „Hä? Spinnst du?“ „Fünf! Ben hätte das im Tiefschlaf beantworten können. Welche Technologie stiehlt Khan in ‚Zorn des Kahn‘ von der Föderation? Na, Stubenkamerad?“

Ich starre ihn mit offenem Mund an.

„Die Genesis-Technologie.“ Er steht leicht breitbeinig vor mir und funkelt mich an. „Du bist nicht Ben.“ Ein Ruck geht durch seinen Körper. „Ich geh zum Pförtner. Ich will jetzt wissen, wo Ben ist.“

„Warte!“ Ich stehe auf. „Ich kann das erklären.“ Andi bleibt auf dem Absatz stehen, dreht sich um. „Da bin ich ja gespannt.“

Ich setze mich hin, und er zieht meinen Schreibtischstuhl heran und setzt sich ebenfalls.

„Ich bin aus der DDR geflohen.“ Andis Augen weiten sich. „Und Ben hat mir geholfen.“

„Wie?“ „Er hat mir seinen Pass gegeben. Und seine Sachen.“ Ich sehe an mir herunter, ich trage immer noch die verschwitzten Sportklamotten.

„Und was ist jetzt mit Ben?“

„Der ist noch drüben.“

Andis Stirn runzelt sich. „Und wie kommt er wieder zurück? Ohne Pass?“

„Er geht zur Polizei und sagt, dass ihm der Pass und seine Sachen gestohlen wurden. Dann werden sie ihn rauslassen.“

„Und das hat Ben einfach so gemacht, um dir zu helfen? Woher kennt ihr euch denn?“ Andis Augen bohren sich in mich, als könnten sie Röntgenstrahlen in mein Hirn senden.

„Wir haben uns auf dem Wettkampf kennengelernt. Ich hab ihn angesprochen, weil er mir so ähnlich sieht. Wir haben gequatscht. Und ich hab ihm gesagt, dass die Jugendhilfe mich ins Heim stecken will. Und dass ich da auf keinen Fall hinwill. Weil da nur asoziale und kriminelle Kinder hinkommen. Und dass ich abhauen will.“

„Und da hat Ben gesagt, kein Problem, nimm einfach meinen Pass?“ Andi schüttelt den Kopf. „Das glaube ich dir nicht. Und was, wenn sie Ben nicht glauben? Wenn sie denken, er ist du? Wie heißt du überhaupt?“

„Ich bin Marc.“

„Andi.“ „Ich weiß. Hab's an der Zimmertür gelesen.“ Wir schweigen einen Moment.

„Also, was ist, wenn sie ihm nicht glauben?“

„Meine Freunde haben ihn zu meiner Oma gebracht. Die wird bezeugen, dass er nicht ich ist.“ Andi sieht immer noch zweifelnd aus.

„Du hast doch auch gleich gesehen, dass ich nicht Ben bin. Woran hast du es gemerkt?“

„Ben hat so einen Wirbel am Hinterkopf, den du nicht hast. Das habe ich gesehen, als du geschlafen hast. Außerdem bist du etwas größer und breiter. Und“, er sieht mich genau an, „deine Augen stehen weiter auseinander. Du hast weniger Sommersprossen. Und du redest anders. Aber ihr seht euch schon ziemlich ähnlich.“

Wir schweigen wieder einen Moment. Andi scheint in Gedanken zu sein. „Und jetzt?“, frage ich ihn. „Was jetzt?“

„Willst du mich immer noch verraten?“

„Verraten, verraten ... Ich mache mir Sorgen um Ben.“ Er guckt aus dem Fenster. Draußen ist es

2.2 (1) eigenständig komplexe Texte interpretieren und dabei Erwartungen formulieren, eigene Deutungen mit Zitaten belegen, literarische Figuren als Archetypen und Repräsentanten für Werthaltungen erkennen und sich mit anderen darüber austauschen

inzwischen dunkel. Dann dreht er sich wieder zu mir. „Wenn Ben nicht bis morgen Abend zurück ist, sage ich den Lehrern, dass er nicht zurückgekommen ist."

1 Lies den Auszug aus dem Jugendbuch und beantworte die folgenden Fragen schriftlich:
- *Worum geht es in dem Text?*
- *Was erfährst du über den Ort und die Zeit des Geschehens?*
- *Welche Personen kommen vor und was tun sie?*

2 Fasse den Inhalt des Textes in wenigen Sätzen zusammen. Beginne mit einem Einleitungssatz: *In diesem Ausschnitt aus dem Jugendbuch XXX von XXX geht es um …*

3 In welcher Erzählform ist der Text geschrieben (→ 113)? Belege mit einer Textstelle.

4 Erkläre folgenden Vergleich: *„Andis Augen bohren sich in mich, als könnten sie Röntgenstrahlen in mein Hirn senden." (Z. 46 – 48)*

5 Nenne zwei Merkmale, an denen Andi Ben und Marc unterscheiden kann. Belege mit passenden Textstellen.

6 Bearbeite eine der folgenden Aufgaben.
- **a** Schreibe aus Andis Sicht einen Brief an Ben, in dem er ihn nach seiner Situation und dem Vorfall fragt.
- **b** Schreibe einen Tagebucheintrag aus Andis Sicht, in dem er das Zusammentreffen mit Marc und seine Zweifel an Marcs Geschichte beschreibt.

7 Recherchiere im Internet Informationen über die deutsche Teilung und über Unterschiede und Gemeinsamkeiten der beiden Staaten DDR und BRD. Erstelle eine Mindmap dazu.

8 In der Zeit, in der die Geschichte spielt, gab es strenge Grenzkontrollen, besonders an der Grenze zwischen BRD und DDR.
a) Informiere dich mithilfe des Internets über die Gründe für diese Kontrollen.
b) Heute wird wieder viel über die Einführung von Kontrollen an den deutschen Grenzen diskutiert. Erstelle eine Pro- und Kontratabelle mit Gründen, die für bzw. gegen strengere Grenzkontrollen sprechen könnten.

Pro	**Kontra**
• *Es kann leichter überprüft werden, wer in das Land einreist.* • *XXXXXXXXX* • *XXXXXXXXX*	• *Man könnte nicht mehr so einfach ins europäische Ausland fahren.* • *XXXXXXXXX* • *XXXXXXXXX*

c) Besprecht zu zweit eure Überlegungen.
d) Bildet eine Kleingruppe und führt eine Diskussion über das Thema durch.

9 Nimm in einem Text Stellung zu der Frage aus Aufgabe 8 (→ S. 182).

2.2 (1) eigenständig komplexe Texte interpretieren und dabei Erwartungen formulieren, eigene Deutungen mit Zitaten belegen, literarische Figuren als Archetypen und Repräsentanten für Werthaltungen erkennen und sich mit anderen darüber austauschen

Kristina Aamand: „Wenn Worte meine Waffe wären“

„So eine Schweinerei!“, ruft Mama genau in dem Moment, in dem die Wohnungstür hinter uns ins Schloss fällt. „Was hast du getan? Was habt ihr getan? Ihr habt euch geküsst. Ich habe es selbst gesehen. Streite es bloß nicht ab. Antworte mir!“

Was soll ich denn sagen? *Nein. Wir haben uns nicht geküsst. Selbstverständlich nicht. Ich habe sie nur getröstet, weil ihre Mutter krank ist. Du musst dich verguckt haben. Und in einem Jahr kannst du den tollen Typen einer feinen Familie für mich aussuchen. Einen Mann mit einem guten Job. Und dann gibt es eine große Hochzeit unten im Gemeinschaftssaal mit vielen Gästen. Und dann fabriziere ich einen Blutfleck aufs Laken, damit alle sehen können, dass ich eine fromme Frau bin.*

„Was wir alles für dich getan haben. Welche Schritte wir für dich gewagt haben! Dein Vater und ich. Du warst immer unsere Nummer eins. Wie können wir Sheherazade die beste Zukunft ermöglichen?, haben wir uns gefragt. Ein besseres Leben? Und so zeigst du deine Dankbarkeit? Indem du Schande über uns bringst? Denkst du überhaupt an jemand anderen als nur an dich?“

„Ja, ich denke permanent an dich und Papa ...“
„Das ist doch gelogen. Du bist krank! Ein Mädchen küssen. Verstehst du, was du da getan hast? Oder bist du so krank, dass du das nicht mal selbst merkst?“
„Ich bin nicht krank, Mama.“
„Wenn du nicht krank bist, dann bist du einfach nur durch und durch böse. Böse oder krank, das sind die beiden einzigen Möglichkeiten. So jemanden habe ich nicht auf die Welt gebracht!“
Mamas Gesicht ist eine einzige Falte.
[...] „Findest du nicht, dass schon genug Scham und Schande an unserem Namen klebt? [...] Alle wissen, dass dein Vater nicht ganz richtig im Kopf ist. Und jetzt das! Du kommst in die Hölle. Weißt du das? Du kommst in die Hölle. Deinem Vater erzählst du nichts davon. Das versetzt ihm den Todesstoß.“ Sie zeigt auf mich. „Du! Du bist nicht meine Tochter! Oh, mein Kopf. Ich bekomme Migräne. Deinetwegen.“

Ich gehe in die Küche, um einen Lappen mit warmem Wasser zu benetzen, so wie ich es immer mache, wenn Mama Migräne bekommt. [...] Hocke mich neben das Sofa, auf dem sie mit geschlossenen Augen liegt. Ich lege den Lappen auf ihre Stirn.

„Merkst du nicht, was du da machst, Sheherazade? Du zerstörst alles, was wir aufgebaut haben. Was glaubst du denn, was passieren wird, wenn das rauskommt?“ Ihre Stimme klingt schwach. Ich weiß nicht, was ich sagen soll. Also setze ich mich auf den Boden und lasse den Blick durchs Wohnzimmer wandern. Die Vitrine mit den neuen Glastüren und dem eingebauten Licht, Mamas feine Gläser, die nur genutzt werden, wenn es etwas Besonderes zu feiern gibt. Es ist sehr lange her, seit zuletzt daraus getrunken wurde. Das kleine Modell der Kaaba in Mekka, das Papa letztes Jahr von Osama bekam, nachdem er und Nadia auf Hadsch gewesen waren, auf der Pilgerfahrt, von der Mama und Papa schon so lange sprechen, die aber wieder und wieder hinausgezögert wurde, wegen Papas Krankheit. [...] Die ganze Wohnung stinkt nach zerschlagenen Träumen und enttäuschten Erwartungen. Und jetzt stehe auch ich auf der Liste der verlorenen Hoffnungen.

2.2 (1) eigenständig komplexe Texte interpretieren und dabei Erwartungen formulieren, eigene Deutungen mit Zitaten belegen, literarische Figuren als Archetypen und Repräsentanten für Werthaltungen erkennen und sich mit anderen darüber austauschen

1 Lies den Auszug aus dem Jugendbuch und beantworte die folgenden Fragen schriftlich:
– *Worum geht es in dem Text?*
– *Was erfährst du über den Ort und die Zeit des Geschehens?*
– *Welche Personen kommen vor und was tun sie?*

2 Fasse den Inhalt des Textes in wenigen Sätzen zusammen. Beginne mit einem Einleitungssatz: *In diesem Ausschnitt aus dem Jugendbuch XXX von XXX geht es um …*

3 In welcher Erzählform ist der Text geschrieben (→ 113)? Belege mit einer Textstelle.

4 Zitiere eine Stelle aus dem Text, in der klar wird, was die Mutter ihrer Tochter vorwirft (→ 286).

5 Bearbeite eine der folgenden Aufgaben.
a Schreibe einen Tagebucheintrag, in dem Sheherazade ihre Gefühle und Ängste beschreibt.
b Schreibe einen Brief an Sheherazade, in dem du ihr Tipps gibst, wie sie sich verhalten sollte.

6 Kannst du dir vorstellen, warum sich immer noch viele homosexuelle Menschen in Deutschland nicht geoutet haben? Finde mindestens drei Gründe.

7 Die strengen religiösen Regeln ihrer Eltern verbieten eine homosexuelle Beziehung. Sheherazade befindet sich daher in einem Zwiespalt. Sie möchte ihre Zuneigung zu einem Mädchen nicht verbergen. Andererseits möchte sie ihre Eltern nicht enttäuschen.
a) Erstelle eine Tabelle mit Argumenten, die dafür sprechen, dass jeder Mensch seine Sexualität offen ausleben darf.

Jeder Mensch sollte seine Sexualität offen ausleben dürfen
• *Jeder Mensch hat das Recht, so zu leben, wie er es für richtig hält.* • *XXXXXXXXX* • *XXXXXXXXX*

b) Besprecht zu zweit eure Überlegungen.
c) Bildet eine Kleingruppe und führt eine Diskussion über das Thema durch.

8 Schreibe einen Aufruf für die Schülerzeitung, in dem du dazu aufforderst, niemanden wegen seiner sexuellen Orientierung zu diskriminieren (→ S. 183).

2.2 (1) eigenständig komplexe Texte interpretieren und dabei Erwartungen formulieren, eigene Deutungen mit Zitaten belegen, literarische Figuren als Archetypen und Repräsentanten für Werthaltungen erkennen und sich mit anderen darüber austauschen

John Green: „Das Schicksal ist ein mieser Verräter“

Im Winter meines sechzehnten Lebensjahrs kam meine Mutter zu dem Schluss, dass ich Depressionen hatte, wahrscheinlich, weil ich kaum das Haus verließ, viel Zeit im Bett verbrachte, immer wieder dasselbe Buch las, wenig aß und einen großen Teil meiner reichlichen Zeit damit verbrachte, über den Tod nachzudenken.
In jeder Krebs-Broschüre oder Website oder Infoseite zu dem Thema werden Depressionen als Nebenwirkung von Krebs genannt. Doch in Wirklichkeit sind Depressionen keine Nebenwirkung von Krebs. Depressionen sind eine Nebenwirkung des Sterbens. (Auch Krebs ist eine Nebenwirkung des Sterbens. Eigentlich ist fast alles eine Nebenwirkung des Sterbens.) Aber meine Mutter glaubte fest, dass ich eine Therapie brauchte, und deshalb brachte sie mich zu meinem Hausarzt Dr. Jim, der ihr bestätigte, dass ich bis zum Hals in einer lähmenden und absolut klinischen Depression steckte und dass meine Medikamente neu eingestellt werden müssten und ich außerdem einmal die Woche eine Selbsthilfegruppe besuchen solle. [...]

Natürlich war die Selbsthilfegruppe wahnsinnig deprimierend. Sie fand im kreuzförmigen Keller einer backsteingemauerten Episkopalkirche[1] statt. Einmal die Woche setzten wir uns in einem Kreis in der Mitte des Kreuzes zusammen, an der Stelle, wo sich im übertragenen Sinn die beiden Balken überschnitten, also da, wo Jesus' Herz gewesen wäre.
Der Gedanke kam mir, weil Patrick, der Leiter der Selbsthilfegruppe und der Einzige über achtzehn in der Runde, bei jedem einzelnen blöden Treffen von Jesus' Herzen redete und davon, dass wir als Krebskinder direkt in Jesus' superheiligem Herzen wohnten und so weiter.
Und so lief es ab in Jesus' Herzen: Wir sechs oder sieben oder zehn Teilnehmer kamen bzw. rollten herein, bedienten uns an einem dürftigen Buffet mit Keksen und Limonade, setzten uns in den „Kreis des Vertrauens“ und hörten zu, wie Patrick zum tausendsten Mal seine deprimierende Lebensgeschichte abspulte – wie er als Kind Krebs in den Eiern gehabt hatte und alle dachten, er würde sterben, aber er ist nicht gestorben, und jetzt war er hier, als erwachsener Mann in einem Kirchenkeller in der 137.-schönsten Stadt Amerikas, geschieden, videospielsüchtig, weitgehend freundlos, und verdiente seinen mageren Lebensunterhalt, indem er seine krebslastige Vergangenheit ausschlachtete, während er nebenbei auf einen Uni-Abschluss hinarbeitete, der seine Karrierechancen nicht verbessern würde, und wie wir alle darauf wartete, dass das Damoklesschwert[2] endlich niedersauste und ihm die Erlösung verschaffte, die ihm vor all den Jahren versagt geblieben war, als der Krebs ihm beide Eier nahm, aber das ließ, was nur die barmherzigste Seele ein Leben nennen würde.
UND DU HAST VIELLEICHT AUCH SO VIEL GLÜCK!
Dann stellte sich jeder von uns vor: Name. Alter. Diagnose. Und wie es uns heute so ging. Ich bin Hazel, sagte ich, wenn ich an die Reihe kam. Sechzehn. Ursprünglich Schilddrüse, aber mit umfänglichen und hartnäckigen Metastasen in der Lunge. Und es geht mir ganz gut heute.

Wenn wir einmal durch waren, fragte Patrick, ob sich jemand der Gruppe mitteilen wollte. Und dann ging es los mit der Selbsthilfe: Alle redeten von Kämpfen und Siegen, vom Schrumpfen und vom Scannen. Um fair zu sein, Patrick ließ uns auch vom Sterben reden. Aber die meisten der anderen starben nicht.

2.2 (1) eigenständig komplexe Texte interpretieren und dabei Erwartungen formulieren, eigene Deutungen mit Zitaten belegen, literarische Figuren als Archetypen und Repräsentanten für Werthaltungen erkennen und sich mit anderen darüber austauschen

Die meisten würden wie Patrick erwachsen werden. (Was dazu führte, dass unter uns ein ziemlicher Konkurrenzkampf herrschte, denn wir alle wollten nicht nur den Krebs besiegen, sondern auch die anderen in der Gruppe. Mir ist klar, dass es völlig irrational ist, aber wenn du gesagt bekommst, du hast eine – sagen wir – zwanzigprozentige Chance, noch fünf Jahre zu leben, dann fängst du automatisch zu rechnen an und rechnest dir aus, dass damit einer von fünf gemeint ist ... also siehst du dich um und denkst wie jeder gesunde Mensch: Ich muss vier von den armen Schweinen hier überleben.)

[1] *Episkopalkirche* = Zweig der anglikanischen Kirche (christliche Kirchengemeinschaft, die evangelische und katholische Glaubenselemente vereinigt) in den USA

[2] *Damoklesschwert* = Begriff aus der griechischen Mythologie; eine unabwendbar drohende Gefahr

1 Lies den Auszug aus dem Jugendbuch und beantworte die folgenden Fragen schriftlich:
- *Worum geht es in dem Text?*
- *Was erfährst du über den Ort und die Zeit des Geschehens?*
- *Welche Personen kommen vor und was tun sie?*

2 Fasse den Inhalt des Textes in ein paar Sätzen zusammen. Beginne mit einem Einleitungssatz: *In diesem Ausschnitt aus dem Jugendbuch XXX von XXX geht es um ...*

3 In welcher Erzählform ist der Text geschrieben (→ 113)? Belege mit einer Textstelle.

4 Im Text steht, dass sich die Selbsthilfegruppe „in Jesus' Herzen" trifft. Erkläre mit eigenen Worten, was damit gemeint ist.

5 Depressionen werden im Text „Nebenwirkungen des Sterbens" genannt. Zitiere die Textstelle und lege Hazels Meinung dazu dar.

6 Bearbeite eine der folgenden Aufgaben.

a Verfasse einen Tagebucheintrag, in dem Hazels Mutter über ihre Gefühle und Ängste schreibt.

b Schreibe alles auf, was du über Patrick erfährst. Notiere, wie er über die Selbsthilfegruppe denken könnte.

7 Die schwer kranke Hazel besucht eine Selbsthilfegruppe. Es gibt viele Selbsthilfegruppen für Jugendliche mit unterschiedlichen Krankheiten und Problemen. Was spricht für, was gegen den Besuch einer solchen Gruppe?

a) Erstelle eine Pro- und Kontratabelle zu dieser Frage.

Pro	Kontra
• *Man lernt Menschen kennen, denen es ähnlich geht oder die die gleichen Probleme haben.* • *XXXXXXXXX* • *XXXXXXXXX*	• *Es kann sehr deprimierend und entmutigend sein, nur über Probleme zu reden.* • *XXXXXXXXX* • *XXXXXXXXX*

b) Besprecht zu zweit eure Überlegungen.

c) Bildet eine Kleingruppe und führt eine Diskussion über das Thema durch.

8 Nimm in einem Text Stellung zu der Frage aus Aufgabe 7 (→ S. 182).

Feedback zum Portfolio austauschen

Damit jede/-r eine Rückmeldung erhält und ihr zugleich seht, wie die anderen gearbeitet haben, könnt ihr euer Portfolio in der Klasse präsentieren und euch gegenseitig Feedback geben. Drei mögliche Feedbackmethoden findet ihr auf dieser Doppelseite. Entscheidet euch gemeinsam mit eurer Lehrkraft für eine der Methoden. Oder habt ihr selbst noch eine eigene Idee?

Tipps und Schätze

→ Du erhältst von deiner Lehrkraft je drei grüne und drei rote Klebezettel.
→ Tauscht zu zweit eure Portfolios.
→ Lies das Portfolio deiner Mitschülerin/deines Mitschülers genau durch (ca. 15 Min. Zeit).
→ Beschrifte dann die Zettel und klebe sie ein: Markiere in grün **Schätze** und gib in rot **Tipps** zur Verbesserung.

Der Einleitungssatz deiner Inhaltsangabe ist dir gut gelungen.

Deine Reflexion ist etwas knapp. Du solltest auch begründen, warum du etwas gut/schlecht findest.

Tipp: Notiere einen konkreten Verbesserungsvorschlag und klebe ihn an die passende Stelle.
Schatz: Notiere, was dir positiv aufgefallen ist, und markiere so Stellen, die gut gelungen sind.

→ Anschließend bekommt ihr eurer eigenes Portfolio zurück und könnt das Feedback ansehen.

Das Portfolio-Rondell

→ Bildet Kleingruppen mit drei bis vier Mitgliedern.
→ Tauscht die Portfolios untereinander aus.
Jeder schreibt auf ein DIN-A4-Blatt folgende Satzanfänge und lässt dazwischen etwas Platz (→ COPY 18):
Das hat mich echt beeindruckt: …
Sofort aufgefallen ist mir, dass …
Das gefällt mir an deinem Portfolio besonders gut: …
Diesen Tipp möchte ich dir mit auf den Weg geben: …

→ Heftet das Blatt vorne in das vor euch liegende Portfolio ein.
→ Ihr habt für jedes Portfolio etwa fünf Minuten Zeit. Seht euch die Mappe in dieser Zeit an und ergänzt die Satzanfänge, zu denen euch spontan etwas einfällt.
Nach Ablauf der Zeit gebt ihr das bearbeitete Portfolio im Uhrzeigersinn zum Nächsten weiter, der seine Eindrücke ergänzt. (Wenn ihr zufällig euer eigenes Portfolio erhaltet, dann seht euch schon einmal das Feedback an, das ihr bis dahin bekommen habt.)
→ Macht so viele Durchläufe, bis das Portfolio wieder beim ersten Schüler angekommen ist.
→ Am Schluss erhält jeder sein Portfolio zurück und liest das Feedback der anderen.
Bei Bedarf kann man in der Gruppe Rückfragen zu den Kommentaren stellen.

3.3 (1) fremde sowie eigene Texte kritisch überprüfen und auf Angemessenheit und Wirksamkeit sprachlicher Gestaltungsmittel mit Blick auf Situations- und Adressatenbezug achten; bei Rückmeldungen an Mitschülerinnen und Mitschüler auf einen respektvollen Umgang miteinander achten · 3.3 (2) zur Textrevision situationsabhängig bekannte Feedbackmethoden nutzen

Der Portfolio-Check
Mit dieser Methode kann jede/-r einmal Lehrer/-in sein und ein Portfolio ausführlich bewerten.

→ Du bekommst von deiner Lehrkraft das Portfolio einer Mitschülerin / eines Mitschülers zugeteilt.
→ Lege dir dazu eine Checkliste nach dem Muster unten an (→ COPY 19).
→ Du hast nun 20–30 Minuten Zeit, um das Portfolio ausführlich durchzulesen.
→ Anschließend füllst du die Checkliste aus, indem du jeden Punkt bewertest (mit +/–) und in die rechte Spalte Anmerkungen dazu schreibst.
→ Für die Rückmeldung an den Autor gibt es dann zwei Möglichkeiten (Varianten A und B). Wählt in der Klasse eine davon aus.

Variante A
Du gibst das korrigierte Portfolio an seinen Autor zurück und erklärst ihm persönlich, warum du so bewertet hast.

Variante B
Du stellst das Portfolio in der Klasse vor und erklärst, was du daran besonders gelungen findest.

Checkliste

Feedback zum Portfolio geben

Du hast ...	++	+	–	––	*Anmerkungen*
... das Deckblatt ordentlich gestaltet und mit allen wichtigen Informationen versehen.	*X*	*X*	*X*	*X*	*XXXXXXXXXXXXX*
... ein übersichtliches Inhaltsverzeichnis erstellt.	*X*	*X*	*X*	*X*	*XXXXXXXXXXXXX*
... alle Pflichtaufgaben in angemessenem Umfang bearbeitet.	*X*	*X*	*X*	*X*	*XXXXXXXXXXXXX*
... mindestens vier Wahlaufgaben vollständig und in angemessenem Umfang bearbeitet.	*X*	*X*	*X*	*X*	*XXXXXXXXXXXXX*
... dein Portfolio ordentlich (d.h. nicht geknickt und nicht bekritzelt) abgegeben.	*X*	*X*	*X*	*X*	*XXXXXXXXXXXXX*
... dein Portfolio farbig gestaltet und mit Bildern/Zeichnungen versehen.	*X*	*X*	*X*	*X*	*XXXXXXXXXXXXX*

3.3 (1) fremde sowie eigene Texte kritisch überprüfen und auf Angemessenheit und Wirksamkeit sprachlicher Gestaltungsmittel mit Blick auf Situations- und Adressatenbezug achten; bei Rückmeldungen an Mitschülerinnen und Mitschüler auf einen respektvollen Umgang miteinander achten · 3.3 (2) zur Textrevision situationsabhängig bekannte Feedbackmethoden nutzen

Eine Geschichte medial umsetzen

1 Lies den folgenden Text.

Überraschung im Flugzeug

Eine ältere Dame, die schon lange nicht mehr im Urlaub war, bucht einen Flug. Am Tag der Reise steigt sie in das Flugzeug, setzt sich auf ihren Platz und genießt die Vorfreude. Ein paar Minuten später setzt sich ein Mann neben sie. Die Frau blickt ihn an und verzieht das Gesicht. Wild gestikulierend verlangt sie nach der Stewardess. „Entschuldigen Sie, aber sie müssen etwas unternehmen", schimpft sie laut, „da sitzt ein Schwarzer neben mir. Das ist ja wohl unzumutbar! Gibt es denn keinen anderen Platz mehr im Flugzeug?" Die Stewardess nickt und verspricht, sich darum zu kümmern.

Kurz darauf erscheint sie wieder und sagt lächelnd, sie habe mit dem Piloten gesprochen. „Normalerweise dürfen wir die Sitzordnung nicht mehr ändern", erklärt die Flugbegleiterin, „aber in diesem Fall machen wir eine Ausnahme. Es ist ja wirklich unzumutbar, während des Fluges neben so einer Person sitzen zu müssen. Deshalb haben wir beschlossen, Sie in der ersten Klasse unterzubringen." Die ältere Dame starrt der Stewardess fassungslos hinterher, als sie ihren Sitznachbarn in die erste Klasse begleitet.

2
a) Fasse in eigenen Worten zusammen, worum es in dem Text geht.
b) Hältst du die Geschichte für wahr? Begründe deine Meinung.
c) Wie ließe sich die Geschichte variieren? Welche anderen Personen könnten anstelle des Schwarzen im Flugzeug sitzen? Sprecht darüber in der Klasse.

3
a) Lest die *Lernbox* und besprecht zu zweit, was typisch für eine *Urban Legend* ist.
b) Erläutere, was darauf hinweist, dass die Geschichte links eine *Urban Legend* ist.
c) Kennst du weitere *Urban Legends*? Erzähle sie der Klasse.

Lernbox

Urban Legends

Urban Legends (engl., wörtlich „Stadt-Legenden") werden auch als **Moderne Sagen** bezeichnet.

1 Urban Legends sind merkwürdige und unglaubliche **Geschichten**, die **mündlich weitererzählt** oder im Internet und in sozialen Netzwerken verbreitet werden.

2 Urban Legends werden weitererzählt, weil sie **unterhaltsam, witzig, unheimlich** oder **schockierend** sind. Oft geht es darin um aktuelle Themen wie z. B. *Rassismus, Drogen, Terrorismus.*

3 Der **Ursprung** einer *Urban Legend* ist meist **unklar** und die Personen tragen **keine Namen**. So ist kaum nachprüfbar, ob die Geschichten **wirklich passiert** sind. Um die Glaubwürdigkeit zu betonen, wird aber oft behauptet, das Geschehen habe z. B. *ein Freund eines Bekannten selbst erlebt.*

4 Häufig sind gleichzeitig **verschiedene Varianten** einer Geschichte im Umlauf.

2.2 (1) eigenständig komplexe Texte interpretieren und dabei Erwartungen formulieren, eigene Deutungen mit Zitaten belegen, literarische Figuren als Archetypen und Repräsentanten für Werthaltungen erkennen und sich mit anderen darüber austauschen

4 Bildet Kleingruppen und erarbeitet eine mediale Umsetzung der Geschichte „Überraschung im Flugzeug“ (S. 148).

a) Lest dafür zunächst die Kästen auf dieser Seite und entscheidet euch für eine der fünf Möglichkeiten.

b) Arbeitet mit den Aufgaben und Tipps auf den Seiten 150–154 weiter. Dokumentiert dabei eure Arbeit in einem **Begleitheft**. Besprecht in der Klasse, was ihr in diesem Begleitheft festhalten wollt.

A Ein Erklärvideo aufnehmen → S. 150
Ein Erklärvideo ist ein kurzer Film, der ein Thema auf einfache Weise unterhaltsam darstellt. Dabei werden wichtige Informationen grafisch veranschaulicht und von einem Sprecher erläutert.

B Eine Fotostory entwickeln → S. 151
Eine Fotostory ist eine Bildergeschichte. Sie funktioniert wie ein Comic, mit Sprechblasen und kurzen Texten unter oder zwischen den Bildern. Die Szenen werden jedoch nicht gezeichnet, sondern mit echten Darstellerinnen und Darstellern nachgestellt und fotografiert.

C Einen Kurzfilm drehen → S. 152
Ein Kurzfilm erzählt eine Geschichte in bewegten Bildern. Wie lang ein Film sein darf, um noch ein „Kurzfilm“ zu sein, dafür gibt es keine feste Regel. Der Kurzfilm zu „Überraschung im Flugzeug“ soll maximal drei Minuten dauern.

D Eine Audiofassung aufnehmen → S. 153
Bei einer Vertonung der Geschichte könnt ihr alle akustischen Möglichkeiten nutzen: Geräusche, Musik, verschiedene Stimmen und Sprecher.

Wichtig: Überlegt euch bei der Vorbereitung, aus welchen Gründen Menschen diskriminiert werden. Greift dabei auf eure Ergebnisse aus Aufgabe 2 c) auf Seite 148 zurück. In eurer medialen Umsetzung der Geschichte müssen die handelnden Personen nicht unbedingt den Personen aus der Geschichte entsprechen.

E Ein Lapbook gestalten → S. 154
Ein Lapbook ist eine Kombination aus Mappe und Plakat. Informationen werden dabei auf vielfältige Weise mit Farben, Symbolen und kleinen Zeichnungen dargestellt und es gibt einiges zu basteln.

Tipp

zu 4 b) Erstellt ein **Begleitheft** zu eurer Arbeit, das zeigt, was ihr wann erarbeitet habt. Es kann z. B. folgendermaßen aufgebaut sein:

1. **Titelseite:** *„Erklärvideo zum Thema …“*
2. **Organisation und Material:** Was benötigt ihr? Was müsst ihr organisieren, einkaufen, mitbringen? Müsst ihr dafür Geld ausgeben und wenn ja, wie viel? Wer kann was besorgen?
3. **Ablauf und Terminplan:** *Bis wann* müsst ihr *was* erledigen? *Wer* kümmert sich darum?
   Ihr könnt dafür eine Tabelle anlegen.
4. **Informationsquellen:** Auf welchen Internetseiten habt ihr Informationen gesammelt, Bilder heruntergeladen usw.?
5. **Rückblick:** Wer hat sich im Endeffekt tatsächlich worum gekümmert?
6. **Fazit und Bewertung:** Wie ist es gelaufen? Seid ihr mit dem Ergebnis zufrieden? Wie war die Zusammenarbeit im Team? Würdet ihr im Nachhinein etwas anders machen?

2.4 (2) komplexe Darstellungsmittel sowie spezifische sprachliche Merkmale medialer Darbietungsformen eines Motivs (z. B. Vergleich von Computerspiel mit Film, Hörbuch, Graphic Novel oder Buch) unter Verwendung von Fachbegriffen interpretieren und eigene mediale Produkte erstellen

Ein Erklärvideo aufnehmen

A

1 a) Seht euch im Internet mehrere Erklärvideos an.
b) Notiert euch, was ihr jeweils gut findet und was ihr unbedingt beachten müsst.

2 a) Lest die Geschichte auf Seite 148 erneut und entscheidet, zu welchem Thema ihr ein Erklärvideo erstellen wollt.
b) Überlegt, wie ihr euer Thema oder euren Begriff anschaulich vermitteln könnt.
c) Sammelt Informationen zu eurem Thema oder eurem Begriff im Internet.

3 Erstellt ein Erklärvideo. Beachtet dabei die folgenden Arbeitsschritte und Hinweise.

Schritt 1: Überlegt euch, wie ihr euer Erklärvideo gestalten wollt. Soll man euch z. B. als **Sprecher** sehen oder soll eine **Stimme aus dem Off** die Bilder, Symbole und Wortkarten kommentieren?

Schritt 2: Ordnet die gesammelten Informationen aus Aufgabe 2 c), entscheidet, was wichtig ist, und bringt alles in eine sinnvolle **Reihenfolge**.

Schritt 3: Schreibt ein **Drehbuch**, in dem ihr den Ablauf übersichtlich festhaltet, z. B. in einer Tabelle: *Figur A kommt von rechts ins Bild* und *Sprecher sagt: „Diskriminierung bedeutet …".*

Tipp

zu 2 a) So findet ihr ein Thema: Ihr könnt vom Inhalt der Geschichte ausgehen und ein Erklärvideo zu den Begriffen *Rassismus* oder *Diskriminierung* erstellen. Auch möglich wäre ein Erklärvideo zum Phänomen *Urban Legends*.

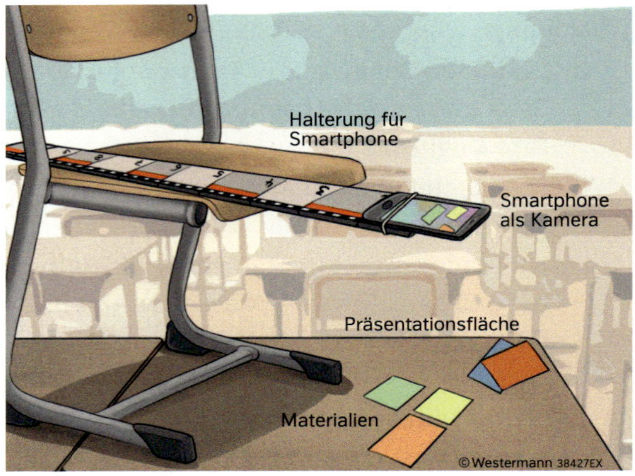

Schritt 4: Teilt die **Aufgaben** untereinander auf. Besprecht, wer was übernimmt und vorbereitet.

Schritt 5: Lernt jeweils euren Text und prägt euch den Ablauf genau ein. Überlegt euch außerdem, ob ihr **Geräusche** und **Musik** einbauen wollt, und wenn ja, an welcher Stelle.

Schritt 6: Probt den **Ablauf** mehrmals. Nehmt dann euer Erklärvideo auf.

Ein Erklärvideo vermittelt Wissen

Ein Erklärvideo informiert in sachlicher und unterhaltsamer Form. Ein Sprecher erläutert – vor der Kamera oder aus dem Off – wichtige Punkte, meist anhand von **Wortkarten, Grafiken, Symbolen** und **Bildern**. Bei der sogenannten „Legetrick-Technik" wird z. B. immer die gleiche Stelle (ein Tisch als Präsentationsfläche) gefilmt. Bilder, Symbole und andere **Materialien** werden ins Bild geschoben. Alle Informationen müssen gut recherchiert sein. Erklärvideos können zusätzlich mit **Geräuschen** oder mit **Musik** unterlegt sein.

2.4 (2) komplexe Darstellungsmittel sowie spezifische sprachliche Merkmale medialer Darbietungsformen eines Motivs (z. B. Vergleich von Computerspiel mit Film, Hörbuch, Graphic Novel oder Buch) unter Verwendung von Fachbegriffen interpretieren und eigene mediale Produkte erstellen

Eine Fotostory entwickeln

B

1 a) Recherchiert im Internet oder in Zeitschriften, wie eine Fotostory aussieht.
b) Notiert, was ihr daran gut findet und was ihr unbedingt beachten müsst.

2 💡 Lest die Geschichte auf Seite 148 erneut und plant die Umsetzung in einer Fotostory.

3 Erstellt eine Fotostory. Beachtet dabei die folgenden Arbeitsschritte und Hinweise.

Schritt 1: Teilt die Handlung in maximal zehn Abschnitte ein. Plant pro Abschnitt ein Foto.

Schritt 2: Überlegt euch, was die einzelnen Fotos jeweils zeigen sollen und wo ihr sie machen könnt. Erstellt dafür eine Planungstabelle.

Schritt 3: Beginnt dann mit dem Fotografieren.

Schritt 4: Prüft eure Fotos auf dem Bildschirm und besprecht, ob sie aussagekräftig sind. Fragt jemanden außerhalb der Gruppe, ob die Handlung auf den Fotos klar dargestellt und nachvollziehbar ist. Macht bei Bedarf weitere Fotos.

Schritt 5: Druckt die Fotos aus oder lasst sie entwickeln. Legt sie in der richtigen **Reihenfolge** aus und überprüft noch einmal, ob alles **vollständig** und die Abfolge **stimmig** ist.

Schritt 6: Ordnet die Fotos endgültig an. Achtet dabei darauf, genug Platz für **Überschriften**, **Sprechblasen** und **Überleitungstexte** zu lassen.

Schritt 7: Ergänzt zum Schluss die Sprechblasen, Überschriften und Zwischentexte. Klebt dann alle **Fotos und Texte** auf.

Tipp

💡 **zu 2)** Bedenkt folgende Punkte:
- **Handlungsort:** Wo könnt ihr die Fotos machen? Welcher *Schauplatz/Hintergrund* eignet sich?
- **Requisiten:** Welche Materialien braucht ihr für die Handlung (*Möbel, Kleidung, Gegenstände*)?
- **Figuren:** Welche *Personen* handeln und müssen zu sehen sein? Wer spielt welche Rolle?
- **Technik:** Mit welcher *Kamera* (Handy?) könnt ihr die Aufnahmen machen?

Eine Fotostory kombiniert Bilder und Texte
Eine Fotostory erzählt eine Geschichte mit Fotos und **Sprechblasen**. Zusätzlich stehen manchmal Texte zwischen zwei Bildern (z. B. Orts- oder Zeitangaben wie *wenige Stunden später* oder *auf dem Schulhof*). Geräusche werden – wie im Comic – durch **lautmalerische Ausdrücke** dargestellt (z. B. *Boom! Zack! Peng! Zisch!*).

2.4 (2) komplexe Darstellungsmittel sowie spezifische sprachliche Merkmale medialer Darbietungsformen eines Motivs (z. B. Vergleich von Computerspiel mit Film, Hörbuch, Graphic Novel oder Buch) unter Verwendung von Fachbegriffen interpretieren und eigene mediale Produkte erstellen

Einen Kurzfilm drehen

C

1 a) Seht euch im Internet zwei bis drei Kurzfilme an, die maximal fünf Minuten dauern.
b) Notiert, was ihr daran gut findet und was ihr unbedingt beachten müsst.

2 Lest die Geschichte auf Seite 148 erneut und plant die Umsetzung in einem Kurzfilm.

3 Dreht einen Kurzfilm. Beachtet dabei die folgenden Arbeitsschritte und Hinweise.

Schritt 1: Schreibt die Handlung stichpunktartig auf. Teilt sie in einzelne **Szenen** auf (maximal sechs).

Schritt 2: Erstellt für euren Kurzfilm ein Storyboard, das die Abfolge der Szenen zeigt, und notiert darin die **Kameraeinstellung** (z. B. *Totale, Halbtotale, Halbnah, Nah, Groß, Detail*).

Schritt 3: Verteilt die Rollen und sorgt dafür, dass jeder eine Kopie des Drehbuches erhält.

Schritt 4: Überlegt gemeinsam, an welchen Stellen ihr **Geräusche** oder **Musik** einbauen wollt. Markiert die Stellen im Drehbuch.

Tipp

zu 2) Bedenkt folgende Punkte:
- **Handlungsort:** Wo könnt ihr den Film drehen? Welcher *Schauplatz/Hintergrund* eignet sich?
- **Requisiten:** Welche Materialien braucht ihr (*Möbel, Kostüme, Gegenstände*)?
- **Figuren:** Welche *Personen* handeln im Film? Wer spielt welche Rolle?
- **Technik:** Mit welcher *Kamera* (Handy?) könnt ihr die Aufnahmen machen?

Schritt 5: Sprecht die einzelnen Szenen einmal gemeinsam **mit verteilten Rollen** durch. Baut bereits die Geräusche und Musik mit ein.

Schritt 6: Lest euren Text mehrere Male und lernt ihn **auswendig**.

Schritt 7: Probt die Szenen mehrmals. Gebt einander **Tipps**, was ihr noch verbessern könnt. Filmt dann die Handlung am Stück oder fügt einzelne Szenen am Computer zusammen.

Ein Film spricht Ohren und Augen an
Ein Film kombiniert bewegte Bilder mit Musik, Geräuschen und Stimmen. Es ist daher wichtig, wo ihr filmt: Passt der **Hintergrund** zur Handlung? Durch passende Geräusche nehmt ihr den Zuschauer mit, er fühlt sich unmittelbar an den Ort des Geschehens versetzt. Zusätzlich kann **Musik** die Gefühle der Zuschauer verstärken (z. B. bei traurigen oder gefährlichen Situationen). Außerdem hängt die Wirkung des Films von der **Kameraperspektive** und von der **Kameraeinstellung** ab.

2.4 (2) komplexe Darstellungsmittel sowie spezifische sprachliche Merkmale medialer Darbietungsformen eines Motivs (z. B. Vergleich von Computerspiel mit Film, Hörbuch, Graphic Novel oder Buch) unter Verwendung von Fachbegriffen interpretieren und eigene mediale Produkte erstellen

Eine Audiofassung aufnehmen

D

1 a) Hört euch im Internet verschiedene Audioaufnahmen an (z. B. Gedichtvorträge, Hörbücher, Hörspiele) und sammelt Ideen, z. B. zu Geräuschen, Vortragsweisen, ...
b) Notiert, was ihr daran gut findet und was ihr unbedingt beachten müsst.

2 a) Lest die Geschichte auf Seite 148 erneut, zunächst jeder für sich.
b) Lest euch den Text dann gegenseitig laut vor. Achtet darauf, flüssig zu sprechen.

3 Plant und erstellt nun eure Audioversion. Beachtet dabei die folgenden Arbeitsschritte und Hinweise.

Schritt 1: Einigt euch, wie ihr den Text sprechen und aufnehmen wollt: Als Geschichte mit einer **Erzählerstimme** oder (teilweise) als **Rollenspiel** mit verteilten Rollen? Überarbeitet den Text, ergänzt oder verändert ihn entsprechend.

Schritt 2: Geht den Text gemeinsam durch und überlegt, wo ihr **Geräusche** einbauen wollt.

Schritt 3: Teilt die Arbeit auf, sodass jede/-r einen Abschnitt oder eine **Aufgabe** übernimmt.

Schritt 4: Markiert wichtige Textstellen und Wörter, die besonders betont werden sollen. Übt dann jeweils eure Rolle oder euren Textabschnitt allein, jeder für sich.

Schritt 5: Sorgt dafür, dass ihr alle **Hilfsmittel** oder **Materialien** für die **Geräusche** zur Verfügung habt. Nehmt Hintergrundgeräusche oder Effekte gegebenenfalls einzeln vorab auf.

Schritt 6: Übt den Text gemeinsam und baut auch alle Geräusche ein. Gebt euch gegenseitig **Rückmeldung** und Hilfestellungen, wie ihr bestimmte Wörter und Sätze betonen könnt.

Schritt 7: Nehmt einzelne Abschnitte oder den gesamten Text am Stück auf. Falls die Zeit reicht, wiederholt die **Aufnahme** mehrfach. So könnt ihr euch am Ende für die beste Version entscheiden.

Geräusche machen die Aufnahme lebendig
Ein **Hörspiel** oder eine **Hörbuchaufnahme** braucht einen Text und Sprecher, die sich gut vorbereitet haben. Besonders spannend und wirkungsvoll wird eine Audioaufnahme aber durch die **Geräusche**: Sie erzeugen Bilder im Kopf und sorgen für Gänsehaut. Viele könnt ihr selbst aufnehmen: Reiskörner in einer Blechdose klingen wie Hagel, mit einer Schüssel voll Wasser kann man Schwimmgeräusche imitieren und durch eine Toilettenpapierrolle klingt die Stimme gleich ganz anders. Probiert einfach aus, was passt und was den besten Effekt hat!

2.4 (2) komplexe Darstellungsmittel sowie spezifische sprachliche Merkmale medialer Darbietungsformen eines Motivs (z. B. Vergleich von Computerspiel mit Film, Hörbuch, Graphic Novel oder Buch) unter Verwendung von Fachbegriffen interpretieren und eigene mediale Produkte erstellen

Ein Lapbook gestalten

E

1 a) Schaut euch im Internet verschiedene Möglichkeiten an, Lapbooks zu gestalten.
b) Notiert, was ihr daran gut findet und was ihr unbedingt beachten müsst.

2 a) Lest die Geschichte auf Seite 148 erneut und entscheidet euch für eine Überschrift für euer Lapbook.
b) Überlegt, welche Themen ihr im Einzelnen in euer Lapbook aufnehmen wollt, und sammelt in einer Mindmap alles, was darin beschrieben oder erklärt werden soll.

3 Erstellt ein Lapbook. Beachtet dabei die folgenden Arbeitsschritte und Hinweise.

Schritt 1: Überlegt euch, welches **Material** ihr für das Lapbook benötigt und bringt es mit in die Schule. Fertigt eine **Skizze** an, wie das fertige Lapbook aussehen soll.

Schritt 2: Teilt einzelne **Themen** oder **Rubriken** des Lapbooks untereinander auf. Besprecht, wer was übernimmt und sich worum kümmert.

Schritt 3: Bastelt das Lapbook. Denkt daran, genügend **Platz für alle Informationen** vorzusehen. Beschriftet die einzelnen Teile des Lapbooks mit Informationen. Achtet dabei auch auf ein **sauberes Schriftbild**.

Schritt 4: Überprüft, ob ihr alle Punkte aus eurer Ideensammlung im Lapbook untergebracht habt. Überlegt gemeinsam, was ihr noch **verschönern**, **verbessern** oder **ergänzen** könnt.

Schritt 5: Bereitet euch auf eine **Präsentation** eures Lapbooks in der Klasse vor.

Farben sorgen für Orientierung
Ein Lapbook ist eine Art Plakat bzw. eine große Mappe, die sich (mehrfach) aufklappen lässt. Das Lapbook enthält **Überschriften, Texte** und **Bilder**. Außerdem könnt ihr kleine **Faltbücher**, Taschen, **Klappen**, Fächer mit Kärtchen, **Pop-ups** und Ähnliches einkleben und so die Leser zum Entdecken einladen und sie überraschen. Dabei sind eurer **Kreativität** keine Grenzen gesetzt!
Damit sich die Betrachter leicht im Lapbook zurechtfinden, könnt ihr verschiedene **Farben** nutzen. Zum Beispiel kann jede Farbe für eine Person stehen oder für Dinge, die zusammengehören. Überlegt euch gut, wofür ihr welche Farbe wählt: Gelb und Rot erzeugen z. B. besondere **Aufmerksamkeit**, ihr könnt damit Wichtiges betonen. Wenn ein Lapbook allzu bunt gestaltet ist, wirkt es aber eher unübersichtlich.

Tipp

zu 2 a) So findet ihr ein Thema: Ihr könnt vom Inhalt der Geschichte ausgehen und ein Lapbook zu den Begriffen *Rassismus* oder *Diskriminierung* gestalten. Auch möglich wäre ein Lapbook zum Phänomen *Urban Legends*.

2.4 (2) komplexe Darstellungsmittel sowie spezifische sprachliche Merkmale medialer Darbietungsformen eines Motivs (z. B. Vergleich von Computerspiel mit Film, Hörbuch, Graphic Novel oder Buch) unter Verwendung von Fachbegriffen interpretieren und eigene mediale Produkte erstellen

Medien miteinander vergleichen

Damit jede Gruppe eine Rückmeldung erhält und ihr seht, was die anderen erarbeitet haben, könnt ihr eure mediale Umsetzung der Geschichte „Überraschung im Flugzeug" (→ S. 148) in der Klasse präsentieren. Vergleicht dabei die verwendeten Darstellungstechniken und erzählerischen Mittel.

1 Bereitet in der Gruppe die Präsentation eurer medialen Umsetzung vor. Reflektiert anhand eures Begleitheftes (→ S. 149) auch euren Arbeitsprozess. Verteilt die Aufgaben und legt fest, wer welchen Teil übernimmt.

2 Legt eine Tabelle an (→ COPY 20) und füllt die Zeile für euer Medium aus.

Medium	**Länge/ Dauer**	**Geräusche/ Musik**	**Bilder/ Fotos**	**Bewegung**	**angesprochene Sinne**
Lesetext (S. 148)	*xxx*	*xxx*	*xxx*	*xxx*	*xxx xxx*
Fotostory	*xxx*	*xxx*	*xxx*	*xxx*	*xxx xxx*
Kurzfilm	*xxx*	*xxx*	*xxx*	*xxx*	*xxx xxx*
Audiofassung	*xxx*	*xxx*	*xxx*	*xxx*	*xxx xxx*
Erklärvideo	*xxx*	*xxx*	*xxx*	*xxx*	*xxx xxx*
Lapbook	*xxx*	*xxx*	*xxx*	*xxx*	*xxx xxx*

3 a) Präsentiert euer Ergebnis und euer Begleitheft. Begründet eure Entscheidungen bei der Umsetzung.
b) Verfolgt die Präsentationen der anderen und vervollständigt eure Tabelle.

Tipp

zu 2) Beantwortet folgende Fragen:
Wie lange dauert es, das Medium anzusehen, zu lesen, zu hören?/Kommen Geräusche oder Musik vor?/Werden Bilder und Fotos verwendet?/Gibt es bewegte Bilder?/Welche Sinne werden durch das Medium angesprochen?

4 a) Bildet neue Gruppen, sodass aus jeder Arbeitsgruppe ein Mitglied dabei ist.
b) Vergleicht eure Ergebnisse in den Tabellen und ergänzt eure Eintragungen.

5 Tauscht euch in der Klasse über eure Eindrücke und Erfahrungen aus:
- *Welche Wirkungen hatten die eingesetzten Mittel auf dich als Hörer/Leser/Betrachter?*
- *Was hat dich beeindruckt? Welches Medium war besonders wirkungsvoll?*
- *Welcher Teil oder Aspekt des Textes auf Seite 148 wurde in welchem Medium besonders betont? Wie kam es dazu?*

2.4 (1) die Wirkung grundlegender Darstellungsmittel audiovisueller und digitaler Medien sowie die Vermischung von Realität und Fiktion in medialen Darstellungen (z. B. Scripted Reality) erkennen und werten

Zu Sinneseindrücken schreiben

1 Bearbeitet zu zweit die Aufgaben in den Kästen.

Wer findet mehr?

1. Schreibt in einer Minute alle Gegenstände auf, die flauschig sind.
2. Zählt, wer am Ende die meisten Gegenstände aufgeschrieben hat.

Das Gegenteil finden

1. Findet zu den folgenden Adjektiven jeweils den Gegenbegriff: *groß, breit, riesig, dunkel, sonnig, bitter, cremig, fest.*
   Beispiel: *groß – klein*
2. Notiert weitere Adjektive, zu denen es Gegenbegriffe gibt.
3. Tauscht eure Adjektive mit einer weiteren Zweiergruppe aus und lasst sie die Gegenbegriffe finden.

Bilder im Kopf

1. Höre dir die Geräusche an. Welche Bilder entstehen dabei in deinem Kopf?
2. Notiere in einer Mindmap Stichpunkte zu den Bildern in deinem Kopf.

3. Schreibe mithilfe deiner Stichpunkte eine kurze Geschichte oder ein kleines Gedicht (z. B. ein Haiku oder ein Elfchen).

2 a) Notiere in Stichpunkten, was dir zu dem Bild oben spontan einfällt.
b) Schreibe einen Text zu dem Bild. Es kann eine Geschichte, ein Gedicht oder etwas ganz anderes sein.
c) Präsentiert eure Texte in der Klasse.

3 a) Schreibt in Kleingruppen gemeinsam einen Falttext. Geht dabei so vor:
- *Jemand von euch beginnt und schreibt einen Satz mit Ort- und Zeitangabe auf.*
- *Der Nächste liest das Geschriebene und notiert einen fortführenden Satz dazu.*
- *Danach wird alles – bis auf den eigenen Satz – nach hinten gefaltet und das Blatt weitergereicht. Man sieht also immer nur den letzten Satz und schreibt einen neuen hinzu.*
- *Das Blatt wird solange weitergereicht, bis eine halbe Seite beschrieben ist.*

b) Lest eure Geschichte laut eurer Klasse vor.

3.2 (2) im Rahmen des produktiven Schreibens verschiedene Erzähltechniken anwenden und dabei sprachlich gestalterische Mittel bewusst einsetzen (z. B. Metaphern, rhetorische Fragen)

4 Sucht in der Klasse vier Gegenstände aus, die man mit möglichst vielen Sinnen wahrnehmen kann. Ergänzt zu jedem Gegenstand die folgende Tabelle.
Beispiel: *Rose*

	Rose	*xxx*
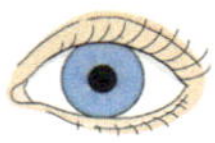	*rot*	*xxx*
	*rosig*	*xxx*
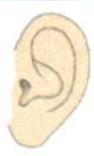	–	*xxx*
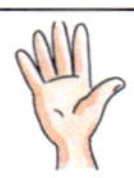	*dornig, weich*	*xxx*
	–	*xxx*

5 Wähle eine der folgenden Aufgaben und beschreibe einen Ort mit allen Sinnen:

a Schreibe den Text zu dem Bild oben rechts weiter. Achte darauf, dass du für jeden der Sinne mindestens einen Satz notierst.
Der einsame Strand sieht friedlich aus und ist in goldenes Licht getaucht. In der Ferne sind Möwen zu hören. Die Luft ist … und schmeckt nach …

b Überlege dir einen Ort, an dem du jetzt gerne wärst, und beschreibe diesen. Achte darauf, dass du für jeden der Sinne mindestens einen Satz notierst.

Tipp

zu 4)
Der Mensch hat fünf Sinne. Damit kann er *sehen, hören, riechen, schmecken* und *tasten/fühlen*.

6 Präsentiert eure Texte in der Klasse und gebt euch gegenseitig Feedback.

Tipp

zu 6)
Entscheidet in der Klasse, wie ihr einander Feedback geben wollt.

Möglichkeit 1:
- *Ein Schüler/eine Schülerin liest seinen/ihren Text der Klasse im Stuhlkreis vor.*
- *Die Mitschülerinnen und Mitschüler schreiben stichpunktartig auf Kärtchen, was ihnen besonders gefallen hat.*
- *Die Kärtchen werden eingesammelt und anschließend vorgelesen.*

Möglichkeit 2:
- *Ein Schüler/eine Schülerin liest seinen/ihren Text vor. Die anderen hören zu.*
- *Die Mitschülerinnen und Mitschüler notieren jeweils zwei Fragen zum Text.*
- *Nachdem einige der Fragen vorgelesen wurden, darf der Autor des Textes entscheiden, welche Fragen er beantwortet.*

3.2 (2) im Rahmen des produktiven Schreibens verschiedene Erzähltechniken anwenden und dabei sprachlich gestalterische Mittel bewusst einsetzen (z. B. Metaphern, rhetorische Fragen)

Eine Geschichte erzählen

1

2

3

1 a) Seht euch die Bilder (1–3) an und tauscht euch darüber aus, welche Geschichten sich hinter den Bildern verbergen könnten.
b) Entscheide dich für eines der Bilder. Betrachte es genau und schließe dann die Augen. Denke dich in die Bildsituation hinein und lasse dich leiten von dem, was du denkst und fühlst.
c) Halte deine Gedanken mithilfe einer Mindmap fest.

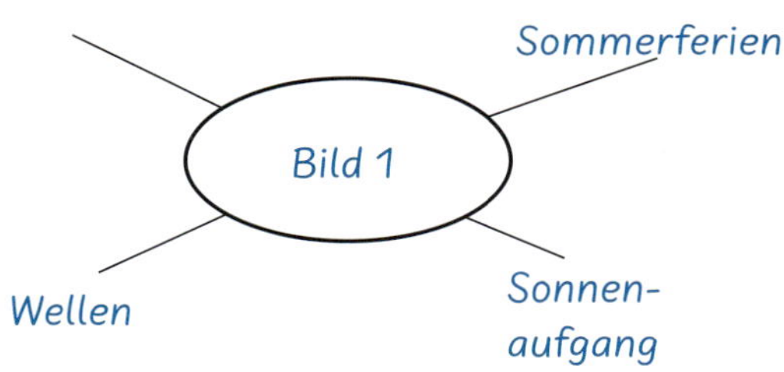

Tipp

zu 2)
Beantworte die folgenden **W-Fragen**:
Wer ist beteiligt?
Wann spielt die Geschichte?
Wo spielt die Geschichte?
Was passiert?
Warum passiert es?
Mache dir auch Gedanken dazu, was **vor** der Aufnahme des Bildes passiert sein könnte und was **danach**.

2 Überlege dir mithilfe deiner Mindmap eine Geschichte zu deinem Bild. Notiere stichpunktartig deine Ideen.

3 a) Geht in der Klasse umher und erzählt euch gegenseitig eure Geschichten. Könnt ihr erraten, welche Bilder ihr jeweils ausgewählt habt?
b) Tauscht euch in der Klasse darüber aus, welche der Geschichten euch am besten gefallen hat. Begründet eure Meinung.

4 Auf den nächsten Seiten sollt ihr eure Geschichte verschriftlichen. Sammelt in der Klasse Merkmale, die eine Geschichte spannend und lesenswert machen. Hinweise dazu findet ihr in der *Lernbox*.

Lernbox

Merkmale einer guten Geschichte

Sie wecken das **Interesse** des Lesers/der Leserin und führen dazu, dass er/sie sich das Geschehen **gut vorstellen** kann. Dazu gehören z. B.:
- eine **Neugier weckende Überschrift**,
- die Wahl einer **passenden Zeitform**,
- der Einsatz **treffender Verben** und **Adjektive** sowie **wörtlicher Rede**,
- die Beschreibung der **Gedanken** und **Gefühle**.

3.2 (1) selbstständig einen geordneten, auf das Schreibziel funktional ausgerichteten Schreibplan zu komplexen Sachverhalten entwickeln und das Ergebnis reflektieren

Einen Schreibplan anlegen

1 a) Betrachte den folgenden Schreibplan, den Ella sich zu Bild 1 gemacht hat. Erkläre mithilfe der *Lernbox*, wie sie vorgegangen ist.
b) Tauscht euch zu zweit darüber aus, was Ella an ihrem Schreibplan verbessern kann.
c) Formuliert eine Neugier weckende Überschrift für Ellas Geschichte.
d) Begründet, warum es sinnvoll ist, sich vor dem Schreiben einer Geschichte einen Schreibplan anzulegen.

Einleitung:
– Thomas
– Sommerferien
Hauptteil:
– Thomas sieht Anna nicht mehr
– Die Wellen werden immer höher
– Er zieht sie auf sein Surfbrett
Schluss:
– Anna wird aus Krankenhaus entlassen

Lernbox

Einen Schreibplan anlegen

Unterteile deinen Schreibplan in **Einleitung**, **Hauptteil** und **Schluss**. Formuliere nie ganze Sätze, sondern ausschließlich Stichpunkte.

Einleitung
– **W-Fragen** werden beantwortet: *Wer? Was? Wann? Wo? Warum?*
Hauptteil
– Das **Geschehen** wird **abwechslungsreich** erzählt und evtl. **Spannung** erzeugt.
Schluss
– **(Auf-)Lösung** wird präsentiert.

2 a) Lege einen Schreibplan zu deiner Geschichte aus Aufgabe 2 (S. 158) an.
b) Tauscht zu zweit eure Schreibpläne aus und überprüft sie mithilfe der *Lernbox*. Gebt euch gegenseitig Tipps zur Verbesserung.
c) Überarbeitet eure Schreibpläne mithilfe der Tipps.

3 a) Lest den folgenden Textauszug und tauscht euch zu zweit darüber aus, worum es in der Geschichte gehen könnte.

Trotz des warmen Tages zog nun eine kühle Brise auf. Amira fröstelte. Plötzlich fühlte sie, dass sie nicht mehr allein war.

b) Haltet eure Gedanken mithilfe einer Mindmap fest.
c) Legt passend zu euren Überlegungen einen Schreibplan an und formuliert eine Neugier weckende Überschrift für eure Geschichte.
d) Vergleicht eure Schreibpläne und Überschriften in der Klasse.

3.2 (1) selbstständig einen geordneten, auf das Schreibziel funktional ausgerichteten Schreibplan zu komplexen Sachverhalten entwickeln und das Ergebnis reflektieren

Erzählperspektiven unterscheiden

1 a) Eine Geschichte kann aus verschiedenen Perspektiven erzählt werden. Lies die folgenden Texte (1 und 2) und betrachte auch die Bilder.

[1] Andrea fühlte sich schrecklich. Langsam setzte sie einen Fuß vor den anderen und überlegte, wie sie ihrer Mutter beibringen sollte, was passiert war.

[2] Marian sah Andrea von weitem, die vor sich hinschlurfte in Richtung ihrer Wohnung. „Was ist denn mit der los?“, fragte Marian Ivonne. „Weiß nicht, ich hab sie nicht gefragt“, antwortete diese.

b) Besprecht zu zweit, worin sich die Texte unterscheiden.

2 a) Aus welcher Erzählperspektive wurden die Texte jeweils geschrieben? Lies dazu die *Lernbox*.

b) Erkläre mit eigenen Worten, worin sich die Erzählperspektiven unterscheiden.

3 Lies die Texte (3–4) in den Kästen. Ordne sie anschließend der jeweils richtigen Erzählperspektive zu.

[3] Regina hatte so etwas noch nie gefühlt. Schmetterlinge im Bauch – genau so ließ es sich beschreiben. Immer wenn sie nur an Yazin dachte, glühten ihre Wangen und sie hätte ihm am liebsten eine Nachricht geschickt.

[4] „Was ist mit dir?“, wollte Elias wissen, doch Elsa gab ihm keine Antwort, sondern rannte einfach wütend davon. Fassungslos blickte Elias ihr nach, doch da war die Pause auch schon vorbei und der Schulgong zwang ihn in seine Klasse zurück.

4 Entscheide dich für eine Erzählperspektive und eine Erzählform (→ S. 113).

a) Schreibe mithilfe deiner Vorarbeiten eine vollständige Geschichte zu deinem Bild von Seite 158 bestehend aus Einleitung, Hauptteil und Schluss. Beachte dabei die „Merkmale einer guten Geschichte“.

b) Tauscht eure Geschichten aus und gebt euch gegenseitig Tipps zur Verbesserung.

Lernbox

Erzählperspektiven

Epische Texte haben einen Erzähler, also eine Stimme, die dem Leser/der Leserin die Geschichte erzählt. Der Erzähler kann dabei unterschiedliche Perspektiven einnehmen:

1 Innensicht:
Der Erzähler kann in die Person(en) hineinblicken und **Gedanken**, **Gefühle** sowie den **inneren Zustand** beschreiben. Signalwörter sind Verben wie *fühlen, denken, erkennen, glauben, hoffen, …*

2 Außensicht:
Der Erzähler betrachtet das Geschehen **von außen** und kann **keine inneren Zustände**, Gefühle und Gedanken beschreiben. Beispiel: *„Sie sah traurig aus.“* statt *„Sie fühlte sich traurig.“*
Um die Erzählperspektive herauszufinden, kannst du dir z. B. folgende Fragen stellen: Was weiß der Erzähler über das Geschehen? Beschreibt er auch Gefühle und Gedanken?

3.2 (2) im Rahmen des produktiven Schreibens verschiedene Erzähltechniken anwenden und dabei sprachlich gestalterische Mittel bewusst einsetzen (z. B. Metaphern, rhetorische Fragen) · 3.3 (3) eigene Texte inhaltlich, sprachlich und orthographisch überarbeiten (z. B. durch Kürzungen, Änderung von Formulierungen)

Abwechslungsreich erzählen

1 a) Lies den folgenden Text und erkläre, was dir dabei auffällt.

> Anna geht zum Essen in die Küche. Dann geht Anna in das Badezimmer und bereitet sich für die Schule vor. Anna geht nicht gerne in die Schule. Nach der Schule geht Anna zu ihrer Freundin. Dann geht Anna mit ihrer Freundin in den Park. Dann treffen Anna und ihre Freundin einen Mitschüler.

b) Tauscht euch zu zweit darüber aus, wie der Text auf euch wirkt.

c) Lest die *Lernbox* und besprecht, wie sich Wortwiederholungen vermeiden lassen.

d) Schreibe den Text in einer verbesserten Form auf.

2 a) Schreibe einen eigenen Text, der ähnlich lang ist wie der im Kasten. Baue ebenfalls Wiederholungen ein.

b) Tauscht eure Texte zu zweit aus und schreibt sie jeweils um – ohne Wiederholungen.

c) Überprüft gegenseitig die überarbeiteten Texte und gebt einander Feedback.

Tipp

zu 1d)

- Ersetze Anna durch das Pronomen „sie", anstatt den Namen immer wieder zu wiederholen.
- Ersetze das Verb „gehen" durch Synonyme wie z.B. „laufen" oder „schlendern".
- Ersetze das Adverb „dann" durch abwechslungsreichere Satzanfänge.
- Verknüpfe einzelne Sätze miteinander.

3 a) Überprüfe deine Geschichte zu deinem Bild von Seite 158. Enthält sie Wiederholungen?

b) Überarbeite deine Geschichte mithilfe der *Lernbox*.

Lernbox

Wiederholungen vermeiden

Wiederholungen können Texte **langweilig wirken lassen**. Achte darauf, abwechslungsreiche Formulierungen zu finden!

Das funktioniert zum Beispiel:

- durch das **Ersetzen von Verben**, die häufig vorkommen:
  z. B.: sagen → sprechen, erzählen, erklären, ...
- durch das **Verwenden von Pronomen**:
  z. B.: Lisa tanzt gerne. Sie geht ...
  Erwin mag keine Krabben, andere Meeresfrüchte isst er aber gern.
- durch das **Umschreiben von Begriffen**:
  z. B.: Maus → das kleine graue Tier
  Stift → das Schreibgerät
- durch das **Verbinden von Sätzen**:
  z. B.: Anna geht ins Bad. Dann geht Anna zur Schule. → Zuerst geht Anna ins Badezimmer, anschließend zur Schule.

3.2 (2) im Rahmen des produktiven Schreibens verschiedene Erzähltechniken anwenden und dabei sprachlich gestalterische Mittel bewusst einsetzen (z. B. Metaphern, rhetorische Fragen) · 3.3 (3) eigene Texte inhaltlich, sprachlich und orthographisch überarbeiten (z. B. durch Kürzungen, Änderung von Formulierungen)

Die Metapher als Stilmittel kennen

1 a) Lies die *Lernbox* und erkläre mit eigenen Worten, was eine Metapher ist.
b) Sieh dir die Bilder (A und B) an. Formuliere, welche Metapher hier jeweils dargestellt ist.

A)

B)

c) Überlege dir eine weitere Metapher und skizziere ein Bild dazu wie oben.
d) Tauscht eure Bilder zu zweit aus und erratet eure Metaphern.

Lernbox

Metapher

Eine Metapher ist ein **sprachliches Bild** (→ S. 285). Man verwendet sie, um etwas im **übertragenen Sinne** – **bildhaft** – zu beschreiben. Dabei verliert das Wort seine ursprüngliche Bedeutung und wird in einem Zusammenhang verwendet, in dem es eigentlich keinen Sinn macht.
Beispiel 1: *„jemandem das Herz brechen"*
→ Das Wort **„brechen"** verliert seine ursprüngliche Bedeutung, denn ein Herz kann man **nicht wörtlich brechen**. Hier wird bildlich beschrieben, dass **jemand sehr verletzt** wird.
Beispiel 2: *„jemandem auf den Zahn fühlen"*
→ Das Wort **„fühlen"** verliert seine ursprüngliche Bedeutung, da **niemand den Zahn wirklich berührt**. Hier wird bildlich beschrieben, dass **jemand unangenehme Fragen stellt**.

2 a) Lies den folgenden Text oder höre ihn an.

Es ging mal wieder nur im Schneckentempo voran. Max hatte sich so auf den Urlaub gefreut, und jetzt saß er auf der Rückbank des Autos auf der Autobahn und nichts ging vorwärts: Blechlawine! Die Hitze staute sich im Auto und sie hatten nichts mehr zu Trinken dabei. Seine Mutter kramte in der Tasche und reichte ihm eine Flasche, in der sich ein letzter Rest Wasser befand. Das war nun wirklich ein Tropfen auf den heißen Stein! Max Schwester wiederum störte die Situation gar nicht. Sie sah die Welt durch eine rosarote Brille, seit sie mit ihrem Freund zusammen war. „Oh nein!", rief plötzlich Max Mutter, „wir müssen umdrehen! Ich habe meinen Geldbeutel vergessen!" Da platzte Max der Kragen. „Na toll! Ihr seid echte Rabeneltern!", schimpfte er los. …

b) Schreibe den Text ab oder nutze COPY 21. Unterstreiche die Metaphern im Text.
c) Ersetze die Metaphern durch die Wörter/Satzteile im orangenen Kasten.

Für sie war alles wunderbar – viel zu wenig – Stau – sehr langsam – wütend werden – schlechte Eltern

3 a) Überprüfe deine Geschichte zu deinem Bild von Seite 158. Hast du Metaphern oder weitere sprachliche Bilder (→ S. 285) verwendet?
b) Baue an geeigneten Stellen Metaphern in deine Geschichte von Seite 158 ein.
c) Inwiefern ändert sich die Wirkung der Geschichte durch die Metaphern?

3.2 (2) im Rahmen des produktiven Schreibens verschiedene Erzähltechniken anwenden und dabei sprachlich gestalterische Mittel bewusst einsetzen (z. B. Metaphern, rhetorische Fragen) · 3.3 (3) eigene Texte inhaltlich, sprachlich und orthographisch überarbeiten (z. B. durch Kürzungen, Änderung von Formulierungen)

Geschichten gemeinsam überarbeiten

1 a) Bildet Gruppen (3 bis 5 Mitglieder) und lest euch gegenseitig eure Geschichten vor.
b) Fragt nach, falls ihr etwas nicht versteht. Klärt im Gespräch alle offenen Fragen.
c) Tauscht euch aus: Was ist gut gelungen? Welche Tipps habt ihr zur Verbesserung?

2 Führt eine Schreibkonferenz durch. Lest dazu die *Lernbox* und nutzt die Prüflisten A–C (→ COPY 22). Lest auch Aufgabe 3.

A **Der Aufbau der Geschichte**	**ja**	**nein**
1. Einleitung:		
– Erfährt der Leser, ...		
– wer in der Geschichte auftritt?	x	x
– wann/wo die Geschichte spielt?	x	x
– was passiert und warum?	x	x
– Wird der Leser neugierig gemacht?	x	x
2. Hauptteil:		
– Ist die Reihenfolge des Erzählten logisch?	x	x
– Ist die Handlung verständlich?	x	x
– Gibt es Stellen, die man weglassen kann?	x	x
– Sind ein Spannungsaufbau sowie ein Höhepunkt erkennbar?	x	x
3. Schluss:		
– Erfährt der Leser, wie die Geschichte ausgeht?	x	x

B **Spannung und Sprache**	**ja**	**nein**
– Wird die Er-/Sie-Form oder die Ich-Form eingehalten?	x	x
– Wird die Zeitstufe (Präteritum oder Präsens) durchgehalten?	x	x
– Wird wörtliche Rede verwendet?	x	x
– Werden an passender Stelle Gedanken und Gefühle beschrieben?	x	x
– Werden treffende Verben und anschauliche Adjektive verwendet?	x	x
– Werden Wortwiederholungen vermieden?	x	x
– Sind die Sätze abwechslungsreich?	x	x

C **Die äußere Form**	**ja**	**nein**
– Ist die Schrift leserlich und ordentlich?	x	x
– Ist die Geschichte in Absätze gegliedert?	x	x
– Sind Rechtschreibfehler zu verbessern?	x	x

3 Achte auf Vorbilder und positive Beispiele.
a) Schreibe Textstellen heraus, die dir besonders positiv auffallen (Aufbau des Textes, Sprache).
b) Stelle diese Beispiele deiner Gruppe oder der Klasse vor.
c) Nutze die Beispiele zur Überarbeitung deines eigenen Textes.

Lernbox

Schreibkonferenz

1 Tauscht in der Gruppe oder Klasse eure Texte aus.
2 Jeder Schüler übernimmt eine der Prüflisten A oder B und prüft damit den Text eines Mitschülers. Er notiert in Stichpunkten:
– was gut gelungen ist,
– was man noch verbessern könnte.
3 Dann werden die Texte weitergereicht, bis es zu jedem Text beide Prüflisten gibt (A und B).
4 Schnelle Schüler beginnen mit Prüfliste C.
5 Der Verfasser bekommt die Prüflisten. Wichtige Punkte werden besprochen.
6 Der Autor entscheidet, welche Tipps er aufgreifen will, und überarbeitet den Text.

3.3 (1) fremde sowie eigene Texte kritisch überprüfen und auf Angemessenheit und Wirksamkeit sprachlicher Gestaltungsmittel mit Blick auf Situations- und Adressatenbezug achten; bei Rückmeldungen an Mitschülerinnen und Mitschüler auf einen respektvollen Umgang miteinander achten

Ein Bewerbungsanschreiben planen

1 a) Betrachtet das Bild: Wer von euch hat sich schon einmal beworben? Welche Erfahrungen habt ihr dabei gemacht?
b) Notiert, welche Elemente eine gelungene Bewerbung enthalten muss.
c) Tauscht euch zu zweit darüber aus und ergänzt euch gegenseitig.

2 a) Lies das Musteranschreiben auf Seite 165.
b) Sprecht zu zweit darüber:
- *Was könntet ihr übernehmen?*
- *Was würdet ihr ändern?*

3 Ergänze die folgenden Formulierungen zu vollständigen Sätzen für dein Bewerbungsanschreiben.
- *Besonderes Interesse habe ich an…*
- *Grundlagen für diesen Beruf konnte ich bereits durch …*
- *In einem Praktikum bei … habe ich bereits erste Erfahrungen … gemacht.*
- *Ich würde gut in Ihr Unternehmen passen, da …*

4 Die folgenden Punkte (1–13) sollte jedes Bewerbungsanschreiben enthalten. Ordne sie den Buchstaben A–M im Musteranschreiben auf Seite 165 zu.

1 Unterschrift
2 Ort und Datum
3 Bewerbung, Berufswunsch und Begründung
4 Absender (= deine Anschrift)
5 Anrede (höflich)
6 Bitte um einen Vorstellungstermin
7 Liste der Anlagen (Lebenslauf, Zeugnisse, Bescheinigungen)
8 Kompetenzen für den Beruf
9 Grußformel (höflich)
10 Betreff (Anliegen/Anlass des Anschreibens)
11 Adresse (Anschrift des Unternehmens, Name des Anprechspartners/der Ansprechpartnerin)
12 Schulabschluss (mit Zeitpunkt, wann er voraussichtlich erreicht ist)
13 Begründung für deine Unternehmenswahl

5 a) Lies den folgenden Satz und überlege, für welchen Teil des Anschreibens er wohl geschrieben wurde.
„Ich würde gerne eine Ausbildung bei euch machen, da ihr echt bekannt seid."
b) Sprecht zu zweit darüber, ob ihr den Satz gelungen findet. Begründet eure Meinung.
c) Notiert eine verbesserte Version des Satzes. Nutzt einen realen Betrieb als Beispiel.

Tipp

zu 5 c)
- *Ich kenne Ihren Betrieb schon seit …, weil …*
- *Auf Ihrer Website konnte ich lesen, dass …*
- *Besonders interessiere ich mich für Ihr Unternehmen, weil …*
- *Ihr Unternehmen spielt in unserer Gemeinde/Stadt eine wichtige Rolle, weil …*

3.1 (1) situations- und adressatenbezogen digitale und nichtdigitale Medien zum Verfassen eigener Texte nutzen und für eine textkohärente Darstellung spezifische Gestaltungselemente wählen (z. B. Sprache, Layout)

2 cm

2,5 cm

Sara Schneider
Birkenweg 66
98765 Musterstadt **A**

2 cm

Ärztliche Gemeinschaftspraxis
z. Hd. Frau Dr. Bouvier
Marktplatz 12
98765 Musterstadt **B**

C Musterstadt, den 04.03.20XX

Bewerbung um eine Ausbildungsstelle als medizinische Fachangestellte/Ihre Anzeige vom 03.01.20XX **D**

Sehr geehrte Frau Dr. Bouvier, **E**

hiermit möchte ich mich um die Ausbildungsstelle als medizinische Fachangestellte bewerben, da die Arbeit mit Menschen schon immer ein Ziel für mich war. Wenn ich als medizinische Fachangestellte erkrankten Menschen sogar dabei helfen könnte, wieder gesund zu werden, würde mich das froh und zufrieden machen. Zudem gefällt mir an diesem Beruf die Vielfältigkeit der Aufgaben, die vom Blutabnehmen bis hin zur Dokumentation reichen. Der Kontakt zu den Patienten würde mir aufgrund meiner aufgeschlossenen Art leichtfallen. **F**

Derzeit besuche ich die Mittelschule Musterstadt, die ich im kommenden Schuljahr mit dem mittleren Schulabschluss der Mittelschule verlassen werde. **G**

Während eines Praktikums in einer Kinderarztpraxis habe ich bereits erste Erfahrungen sammeln können und gezeigt, dass ich verantwortungsbewusst und belastbar bin. Die Ärztin lobte besonders meinen Fleiß, meine Freundlichkeit und Zuverlässigkeit. Dies bestärkte meinen Wunsch, in diesem Bereich eine Ausbildung zu beginnen. **H**

Da ich mich sehr für das Fachgebiet der Gynäkologie interessiere und ich auf Ihrer Website nachlesen konnte, dass Ihnen neben der medizinischen Versorgung auch die ganzheitliche Begleitung ihrer Patientinnen wichtig ist, möchte ich gern ein Teil Ihres Praxis-Teams werden. **I**

Über eine Einladung zu einem persönlichen Gespräch würde ich mich sehr freuen. **J**

Mit freundlichen Grüßen **K**
Sara Schneider **L**

Anlagen
Tabellarischer Lebenslauf
Kopie Jahreszeugnis Klasse 8 und Zwischenzeugnis Klasse 9 **M**
Kopie Praktikumsbescheinigung

2 cm

Lernbox

Ein Anschreiben verfassen

1 Wähle für dein Anschreiben eine **gut lesbare Schrift** (z. B. Arial, Größe 11 oder 12). Lasse einen Rand an den Seiten und denke an Absätze. (Vorlagen findest du in der DIN-Norm 5008).
2 Beginne mit dem **Absender** (= deine Adresse). Nun folgen die **Anschrift** des Unternehmens (möglichst mit Namen des Ansprechpartners) sowie Ort und Datum.
3 Nutze höfliche **Anrede-** und **Grußformeln**.
4 Mache im Anschreiben deinen **Berufswunsch** und die Gründe dafür deutlich. Begründe die **Wahl des Unternehmens**. Gib auch deinen (erwarteten) **Schulabschluss** und den Zeitpunkt an.
5 Bitte zum Schluss um einen Termin für ein **Vorstellungsgespräch**.

Einen Lebenslauf schreiben

Lebenslauf

Persönliche Daten:	
Name:	Sara Schneider
Geburtsdatum:	25. Juni 2005
Geburtsort:	Nürnberg
Anschrift:	Birkenweg 66 98765 Musterstadt
Telefonnummer:	0123/55 66 77
E-Mail:	m.mustermann@mail.de
Schulbildung:	
Grundschule Nürnberg	2011–2015 Pestalozzi-Grundschule
Mittelschule	seit 2015 Petersen-Mittelschule Nürnberg
Voraussichtlicher Abschluss	Juli 2020, mittlerer Schulabschuss an der Mittelschule
Praktische Erfahrung:	
Praktika	15.04.–26.04.2018 Arzthelferin, Gemeinschaftspraxis Dr. Meier, Nürnberg 8.11.–22.11.2018 Zahnarzthelferin, Praxis Dr. Huber, Fürth
Kenntnisse und Interessen:	
Kenntnisse:	Englisch – gute Kenntnisse Textverarbeitung – Grundkenntnisse Präsentationsprogramm – Grundkenntnisse
Hobbys:	Tanzen, Joggen

Nürnberg, 27.01.20XX

Sara Schneider

Lebenslauf

Zur Person	
Name	Bo Wang
Geburtsdatum	10.01.2006
Geburtsort	Fürth
Anschrift	Am Musterberg 4 90431 Nürnberg
Telefonnummer	0123/33 44 55
E-Mail	m.mustermann@mail.de
Schulbildung	
09/2012–08/2016	Herbarth-Grundschule Fürth
seit 09/2016	Comenius-Mittelschule Fürth
Juli 2021	voraussichtlich mittlerer Schulabschluss an der Mittelschule
Praktika	
April 2019	Praktikum als Einzelhandelskaufmann, Fliesenhandel Müller
November 2019	Praktikum als Bürokaufmann, KFZ-Meinel
Persönliche Fähigkeiten und Interessen	
Kenntnisse	Computer (Office-Programme)
Sprachkenntnisse	Deutsch, Englisch
Hobbys	Sport, Fahrrad fahren

Nürnberg, 13.02.20XX

Bo Wang

1 a) Vergleiche die beiden Lebensläufe oben:
- *Welche Unterschiede stellst du fest?*
- *Welche Gemeinsamkeiten erkennst du?*

b) Tauscht euch in der Klasse darüber aus, ob ihr die Auswahl der Fotos gelungen findet. Begründet eure Meinung.

2 a) Erstelle selbst einen Lebenslauf am Computer (→ S. 294).

b) Tauscht zu zweit eure Lebensläufe und gebt euch gegenseitig Feedback. Hinweise dazu findet ihr in der *Lernbox*.

c) Lasst euren verbesserten Lebenslauf von eurer Lehrkraft überprüfen.

3 Sammelt zu zweit Ideen, wie man dem Lebenslauf eine individuelle Note geben könnte, ohne zu übertreiben.

Lernbox

Einen Lebenslauf erstellen

1. Unterteile den Inhalt in **Abschnitte**: *Angaben zur Person, Schulbildung, praktische Erfahrungen, Fähigkeiten, Kenntnisse und Interessen.*
2. Schreibe in **Stichpunkten** und gliedere den Lebenslauf durch **Zwischenüberschriften**.
3. Füge ein geeignetes **Foto** ein.
4. Wähle eine **gut leserliche Schriftart in geeigneter Schriftgröße** (11 bis 12 Punkt). Beschränke dich auf **eine DIN-A4-Seite**.
5. Verwende **Absätze** und **Zeilenabstände**.
6. Gliedere den Text in **zwei Spalten** (tabellarischer Aufbau). Verwende dafür „Tabstopps", nutze die **Tabulatortaste**.

3.1 (1) situations- und adressatenbezogen digitale und nichtdigitale Medien zum Verfassen eigener Texte nutzen und für eine textkohärente Darstellung spezifische Gestaltungselemente wählen (z. B. Sprache, Layout)

Sich online bewerben

Von: monika.muster@beispieladresse.de
An: beispiel-buchhaendler@adresse.de
Cc:
Betreff: Bewerbung um einen Ausbildungsplatz als Buchhändlerin
Anlage: Bewerbung_Monika_Muster.pdf

Sehr geehrter Herr Beispiel,

hiermit möchte ich mich bei Ihnen für eine Ausbildungsstelle zur Buchhändlerin bewerben. Meine vollständigen Bewerbungsunterlagen füge ich dieser E-Mail als PDF-Datei bei.

Da mir das Praktikum in ihrer Buchhandlung im April sehr gefallen hat, kann ich mir gut vorstellen, in diesem Beruf zu arbeiten.

Mit freundlichen Grüßen

Monika Muster

Musterstraße 32
56738 Musterstadt
Tel.: 0123/456789
E-Mail: monika.muster@beispieladresse.de

Bitte bewerben Sie sich hier für freie Ausbildungsplätze. Bei Fragen wenden Sie sich an info@musteradresse.de

Online-Bewerbungsformular

Persönliche Daten
Name:* XXXXXXXXXX
Vorname:* XXXXXXXXXX
Straße:* XXXXXXXXXX
PLZ/Ort:* XXXXXXXXXX
Handy:* XXXXXXXXXX
E-Mail:* XXXXXXXXXX
Geburtsdatum:* XXXXXXXXXX
Geburtsort:* XXXXXXXXXX

Schul- und Ausbildung
Schulabschluss* XXXXXXXXXX

Unterlagen
Anschreiben — Datei auswählen
Lebenslauf — Datei auswählen
Zeugnisse — Datei auswählen

Die *-Felder sind Pflichtfelder.

---

1 a) Lies die Texte auf den beiden Computerbildschirmen oben.
b) Besprecht zu zweit, worin sich die beiden Bewerbungen unterscheiden.
c) Überlegt, welche Elemente in jeder Online-Bewerbung enthalten sein müssen.

2 Wähle eine der folgenden Aufgaben.
a Lies die *Lernbox* und formuliere eine E-Mail für deine Bewerbung.
b Lies die *Lernbox* und sende zur Übung eine vollständige Bewerbung per E-Mail an eine Mitschülerin oder einen Mitschüler. Füge deine Unterlagen als PDF-Anhang bei. Überprüfe, ob alles funktioniert hat und lasse dir Tipps zur Verbesserung geben.

3 a) Recherchiert zu zweit Betriebe, bei denen man sich online für eine Ausbildung bewerben kann.
b) Notiert passende Dateinamen für Anschreiben, Lebenslauf und Zeugnisse.
c) Besprecht eure Ergebnisse in der Klasse.

Lernbox

Sich per E-Mail bewerben

1 Sende die E-Mail von einer **neutralen Absender-Adresse**. Beispiel: *monika.muster@beispieladresse.de*; nicht: *super-moni2005@beispiel.de*.
2 Wähle einen passenden Betreff, z. B.: *Bewerbung um einen Ausbildungsplatz*.
3 Formuliere eine **kurze E-Mail**. Lasse zwischen Anrede und Text eine Leerzeile, ebenso zwischen den Absätzen.
4 Nenne unter deinem **Namen** deine **Kontaktdaten** (*Adresse, Telefon, E-Mail*).
5 Nutze **keine Sonderzeichen** (z. B. Emojis, Smileys) und keine besondere Formatierung.
6 Füge deine **Bewerbungsunterlagen** in einer PDF-Datei als Anhang bei.

Vorgänge verstehen und beschreiben

1
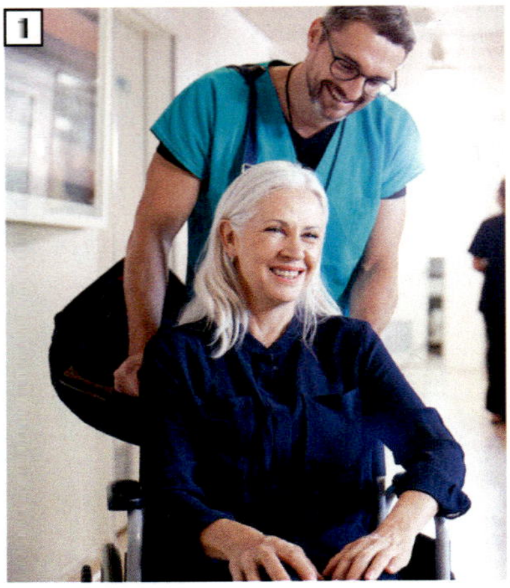

2

3

1 a) Betrachtet die Bilder 1–3. Was zeigen sie?
b) Sprecht darüber, welche Berufe hier dargestellt sind.

2 a) Bildet Kleingruppen und sucht euch gemeinsam einen Beruf aus.
b) Überlegt, wie ihr diesen Beruf pantomimisch darstellen könnt. Notiert eure Überlegungen.
c) Entwickelt einen Handlungsablauf und übt diesen ein.
d) Führt euch eure Handlungsabläufe gegenseitig in der Klasse vor. Die anderen Gruppen sollen den Beruf erraten.

3 a) Tragt in der Klasse zusammen, was ihr aus den Vorjahren noch über die Beschreibung von Vorgängen wisst.
b) Erstellt zu zweit einen Spickzettel zur Vorgangsbeschreibung.
c) Vergleicht eure Spickzettel mit der *Lernbox*.

4 a) Notiere Beispiele, wann du eine Vorgangsbeschreibung brauchst.
b) Vergleicht zu zweit eure Beispiele und ergänzt sie gegenseitig.

5 a) Denke an deine bisherigen Praktika: Welche Tätigkeiten gehörten zu deinen Aufgaben? Notiere Stichpunkte.
b) Beschreibe die Tätigkeiten einem Mitschüler/einer Mitschülerin.

6 a) Betrachte die Bilder 1–6 auf Seite 169. Klärt in der Klasse, welcher Beruf hier dargestellt ist.
b) Informiere dich über diesen Beruf. Nutze dafür die Internetseiten der Arbeitsagentur.

Lernbox

Eine Vorgangsbeschreibung erstellen

1 Schreibe in der Gegenwart (im Präsens).
2 Nutze abwechslungsreiche Satzanfänge.
3 Beschreibe die Arbeitsschritte in der richtigen Reihenfolge.
4 Beschreibe jeden Arbeitsschritt einzeln und verständlich. Lasse keinen Schritt aus.
5 Behalte die Anrede (Du-Form, Man-Form) durchgehend bei.
6 Gib keine Gefühle oder Meinungen wieder. Verwende keine spannenden Adjektive.
7 Nimm nur Informationen in den Text auf, die für den Vorgang wichtig sind. Lasse alle überflüssigen Angaben weg.

1.4 (3) ein angemessenes Repertoire an sprachlichen, körpersprachlichen sowie stimmlichen Mitteln zur szenischen Darstellung nutzen

7 a) Lies die Sätze (A–I) und bringe sie in die richtige Reihenfolge.
b) Schreibe die Sätze (A–I) ab oder nutze COPY 23. Ergänze die Lücken mit den passenden Wörtern.

A) *Das Gesicht der Kundin wird von losen Härchen* ***XXXXX****.*
B) *Der Arbeitsplatz ist entsprechend der Behandlung* ***XXXXX****.*
C) *Die Kundin wird zum Platz* ***XXXXX****.*
D) *Die Kosmetikerin reinigt das Gesicht, bevor sie mit der* ***XXXXX*** *beginnt.*
E) *Es wird besprochen, welches* ***XXXXX*** *sich die Kundin vorstellt.*
F) *Die Kundin wird von der Kosmetikerin* ***XXXXX****.*
G) *Die Kosmetikerin* ***XXXXX*** *die Augenbrauen der Kundin.*
H) *Die Kosmetikerin* ***XXXXX*** *die Kundin zur Tür und* ***XXXXX*** *sie.*
I) *Die Kundin* ***XXXXX*** *das Ergebnis im Kosmetikspiegel.*

c) Besprecht eure Lösungen zunächst zu zweit und danach in der Klasse. Eventuell habt ihr verschiedene Möglichkeiten gefunden.

Tipp

zu 7 b)

Setze die folgenden Wörter an der richtigen Stelle ein:
– befreien
– Behandlung
– Ergebnis
– begrüßen
– zupfen
– begleiten
– verabschieden
– betrachten
– ausstatten

8 a) Bringe die Bilder 1–6 in die richtige Reihenfolge.

1

2

3

4
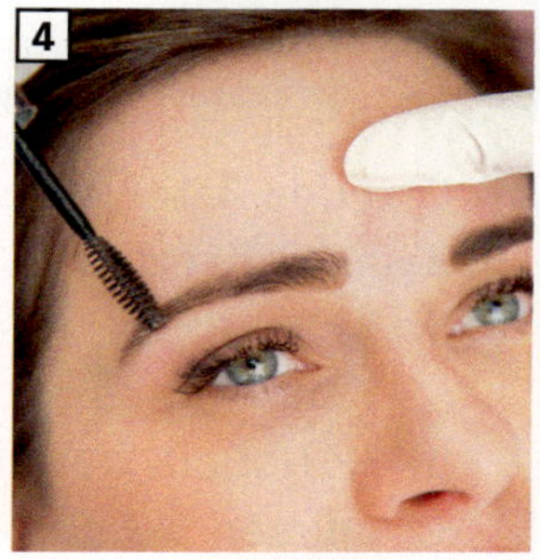

5
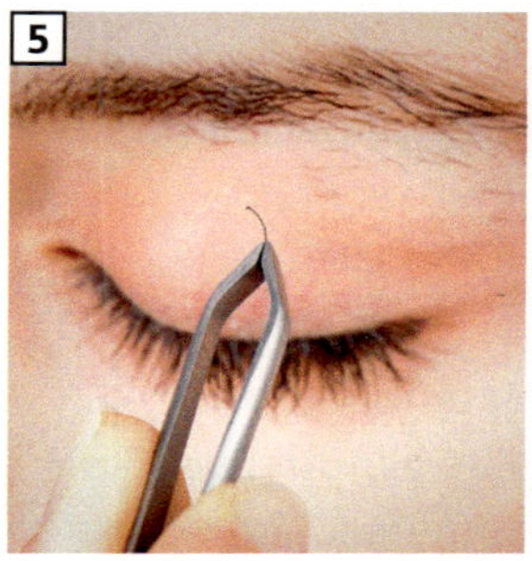

6
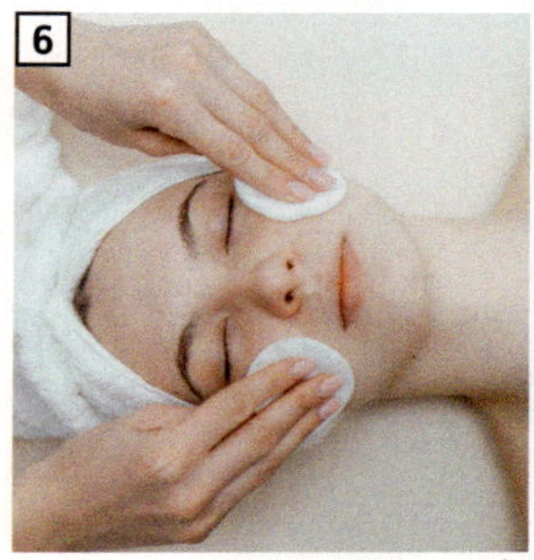

b) Notiere zu jedem Bild stichpunktartig, was die Personen tun.
c) Vergleicht zu zweit eure Ergebnisse.

In diesem Kapitel ...

kannst du auf dein Vorwissen aufbauen, wiederholen und dazulernen, wie du ...
- Vorgänge und Abläufe genau beschreibst,
- wichtige von unwichtigen Informationen unterscheidest,
- im Unterricht mitschreibst und ein Unterrichtsprotokoll erstellst.

3.2 (4) über Sachverhalte, Gegebenheiten und Vorgänge (z. B. aus Sachbüchern, Diskussionen, Dokumentationen) informieren und Arbeitsergebnisse zusammenfassend in Form von sachlogisch aufgebauten kontinuierlichen und diskontinuierlichen Texten festhalten

Eine Vorgangsbeschreibung planen und schreiben

1 Lina und Antonia wissen nicht, wie man Bäume pflanzt.

a) Wo können sie sich darüber informieren? Tauscht euch zu zweit darüber aus.

b) 💡 Notiert, was die beiden alles wissen müssen, bevor sie den ersten Baum pflanzen können. Lest dazu die *Lernbox* auf Seite 171.

c) 💡 Erstellt eine Gliederung für ein Handout, das die beiden in ihrer Klasse verteilen können.

2 a) Besprecht, welche Materialien zum Pflanzen eines Baumes benötigt werden.

b) Ordnet die Fachbegriffe im Kasten den Materialien (1–7) zu.

Erde, Holzpfahl, Strick, Spaten, Handschuhe, Gießkanne, Hammer

Tipp

💡 **zu 1 b)**

Material, Vorgehen, Baumart, Standort

💡 **zu 1 c)**

1. Material; 2. Arbeitsschritte; 3. Tipps

3 Im Folgenden sollst du eine Vorgangsbeschreibung zum Pflanzen eines Baumes verfassen.

a) Bringe zunächst die Bilder A–D in die richtige Reihenfolge.

b) Erkläre deinem Mitschüler/deiner Mitschülerin deine Reihenfolge.

c) Sprecht zu zweit über folgende Fragen:

– *Was hat dir dabei geholfen, die Bilder in die richtige Reihenfolge zu bringen?*

– *Auf welche Dinge hast du geachtet?*

3.2 (4) über Sachverhalte, Gegebenheiten und Vorgänge (z. B. aus Sachbüchern, Diskussionen, Dokumentationen) informieren und Arbeitsergebnisse zusammenfassend in Form von sachlogisch aufgebauten kontinuierlichen und diskontinuierlichen Texten festhalten

4 a) Notiere zu jedem Bild in Stichpunkten das Vorgehen.
b) Stellt euch zu zweit gegenseitig eure Stichpunkte vor.

5 Folgende Verben kannst du beim Schreiben deiner Vorgangsbeschreibung verwenden:

ausheben – aufschütten – deponieren – einbetten – versickern – anreichern

a) Erklärt euch gegenseitig die Bedeutung der Verben.
b) Recherchiert die Bedeutung der Verben, die ihr nicht versteht, im Wörterbuch oder Internet.

6 a) Nutze die Verben aus Aufgabe 5 und bilde vollständige Sätze zum Pflanzen eines Baumes.
b) Überprüfe, ob die Sätze im Aktiv oder Passiv stehen (→ 309). Trage sie in die Tabelle ein und ergänzt jeweils die zweite Spalte.

Aktiv	Passiv
XXX	*XXX*

c) Besprecht mithilfe der Tabelle, inwiefern sich Aktiv und Passiv unterscheiden.

Lernbox

Der Aufbau einer Vorgangsbeschreibung

1 Einleitung: Liste die Zutaten, Materialien, Werkzeuge usw. mit Maßangaben vollständig auf. Unterteile gegebenenfalls in „Material" und „Werkzeug".
2 Hauptteil: Beschreibe die einzelnen Arbeitsschritte gründlich und ausführlich. Achte dabei auf die richtige Reihenfolge.
3 Schluss: Stelle dar, wie das Ergebnis aussehen sollte, oder gib Hinweise zu Variationen.

7 Um die einzelnen Arbeitsschritte in der richtigen Reihenfolge zu beschreiben, kannst du verschiedene Satzanfänge verwenden. Übertrage die folgende Tabelle und sortiere die Satzanfänge aus dem grünen Kasten passend ein.

zu Beginn	zeitgleich	aufeinanderfolgend	am Ende
XXXX	*XXXX*	*XXXX*	*XXXX*

Währenddessen … – Als Nächstes … – Dann … – Als Erstes … – Zum Schluss … – Zur selben Zeit … – Als Letztes … – Im nächsten Schritt … – Danach … – Im Anschluss daran … – Im vierten Schritt …

8 a) Formuliere aus den folgenden Bausteinen einen Satz:
Baum – Pfahl – mit einem Strick – festbinden.
b) Schreibe die Tabelle ab und trage den Satz in den verschiedenen Formen ein.

Du-Form	*XXX*
Man-Form	*XXX*
Befehlsform	*XXX*
Passiv	*XXX*

c) Vergleicht zu zweit eure Tabellen.

9 a) Formuliere deine Stichpunkte aus Aufgabe 4 aus und schreibe mithilfe deiner Vorarbeiten eine vollständige Vorgangsbeschreibung zum Pflanzen eines Baumes.
b) Tauscht eure Vorgangsbeschreibungen zu zweit und gebt euch gegenseitig Feedback. Ihr könnt eure Vorgangsbeschreibungen auch mithilfe der Methode „Schreibkarussel" überarbeiten (→ 172).

Eine Vorgangsbeschreibung überarbeiten

Überarbeitet eure Vorgangsbeschreibungen zum Pflanzen eines Baumes (S. 171). Nutzt dazu in der Klasse die Methode „Schreibkarussell“.

1 a) Informiere dich, wie ein Schreibkarussell funktioniert. Lies dazu die *Lernbox*.

b) Betrachte die folgenden Prüflisten (1–3). Was fällt dir dabei auf?

c) Lies die überarbeitete Vorgangsbeschreibung unten. Erläutere die Bedeutung der drei Farben.

d) Überlege, welche Vorbereitungen für ein Schreibkarussell nötig sind.

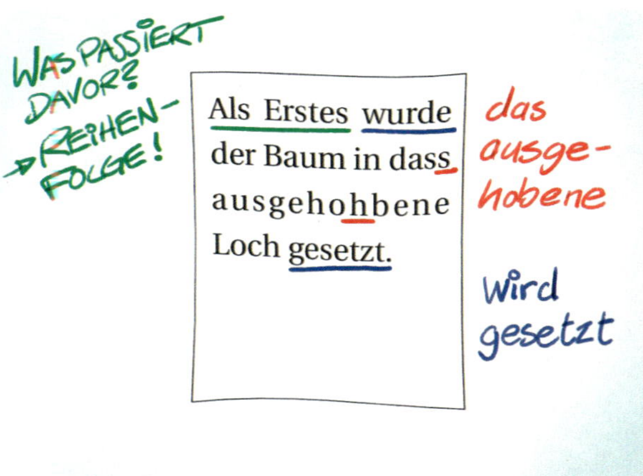

Inhalt und Aufbau des Textes **1**

Achtet darauf, dass …

- die Arbeitsschritte in der richtigen Reihenfolge beschrieben sind.
- mit allgemeinen Informationen zum Thema hingeführt wird.
- alle benötigten Arbeitsmittel und Materialien in Stichpunkten aufgeführt sind.
- die Arbeitsschritte vollständig und verständlich beschrieben werden.
- nichts Unnötiges oder Falsches beschrieben wird.
- die Vorgangsbeschreibung mit einem zusammenfassenden Satz abschließt.

Rechtschreibung und Form **2**

Achtet darauf, dass …

- der Text gut leserlich und mit passenden Absätzen geschrieben ist.
- kein Wort ausgelassen wurde.
- kein Buchstabe fehlt und keiner zu viel ist.
- keine ä-, ö- und ü-Striche fehlen.
- kein i-Punkt fehlt.
- alle Wörter richtig klein-/großgeschrieben sind.
- alle Satzzeichen stimmen.

3.3 (1) fremde sowie eigene Texte kritisch überprüfen und auf Angemessenheit und Wirksamkeit sprachlicher Gestaltungsmittel mit Blick auf Situations- und Adressatenbezug achten; bei Rückmeldungen an Mitschülerinnen und Mitschüler auf einen respektvollen Umgang miteinander achten

Sprache und Stilmittel **3**

Achtet darauf, dass ...

- der Text sachlich und ohne Ausschmückungen geschrieben ist.
- passende Verben, Adjektive und Fachbegriffe verwendet wurden.
- die Zeitform Präsens eingehalten wurde.
- es wenige Wortwiederholungen gibt.
- die Sätze abwechslungsreich gestaltet sind.
- wo nötig, Aussage- und Aufforderungs-/Befehlssätze verwendet wurden.
- die Anrede (Du-Form, Man-Form) durchgehend beibehalten wurde.

2 Führt das Schreibkarussell zu sechst durch. Bildet innerhalb eurer Sechsergruppe Tandems, die jeweils eine der Prüflisten übernehmen.

3 a) Besprecht anschließend in der Gruppe, was euch das Schreibkarussell gebracht hat. Haben die Hinweise der Mitschülerinnen und Mitschüler euch bei der Überarbeitung geholfen?

b) Tauscht euch in der Klasse über eure Erfahrungen aus.

Lernbox

Schreibkarussell

Mit dem Schreibkarussell könnt ihr selbstgeschriebene Texte in der Gruppe überarbeiten.

1 Vorbereitung

Klebt alle Texte, die ihr zu einem bestimmten Thema geschrieben habt, jeweils mittig auf ein DIN-A3-Blatt. Achtet darauf, dass an den Rändern genug Platz für Notizen bleibt.
Stellt drei Tische mit je zwei Stühlen im Dreieck auf. Verteilt eure Texte gleichmäßig auf die Tische.
Tipp: Schreibt eure Texte am Computer und druckt sie aus. Dann sind sie für alle gut zu lesen.

2 Durchführung

Setzt euch zu zweit gegenüber an einen Tisch und arbeitet im Partnerteam.
Überarbeitet einen Text nach dem anderen.

- Sitzt ihr am grünen Tisch, konzentriert ihr euch nur auf den Inhalt und den Aufbau und arbeitet mit grünen Stiften.
- Am roten Tisch geht es nur um die Rechtschreibung und die Form. Hier wird mit roter Farbe gearbeitet.
- Am blauen Tisch achtet ihr auf Sprache und Stilmittel. Hier benutzt ihr zur Überarbeitung nur blaue Stifte.

Sobald ihr mit eurer Überarbeitung fertig seid, wird der Text an den nächsten Tisch weitergereicht.

3 Weiterarbeit

Ist ein Text von allen Partnerteams überarbeitet worden (alle drei Stiftfarben sind zu sehen), geht das Blatt zurück an seinen Schreiber. So bekommt jeder am Ende des Schreibkarussells seinen eigenen Text zurück und überarbeitet ihn mithilfe der Korrekturhinweise.

Ein Unterrichtsprotokoll erstellen

1 Beschreibe, was du auf dem Bild siehst.

2 Du warst in der letzten Stunde nicht da. Ein Mitschüler hat für dich mitgeschrieben.
- a) Lies den folgenden Notizzettel.
- b) Verstehst du den Stundenverlauf? Notiere, was du an diesem Text ändern würdest.
- c) Tauscht euch anschließend zu zweit über eure Notizen aus.

Unterrichtsprotokoll von Yossef

Frau Kliemann zeigt ein Bild von einem Wellensittich und einem Vogel. Alle äußern sich zu dem Bild und beschreiben, was zu sehen ist. Tim sagt: „Der Wellensittich kann im Gegensatz zum Strauß fliegen." Nina ruft, dass das doch jedem klar sei. Es geht weiter damit, dass wir in Gruppen zusammengehen und an einer der drei Stationen arbeiten. Die Stationen haben Aufgaben zum Skelett des Vogels, zu dem Aufbau der Federn und zum Gewicht eines Vogels. Als alle mit den Stationen fertig sind, schreiben wir einen Hefteintrag zum Thema „Warum können manche Vögel fliegen?" Ich persönlich fand die Stunde ein wenig langweilig, weil ich vieles schon wusste.

3 Du hast bereits unterschiedliche Vorgangsbeschreibungen kennengelernt.
- a) Erkläre, welches die Besonderheit des Unterrichtsprotokolls ist.
- b) Überlegt zu zweit, auf welche Punkte man beim Protokollieren einer Unterrichtsstunde achten muss. Notiert eure Ideen.
- c) Vergleicht eure Notizen mit der *Lernbox* auf Seite 175.

4
- a) Erkläre, warum ein Unterrichtsprotokoll für den Natur-und-Technik-Unterricht besonders wichtig ist.
- b) Korrigiere das Protokoll aus Aufgabe 2.
- c) Beginne mit dem sogenannten „Kopf" des Protokolls, in dem alle wichtigen Daten zur Situation stehen. Orientiere dich an folgendem Muster:

Unterrichtsprotokoll
Datum: *XXXXXXXXXXXXXXXXXXXXXXXXXXXX*
Uhrzeit: *XXXXXXXXXXXXXXXXXXXXXXXXXXX*
Klasse: *XXXXXXXXXXXXXXXXXXXXXXXXXXXX*
Lehrkraft: *XXXXXXXXXXXXXXXXXXXXXXXXXX*
Fach: *XXXXXXXXXXXXXXXXXXXXXXXXXXXXXX*
Thema: *XXXXXXXXXXXXXXXXXXXXXXXXXXXX*

5 a) Lest die folgenden Notizen.
b) Versteht ihr den Ablauf der Unterrichtsstunde? Sprecht zu zweit darüber.

- *Freitag, 05.05.20XX*
- *fünfte Stunde bei Herrn Volk*
- *Wiederholung letzte Unterrichtsstunde*
- *Herr Volk stellt Flüssigkeiten auf den Tisch*
- *Herr Volk führt Versuch durch*
- *Skizzen zum Versuch:*

- *Ergebnis des Versuchs wird als Hefteintrag notiert.*
- *Hausaufgaben für die nächste Stunde Buch Seite 234 Aufgabe 2 und 3*

6 a) Was ist das Ziel des Versuches aus Aufgabe 5? Seht euch die Skizzen genau an und tauscht euch in der Klasse darüber aus.
b) Mache dir stichpunktartig Notizen zum Versuchsablauf.
c) Recherchiere den Versuchsablauf mithilfe des Internets und vergleiche ihn mit deinen Notizen.

Tipp

zu 6 a)

Verschiedene Flüssigkeiten mischen sich nicht, da sie eine unterschiedliche Dichte haben.

7 Führe den Versuch zu Hause selbst durch.

8 a) Verfasse mithilfe deiner Vorarbeiten ein vollständiges Unterrichtsprotokoll zu der Unterrichtsstunde.
b) Tauscht eure Texte zu zweit aus und überprüft euch gegenseitig.

9 a) Verfasse selbstständig ein Unterrichtsprotokoll zu einer Unterrichtsstunde deiner Wahl.
b) Präsentiert eure Unterrichtsprotokolle in der Klasse.

10 Besprecht, in welchen Bereichen außerhalb der Schule Protokolle verwendet werden.

Lernbox

Ein Unterrichtsprotokoll schreiben

Ein Unterrichtsprotokoll fasst das Ergebnis und den Verlauf einer Unterrichtsstunde zusammen.

So gehst du dabei vor:
1 Notiere während der Stunde **Stichpunkte**.
2 Schreibe nur mit, was für das **Verständnis der Unterichtsstunde** wichtig ist. Unterbrechungen oder Unterrichtsstörungen sind unwichtig.
3 Halte im **Kopf des Protokolls** die wichtigsten Daten fest: das *Datum*, die *Uhrzeit*, das *Fach* und das *Thema* der Stunde, den Namen der *Lehrkraft* und die *Klasse*.
4 Beschreibe den **Ablauf der Stunde**. Formuliere dafür deine Stichpunkte zu ganzen Sätzen aus.
5 Halte die Arbeitsschritte der Stunde **in der richtigen Reihenfolge** fest.
6 Schreibe im **Präsens**.
7 Formuliere **sachlich**.

Kompetenzcheck

Bild 1

Bild 2

Bild 3

Bild 4

Bild 5

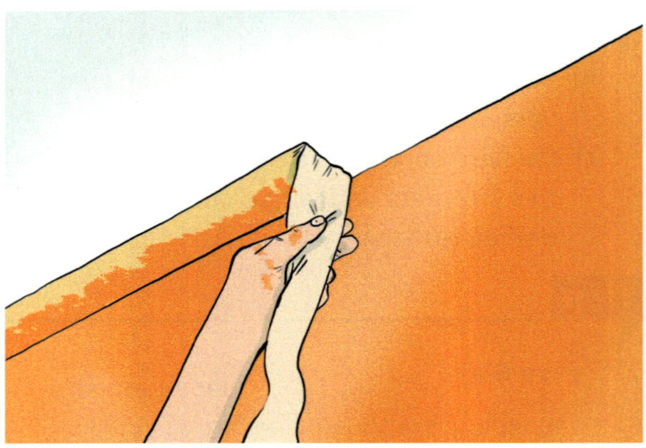

Bild 6

3.3 (1) fremde sowie eigene Texte kritisch überprüfen und auf Angemessenheit und Wirksamkeit sprachlicher Gestaltungsmittel mit Blick auf Situations- und Adressatenbezug achten; bei Rückmeldungen an Mitschülerinnen und Mitschüler auf einen respektvollen Umgang miteinander achten

1 Sieh dir die Bilder 1–6 an und beschreibe den Handlungsablauf eines Malers/einer Malerin beim Streichen einer Wand (S. 176).

2 Nach dem Schreiben:
a) Überprüfe deinen Text mit der Checkliste unten (→ COPY C). Notiere für dich, was du intensiver üben musst.
b) Tauscht eure Texte zu zweit aus. Gebt euch mithilfe der Checkliste gegenseitig eine Rückmeldung zu euren Texten.

3 a) Überarbeite deinen Text mithilfe der Anmerkungen deines Mitschülers/deiner Mitschülerin.
b) Gib den überarbeiteten Text deiner Lehrkraft.

Tipp

zu 1)
Plane deine Beschreibung schrittweise:
1 Notiere Stichpunkte zu den Bildern.
2 Lies die Checkliste auf dieser Seite und plane deinen Text.

Stichpunkte zur Beschreibung des Handlungsablaufs:
- Material
- Möbel und Boden mit Folie abdecken
- Fenster und Fensterrahmen mit Klebeband abkleben
- zuerst über Klebeband streichen
- alle Flächen von rechts nach links und von oben nach unten streichen
- trocknen lassen und Klebeband abziehen

Checkliste – Überprüfe dein Unterrichtsprotokoll/ deine Vorgangsbeschreibung!

Ich habe / Du hast …	selbst überprüft	vom Partner überprüft	von der Lehrkraft überprüft	übe weiter	erledigt am
… eine passende Überschrift gewählt.	xxxxxxxx	xxxxxxxx	xxxxxxxx	xxxxxxxxxxxxxxxx	xxxxxxxx
… die äußere Form eingehalten (Kopf des Protokolls mit Datum, Uhrzeit, Klasse, Fach, Thema).	xxxxxxxx	xxxxxxxx	xxxxxxxx	xxxxxxxxxxxxxxxx	xxxxxxxx
… die Arbeitsschritte genau und in der richtigen Reihenfolge beschrieben.	xxxxxxxx	xxxxxxxx	xxxxxxxx	xxxxxxxxxxxxxxxx	xxxxxxxx
… Unwichtiges weggelassen.	xxxxxxxx	xxxxxxxx	xxxxxxxx	xxxxxxxxxxxxxxxx	xxxxxxxx
… passende Verben und Fachbegriffe verwendet.	xxxxxxxx				xxxxxx
… abwechslungsreiche Satzanfänge gewählt.	xxxxxxxx				xxxxxx
… die Zeitform Präsens eingehalten.	xxxxxxxx				xxxxxx
… sachlich formuliert (ohne Gefühle oder Meinungen).	xxxxxxxx				xxxxxx
… gut leserlich sowie fehlerfrei geschrieben und den Text passend in Absätze gegliedert.	xxxxxxxx				xxxxxx
… Rückmeldungen von deinem Partner bei der Überarbeitung berücksichtigt.	xxxxxxxx	xxxxxxxx	xxxxxxxx	xxxxxxxx	xxxxxxxx
Was ich dir noch sagen wollte:	xxxxxxxxxx	xxxxxxxxxx	xxxxxxxx	xxxxxxxx	xxxxxxxx

Verschaffe dir nun einen Überblick über die Ergebnisse im Kompetenzcheck und wähle aus den folgenden Übungen auf den Seiten 178 und 179 die für dich passenden aus.
Besprich dich auch mit deiner Lehrkraft.

3.3 (1) fremde sowie eigene Texte kritisch überprüfen und auf Angemessenheit und Wirksamkeit sprachlicher Gestaltungsmittel mit Blick auf Situations- und Adressatenbezug achten; bei Rückmeldungen an Mitschülerinnen und Mitschüler auf einen respektvollen Umgang miteinander achten

Übungen

Über Berufe informieren

1 a) Stelle dir den Tagesablauf/die Tätigkeiten eines Zahnarzthelfers/einer Zahnarzthelferin vor. Erstelle eine Mindmap dazu.

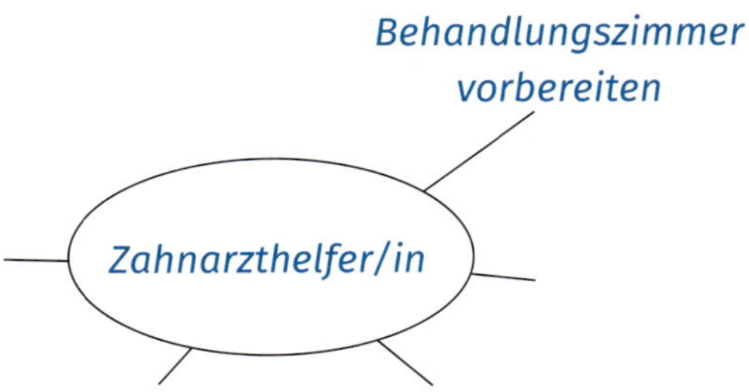

b) Informiere dich auf den Internetseiten der Arbeitsagentur und ergänze die Mindmap.

c) Vergleicht anschließend zu zweit eure Mindmaps.

Fachbegriffe richtig verwenden

2 Lies die Sätze im Kasten.
Schreibe die Sätze (A–D) ab und ergänze die Lücken mit passenden Fachbegriffen.

A) Nachdem ich meine *XXX* angezogen habe, helfe ich dabei, die *XXX* vorzubereiten.
B) Ich überprüfe, ob alle *XXX* da sind, die für die Behandlungen benötigt werden.
C) Die Computer müssen hochgefahren und der Behandlungsstuhl in eine bestimmte *XXX* gebracht werden.
D) Zum Schluss lege ich alle notwendigen Instrumente und *XXX* für die erste Behandlung heraus.

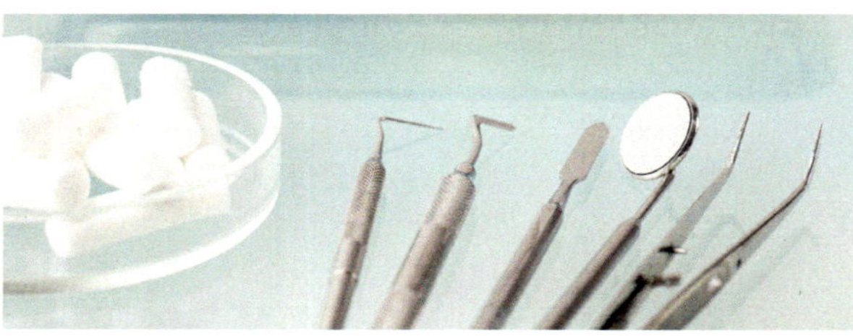

Zeitformen richtig verwenden

3 In der folgenden Vorgangsbeschreibung wurde zu wenig auf die richtige Zeitform geachtet. Schreibe die Sätze (A–D) ab und verbessere dabei die Fehler.

A) Um Zahnseide richtig zu benutzen, hattest du beide Enden um den Zeige- oder Mittelfinger gewickelt.
B) Du musstest zwischen den Fingern maximal ein Stück von drei bis fünf Zentimetern übriglassen.
C) Dann hast du die Zahnseide behutsam zwischen den Zähnen auf- und abwärts bewegt.
D) Du wirst darauf achten, nicht das Zahnfleisch zu berühren, da sonst leicht Verletzungen oder Entzündungen entstehen werden.

Satzarten

4 a) Notiere die Sätze (A–D).

b) Markiere die Sätze, die im Aktiv stehen, blau und die Sätze, die im Passiv stehen rot.

A) Die Zähne müssen sorgfältig geputzt werden.
B) Die Zahnpasta wird auf die Zahnbürste aufgetragen.
C) Die Zähne werden von oben nach unten geputzt.
D) Die Zahnzwischenräume reinigt man mit Zahnseide.

c) Schreibe die Sätze in der jeweils anderen Form (Aktiv oder Passiv) auf.

3.3 (4) den eigenen Schreibprozess eigenverantwortlich reflektieren und bewerten und sich Ziele für weitere Schreibaufgaben setzen

Die richtige Verbform verwenden

5 a) Setze in die Lücken die passenden Verben zur Händedesinfektion ein.

A) *XXX* Desinfektionsmittel in deine Hand.
B) *XXX* die Hände aneinander.
C) *XXX* die Flüssigkeit gleichmäßig.
D) *XXX* deine Hände 30 Sekunden trocknen.

b) Die Verben am Satzanfang stehen alle in einer bestimmten Form. Überlegt zu zweit, wie diese besondere Form des Verbs heißt.

Anredeform wählen

6 a) Übertrage die folgende Tabelle in dein Heft.

	A.	B.	C.
Du-Form	*XXX*	*XXX*	*XXX*
Man-Form	*XXX*	*XXX*	*XXX*
Befehlsform	*XXX*	*XXX*	*XXX*
Passiv	*XXX*	*XXX*	*XXX*

b) Ordne die folgenden Sätze (A–D) der richtigen Anredeform zu und kreuze das entsprechende Feld in der Tabelle an.

A) Man gibt nun eine haselnussgroße Menge der Zahnpasta auf die Zahnbürste.
B) Du gibst nun eine haselnussgroße Menge der Zahnpasta auf die Zahnbürste.
C) Auf die Zahnbürste wird eine haselnussgroße Menge der Zahnpasta gegeben.
D) Gib nun eine haselnussgroße Menge der Zahnpasta auf die Zahnbürste.

Tipp

zu 5 a)

geben, reiben, verteilen, lassen

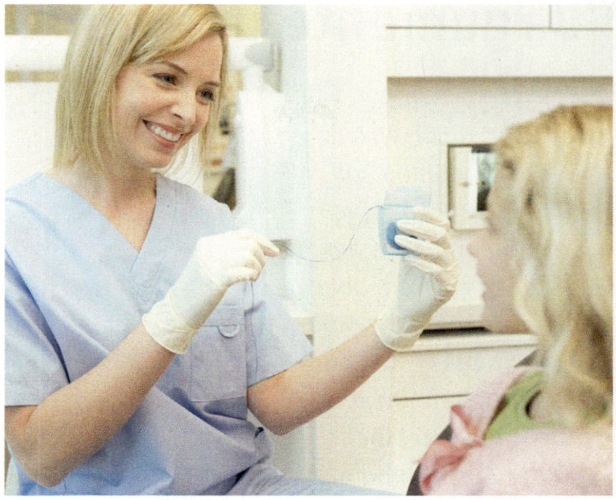

Inhalt kürzen

7 Kürze den Text im Kasten so, dass nur noch die wichtigsten Informationen enthalten, die Sätze aber immer noch verständlich sind.

> Pro Anwendung muss man circa 50 Zentimeter, eventuell auch mehr oder weniger, der gekauften, weißen Zahnseide verwenden.
> Die weiße Zahnseide wickelt man dreimal um den Zeigefinger einer der Hände, so ist sie am besten fixiert.

Arbeitsrückschau

1 Du hast den Kompetenzcheck durchgeführt. Schaue nun auf deine Arbeit zurück. Was fiel dir leicht, was nicht? Notiere es.
2 Was konntest du schon? Was hast du dazugelernt?
3 Ist es dir gelungen, Tipps von deinen Mitschülerinnen und Mitschülern anzunehmen und ihnen Tipps zu geben?
4 Wähle einen deiner Texte und nimm ihn ins Portfolio auf. Entscheide so, dass dein Lernweg für dich und deine Lehrkraft sichtbar wird.
5 Besprich mit deiner Lehrkraft, was du noch üben bzw. wiederholen kannst.

Argumente überzeugend formulieren

1 a) Betrachte das Bild und beschreibe die Situation.
b) Gib wieder, welche Kriterien die beiden Mädchen für die Berufswahl nennen.

2 a) Lies die Anleitung „Stellung beziehen – so geht es!" im Kasten rechts.
b) Was sollte bei der Berufswahl eher zählen: die *Neigung* oder das *Gehalt*? Beziehe im Raum dazu Stellung.

Tipp

zu 3)
So baust du ein Argument überzeugend auf:

Ein Argument besteht aus einer *Behauptung* und einer *Begründung*. Durch ein konkretes *Beispiel* wirkt ein Argument besonders überzeugend.

1 Behauptung: *Die eigenen Fähigkeiten sind bei der Berufswahl wichtig, …*
2 Begründung: *… weil sie die Voraussetzung dafür sind, gute Leistungen zu zeigen.*
3 Beispiel: *Zum Beispiel sind Jugendliche, die in der Schule gut in Mathe waren, später in kaufmännischen Berufen besonders erfolgreich.*

3 Ihr wisst bereits, wie Argumente aufgebaut sind. Erklärt euch zu zweit gegenseitig den Aufbau eines Arguments.

Stellung beziehen – so geht es!

1 Denkt euch in der Mitte des Klassenzimmers eine Linie. Jeweils ein Ende steht für eine Extremposition (z. B. *nur die Neigung* oder *nur das Gehalt* ist wichtig).
2 Welcher Meinung bist du? Positioniere dich dementsprechend auf der Linie.
3 Sprecht über eure eingenommene Position. Warum habt ihr euch so aufgestellt?
4 Diskutiert über die Frage.

1.3 (3) diskutieren und debattieren, dabei den eigenen Standpunkt begründet, nachvollziehbar und differenziert darstellen und ggf. verändern. Die passende Sprachebene versiert wählen (z. B. Dialekt, Standardsprache, Fachsprache) und Inhalts- und Beziehungsebene nach einem Kommunikationsmodell berücksichtigen

4 Im Folgenden findest du zwei Argumente. Allerdings sind die einzelnen Teile durcheinandergeraten.

a) Lies die Bausteine und schreibe sie in der richtigen Reihenfolge auf. Du kannst auch COPY 25 nutzen.

A) *Ein Paar angesagte Sneakers kostet 150 € oder noch mehr.*

B) *Meiner Meinung nach sollte der Ausbildungsberuf aufgrund der Neigung ausgesucht werden,*

C) *da ich mir dann echte Markenklamotten leisten kann.*

D) *da dies dafür sorgt, dass man längerfristig im Beruf zufrieden ist und mehr Engagement zeigt.*

E) *Zum Beispiel zeigt ein Pfleger, dem menschliche Kontakte wichtig sind, einen einfühlsameren Umgang mit Pflegebedürftigen.*

F) *Die Bezahlung ist für mich ausschlaggebend für die Auswahl des Ausbildungsberufs,*

b) Unterstreiche die Bausteine der Argumente in unterschiedlichen Farben (z. B. *Behauptung* grün, *Begründung* blau, *Beispiel* gelb).

c) Finde weitere Kriterien, die bei der Berufswahl wichtig sind und formuliere mindestens ein vollständiges Argument.

5 a) Betrachte das Schaubild oben rechts auf dieser Seite und beantworte dazu schriftlich folgende Fragen:

- *Worum geht es in dem Schaubild?*
- *Wer wurde befragt?*

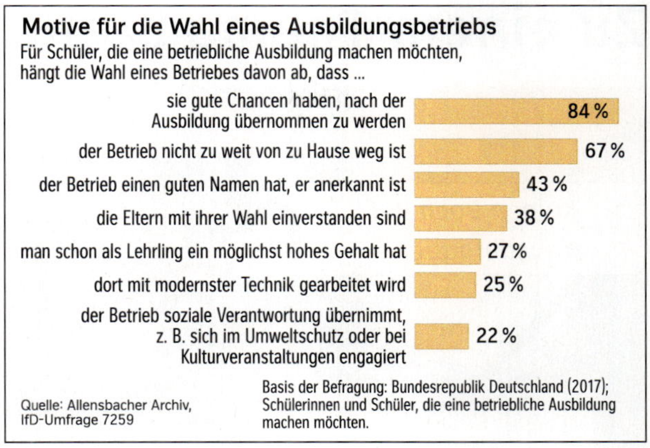

- *Was ist den Schülerinnen und Schülern bei der Wahl des Ausbildungsbetriebes sehr wichtig/weniger wichtig?*

b) Tauscht euch in der Klasse über eure Ergebnisse aus.

c) Formuliere mithilfe des Schaubildes zwei Argumente, die Jugendliche bei der Wahl des Ausbildungsbetriebes beeinflussen können. Du kannst so beginnen: *Für viele Jugendliche ist es besonders wichtig, dass …*

6 Erkläre in einer E-Mail an einen Freund/eine Freundin, was dir bei der Berufswahl wichtig ist. Gehe auch darauf ein, was ein Ausbildungsbetrieb deiner Meinung nach bieten sollte. Nutze dafür die Argumente aus den Aufgaben 4 und 5.

In diesem Kapitel kannst du …

auf dein Vorwissen aufbauen, wiederholen und üben, wie du …

- Argumente überzeugend aufbaust,
- einen argumentierenden Text sinnvoll gliederst,
- zu einem Thema Stellung nimmst,
- Argumente gegeneinander abwägst,
- einen Kommentar erkennst und einen Aufruf verfasst.

2.3 (1) aus komplexen, eigenständig recherchierten Texten aus unterschiedlichen Medien gezielt Informationen zur Entwicklung von Standpunkten und zur interessengeleiteten Ausweitung von Kenntnissen entnehmen (z. B. zu lebensbedeutsamen, auch berufsorientierenden Themen)

Zu einem Thema Stellung nehmen

1 a) Betrachte das Bild und erkläre, was darauf zu sehen ist.
b) Kennst du solche Posts oder hast du selbst schon einmal etwas Ähnliches gepostet? Tauscht euch in der Klasse darüber aus.
c) Überlegt gemeinsam, an wen diese Posts wohl gerichtet sind. Wer sollte sie vielleicht besser nicht lesen?

2 a) Tauscht euch in der Klasse über die folgende Aussage aus: *„Posts in sozialen Netzwerken sollten nur für Freunde sichtbar sein."*
b) Formuliere nun deine persönliche Meinung zum Thema: Überlege dir drei passende Argumente, die deine Meinung stützen, und schreibe sie auf.
c) Schreibe eine vollständige Stellungnahme zu der Aussage. Hinweise dazu findest du in der *Lernbox* und auf S. 70.

Tipp

zu 3 a) Beispielformulierungen:
Häufig hört man … – Ich bin der Auffassung … – Meiner Meinung nach … – Mein Anliegen ist also … – Ich möchte betonen, dass …

d) Präsentiert euch zu zweit gegenseitig eure Stellungnahmen und gebt einander Feedback. Sind die Argumente überzeugend und wurde der Aufbau einer Stellungnahme eingehalten?

3 Bestimmte Formulierungen helfen, Argumente miteinander zu verknüpfen.
a) Notiere passende Formulierungen.
b) Ordne die Formulierungen in die Tabelle ein.

Einleitung	Hauptteil	Schluss
xxx	xxx	xxx

c) Überarbeite deine Stellungnahme aus Aufgabe 2 mithilfe der Formulierungen.

4 In welchen Situationen im Alltag müsst ihr eure Meinung vertreten oder andere Menschen überzeugen? Sprecht zu zweit darüber.

Lernbox

Stellung nehmen

Wenn du zu etwas Stellung nimmst, dann stellst du deine **eigene Meinung** zu einem Thema ausführlich und begründet dar. So kannst du deine *Stellungnahme* aufbauen:

1. **Einleitung:** Mache deine Leserinnen und Leser neugierig und führe zum Thema hin.
2. **Hauptteil:** Stelle deinen Standpunkt dar und begründe ihn schlüssig mithilfe von Argumenten. Denke an passende Übergänge zwischen den Argumenten und ordne sie nach ihrer Überzeugungskraft. Das überzeugendste Argument sollte am Schluss stehen.
3. **Schluss:** Wiederhole deine Meinung und bekräftige im Schlusssatz deinen Standpunkt.

3.2 (6) zu aktuellen Themen Stellung nehmen und dabei Thesen formulieren, Argumente und Gegenargumente benennen und gewichten sowie Schlussfolgerungen ziehen; für das Erörtern bzw. zur Darstellung von Problemen auch journalistische Textformen nutzen (z. B. Kritik, Leitartikel)

Zum Handeln aufrufen

1 a) Betrachtet das Bild oben und sprecht zu zweit über folgende Fragen:
– *Welche Meinung hat Elena?*
– *Was will Elena mit ihrem Text erreichen?*
b) Erklärt euch gegenseitig, was ein Aufruf ist. Lest bei Bedarf in der *Lernbox* nach.
c) Tauscht eure Ergebnisse in der Klasse aus.

Lernbox

Einen Aufruf verfassen

1 Ein Aufruf enthält eine **Aufforderung**: Die Leser (oder Zuhörer) sollen etwas tun oder lassen. Einen Aufruf nennt man auch *Appell*.

2 Mit einem Aufruf willst du ...
- den Leser auf ein Problem aufmerksam machen,
- seine Gefühle ansprechen und sie in eine bestimmte Richtung lenken,
- den Leser zum Handeln aufrufen.

3 Beim Verfassen eines Aufrufs musst du dir klar machen, wen du erreichen willst. Wer ist der **Adressat**? Gestalte deinen Appell dann *adressatenbezogen*: Wähle den *Inhalt*, die *Sprache* und das *Layout* entsprechend aus.

4 Einen Aufruf kannst du z. B. als Flyer, Plakat oder mit einem Zeitungsartikel verbreiten.

2 Sammelt in der Klasse weitere Möglichkeiten, wie Elena ihre Mitschülerinnen und Mitschüler auf das Problem aufmerksam machen könnte. Hinweise dazu findet ihr in der *Lernbox*.

3 a) Gestaltet in Kleingruppen einen Flyer oder ein Plakat, mit dem ihr eure Mitschülerinnen und Mitschüler zur Vorsicht bei der Nutzung sozialer Medien aufruft.
b) Baut einen Gallery Walk mit euren Ergebnissen in der Klasse auf. Hängt neben jeden Flyer und neben jedes Plakat einen Notizzettel.
c) Betrachtet die Ergebnisse und notiert auf den Zetteln Tipps oder schreibt auf, was ihr gelungen findet. Nutzt dafür die Checkliste unten.

Checkliste Flyer / Plakat
– *Sind die wichtigsten Informationen enthalten?*
– *Wird deutlich, was erreicht werden soll?*
– *Sind Texte und Bilder auf dem Plakat oder Flyer übersichtlich angeordnet?*
– *Ist das Layout überzeugend und adressatenbezogen gestaltet?*

3.2 (7) sprachliche Mittel des argumentierenden Schreibens zielgerichtet in eigenen Texten einsetzen (z. B. Verstärkung von Wertungen und Appellen durch Modalität, Modalverben, Modaladverbien)

Argumente gegeneinander abwägen

1 a) Betrachtet das Bild und tauscht euch zu zweit darüber aus, worüber sich die Schülerin vermutlich freut.
b) Lies den folgenden Text (→ COPY 26).

Direkt nach der Schule eine eigene Wohnung?
Von Paul Rademacher

Mit dem Schulabschluss öffnen sich viele Türen. Man fühlt sich viel erwachsener und denkt vielleicht daran, ein eigenes Leben anzufangen, unabhängig von den Eltern. Häufig diskutieren die Schüler in den Abschlussklassen darüber, ob sie von nun an in einer eigenen Wohnung leben sollen. Welche Vor- und Nachteile das haben kann, möchte ich im Folgenden erörtern.
Für einen Auszug aus dem Elternhaus spricht, dass man sehr schnell selbständig wird. Man muss dann selbst darauf achten, wie viel Geld man zur Verfügung hat und für welche Dinge man es ausgibt. Zum Beispiel überlegt man dann ganz genau, ob das Geld für diesen Monat noch für ein weiteres Paar teure Sneakers reicht. Man könnte natürlich einwenden, dass ein Auszug auch genau zum Gegenteil führen kann. Möglicherweise sind einzelne Jugendliche noch nicht reif genug, um allein zu wohnen. Sie könnten die Kontrolle über ihre Finanzen verlieren und sich sogar verschulden, zum Beispiel durch hohe Kosten für den eigenen Internetanschluss.
Ein anderes wichtiges Argument ist, dass das Verhältnis zwischen Eltern und Kindern sich oft verbessert, wenn man nicht mehr im gleichen Haushalt wohnt. Früher, als man noch Zuhause gewohnt hat, haben sich die Eltern vielleicht oft beschwert, weil man z. B. wieder

einmal zu spät nach Hause gekommen ist. Diese kleinen Streitereien gehören dann der Vergangenheit an.
Andererseits sehen Jugendliche, die in einer eigenen Wohnung leben, die Eltern und Geschwister viel seltener. Sie verbringen den Alltag nicht mehr miteinander. Somit weiß man nicht mehr, was im Leben der anderen Familienmitglieder passiert. So könnte ein Auszug nach der Schule im Extremfall dazu führen, dass sich die Familie auseinanderlebt.
Diese verschiedenen Gesichtspunkte muss man für sich abwägen, bevor man entscheidet, zu Hause auszuziehen. Und sicher gibt es noch viele weitere Faktoren, die beachtet werden müssen. Meiner Meinung nach eröffnet ein Auszug von Zuhause aber viele Chancen. Nutzt man sie und handelt überlegt, kann das ein idealer Start sein in ein selbstständiges, selbstbestimmtes Leben!

2 a) Gib wieder, welche Meinung der Autor vertritt.
b) Tauscht euch in der Klasse darüber aus, ob ihr seine Argumentation überzeugend findet. Begründet eure Meinung.

3 a) Untersuche den Aufbau des Textes genauer und beantworte die folgenden Fragen schriftlich:
– *In welche Teile lässt sich der Text gliedern?*
– *Wie folgen die Argumente aufeinander?*

3.2 (6) zu aktuellen Themen Stellung nehmen und dabei Thesen formulieren, Argumente und Gegenargumente benennen und gewichten sowie Schlussfolgerungen ziehen; für das Erörtern bzw. zur Darstellung von Problemen auch journalistische Textformen nutzen (z. B. Kritik, Leitartikel)

b) Markiere die Pro- und Kontra-Argumente in der Kopie des Textes (→ COPY 26) und/oder notiere die Argumente aus dem Text in Stichpunkten. Ordne sie in die Tabelle ein.

Pro	**Kontra**
xxx	*xxx*

4 Erkläre mithilfe von Beispielen aus dem Text, was es bedeutet, ein Thema zu *erörtern*. Hinweise dazu findest du in der *Lernbox*.

5 a) Lies die Gliederung für eine Erörterung über „Betriebspraktika in der 9. Klasse“.

Betriebspraktika in der 9. Klasse
A) Praktikum in der 9. Klasse notwendig?
B) Sollten Praktika in der 9. Klasse stattfinden?
1. Unterbrechung der Prüfungsvorbereitung
2. Berufliche Orientierung zeitnah zum Beginn der Ausbildung
3. Abwechslung zum Lern-/Prüfungsstress
C) Praktika in der 9. Klasse sinnvoll!

Tipp

zu 7) Einen Text schlüssig gliedern

Eine Gliederung hilft dir beim Planen eines Textes. Notiere dafür die Argumente in Stichpunkten und nummeriere sie in einer sinnvollen Reihenfolge. Beispiel:

A) Einleitung: *Stelle einen aktuellen Bezug zum Thema her.*

B) Hauptteil: *Nenne die Frage, mit der du dich beschäftigst. Notiere dann die Argumente.*

1. erstes Argument (Pro/Kontra)
2. zweites Argument (Pro/Kontra)
3. drittes Argument (Pro/Kontra) …

C) Schluss: *Verdeutliche deine eigene Meinung und ziehe ein Fazit.*

b) Überlegt zu zweit, welche Reihenfolge der Argumente 1–3 auf dem Notizzettel euch sinnvoll und logisch erscheint. Sortiert sie anders, wenn nötig.

6 a) Schreibe eine Einleitung, die zu Punkt A der Gliederung in Aufgabe 5 passt.
b) Schreibe einen Schluss, der zu Punkt C der Gliederung in Aufgabe 5 passt.
c) Tauscht eure Texte aus und gebt euch gegenseitig Tipps zur Verbesserung.

7 Notiert die Gliederung des Textes auf Seite 184.

8 a Schreibe eine vollständige Erörterung passend zur Gliederung in Aufgabe 5. Nutze hierzu deine Vorarbeiten aus Aufgabe 6.
b Verfasse eine Erörterung zu einem Thema deiner Wahl. Beginne mit der Gliederung.

Lernbox

Ein Thema erörtern

1 Bei vielen Themen gibt es gute **Pro-** und gute **Kontra-Argumente**. Erst wenn du sie gegeneinander abgewogen hast, kannst du begründet Stellung nehmen.

2 Das **Abwägen von Argumenten** nennt man *ein Thema erörtern*. Ein Text, in dem das geschieht, wird auch *Erörterung* genannt.

3 Der **Aufbau** einer Erörterung kann unterschiedlich sein. So kannst du sie gliedern:
- Entweder nennst du erst alle Argumente für die eine Seite, dann die Gegenargumente,
- oder du ordnest die Argumente abwechselnd an und beziehst sie aufeinander.

4 Die Erörterung mündet in ein Fazit: deiner begründeten Stellungnahme, die sich aus deiner Abwägung der Argumente ergibt.

Einen Kommentar lesen und erkennen

1 a) Betrachte das Schaubild rechts und notiere zwei zentrale Aussagen.
b) Vergleicht zu zweit die Aussagen und findet eine passende Überschrift für das Schaubild.

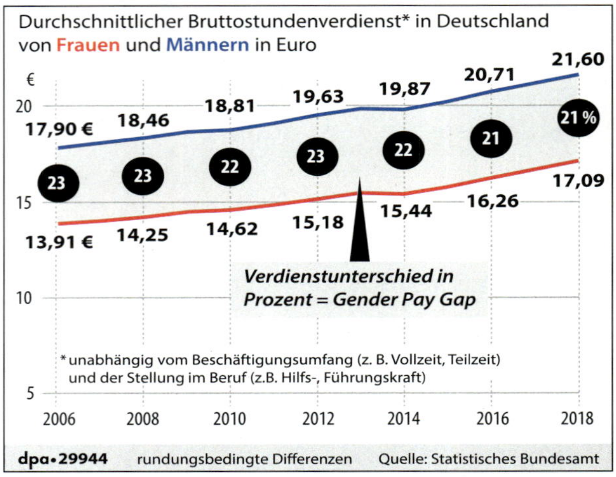

2 a) Lest die Überschrift des folgenden Textes. Sprecht in der Klasse darüber, worauf die Überschrift vermutlich abzielt.
b) Überlegt, warum ein Bild der Autorin abgedruckt wurde.
c) Lest anschließend den gesamten Text.

Sechs Prozent sind keine Peanuts[1]
Von Désirée Linde

Gleicher Lohn für gleiche Arbeit, das ist in Deutschland häufig keine Realität.

Stellen Sie sich vor, dass Sie als Ingenieur in einer Baufirma arbeiten oder als Projektmanager in einer Bank. Sie machen einen guten Job. Sie arbeiten in einem Team mit drei anderen Kollegen: gleiche Qualifikation, gleiche Aufgaben [...]. Und stellen Sie sich vor, Sie hätten grüne Augen. Und nun stellen Sie sich vor, dass Menschen mit grünen Augen wie Sie grundsätzlich sechs Prozent weniger Gehalt bekommen als die Kollegen mit braunen, blauen oder wie auch immer farbigen Augen. Legt man dieses Gedankenspiel zugrunde, haben die Frauen in Deutschland grüne Augen. Hierzulande besteht noch immer eine Lohnlücke von sechs Prozent zwischen Männern und Frauen. [...]

Gewerkschaften gehen zwar auf die Straße, um für Leiharbeiter im Sinne der Formel „Gleicher Lohn für gleiche Arbeit“ zu kämpfen. Aber bei der geschlechtsspezifischen Gehaltslücke, der **Gender Pay Gap**, bleibt die große Wut aus. Im Gegenteil, es schleicht sich bei Frauen Resignation/Entmutigung und bei Männern allmähliche Befriedigung ein. Dabei schwingt mit: „Was sind schon sechs Prozent – jetzt regt euch mal nicht so auf.“ In den meisten Unternehmen steht hinter der Lohnlücke keine Strategie, kein böser Wille, aber vor allem kein bewusstes Handeln – und doch existiert sie. Verantwortlich sind dafür beide Seiten: Frauen haben oft Probleme, ihre guten Leistungen als solche zu erkennen, zu benennen und als Folge das einzufordern, was sie verdienen. Frauen – und auch die leisen Männer – müssen lauter werden. Aber richtig ist auch: Chefs dürfen nicht nur nach dem eigenen Ebenbild einstellen, fördern und befördern. Sie müssen sich fragen: Was fließt ein in meine Entscheidung? Habe ich jemanden übersehen? Kommt es mir vielleicht ganz recht, dass die Frau (oder der stille Mann) nicht nach dem Mehr an Geld fragt, das der Kollege bereits bekommt?

[1]*Peanuts* = Kleinigkeit

3.2 (6) zu aktuellen Themen Stellung nehmen und dabei Thesen formulieren, Argumente und Gegenargumente benennen und gewichten sowie Schlussfolgerungen ziehen; für das Erörtern bzw. zur Darstellung von Problemen auch journalistische Textformen nutzen (z. B. Kritik, Leitartikel)

3 Erkläre mit eigenen Worten, was man unter der *Gender Pay Gap* versteht.

4 a) Erschließe den Text mit der 5-Schritt-Lesemethode (S. 98). Gliedere den Text zunächst in Sinnabschnitt.
b) Finde eine Überschrift für jeden Sinnabschnitt und notiere stichpunktartig, worum es geht. Beispiel:

Sinnabschnitt 1 (Z. 1 – 19): Unfaire Lohnlücke zwischen Männern und Frauen
– machen einen guten Job
– gleiche Qualifikation, gleiche Aufgaben
– Lohnlücke von sechs Prozent

c) Fasse den Text mit eigenen Worten zusammen.

5 Beschreibe, wie die Autorin den Text einleitet. Was will sie damit bei dem Leser/der Leserin erreichen?

6 Bei dem Text auf Seite 186 handelt es sich um einen Kommentar.
a) Sprecht zu zweit darüber, wo in den Medien euch Kommentare begegnen.
b) Notiert mithilfe des Textes stichpunktartig Merkmale eines Kommentars. Vergleicht eure Notizen anschließend mit den Hinweisen in der *Lernbox*.

Tipp

zu 5)

Die Autorin spricht die Leser direkt an und fordert zum Mitdenken auf: *„Stellen Sie sich vor …“* (Z. 4)
Sie überrascht die Leser und weckt Interesse: *„Und stellen Sie sich vor, Sie hätten grüne Augen“* (Z. 9 f.)

c) Stellt Vermutungen an, an wen sich der Kommentar „Sechs Prozent sind keine Peanuts“ richtet. Was möchte die Autorin mit ihrem Kommentar erreichen?

7 a) Notiere die Gründe, warum es laut der Autorin zur „Gender Pay Gap“ kommt.
b) Die Autorin nennt auch eine Lösung für das Problem: Notiere die entsprechende Textstelle als wörtliches Zitat inklusive Zeilenangabe.

Lernbox

Kommentar

1 Ein **Kommentar** informiert nicht in erster Linie, sondern gibt die **Meinung des Verfassers** wieder. In Zeitungen stehen deshalb stets der Name und meist auch ein Bild dabei.
2 Ein Kommentar **bezieht sich** meist auf eine **Nachricht** oder eine **Reportage**, die in der Zeitung auf derselben Seite stehen.
3 Der **Autor**/Die **Autorin** des Kommentars
- schreibt, worum es geht (**Thema**),
- gibt die eigene **Meinung** dazu wieder,
- nennt Gründe für seine/ihre Meinung.

4 Oft werden im Text auch mögliche **Gegenargumente** genannt und **entkräftet**.

3.2 (6) zu aktuellen Themen Stellung nehmen und dabei Thesen formulieren, Argumente und Gegenargumente benennen und gewichten sowie Schlussfolgerungen ziehen; für das Erörtern bzw. zur Darstellung von Problemen auch journalistische Textformen nutzen (z. B. Kritik, Leitartikel)

Kompetenzcheck

1 Lies die folgende Einleitung und den Text „Sollen Eltern ihre Kinder mit dem Auto zur Schule bringen?“.

Nicht nur Grundschülerinnen und -schüler werden von ihren Eltern zur Schule gebracht. Auch vor vielen weiterführenden Schulen bildet sich täglich morgens ein Verkehrschaos, das durch so genannte „Elterntaxis“ entsteht.

Sollen Eltern ihre Kinder mit dem Auto zur Schule bringen?

Von Nora Imlau

Man darf Familien nicht verurteilen, bei denen die Kinder mit dem Auto zur Schule gebracht werden. Natürlich ist es besser für die Umwelt, wenn weniger Menschen Auto fahren und stattdessen zu Fuß gehen, Rad fahren oder den Bus nehmen. Selbstverständlich ist Bewegung an der frischen Luft gesund. Klar ist auch: Beim Laufen oder Radeln lernt man, sich sicher im Straßenverkehr zu bewegen. Eltern, die ihre Kinder trotzdem mit dem Auto zur Schule bringen, sind deshalb aber nicht automatisch faul oder dumm. Manche Kinder haben zum Beispiel Schulangst. Im Auto haben sie einen Moment der Ruhe mit der Mutter oder dem Vater. Das kann helfen, Kraft und Mut für den Tag zu sammeln. Andere werden gemobbt, etwa im Schulbus, wo es kein Lehrer mitbekommt. Und manche Kinder haben einfach einen sehr weiten Schulweg. Zum Beispiel, wenn sie in einem abgelegenen Dorf leben. So ein Kind war ich übrigens. Ganz so neu ist das „Elterntaxi“ also nicht.

Man muss den Verkehr vor Schulen sinnvoll regeln. Kinder, die dort mit dem Rad oder zu Fuß unterwegs sind, dürfen nicht gefährdet werden. Deshalb müssen Eltern in der Nähe der Schule ganz besonders vorsichtig fahren. Daran darf man sie auch gern immer mal wieder erinnern. Aber Familien, die sich für einen Schulweg mit dem Auto entscheiden, grundsätzlich Vorwürfe zu machen, ist nicht fair. Wenn Kinder ihren Schulweg allein zurücklegen können, dürfen sie und ihre Eltern sich darüber freuen. Aber niemand sollte deshalb denken, etwas Besseres zu sein.

2 a) Gliedere den Text in Sinnabschnitte.
b) Finde eine Überschrift für jeden Sinnabschnitt und notiere stichpunktartig, worum es geht.
c) Fasse den Text mit eigenen Worten zusammen.

3 a) Notiere die Meinung der Autorin. Was möchte sie mit ihrem Text erreichen?
b) Was könnte man ihrer Meinung nach gegen das Verkehrschaos vor den Schulen tun? Notiere auch die entsprechende Textstelle inklusive der Zeilenangabe.

3.3 (1) fremde sowie eigene Texte kritisch überprüfen und auf Angemessenheit und Wirksamkeit sprachlicher Gestaltungsmittel mit Blick auf Situations- und Adressatenbezug achten; bei Rückmeldungen an Mitschülerinnen und Mitschüler auf einen respektvollen Umgang miteinander achten · 3.3 (2) zur Textrevision situationsabhängig bekannte Feedbackmethoden nutzen

4 a) Formuliere mithilfe des Textes zwei vollständige Argumente, welche die Meinung der Autorin unterstreichen.
b) Formuliere mithilfe des Textes zwei Gegenargumente.
c) Notiere mindestens ein weiteres eigenes Argument – für oder gegen „Elterntaxis".

5 Schreibe eine vollständige Erörterung zum Thema „Sollen Eltern ihre Kinder mit dem Auto zur Schule bringen?". Nutze dafür deine Vorarbeiten aus Aufgabe 4 und die Hinweise in der Checkliste unten auf dieser Seite. Beginne mit der Gliederung.

6 a) Überprüfe deine Erörterung mithilfe der Checkliste (→ COPY D).
b) Arbeitet zu zweit: Überprüft gegenseitig eure Texte und gebt euch Tipps zur Verbesserung.
c) Arbeitet die Verbesserungsvorschläge in den Text ein und gebt eure Ergebnisse der Lehrkraft.

Checkliste – Überprüfe deine Erörterung!

Ich habe/du hast ...	selbst überprüft	vom Partner überprüft	von der Lehrkraft überprüft	übe weiter	erledigt am
... eine Stichwortsammlung zum Thema angelegt (mit Argumenten und Gegenargumenten).	xxxxxxxx	xxxxxxxx	xxxxxxxx	xxxxxxxx	xxxxxxxx
... die Stichworte zu vollständigen Argumenten (aus Behauptung, Begründung und Beispiel) ausformuliert.	xxxxxxxx	xxxxxxxx	xxxxxxxx	xxxxxxxx	xxxxxxxx
... die Argumente nach Überzeugungskraft sortiert (schwache Begründungen zuerst, die stärksten am Schluss).	xxxxxxxx	xxxxxxxx	xxxxxxxx	xxxxxxxx	xxxxxxxx
... den Text in Einleitung, Hauptteil und Schluss gegliedert.	xxxxxxxx	xxxxxxxx	xxxxxxxx	xxxxxxxx	xxxxxxxx
... eine knappe Gliederung passend zum Text verfasst.	xxxxxxxx	xxxxxxxx	xxxxxxxx	xxxxxxxx	xxxxxxxx
... meine/deine Meinung formuliert und begründet.	xxxxxxxx	xxxxxxxx	xxxxxxxx	xxxxxxxx	xxxxxxxx
... adressatenbezogene Sprache verwendet.	xxxxxxxx	xxxxxxxx	xxxxxxxx	xxxxxxxx	xxxxxxxx
... passende Überleitungen zwischen den Argumenten verwendet.	xxxxxxxx	xxxxxxxx	xxxxxxxx	xxxxxxxx	xxxxxxxx
... alle formalen Vorgaben einer Erörterung eingehalten.	xxxxxxxx	xxxxxxxx	xxxxxxxx	xxxxxxxx	xxxxxxxx
... sachlich und knapp formuliert.	xxxxxxxx	xxxxxxxx	xxxxxxxx	xxxxxxxx	xxxxxxxx
... abwechslungsreich geschrieben.	xxxxxxxx	xxxxxxxx	xxxxxxxx	xxxxxxxx	xxxxxxxx
... auf einen fehlerfreien Text geachtet.	xxxxxxxx	xxxxxxxx	xxxxxxxx	xxxxxxxx	xxxxxxxx
Was ich dir noch sagen wollte:	xxxxxxxx	xxxxxxxx	xxxxxxxx	xxxxxxxx	xxxxxxxx

3.3 (1) fremde sowie eigene Texte kritisch überprüfen und auf Angemessenheit und Wirksamkeit sprachlicher Gestaltungsmittel mit Blick auf Situations- und Adressatenbezug achten; bei Rückmeldungen an Mitschülerinnen und Mitschüler auf einen respektvollen Umgang miteinander achten · 3.3 (2) zur Textrevision situationsabhängig bekannte Feedbackmethoden nutzen

Fit für den Quali

Auf dieser Doppelseite findest du einen Text und Aufgaben, wie sie in der Prüfung zum qualifizierenden Abschluss der Mittelschule vorkommen können. Bearbeite sie zunächst alleine und tausche dich dann mit Mitschülerinnen und Mitschülern darüber aus. Gebt euch gegenseitig Feedback.

1 Lies das Zitat und formuliere die Aussage mit eigenen Worten.

„Das Tier hat ein fühlendes Herz wie du, das Tier hat Freude und Schmerz wie du, das Tier hat einen Hang zum Streben wie du, das Tier hat ein Recht auf Leben wie du."

(Peter Rosegger)

2 a) Lies den folgenden Text.

Sollten Tierversuche abgeschafft werden?

Millionen Versuchstiere halten in deutschen Laboren jedes Jahr für uns Menschen den Kopf hin. Um Medikamente zu entwickeln oder die Ursachen von Krankheiten zu erforschen, führen Wissenschaftler Tests an ihnen durch. Sollte man nicht lieber auf Tierversuche verzichten?

Mäuse, Ratten, Fische und Co. leiden in Laboren teils unvorstellbare Qualen, da sind sich Tierversuchsgegner sicher. Forscher schneiden sie auf, infizieren sie mit Krankheitserregern, entnehmen Organe, bestrahlen und vergiften sie – und das vielfach ohne Nutzen. Denn die Ergebnisse aus Versuchen mit Tieren ließen sich oft überhaupt nicht auf den Menschen übertragen, sagt die Vereinigung „Ärzte gegen Tierversuche". Dass etwa ein Medikament bei einer Maus wirkt, hieße lange nicht, dass es dies auch bei uns Menschen tut. An vielen Krankheiten, etwa an Parkinson[1], scheinen Tiere von Natur aus gar nicht zu erkranken. Damit die Wissenschaftler diese trotzdem erforschen können, verändern sie die wehrlosen Lebewesen genetisch, operieren sie oder behandeln sie mit Medikamenten, sodass sie ähnliche Symptome zeigen wie erkrankte Menschen. Sinnlos, sagen die Gegner der Tierversuche. Denn nur weil ein Mittel die Symptome lindere, bekämpfe es nicht automatisch die Ursache der Krankheit und heile diese auch nicht.
Sie fordern daher, die Tierversuche sofort zu stoppen. Immerhin gebe es inzwischen auch eine Reihe „tierfreier" Methoden: Moderne Computermodelle können berechnen, wie bestimmte Therapien auf den menschlichen Körper wirken. Zudem lassen sich Organe künstlich im Labor nachbilden. Einige Medikamentenhersteller forschen bereits an diesen Methoden, weil sie bisweilen günstiger sind als Tierversuche. Trotzdem: Viele Wissenschaftler oder Politiker vertrauen nur auf das, was sie kennen. Forscher, die neue Methoden verwenden wollen, haben es deshalb noch immer schwer.

[1] *Parkinson* = fortschreitende Erkrankung des Gehirns, die zu Zittern und Bewegungsstörungen führt

b) Gliedere den Text in Sinnabschnitte.

c) Finde eine Überschrift für jeden Sinnabschnitt und notiere stichpunktartig, worum es geht.

d) Formuliere zwei Kernaussagen des Textes.

3 a) Für die folgenden Umschreibungen kommen im Text Fremdwörter vor. Suche sie heraus und ordne sie entsprechend zu.
- *Eingeweide*
- *Arzneimittel*
- *Behandlung*

b) Schlage den Begriff *Symptom* nach und erkläre ihn mit eigenen Worten.

4 a) Notiere die Meinung des Autors. Was möchte er mit seinem Text erreichen?
b) Die Gegner von Tierversuchen fordern tierfreie Versuche. Stelle kurz dar, was sie damit meinen. Zitiere dazu Sätze aus dem Text, die dies belegen.

5 Im Text findest du folgendes sprachliches Bild: *„Millionen Versuchstiere halten in deutschen Laboren jedes Jahr für uns Menschen den Kopf hin." (Z. 1 – 3)*
Erkläre das sprachliche Bild mit eigenen Worten aus dem Textzusammenhang.

6 Beschreibe die Statistik. Arbeite mindestens drei wesentliche Aussagen heraus.

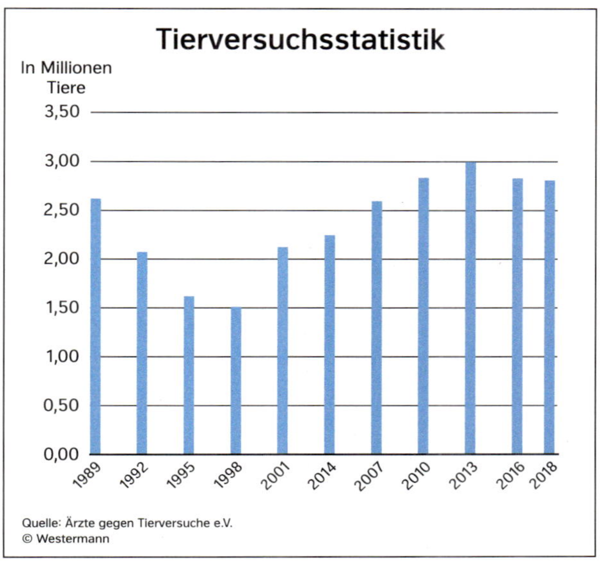

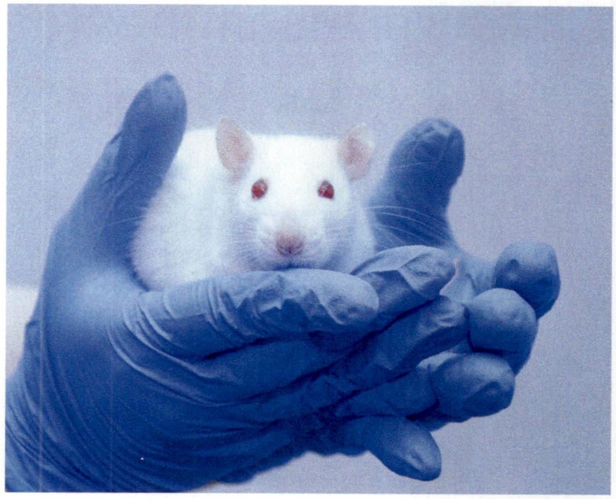

7 Schreibe eine E-Mail an einen Freund oder eine Freundin und berichte, was du über Tierversuche erfahren hast.

8 a) Lies die folgende Aussage:
„Tierversuche sind Tierquälerei und müssen verboten werden."
b) Was hältst du von dieser Aussage? Nimm ausführlich Stellung dazu. Führe auch passende Beispiele an.

Arbeitsrückschau

1 Du hast den Kompetenzcheck durchgeführt. Schaue nun auf deine Arbeit zurück. Was fiel dir leicht, was nicht? Notiere es.
2 Was konntest du schon? Was hast du dazugelernt?
3 Ist es dir gelungen, Tipps von deinen Mitschülerinnen und Mitschülern anzunehmen und ihnen Tipps zu geben?
4 Wähle aus deinen Texten aus, was du in dein Portfolio aufnehmen willst. Entscheide so, dass dein Lernweg für dich und deine Lehrkraft sichtbar wird.
5 Besprich mit deiner Lehrkraft, was du noch üben oder wiederholen kannst.

3.3 (4) den eigenen Schreibprozess eigenverantwortlich reflektieren und bewerten und sich Ziele für weitere Schreibaufgaben setzen

Inhalte zusammenfassen

Ich verstehe nur Bahnhof! Erzähl doch mal der Reihe nach …

Ich muss dir von einem echt spannenden Buch erzählen, das ich gelesen habe. Darin geht es um Alice, die irgendwann merkt, dass ihr Freund nicht der ist, für den sie ihn anfangs gehalten hat. Vorher hatte Alice allerdings schon ziemliche Probleme mit ihrer Familie und wird auch in der Schule gemobbt. Ihr Freund heißt übrigens Niko. Nachdem sie einfach weggezogen ist …

1 Anna hat das Buch „Hinter Glas" zu Ende gelesen. Am nächsten Tag berichtet sie ihrer Freundin Mareike davon.

a) Lest zunächst, was Anna erzählt.

b) Mareike kann aufgrund von Annas Ausführungen nicht nachvollziehen, worum es in dem Buch geht. Begründet, woran das liegt.

c) Was könnte Anna besser machen?

2 Wie man Texte zusammenfasst, wisst ihr bereits aus dem letzten Schuljahr.

a) Lies die folgenden Schüleraussagen dazu:

Bei der Zusammenfassung von Textinhalten verwendet man das Präteritum.

Man muss den Text zunächst in Sinnabschnitte einteilen.

Es reicht, den Text, den man zusammenfassen soll, kurz zu überfliegen.

b) Sprecht in der Klasse über die Aussagen der Schüler. Entscheidet gemeinsam, welche richtig und welche falsch sind.

c) Worauf müsst ihr noch achten, wenn ihr einen Text zusammenfassen wollt? Tauscht euch in der Klasse darüber aus.

3 Überlegt, wann es hilfreich sein kann, Inhalte zusammenzufassen.

In diesem Kapitel …

kannst du auf dein Vorwissen aufbauen, wiederholen und dazulernen, wie du …

- den Inhalt eines Textes erfasst,
- ermittelst, welche Informationen für eine Zusammenfassung wichtig sind,
- literarische Texte und Sachtexte knapp zusammenfasst,
- ein Exzerpt schreibst.

2.2 (1) eigenständig komplexe Texte interpretieren und dabei Erwartungen formulieren, eigene Deutungen mit Zitaten belegen, literarische Figuren als Archetypen und Repräsentanten für Werthaltungen erkennen und sich mit anderen darüber austauschen

Einen literarischen Text zusammenfassen

1 a) Lies die Überschrift der folgenden Kurzgeschichte und betrachte das Bild. Überlege dir, worum es gehen könnte. Mache dir Notizen zu deinen Vermutungen.
b) Tauscht euch über eure Vermutungen aus.
c) Lies anschließend die gesamte Kurzgeschichte.

Das Fenstertheater (1949)
Von Ilse Aichinger

Die Frau lehnte am Fenster und sah hinüber. Der Wind trieb in leichten Stößen vom Fluss herauf und brachte nichts Neues. Die Frau hatte den starren Blick neugieriger Leute, die unersättlich sind. Es hatte ihr noch niemand den Gefallen getan, vor ihrem Haus niedergefahren zu werden. ... Außerdem wohnte sie im vorletzten Stock, die Straße lag zu tief unten. Der Lärm rauschte nur mehr leicht herauf. Alles lag zu tief unten. Als sie sich eben vom Fenster abwenden wollte, bemerkte sie, dass der Alte gegenüber Licht angedreht hatte. Da es noch ganz hell war, blieb dieses Licht für sich und machte den merkwürdigen Eindruck, den aufflammende Straßenlaternen unter der Sonne machen. Als hätte einer an seinen Fenstern die Kerzen angesteckt, noch ehe die Prozession die Kirche verlassen hat. Die Frau blieb am Fenster.

Der Alte öffnete und nickte herüber. Meint er mich? dachte die Frau. Die Wohnung über ihr stand leer und unterhalb lag eine Werkstatt, die um diese Zeit schon geschlossen war. Sie bewegte leicht den Kopf. Der Alte nickte wieder. Er griff sich an die Stirne, entdeckte, dass er keinen Hut auf hatte, und verschwand im Inneren des Zimmers. Gleich darauf kam er in Hut und Mantel wieder. Er zog den Hut und lächelte. Dann nahm er ein weißes Tuch aus der Tasche und begann zu winken. Erst leicht und dann immer eifriger. Er hing über die Brüstung, dass man Angst bekam, er würde vornüberfallen. Die Frau trat einen Schritt zurück, aber das schien ihn zu bestärken. Er ließ das Tuch fallen, löste seinen Schal vom Hals – einen großen bunten Schal – und ließ ihn aus dem Fenster wehen. Dazu lächelte er. Und als sie noch einen weiteren Schritt zurücktrat, warf er den Hut mit einer heftigen Bewegung ab und wand den Schal wie einen Turban um seinen Kopf.

Dann kreuzte er die Arme über der Brust und verneigte sich. Sooft er aufsah, kniff er das linke Auge zu, als herrsche zwischen ihnen ein geheimes Einverständnis. Das bereitete ihr so lange Vergnügen, bis sie plötzlich nur mehr seine Beine in dünnen, geflickten Samthosen in die Luft ragen sah. Er stand auf dem Kopf. Als sein Gesicht gerötet, erhitzt und freundlich wieder auftauchte, hatte sie schon die Polizei verständigt.

Und während er, in ein Leintuch gehüllt, abwechselnd an beiden Fenstern erschien, unterschied sie schon drei Gassen weiter über dem Geklingel der Straßenbahnen und dem gedämpften Lärm der Stadt das Hupen des Überfallautos. Denn ihre Erklärung hatte nicht sehr klar und ihre Stimme erregt geklungen. Der alte Mann lachte jetzt, so dass

sich sein Gesicht in tiefe Falten legte, streifte dann mit einer vagen Gebärde darüber, wurde ernst, schien das Lachen eine Sekunde lang in der hohlen Hand zu halten und warf es dann hinüber.
Erst als der Wagen schon um die Ecke bog, gelang es der Frau, sich von seinem Anblick loszureißen.
Sie kam atemlos unten an. Eine Menschenmenge hatte sich um den Polizeiwagen gesammelt. Die Polizisten waren abgesprungen, und die Menge kam hinter ihnen und der Frau her. Sobald man die Leute zu verscheuchen suchte, erklärten sie einstimmig, in diesem Hause zu wohnen. Einige davon kamen bis zum letzten Stock mit. Von den Stufen beobachteten sie, wie die Männer, nachdem ihr Klopfen vergeblich blieb und die Glocke allem Anschein nach nicht funktionierte, die Tür aufbrachen. Sie arbeiteten schnell und mit einer Sicherheit, von der jeder Einbrecher lernen konnte. Auch in dem Vorraum, dessen Fenster auf den Hof sahen, zögerten sie nicht eine Sekunde. Zwei von ihnen zogen die Stiefel aus und schlichen um die Ecke. Es war inzwischen finster geworden. Sie stießen an einen Kleiderständer, gewahrten den Lichtschein am Ende des schmalen Ganges und gingen ihm nach. Die Frau schlich hinter ihnen her.
Als die Tür aufflog, stand der alte Mann mit dem Rücken zu ihnen gewandt noch immer am Fenster. Er hielt ein großes weißes Kissen auf dem Kopf, das er immer wieder abnahm, als bedeutete er jemandem, dass er schlafen wolle. Den Teppich, den er vom Boden genommen hatte, trug er um die Schultern. Da er schwerhörig war, wandte er sich auch nicht um, als die Männer auch schon knapp hinter ihm standen und die Frau über ihn hinweg in ihr eigenes finsteres Fenster sah.
Die Werkstatt unterhalb war, wie sie angenommen hatte, geschlossen. Aber in die Wohnung oberhalb musste eine neue Partei eingezogen sein. An eines der erleuchteten Zimmer war ein Gitterbett geschoben, in dem aufrecht ein kleiner Knabe stand. Auch er trug sein Kissen auf dem Kopf und die Bettdecke um die Schultern. Er sprang und winkte herüber und krähte vor Jubel. Er lachte, strich mit der Hand über das Gesicht, wurde ernst und schien das Lachen eine Sekunde lang in der hohlen Hand zu halten. Dann warf er es mit aller Kraft den Wachleuten ins Gesicht.

2 Überprüft eure Vermutungen aus Aufgabe 1 (S. 193) und lest den Text anschließend ein zweites Mal.

3 a) Beantworte die W-Fragen zum Text schriftlich:
- *Wie heißt die Kurzgeschichte und wer hat sie wann geschrieben?*
- *Welche Figuren kommen in der Kurzgeschichte vor?*
- *Was erfährt man über die Figuren?*
- *Wo und wann spielt die Kurzgeschichte?*
- *Worum geht es in der Kurzgeschichte?* (nur ein Satz!)

b) Tauscht euch zu zweit über eure Ergebnisse aus.

4 a) Unterteile die Geschichte in mehrere Sinnabschnitte.
b) Finde eine Überschrift für jeden Sinnabschnitt und notiere stichpunktartig, worum es geht. Beispiel:

Sinnbschnitt 1 (Z. 1 – 10): Frau am Fenster
- *wohnt im vorletzten Stock*
- *wünscht sich, dass etwas Spannendes passiert*
- *…*

2.2 (1) eigenständig komplexe Texte interpretieren und dabei Erwartungen formulieren, eigene Deutungen mit Zitaten belegen, literarische Figuren als Archetypen und Repräsentanten für Werthaltungen erkennen und sich mit anderen darüber austauschen · 3.2 (5) Formen zur Informationsverdichtung anwenden (z. B. Exzerpt, Abstract)

5 a) Lies die einzelnen Bausteine des Hauptteils einer Inhaltszusammenfassung zu „Das Fenstertheater“.

A Als die Beamten eintreffen und die Tür aufbrechen, stellt sich heraus, dass der schwerhörige Mann das „Fenster-Theater“ für ein kleines Kind aufgeführt hat, das im Stockwerk über der Frau wohnt.

B Eine Frau beobachtet vom Fenster aus einen älteren Mann im Haus gegenüber, der sich merkwürdig verhält.

C Er winkt herüber, verkleidet sich und macht schließlich sogar einen Kopfstand. Die Frau bezieht das alles auf sich und alarmiert die Polizei.

b) Sortiere die Bausteine, indem du die Buchstaben in der richtigen Reihenfolge notierst.

6 a) Lies auch den folgenden Anfang des Hauptteils einer Inhaltszusammenfassung.

Eine Frau beobachtete vom Fenster aus einen Mann, der sich merkwürdig verhält. Er winkt herüber, verkleidet sich und macht dann auch noch einen Kopfstand. Er legt sich sogar ein Kissen auf den Kopf! Die Frau bezog das alles total auf sich und alarmierte die Polizei.

b) Welche Fehler wurden hier gemacht? Hinweise dazu findest du in der *Lernbox*.

c) Verbessere den Anfang der Inhaltszusammenfassung schriftlich.

7 a) Schreibe die Informationen, die du für die Einleitung einer Inhaltszusammenfassung benötigst, heraus.
Titel: „Das Fenstertheater“
Autorin: …

b) Fasse die Kurzgeschichte zusammen. Orientiere dich dabei an deinen bisherigen Notizen zum Text und berücksichtige die Regeln der *Lernbox*. Auch die Checkliste auf Seite 201 kann dir helfen.

8 Tauscht zu zweit eure Zusammenfassungen. Lest gegenseitig eure Texte durch, überprüft sie mit der Checkliste auf Seite 201 und gebt einander Tipps zur Verbesserung.

Lernbox

Einen literarischen Text zusammenfassen

1 Nenne in der **Einleitung** den **Titel**, den **Autor**, die **Quelle**, die **Textsorte** (z. B. Kurzgeschichte), das **Erscheinungsjahr** und das **Thema**. (Mit „Thema“ ist gemeint, worum es in dem Text insgesamt geht, hier z. B. um ein folgenreiches Missverständnis.)
Die Kurzgeschichte (Textsorte) „…“ (Titel) von … (Autor) wurde … (Jahr) in … (Quelle) veröffentlicht. In dem Text geht es um … (Thema).

2 Fasse im **Hauptteil** den Text abschnittsweise zusammen. Nutze deine Notizen.

3 Formuliere **mit eigenen Worten**, schreibe sachlich und vermeide persönliche Kommentare. **Zahlen, Fachbegriffe** und **Namen** darfst du aus dem Text übernehmen.

4 Schreibe im **Präsens**.

5 Schreibe am Schluss deine **Meinung** zum Text.
– Der Text macht deutlich, dass …
– Ich verstehe den Text so, dass …

2.2 (1) eigenständig komplexe Texte interpretieren und dabei Erwartungen formulieren, eigene Deutungen mit Zitaten belegen, literarische Figuren als Archetypen und Repräsentanten für Werthaltungen erkennen und sich mit anderen darüber austauschen · 3.2 (5) Formen zur Informationsverdichtung anwenden (z. B. Exzerpt, Abstract)

Einen Sachtext zusammenfassen

1 a) Betrachte das Bild und beschreibe, was du darauf siehst.
b) Was ist das Thema des Bildes? Überlege dir, worum es geht.

2 a) Lies die Überschrift des Textes. Besprecht zu zweit, was in dem Text stehen könnte.
b) Lies den gesamten Text und erschließe ihn selbstständig mit den Schritten 1–4 der 5-Schritt-Lesemethode (→ S. 278). Du kannst dazu COPY 27 nutzen.

Denn sie wissen nicht, was sie werden wollen
Von Stefan von Borstel

Viele Schüler haben Probleme bei der Berufswahl und suchen Rat bei den Eltern. Doch die sind damit völlig überfordert. Viel hilfreicher sind meist Praktika. Vielleicht etwas mit Menschen – oder mit Tieren? Oder etwas mit Medien? Oder doch lieber etwas Praktisches? Die Berufswahl fällt vielen Schülern in Deutschland schwer. Nur gut die Hälfte (56 Prozent) der Jugendlichen fühlt sich ausreichend über die beruflichen Möglichkeiten informiert. Von den Schülern, die Informationsdefizite beklagen, wissen demnach mehr als die Hälfte (54 Prozent) nicht, welche Berufe gute Zukunftsaussichten haben. Ausgerechnet die Zukunftsbranche des IT- und Computersektors rangiert auf dem letzten Platz der von den Schülern genannten Traumberufe. Der Geschäftsführer einer Stiftung nannte die Studienergebnisse bedenklich und forderte eine Verbesserung der Berufsorientierung in Deutschland. Dies wäre sowohl für die Schüler auf ihrem weiteren Berufsweg als auch für die Unternehmen bei der Fachkräftesicherung hilfreich. Er verwies auf einen Anstieg der unbesetzten Lehrstellen in diesem Jahr, während zugleich viele Bewerber keinen Ausbildungsplatz gefunden hätten. Für Mängel bei der Berufsorientierung sprechen auch die hohen Abbrecherquoten. Etwa jede vierte Lehre und jedes dritte Universitätsstudium wird nicht abgeschlossen. Die zentrale Rolle bei der Ausbildungs- und Berufsorientierung spielen nach wie vor die Eltern.

Knapp zwei Drittel der Eltern (61 Prozent) empfinden es als selbstverständlich, sich bei der Berufsorientierung ihrer Kinder einzubringen.

75 Prozent der Schüler wiederum wünschen sich die Unterstützung des Vaters, 85 Prozent der Mutter. Allerdings: Nicht einmal die Hälfte der Schüler fand die Ratschläge der Eltern hilfreich.

2.3 (2) selbstständig kontinuierliche und diskontinuierliche Texte aus unterschiedlichen Medien auswerten und dabei die Textfunktion analysieren, wesentliche Textaussagen unter der Verwendung von Zitaten herausarbeiten und begründet Schlussfolgerungen ziehen · 3.2 (5) Formen zur Informationsverdichtung anwenden (z. B. Exzerpt, Abstract)

3 a) Beantworte die folgenden Fragen zum Text schriftlich:
- *Bei wem suchen die Schüler Rat, wenn es um ihre Berufswahl geht?*
- *Was kann den Schülern dabei helfen, den richtigen Beruf für sich zu finden?*
- *Welche Punkte sprechen für Mängel bei der Berufsorientierung?*

b) Tauscht euch zu zweit über eure Ergebnisse aus.

4 a) Lies die *Lernbox* und schreibe zum Text auf Seite 196 die Informationen heraus, die du für die Einleitung benötigst.
Titel: „Denn sie wissen nicht, was sie werden wollen"
Autor: …

b) Fasse den Text zusammen. Orientiere dich dabei an deinen bisherigen Notizen zum Text und berücksichtige die Regeln der *Lernbox*. Auch die Checkliste auf Seite 201 kann dir helfen.

5 a) Tauscht zu zweit eure Inhaltszusammenfassungen. Lest gegenseitig eure Texte durch, überprüft sie mit der Checkliste auf Seite 201 und gebt einander Tipps zur Verbesserung.

b) Sprecht darüber, was euch schwergefallen und was euch schon gut gelungen ist.

c) Überarbeite deinen Text mithilfe der Anmerkungen.

6 Im Text „Denn sie wissen nicht, was sie werden wollen" (S. 196) steht: *„Viele Schüler haben Probleme bei der Berufswahl und suchen Rat bei den Eltern" (Z. 1 f.)*.

a) Überlegt, bei wem die Schülerinnen und Schüler außer bei den Eltern Rat finden können. Schreibt zwei konkrete Beispiele auf.

b) Tauscht euch in der Klasse darüber aus.

Lernbox

Einen Sachtext zusammenfassen

1 Nenne in der **Einleitung** den **Titel**, den **Autor**, die **Quelle**, die **Textsorte** (z. B. Reportage, Interview, Zeitungsnachricht), **das Erscheinungsjahr** und das **Thema**. (Mit „Thema" ist gemeint, worum es in dem Text insgesamt geht, hier z. B. Probleme bei der Berufsorientierung.)
Der/Die/Das … (Textsorte) „…" (Titel) von … (Autor) wurde … (Jahr) in … (Quelle) veröffentlicht.
In dem Text geht es um … (Thema).

2 Fasse im **Hauptteil** den Text abschnittsweise zusammen. Nutze deine Notizen.

3 Formuliere **mit eigenen Worten**, schreibe sachlich und vermeide persönliche Kommentare. **Zahlen, Fachbegriffe** und **Namen** darfst du aus dem Text übernehmen.

4 Schreibe im **Präsens**.

5 Schreibe am Schluss deine **Meinung** zum Text.
- *Der Text macht deutlich, dass …*
- *Ich verstehe den Text so, dass …*
- *Für mich wirkt der Text so, als ob …*
- *Ich halte den Text für …*
- *Ich empfehle den Text, weil …*

2.3 (2) selbstständig kontinuierliche und diskontinuierliche Texte aus unterschiedlichen Medien auswerten und dabei die Textfunktion analysieren, wesentliche Textaussagen unter der Verwendung von Zitaten herausarbeiten und begründet Schlussfolgerungen ziehen · 3.2 (5) Formen zur Informationsverdichtung anwenden (z. B. Exzerpt, Abstract)

Texte exzerpieren

1 a) In der 9. Klasse musst du dich über Berufe und Ausbildungsangebote informieren. Wo bekommt man die besten Informationen? Sprecht in der Klasse darüber.
b) Wichtige Informationen erhaltet ihr oft in Informationstexten zu Berufen und Ausbildungsangeboten. Habt ihr bei solchen Texten Verständnisschwierigkeiten?
c) Warum ist es sinnvoll, wichtige Informationen aus Texten festzuhalten?

2 a) Stelle durch überfliegendes Lesen fest, worum es im nachfolgenden Text geht.
b) Stellt zu zweit W-Fragen zusammen, zu denen du im Text vermutlich Informationen finden kannst.

Fragen zum Text:
- *Warum kann ein Praktikum hilfreich sein?*
- *Was ist ein Berufsvorbereitungsjahr?*
- *…*

Start ins Berufsleben: Was sind die Alternativen, wenn ich keinen Ausbildungsplatz finde?
Von Sabrina Ebitsch

Rund ein Drittel der Schulabgänger findet nicht direkt nach dem Abschluss einen Ausbildungsplatz. Eine erfolglose Suche kann verschiedene Gründe haben [...]. Es gibt zahlreiche Möglichkeiten, um die Zeit sinnvoll zu überbrücken und die eigenen Chancen bei der nächsten Bewerbung zu steigern.

Zum Beispiel bietet es sich an, sich zunächst einen Praktikumsplatz in einem Betrieb zu suchen. Praktika helfen nicht nur, die eigenen Vorstellungen vom Wunschberuf zu überprüfen, sondern können auch eine Art Bewerbung sein [...]. Wer sich in einem Praktikum schon bewährt hat, ist gegenüber anderen Kandidaten im Vorteil. [...]
Desweiteren können Schülerinnen und Schüler zunächst ein Berufsvorbereitungsjahr absolvieren. Das Berufsvorbereitungsjahr ist für Jugendliche gedacht, die noch schulpflichtig sind, aber wegen ihres schlechten Abschlusses keinen Ausbildungsplatz finden. Innerhalb eines Jahres eignen sie sich an der Berufsschule berufliches Wissen an, oft gezielt in bestimmten Berufsfeldern, und machen Praktika. Zugleich kann man Schulwissen nachholen [...].
Eine gute Möglichkeit zur Überbrückung sind auch ein Freiwilliges Soziales Jahr, ein Freiwilliges Ökologisches Jahr und der Bundesfreiwilligendienst. Durch das Engagement in sozialen, karitativen und gemeinnützigen Einrichtungen können sich Ausbildungssuchende über ihre Interessen klar werden und Erfahrungen sammeln. Im Allgemeinen gelten die freiwilligen Dienste als großer Pluspunkt bei Bewerbungen.*

Quelle: Süddeutsche Zeitung

3 a) Notiere unbekannte Begriffe oder unterstreiche sie in COPY 28. Klärt die Begriffe zu zweit.
b) Erkläre folgende Begriffe aus dem Textzusammenhang oder durch Nachschlagen: *Berufsfeld – Engagement – karitative Einrichtungen.*

4 a) Lies den Text nun noch einmal aufmerksam durch.

2.3 (2) selbstständig kontinuierliche und diskontinuierliche Texte aus unterschiedlichen Medien auswerten und dabei die Textfunktion analysieren, wesentliche Textaussagen unter der Verwendung von Zitaten herausarbeiten und begründet Schlussfolgerungen ziehen · 3.2 (5) Formen zur Informationsverdichtung anwenden (z. B. Exzerpt, Abstract) *verändert

b) Notiere Absatz für Absatz die Schlüsselstellen mit Zeilenbeleg (→ COPY 28). Beachte dabei auch die W-Fragen aus Aufgabe 2.

c) Vergleicht zu zweit die notierten Textstellen. Begründet eure Entscheidungen.

5 Der Text ist in vier Absätze eingeteilt. Formuliere für jeden Absatz eine passende Überschrift.

6 Schreibe die wichtigsten Informationen aus dem Text heraus. Erstelle dazu – wie in dem folgenden Beispiel – ein Merkkärtchen. Hinweise dazu findest du in der *Lernbox*.

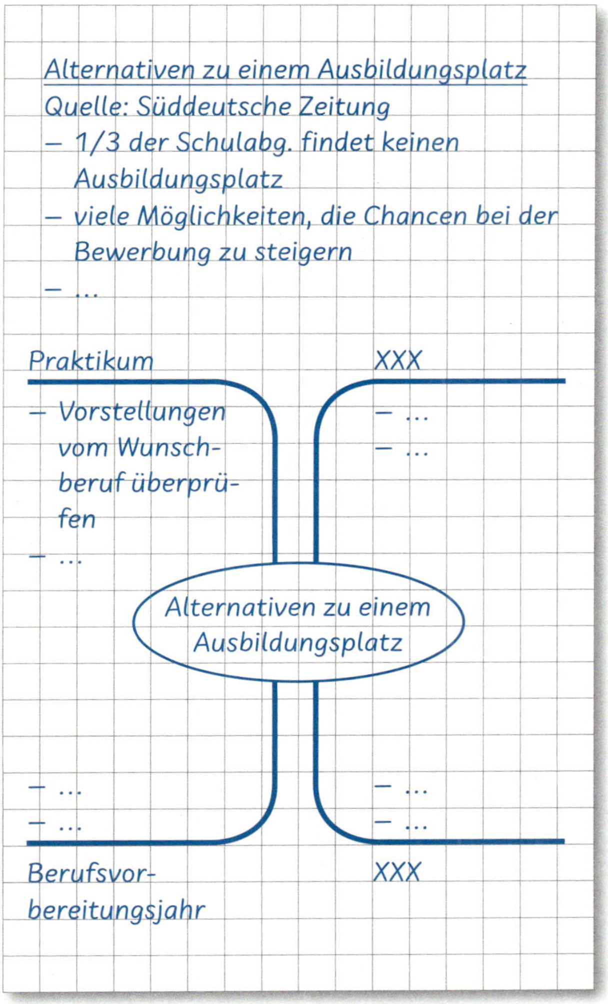

7 a) Schreibe mithilfe deines Exzerpts eine Stellungnahme (→ S. 182) zum Thema „Bin ich ohne Ausbildungsplatz automatisch arbeitslos?“.

b) Tauscht zu zweit eure Texte.

c) Besprecht in der Klasse, inwiefern ein Exzerpt beim Schreiben einer Stellungnahme hilft.

Lernbox

Ein Exzerpt schreiben

Exzerpieren heißt: wichtige Informationen aus einem Text herausschreiben. So gehst du vor:

1 Stelle durch **überfliegendes Lesen** fest, worum es in dem Text geht.
2 Schreibe zu dem Text **W-Fragen** auf.
3 Lies den Text gründlich. **Unterstreiche** alle **unbekannten Begriffe** und kläre sie aus dem Zusammenhang oder mithilfe eines Wörterbuches.
4 Lies den Text erneut und **markiere** wichtige Informationen (**Schlüsselstellen**), die Antworten auf deine W-Fragen geben.
5 **Fasse** zu jedem Absatz in einer **Überschrift zusammen**, worum es in diesem Abschnitt vor allem geht.
6 Halte auf einem Kärtchen oder einem Zettel stichwortartig die **wichtigsten Informationen** fest. Du kannst die Informationen untereinanderschreiben oder in einer Mindmap anordnen.
7 Du kannst auch **deine eigenen Gedanken und deine Meinung** zum Text notieren.
8 Gib in der obersten Zeile in Stichworten an, worum es geht.
9 Notiere dir darunter die **Quelle**.
10 Schreibe **nur sehr wichtige Informationen wortwörtlich** ab. Kennzeichne sie mit **Anführungsstrichen**.
11 Verwende **Abkürzungen**.

Kompetenzcheck

1 Lies den Text und erschließe ihn mit den Schritten 1–4 der 5-Schritt-Lesemethode (→ S. 278). Nutze dafür COPY 29.

Umweltschützer warnen: Wassersport kann der Natur schaden

Von Sophie Timmermann

Im Sommer zieht es viele Menschen für Bootsfahrten oder Stand-Up-Paddling auf das Wasser. Umweltschützer warnen, dass dadurch Pflanzen beschädigt und gefährdete Vögel gestört werden können. Gerade das Jahr 2020 könnte sich schwer auswirken.

Umweltschützer warnen, dass das vermehrte Wassersportaufkommen dieses Jahr besonders fatale Folgen für die Natur haben könnte. Im Sommer sind Bootsfahrten, Stand-Up-Paddling (SUP) und Ausflüge mit Kanus auf Flüssen und Seen besonders beliebt. Zudem zieht es in der Corona-Krise mehr Menschen auf das Wasser, um die heimische Natur und Umgebung zu erkunden.

Seltene und gefährdete Vögel betroffen

Vor allem im Randbereich würden seltene und gefährdete Vögel brüten, erklärte Beatrice Claus, Referentin für Gewässerschutz des WWF, der Deutschen-Presse-Agentur. Wenn Menschen dicht an Brutstätten oder Nester kämen, störe das die Tiere, die dort im Schilf nisten. Diese könnten dadurch ihre Nester verlassen.

SUP für Tiere ungewohnt

Die Verkaufs- und Verleihzahlen für Stand-Up-Boards sind zudem stark angestiegen, was zu einem vermehrten Aufkommen auf dem Wasser führt. Doch Stand-Up-Paddler sind für viele Tiere ungewohnt. Eine Untersuchung des Landesverbands für Vogelschutz zeigte, dass sich SUP besonders negativ auf Zugvögel auswirkt.

Für die Obere Isar war im Juni zwischenzeitlich ein allgemeines Bootsfahrverbot ausgesprochen worden, um Vögel zu schützen, die im oberen Isartal brüteten.

Vorher über Gewässer informieren

Umweltschützer raten dazu, Abstand zu halten und sich vorher mit den Anweisungen vor Ort vertraut zu machen. Generell gilt es, nur im zugelassenen Rahmen Wassersport zu betreiben. Naturschutzgebietsgrenzen müssen selbstverständlich respektiert werden. Der WWF rät zudem, mit dem Stand-Up-Board nicht zu nahe an die Ufer zu paddeln, da die Vögel mit ihrem frisch geschlüpften Nachwuchs Ruhe bräuchten.

SUP nicht ungefährlich

Neben möglichen Umweltschäden können sich Wassersportler beim Paddeln auch selber in Gefahr bringen. Immer wieder müssen Stand-Up-Paddler aus dem Wasser gerettet werden. [...] Zwei Jugendliche mussten zuletzt aus der Ostsee gerettet werden. Sie waren auf einem Stand-Up-Board abgetrieben.

1.3 (5) das eigene Lernverhalten im Hinblick auf die Abschlussprüfung reflektieren und sich dabei angemessene Ziele setzen, Lernschritte planen und Lernerfolge erkennen · 3.2 (5) Formen zur Informationsverdichtung anwenden (z. B. Exzerpt, Abstract)

2 Fasse den Text zusammen.

3 a) Überprüfe deine Zusammenfassung mit der Checkliste (→ COPY E).
b) Tauscht eure Texte zu zweit aus und überprüft euch gegenseitig.
c) Gebt einander mithilfe der Checkliste Feedback.
d) Überarbeite deinen Text mithilfe der Anregungen.

4 a) Trefft euch erneut zu zweit. Besprecht die Überarbeitungen eurer Texte und prüft, ob die Verbesserungstipps umgesetzt worden sind.
b) Gebt die überarbeiteten Texte eurer Lehrkraft und besprecht sie in der Klasse.

Arbeitsrückschau

1. Du hast den Kompetenzcheck durchgeführt. Schaue nun auf deine Arbeit zurück. Was fiel dir leicht, was nicht? Notiere es.
2. Was konntest du schon? Was hast du dazu gelernt?
3. Ist es dir gelungen, Tipps von deinen Mitschülerinnen und Mitschülern anzunehmen und ihnen Tipps zu geben?
4. Wähle aus deinen Texten aus, was du in dein Portfolio aufnehmen möchtest. Entscheide so, dass dein Lernweg für dich und deine Lehrkraft sichtbar wird.
5. Besprich mit deiner Lehrkraft, was du noch üben oder wiederholen kannst.

Checkliste – Überprüfe deine Zusammenfassung!

Ich habe / Du hast ...	selbst überprüft	vom Partner überprüft	von der Lehrkraft überprüft	übe weiter	erledigt am
... eine Einleitung geschrieben (mit Titel, Autor, Quelle, Textsorte, Erscheinungsjahr und Thema).	xxxxxxxx	xxxxxxxx	xxxxxxxx	xxxxxxxxxxxx	xxxxxxxx
... im Hauptteil die wichtigsten Inhalte des Textes wiedergegeben.	xxxxxxxx	xxxxxxxx	xxxxxxxx	xxxxxxxxxxxx	xxxxxxxx
... einen Schluss mit meiner / deiner Meinung geschrieben.	xxxxxxxx	xxxxxxxx	xxxxxxxx	xxxxxxxxxxxx	xxxxxxxx
... im Präsens geschrieben.	xxxxxxxx	xxxxxxxx	xxxxxxxx	xxxxxxxxxxxx	xxxxxxxx
... einen inhaltlich zusammenhängenden und verständlichen Text geschrieben.	xxxxxxxx	xxxxxxxx	xxxxxxxx	xxxxxxxxxxxx	xxxxxxxx
... abwechslungsreiche und eigene Wörter benutzt.	xxxxxxxx	xxxxxxxx	xxxxxxxx	xxxxxxxxxxxx	xxxxxxxx
... Einleitung, Hauptteil und Schluss durch Absätze getrennt.	xxxxxxxx	xxxxxxxx	xxxxxxxx	xxxxxxxxxxxx	xxxxxxxx
Was ich dir noch sagen wollte:	xxxxxxxxxx	xxxxxxxxxx	xxxxxxxx	xxxxxxxxxxxx	xxxxxxxx

Fit für den Quali

Auf dieser Doppelseite findest du einen Text und Aufgaben, wie sie in der Prüfung zum qualifizierenden Abschluss der Mittelschule vorkommen können. Bearbeite sie zunächst alleine und tausche dich dann mit Mitschülerinnen und Mitschülern darüber aus. Gebt einander Feedback.

1 Lies den folgenden Text.

Niemals Gewalt
Von Astrid Lindgren

Jetzt werde ich eine kleine Geschichte erzählen. Ich hörte sie selbst vor langer Zeit, eine alte Dame erzählte sie mir, und ich habe sie niemals vergessen. Sie ging so – wenn ich mich recht erinnere:
Ich war jung zu jener Zeit, als fast alle Kinder oft geschlagen wurden. Man hielt es für nötig, sie zu schlagen, denn sie sollten artig und gehorsam werden. Alle Mütter und Väter sollten ihre Kinder schlagen, sobald sie etwas getan hatten, von dem Mütter und Väter meinten, dass Kinder es nicht tun sollten.
Mein kleiner Junge, Johan, war ein artiger und fröhlicher kleiner Kerl, und ich wollte ihn nicht schlagen. Aber eines Tages kam die Nachbarin zu mir herein und sagte, Johan sei in ihrem Erdbeerbeet gewesen und habe Erdbeeren geklaut, und bekäme er jetzt nicht seine Schläge, würde er wohl ein Dieb bleiben, ein Leben lang. Mit Müttern ist es nun einmal so, dass ihnen angst und bange wird, wenn jemand kommt und sich über ihre Kinder beschwert.
Und ich dachte: Vielleicht hat sie recht, jetzt muss ich Johan wohl eine Tracht Prügel verpassen. Johan saß da und spielte mit seinen Bausteinen – er war ja damals erst fünf Jahre alt –, als ich kam und sagte, dass er nun Prügel bekäme und dass er selbst hinausgehen sollte, um eine Rute abzuschneiden.
Johan weinte, als er ging. Ich saß in der Küche und wartete. Es dauerte lange, bis er kam, und weinen tat er noch immer, als er zur Tür hereinschlich. Aber eine Rute hatte er keine bei sich.
„Mama" sagte er schluchzend, „ich konnte keine Rute finden, aber hier hast Du einen Stein, den Du auf mich werfen kannst!" Er reichte mir einen Stein, den größten, der in seiner kleinen Hand Platz fand. Da begann auch ich zu weinen, denn ich verstand auf einmal, was er sich gedacht hatte: Meine Mama will mir also wehtun und das kann sie noch besser mit einem Stein.
Ich schämte mich. Und ich nahm ihn in die Arme, wir weinten beide, soviel wir konnten, und ich dachte bei mir, dass ich niemals, niemals mein Kind schlagen würde. Und damit ich es ja nicht vergessen würde, nahm ich den Stein und legte ihn in ein Küchenregal, wo ich ihn jeden Tag sehen konnte, und da lag er so lange, bis Johan groß war. Dieb wurde keiner aus ihm. Das hätte ich gern meiner Nachbarin erzählen mögen, aber sie war schon lange fortgezogen. Ja, so sprach die alte Dame, die mir dies alles erzählte, als ich noch sehr jung war.

1.3 (5) das eigene Lernverhalten im Hinblick auf die Abschlussprüfung reflektieren und sich dabei angemessene Ziele setzen, Lernschritte planen und Lernerfolge erkennen · 3.2 (5) Formen zur Informationsverdichtung anwenden (z. B. Exzerpt, Abstract)

2 a) Teile den Text in Sinnabschnitte ein und gib die Zeilen dazu an.
b) Finde für jeden Sinnabschnitt eine passende Überschrift.
c) Fasse jeden Sinnabschnitt in wenigen Stichpunkten zusammen.

3 Fasse in einem Satz zusammen, worum es in dem Text geht.

4 Schreibe eine vollständige Inhaltszusammenfassung. Denke an einen Einleitungssatz (→ S. 195).

5 a) Erkläre den Begriff *Rute (Z. 30)*.
b) Erkläre den Ausdruck *angst und bange werden (Z. 21 f.)*.

6 Woran erkennst du das schlechte Gewissen der Mutter? Belege anhand von zwei Textstellen.

7 Erkläre mit deinen eigenen Worten, warum die Mutter denkt, dass sie ihr Kind schlagen muss.

8 Welche Argumente nennt die Nachbarin, warum man ein Kind schlagen sollte? Zitiere wörtlich aus dem Text.

9 Bringe das folgende Zitat aus dem Bürgerlichen Gesetzbuch (BGB) mit dem Text von Astrid Lindgren in Verbindung.

§1631 Abs. 2 BGB:
„Kinder haben ein Recht auf gewaltfreie Erziehung. Körperliche Bestrafungen, seelische Verletzungen und andere entwürdigende Maßnahmen sind unzulässig."

10 Welchen der folgenden Sätze (A–C) findest du genau so im Text? Gib die entsprechenden Zeilen dazu an.

A) *„Und ich nahm ihn in die Arme, wir weinten beide, soviel wir konnten, und ich dachte bei mir, dass ich niemals, niemals mein Kind schlagen würde."*
B) *„Und ich nahm ihn in die Arme, wir weinten beide, soviel wir konnten, und ich dachte bei mir, dass ich niemals mein Kind schlagen würde."*
C) *„Und ich nahm ihn in die Arme, wir weinten beide, soviel wir konnten, und ich dachte bei mir, dass ich mein Kind schlagen würde."*

11 Schreibe einen Tagebucheintrag aus der Sicht des Jungen. Beschreibe, wie er diesen Tag erlebt hat.

12 Nimm Stellung zu der folgenden Aussage: *„Es ist wichtig, immer auf sein Bauchgefühl zu hören!"*

2.2 (1) eigenständig komplexe Texte interpretieren und dabei Erwartungen formulieren, eigene Deutungen mit Zitaten belegen, literarische Figuren als Archetypen und Repräsentanten für Werthaltungen erkennen und sich mit anderen darüber austauschen

Wörter und Sätze – Was kann ich schon?

Auf den Seiten 204–206 findet ihr 15 Stationen. Mit ihrer Hilfe könnt ihr euer Wissen über Wortarten, Satzglieder und Satzverknüpfungen prüfen. Bearbeitet die Stationen zunächst alleine. Vergleicht anschließend zu zweit eure Lösungen und schätzt mithilfe der Checkliste auf Seite 207 eure Leistung ein. Arbeitet nach dieser Einschätzung zu zweit oder in Kleingruppen an euren Schwächen.

1 a) Baut die Stationen im Klassenzimmer auf.
b) Erstellt einen Laufzettel nach der Vorlage auf Seite 207 oder nutzt COPY 31.
c) Bearbeitet die Stationen 1–15. Ihr könnt dafür auch COPY 30 nutzen.

Station 1 — Wortarten erkennen

1 Schreibe die unterstrichenen Wörter auf und notiere die jeweilige Wortart.
2 Ordne die Wörter nach *veränderbar* und *nicht veränderbar*.

Papageien – nicht nur bunt und schön
„Dummkopf! Dummkopf!", krächzte es aus einer dunklen Ecke. Erstaunt und schon fast verärgert über die Beleidigung fanden mehrere Besucher einen Käfig, in dem ein farbenprächtiger Papagei immer wieder dasselbe Wort ausrief. Und genau wegen dieser Fähigkeiten werden sie gerne als Haustier gehalten. Papageien sind auffallende Vögel, die man an ihrem bunten Gefieder und einem hakenförmig gebogenen Schnabel erkennt. Zudem sind sie äußerst lernfähig und können menschliche Laute imitieren.

Station 2 — Verben: Zeitformen verwenden

1 Notiere die folgenden Verben jeweils mit *er* oder *sie* im Präsens, Präteritum, Perfekt, Plusquamperfekt, Futur I und Futur II:
fahren – wandern – austeilen – bekommen.
2 Notiere, was du dazu weißt:
austeilen – er teilte ... aus,
bekommen – er bekam.

Station 3 — Sätze ins Passiv setzen

1 Wandle die drei Sätze (A–C) ins Passiv um.
A. Die schnellsten Athletinnen überrundeten schon bald die langsamste Läuferin.
B. Mit Leichtigkeit versenkte der Basketballspieler den Ball im Korb.
C. Der quirlige Stürmer spielte den Verteidiger immer wieder aus.
2 Schreibe zwei weitere Sätze im Passiv.

Station 4 — Verben: Konjunktiv erkennen

1 Schreibe die Verben, die im Konjunktiv stehen, aus den Sätzen A–D heraus. Notiere auch den jeweiligen Infinitiv.
A. Ich glaube, es würde mir gefallen, wenn ich einen Papagei bekäme.
B. Ich wüsste einen hellen Platz in meinem Zimmer, der ihm bestimmt gefiele.
C. Papageien sind aber sehr teuer, wie ich im Internet recherchiert habe.
D. Außerdem müssten da erst meine Eltern zustimmen.
2 Bilde den Konjunktiv I und den Konjunktiv II zu: *er liest – sie fragen – du kommst.*

4.2 (3) die bekannten Wortarten unterscheiden und die eigenen Kenntnisse beim reflektierten Sprachhandeln einsetzen · 4.2 (4) Wörter der bereits bekannten Wortarten sicher flektieren, um diese Kenntnis für das eigene Sprachhandeln zu nutzen · 4.2 (6) Kenntnisse über Satzglieder beim mündlichen und schriftlichen Sprachhandeln einsetzen

Station 5 — Indirekte Rede verwenden

1 Notiere die Sätze A und B und unterstreiche die indirekte Rede.
2 Setze die Sätze C–E in die indirekte Rede.
3 In Satz A steht der Konjunktiv I (*seien*) – in Satz B der Konjunktiv II (*besäßen*). Notiere, warum unterschiedliche Formen verwendet wurden.

A. *Eine Wissenschaftlerin sagte, Papageien seien außerordentlich intelligent.*
B. *Sie habe auch großen Respekt vor der sozialen Intelligenz der Tiere, führte sie weiter aus.*
C. *Sie erklärte: „Die Vögel helfen Artgenossen, selbst wenn sie nichts dafür bekommen."*
D. *Sie fuhr fort: „Sie zeigen auch keinen Neid, wenn Artgenossen eine Belohnung erhalten."*
E. *„Selbst Futter geben sie in Versuchen an Artgenossen weiter", erzählte sie.*

Station 6 — Den richtigen Kasus gebrauchen

1 Notiere die Sätze A–D und setze die Wörter in den Klammern in den richtigen Fall.
2 Bestimme jeweils den Fall.

A. *Wegen (der starke Schneefall) gab es im Januar 2019 an vielen Schulen unterrichtsfrei.*
B. *Trotz (viele helfende Hände) waren die Straßen nicht passierbar.*
C. *Außerdem lag auf (manche Dächer) der Schnee so hoch, dass Einsturzgefahr bestand.*
D. *Das war aber (die Schüler) egal, die aufgrund (die freien Tage) (der schneereiche Winter) genießen konnten.*

Station 7 — Satzglieder bestimmen

Notiere die unterstrichenen Satzglieder in den Sätzen A–D und bestimme sie.

A. *Vielen Menschen verlangte dieser Winter im Januar 2019 größere Opfer ab.*
B. *Feuerwehrleute halfen den Bewohnern Tag und Nacht bis zur Erschöpfung.*
C. *Auf den Dächern musste Schnee abgetragen werden, damit sie nicht einstürzten.*
D. *Die Einwohner brachten den Helfern heißen Tee und gute Brotzeiten.*

Station 8 — Objekte gebrauchen

1 Schreibe die Sätze ab und unterstreiche jeweils das Prädikat und die Objekte.

A. *Der Trainer erklärt seiner Mannschaft den nächsten Angriff.*
B. *Er hofft auf einen erfolgreichen Abschluss.*

2 Bilde mithilfe der Verben Sätze mit Objekten: *geben – helfen – lachen über – schenken.*

Station 9 — Adverbialien bestimmen

Schreibe die Sätze A und B ab, unterstreiche die Adverbialien und bestimme sie.

A. *Am Nachmittag gehen wir im Sommer gerne ins Schwimmbad.*
B. *Dort gehen wir zur Abkühlung in das frische Wasser.*

Station 10 — Satzglieder umformen

Forme die unterstrichenen Satzglieder in den Sätzen A–D zu Nebensätzen um.

A. *Beim Aufräumen ihres Zimmers fand Greta einen Brief ihrer alten Freundin Hannah.*
B. *Sie hatte ihn beim Sortieren alter Unterlagen entdeckt.*
C. *Aufgrund von Hannahs Umzug hatte Greta sie aus den Augen verloren.*
D. *Wegen ihrer guten, alten Freundschaft wollte sie sie nun am Wochenende anrufen.*

4.2 (3) die bekannten Wortarten unterscheiden und die eigenen Kenntnisse beim reflektierten Sprachhandeln einsetzen ·
4.2 (4) Wörter der bereits bekannten Wortarten sicher flektieren, um diese Kenntnis für das eigene Sprachhandeln zu nutzen ·
4.2 (6) Kenntnisse über Satzglieder beim mündlichen und schriftlichen Sprachhandeln einsetzen

Station 11 **Satzreihe und Satzgefüge**

Ordne die Sätze A–C nach *Satzreihe* und *Satzgefüge*.

A. Bei der Vorbereitung auf den Quali arbeiten die Schülerinnen und Schüler der 9b zusammen, weil sie Fragen so gemeinsam klären können.

B. Sven ist der Mathe-Star der Klasse, denn er hat bisher noch alle Aufgaben sicher geschafft.

C. Weil er auch noch gut erklären kann, fragen ihn alle bei Problemen in Mathe.

Station 12 **Relativsätze**

1 Notiere Satz A und unterstreiche die beiden Relativsätze.

2 Bilde mit den Sätzen B–D Relativsätze.

A. Ben, der eine Woche lang krank gewesen war, traf sich nach dem Unterricht mit Alina, die ihm noch einige Aufgaben für ihr Projekt erklärte.

B. Sie zeigte ihm das Material. Sie hatte es schon für ihn vorbereitet.

C. Dann erklärte sie ihm die von der Gruppe gemeinsam geplante Gliederung.

D. Ziel sollte ein für den Aushang bestimmtes Plakat sein.

Station 13 **Satzreihe und Satzgefüge**

1 Verknüpfe die folgenden Sätze A–C jeweils zu einem Satzgefüge und einer Satzreihe.

2 Erkläre kurz, wie du die beiden Satzverknüpfungen unterscheidest.

A. Melissa geht am Nachmittag zu Maja. Sie wollen sich auf die nächste Englischprobe vorbereiten.

B. Maja ist die Englischexpertin ihrer Klasse. Sie hat mit ihren Eltern zwei Jahre in London gewohnt.

C. Herr Meier, ihr Klassenlehrer, findet das gut. Er kann Majas Kenntnisse für die Abschlussfahrt nach London nutzen.

Station 14 **Sätze mit dass**

1 Notiere Satz A und unterstreiche den Nebensatz mit *dass*.

2 Formuliere die Sätze B–E so um, dass aus den unterstrichenen Teilen Nebensätze mit *dass* werden.

3 Bilde weitere Sätze mit Nebensätzen mit *dass*.

A. Die Klassensprecherversammlung bringt auf Plakaten ihre Hoffnung zum Ausdruck, dass nach der Umgestaltung des Pausenhofes alle mehr auf Sauberkeit achten.

B. Die Klassensprecher wünschen dabei die Beteiligung aller Schülerinnen und Schüler.

C. Sie regen einen Ordnungsdienst für nach der Pause an.

D. Sie glauben an eine Verbesserung des Erscheinungsbildes der Schule.

E. Auch die Lehrkräfte und die Eltern wollen die Neugestaltung des Pausenhofes, damit allen Schülerinnen und Schülern genügend Bewegungsfreiheit ermöglicht wird.

Station 15 **Sprachliche Bilder/Redensarten**

1 In den fünf Sätzen A–E sind sprachliche Bilder (Metaphern) und Redensarten unterstrichen. Erkläre mit eigenen Worten, was sie bedeuten.

2 Notiere und erkläre, wenn du weitere kennst.

A. Bei der Rast setzte sich Bernd auf einen Ameisenhaufen. Als er das bemerkte, sprang er auf wie von der Tarantel gestochen.

B. Auf unser Lachen hin wäre er am liebsten im Boden versunken.

C. Er blieb aber wie zur Salzsäule erstarrt stehen.

D. Wer den Schaden hat, braucht für den Spott nicht zu sorgen.

E. Aber bald war schon wieder Gras über die Sache gewachsen.

4.2 (3) die bekannten Wortarten unterscheiden und die eigenen Kenntnisse beim reflektierten Sprachhandeln einsetzen · 4.2 (4) Wörter der bereits bekannten Wortarten sicher flektieren, um diese Kenntnis für das eigene Sprachhandeln zu nutzen · 4.2 (6) Kenntnisse über Satzglieder beim mündlichen und schriftlichen Sprachhandeln einsetzen

Mit einer Checkliste den Lernweg planen

Mit der Checkliste auf dieser Seite kannst du dich selbst einschätzen und überprüfen, wie gut du die Aufgaben auf den Seiten 204 – 206 lösen konntest. Plane dann deine individuelle Weiterarbeit mit den Aufgaben in der rechten Spalte.

1 a) Besprecht eure Lösungen mit Mitschülerinnen und Mitschülern, die die gleiche Station bearbeitet haben.

b) Schätzt gemeinsam ein, wie gut ihr die Aufgaben lösen konntet.

Checkliste

Sätze untersuchen: Was kann ich schon? – Laufzettel und Checkliste (→ COPY 31)

Station	Thema/Kompetenz	erl. am	++	+	–	– –	übe auf
1	Ich kann die Wortart verschiedener Wörter bestimmen. Ich weiß, welche Wörter *veränderbar* bzw. *nicht veränderbar* sind.	xxx	x	x	x	x	S. 208
2	Ich kann Verben in allen Zeitformen verwenden.	xxx	x	x	x	x	S. 210
3	Ich kann Sätze ins Passiv setzen.	xxx	x	x	x	x	S. 210
4	Ich kann den Konjunktiv in Sätzen erkennen. Ich kann den Konjunktiv I und II bilden.	xxx	x	x	x	x	S. 210 S. 211
5	Ich kann indirekte Rede in Sätzen erkennen. Ich kann direkte Rede in indirekte Rede umformulieren.	xxx	x	x	x	x	S. 212
6	Ich kann Objekte in den richtigen Kasus setzen. Ich kann den Kasus von Objekten bestimmen.	xxx	x	x	x	x	S. 209 S. 214, 216
7	Ich kann Satzglieder in Sätzen bestimmen.	xxx	x	x	x	x	S. 214–218
8	Ich kann Objekte gebrauchen.	xxx	x	x	x	x	S. 216
9	Ich kann Adverbialien im Satz bestimmen.	xxx	x	x	x	x	S. 217
10	Ich kann einzelne Satzglieder zu Nebensätzen umformen.	xxx	x	x	x	x	S. 215–218
11	Ich kann Satzreihen und Satzgefüge unterscheiden.	xxx	x	x	x	x	S. 219
12	Ich kann Relativsätze erkennen und bilden.	xxx	x	x	x	x	S. 220

2 a) Entscheide mit deiner Lehrkraft, welche der folgenden Seiten du bearbeitest und wie du dabei vorgehst.

b) Bearbeitet die folgenden Seiten entweder alleine, zu zweit oder in einer Gruppe. Eure Lehrkraft berät euch dabei.

1.3 (5) kritisch das eigene Lernverhalten sowie das der Mitschülerinnen und Mitschüler reflektieren, Lerngespräche führen und den eigenen Lernerfolg bewerten; sich davon ausgehend angemessene Ziele setzen, um Lernstrategien zu verbessern

Wörter und Wortarten wiederholen

1 a) Lest die Wörter im Wortkasten. Besprecht zu zweit, welche Situation euch beim Lesen der Wörter spontan durch den Kopf geht.

tauchen – die – viele – er – fünf – Sonnenbrand – liegen – auf – frei – kraulen – warm – der – dahinter – sie – das – einige – Schwimmbad – dort – laut – sonnig – und – an – dass – ging – ein – Handtuch – des – jetzt – hier – gestern – lässig – was – zwei – haben – unverzichtbar – werden – gestern – Sonnencreme – auf – seit

b) Wähle sieben der Wörter aus dem Wortkasten aus und schreibe mit ihnen einen Text von sieben bis zehn Sätzen.

c) Lies die *Lernbox*. Vergleiche dann die sieben Wörter in deinem Text mit den Wörtern im Wortkasten. Welche sind gleich geblieben, welche haben sich verändert?

d) Trage die Wörter in eine Tabelle ein und notiere dazu jeweils die Wortart.

Wörter, die sich verändern können	Wörter, die gleich bleiben
Nomen: *Sonnenbrand …* Verb: …	Präposition: *seit …* ….

2 a) Welchen neun Wortarten lassen sich die Wörter im Wortkasten zuordnen?

b) Notiert in Stichpunkten, was ihr zu den Wortarten wisst.

c) Tauscht euch über eure Ergebnisse aus.

Tipp

zu 2 a)

Die Wortarten sind: Nomen, Pronomen, Artikel, Adjektive, Numeralia, Verben (und Hilfsverben), Präpositionen, Konjunktionen, Adverbien.

3 a) Bildet Gruppen und erstellt Lernplakate für eure Klasse zu den folgenden Wortarten:
- *Nomen, Pronomen und Artikel,*
- *Adjektive und Numeralia (bestimmt/unbestimmt),*
- *Verben (und Hilfsverben),*
- *Präpositionen, Konjunktionen und Adverbien.*

b) Überprüft eure Plakate mithilfe der Seiten 307–310 des Kapitels „Wiederholen und Nachschlagen“.

c) Präsentiert eure Lernplakate in der Klasse.

4 a) Erstellt in euren Gruppen aus Aufgabe 3 je drei bis vier Aufgaben zu euren Wortarten, z. B. Fragen, Einsetzübungen, …

b) Tauscht eure Aufgaben untereinander aus und bearbeitet sie.

c) Besprecht anschließend in der Klasse die Ergebnisse.

Lernbox

Veränderbare Wörter

Bei der Unterscheidung von Wortarten kann dir eine Veränderungsprobe helfen.

1 Die wichtigste Veränderungsprobe ist die **Plural-Probe**. Damit kann man **Nomen** und **Verben** verändern: *das Pferd → die Pferde; (er/sie) schläft → (sie) schlafen.*

2 Statt *verändert* sagt man von Wörtern, dass sie *gebeugt* oder *flektiert* werden.

3 Wie Wörter flektiert werden, hängt von ihrer Verwendung im Satz ab. Die richtige Flexion der wichtigsten Wortarten (Nomen, Verb, Adjektiv) muss man lernen.

4.2 (3) die bekannten Wortarten unterscheiden und die eigenen Kenntnisse beim reflektierten Sprachhandeln einsetzen · 4.2 (4) Wörter der bereits bekannten Wortarten sicher flektieren, um diese Kenntnis für das eigene Sprachhandeln zu nutzen

Pronomen, Adjektive und Präpositionen

1 a) Schreibe den Text ab. Setze die Ausdrücke in den Klammern in den Fall, den die jeweilige Präposition fordert (s. *Lernbox*).

Eine ungewollte Abkühlung
In den letzten Sommerferien ging Julia an einem Nachmittag ins Schwimmbad, weil sie sich dort mit *XXX* (ihre Freundinnen) verabredet hatte. Es war ziemlich heiß an dem Nachmittag, aber sie fanden *XXX* (ein schattiger Platz) auf *XXX* (die neue Liegewiese) unter *XXX* (ein dichter Laubbaum). Neben *XXX* (sie) lag ein Junge mit *XXX* (seine Freundin). Zur Erfrischung wollte er ihr ein Eis holen. Sie sonnte sich inzwischen. Als er wieder bei der *XXX* (junge Frau) ankam und sich zu ihr hinüberbeugte, hielt er die Eiswaffel etwas zu schräg und die zwei Kugeln landeten auf *XXX* (ihr Rücken). Kreischend sprang sie auf. Diese Erfrischung hatte sie nicht erwartet.

b) Bestimme, in welchem Fall die Nomen stehen (auf S. 307 kannst du nachlesen).
c) Vergleicht eure Ergebnisse in der Klasse.

2 a) Notiere die vier Adjektive, die in den Klammern stehen. Schreibe ihre Grundform dazu und steigere sie (siehe S. 309).
b) Erkläre den Bedeutungsunterschied zwischen den beiden folgenden Ausdrücken:
– *Ihr Ziel war ein schattiger Platz.*
– *Der Platz dort ist schattiger.*

3 Im ersten Satz kommen die Pronomen *sie*, *sich* und *ihren* vor.
a) Notiere in Stichpunkten, was du über Pronomen weißt. Hinweise dazu findest du in der *Lernbox*.
b) Welchen Untergruppen lassen sich die drei Pronomen zuordnen?
c) Für das Pronomen *sie* in Zeile 9 könnte man schreiben: neben *ihr* – neben *ihnen*. Begründe deine Wahl.

4 a) In Zeile 14 steht: *„... die zwei Kugeln landeten auf ihrem Rücken."* Notiere den Satz in veränderter Form. Beginne folgendermaßen: *„Die zwei Kugeln fielen auf ..."*
b) Erkläre, inwiefern sich die beiden Sätze unterscheiden.

5 a) Notiere die beiden Sätze A und B und ergänze die Ausdrücke in den Klammern im richtigen Fall.
A) Julia ging in ... (ein Schwimmbad).
B) Julia traf ihre Freundinnen in ... (ein Schwimmbad).
b) Erkläre, inwiefern sich die beiden Sätze unterscheiden.

6 Erkläre den Bedeutungsunterschied der folgenden Ausdrücke:
– *an einem Nachmittag (Z. 2 f.)*
– *an dem Nachmittag (Z. 5 f.)*

Lernbox

Pronomen begleiten oder ersetzen Nomen. Sie stellen wichtige Bezüge her.
Personalpronomen: *ich, du, er, sie, ...*
Demonstrativpronomen: *dieser, jener, ...*
Relativpronomen: *der, die, das, welcher, ...*
Possessivpronomen: *mein, dein, sein, ihr, ...*
Reflexivpronomen: *mir, dich, sich, uns, ...*

Präpositionen drücken das Verhältnis zwischen zwei Dingen aus, z. B. *neben, vor, unter, mit, ...* Bei der korrekten Verwendung der Präpositionen muss man darauf achten, welchen Fall sie nach sich ziehen.

4.2 (3) die bekannten Wortarten unterscheiden und die eigenen Kenntnisse beim reflektierten Sprachhandeln einsetzen ·
4.2 (4) Wörter der bereits bekannten Wortarten sicher flektieren, um diese Kenntnis für das eigene Sprachhandeln zu nutzen

Verben richtig verwenden

1 a) Lest den folgenden Text.

Influencer
Wer kennt sie nicht? Sie sind die neuen Stars des Internets. Sie treten selbstbewusst auf und haben eine starke Präsenz und ein hohes Ansehen in sozialen Netzwerken. Wenn Influencer über Mode, Kochen, Lifestyle oder Reisen sprechen, gehen sie jedoch nicht nur einem Hobby nach, sondern können viel Geld mit Produktplatzierungen in ihren Videos verdienen. Denn Unternehmen wenden sich an Influencer, um vor allem an junge Zielgruppen heranzukommen.
Hunderttausende bis Millionen Zuschauer, die so genannten „Follower", verfolgen die Videos der Influencer. Sie nehmen scheinbar an ihrem Alltag teil, bekommen Bilder von Urlauben und sogar der Hochzeit zu sehen.

b) Notiere alle Verben aus dem Text im Kasten oben. Schreibe auch die jeweilige Grundform auf (S. 308 kann dir helfen).

c) Schreibe den folgenden Satz ab:
Sie treten selbstbewusst auf und haben eine starke Präsenz und ein hohes Ansehen in sozialen Netzwerken.

d) Unterstreiche die Verben und bestimme die Zeitform.

e) Notiere den Satz im *Präteritum*, im *Perfekt*, im *Plusquamperfekt*, im *Futur I* und im *Futur II*.

2 a) Lest die Fortsetzung des Textes.

Vielleicht <u>wäre</u> es den „Followern" gegenüber ehrlicher, wenn man sehen <u>könnte</u>, welcher Teil des Videos gerade Werbung ist. Dann <u>bekäme</u> man eher einen Eindruck davon, welcher Anteil am Film das Geschäft ist. Die Influencerin Janna S. sagt dazu im Interview, ihr wahres Leben <u>werde</u> nicht öffentlich. Sie <u>zeige</u> nur die bezahlten Produkte.

b) Bestimmt die Verbformen der unterstrichenen Verben.

c) Worin unterscheiden sich die ersten drei Verben von den letzten beiden? Achtet auch darauf, wie sie verwendet werden.

d) Tauscht euch in der Klasse darüber aus, was ihr über den Konjunktiv wisst.

3 a) Erkläre, inwiefern sich die Sätze A und B unterscheiden.
A) Sie zeigen eine perfekte Show.
B) Ihr wahres Leben wird aber nicht gezeigt.

b) Notiere Satz B im *Präteritum*, im *Perfekt*, im *Plusquamperfekt*, im *Futur I* und im *Futur II*.

4 a) Formuliere den folgenden Satz so um, wie er in einem Zeitungsbericht stehen könnte:
Beim Fußballspiel der Kickers schauen 50 000 Besucher im Stadion zu.

b) Formuliere den Satz anschließend so um, wie du ihn erzählen würdest.

c) Inwiefern unterscheiden sich die beiden Formulierungen?

4.2 (3) die bekannten Wortarten unterscheiden und die eigenen Kenntnisse beim reflektierten Sprachhandeln einsetzen · 4.2 (4) Wörter der bereits bekannten Wortarten sicher flektieren, um diese Kenntnis für das eigene Sprachhandeln zu nutzen

Konjunktiv I und II unterscheiden

Es gibt viele Schülerinnen und Schüler, die in einem sozialen Beruf arbeiten möchten.

Es gäbe viele Schülerinnen und Schüler, die in einem sozialen Beruf arbeiten möchten.

Es gebe viele Schülerinnen und Schüler, die in einem sozialen Beruf arbeiten möchten.

1 a) Lies die Aussagen in den Sprechblasen oben.
b) Erkläre, worin sich die Aussagen unterscheiden.
c) In welcher Situation könnten die Aussagen jeweils getroffen worden sein?

2 a) Notiere die folgenden Sätze A–E.
A) Soziale Berufe gäben dir die Chance, mit Menschen zu arbeiten, die Hilfe benötigen.
B) Der Berufsberater meinte, im sozialen Bereich hätte ich viele Möglichkeiten mich zu engagieren, z. B. als Erzieherin oder Rettungsassistentin.
C) Außerdem seien die Aussichten auf einen Ausbildungsplatz sehr gut.
D) Ich möchte am liebsten mit Kindern zusammenarbeiten.
E) Gerne würde ich in einem Kindergarten in der Nähe arbeiten, sodass ich vorerst nicht umziehen müsste.
b) Unterstreiche in den Sätzen A–E jeweils das Verb im Konjunktiv.

3 Übertrage die folgende Tabelle. Notiere zu den Verben aus Aufgabe 2 jeweils den Infinitiv sowie die weiteren Formen in der Er-/Sie-Form.

Infinitiv	*geben*	*haben*
Präsens	*gibt*	*XXX*
Konjunktiv I	*gebe*	*XXX*
Präteritum	*gab*	*XXX*
Konjunktiv II	*gäbe*	*XXX*

Lernbox

Verben im Konjunktiv

1 Der **Konjunktiv I** kommt oft in der **indirekten Rede** vor: *Mein Freund sagt, das Spiel sei sehr spannend.*
2 Mit dem **Konjunktiv II** kann man ausdrücken, wenn etwas **nicht wirklich** eintreten wird: *Am Samstag muss ich arbeiten. Sonst käme ich zur Party.* Oder: *Sonst würde ich zur Party kommen.*
3 Man kann auch **einen Wunsch** ausdrücken: *Dieses Wetter! Wäre es doch etwas wärmer.* Der Wunsch wird oft verstärkt durch kleine Wörter wie: *doch, nur, bloß, endlich.*
4 Man kann mit dem Konjunktiv II eine **besonders höfliche Bitte** äußern: *Könnte ich bitte noch ein Brötchen bekommen?*
5 Man kann etwas **vermuten**: *Das Spiel noch zu gewinnen, dürfte schwierig werden.*
6 ... oder etwas **empfehlen**: *Diese Jacke würde ich nicht kaufen!*
7 ... oder über etwas staunen: *Ich hätte nicht mehr an den Sieg geglaubt.*
8 Der **Konjunktiv II** wird mit dem Wortstamm des Präteritums gebildet. Bei den unregelmäßigen Verben (→ S. 313) kommen ein *-e* und oft ein Umlaut (*ä, ö, u*) hinzu: *ich begänne, er stände/er stünde*. Mündlich nutzt man meist die *würde*-Form.

4.2 (3) die bekannten Wortarten unterscheiden und die eigenen Kenntnisse beim reflektierten Sprachhandeln einsetzen ·
4.2 (4) Wörter der bereits bekannten Wortarten sicher flektieren, um diese Kenntnis für das eigene Sprachhandeln zu nutzen

Die indirekte Rede verwenden

1 Lies das folgende Interview oder höre es an.

Interview mit einer Influencerin

Janna S. ist 31 Jahre alt. Ihr Blog mit Themen rund um Mode, Lifestyle und Ernährung hat monatlich etwa 300 000 Aufrufe.

Reporterin: „Was genau machen Sie?"
Janna S.: „Eine Firma hat eine neue Creme, Schminke oder Sportkleidung herausgebracht. Die schreibt mich an und fragt, ob ich das testen und meine Meinung dazu schreiben möchte. Wenn ich das Angebot annehme, wird ausgehandelt, welche Gage bezahlt wird, wie viele Artikel und Posts in Social Media geliefert werden sollen."
Reporterin: „Welche Probleme sehen Sie in der Nutzung sozialer Medien?"
Janna S.: „Viele Menschen konzentrieren sich zu sehr auf das Leben anderer statt auf ihr eigenes. Dazu muss man aber wissen, dass in dieser rosaroten, gefilterten und perfekten Welt oft mehr Schein als Sein herrscht."
Reporterin: „Welchen Tipp haben Sie für zukünftige Influencer?"
Janna S.: „Ich würde jedem empfehlen, erst eine Ausbildung zu machen. Ich habe 13 Jahre lang gearbeitet und mir das neben meinem 40-Stunden-Job aufgebaut. Wenn es mit dem Bloggen nicht mehr funktioniert, weiß ich, dass ich zurückgehen kann."

2 a) Notiere den folgenden Satz und unterstreiche das Verb, das im Konjunktiv steht.
Janna erklärt, dass in der rosaroten, gefilterten und perfekten Welt oft mehr Schein als Sein herrsche. (Z. 18-20)

b) Schreibe die Grundform des Verbs auf und erkläre mithilfe der *Lernbox*, um welchen Konjunktiv es sich handelt.

3 a) Lies, wie die Reporterin die Antwort der Influencerin (Z. 10–13) in indirekter Rede wiedergibt:
Janna S. erklärte, wenn sie das Angebot annehme, werde ausgehandelt, welche Gage bezahlt werde.

b) Schreibe den Satz ab und unterstreiche die Verben im Konjunktiv I.

c) Erkläre mithilfe der *Lernbox*, wie der Konjunktiv I gebildet wird.

4 Formuliere die Fragen der Reporterin in indirekte Rede um. Beispiel: *Die Reporterin fragt, was sie genau mache.*

Lernbox

Die indirekte Rede

1. In **Berichten**, in **Zeitungen** und in **Radio- und Fernsehnachrichten** wird das, was jemand gesagt hat (wörtliche Rede), oft in indirekter Rede wiedergegeben.
2. Bei der indirekten Rede steht das Verb im **Konjunktiv I:** *Er sagte, er komme.* Wenn die Form im Konjunktiv I nicht eindeutig ist, **wird der Konjunktiv II** verwendet: *Sie sagten, sie kämen* (statt: kommen).
3. Der Konjunktiv wird **vorwiegend schriftlich** verwendet. Mündlich nutzt man meist die würde-Form: *Sie sagten, sie würden kommen.*
4. Wird die indirekte Rede mit einem dass-Satz gebildet, steht das Verb darin oft im Indikativ: *Er sagte, dass er gleich kommt* (statt: komme).

4.2 (5) die indirekte Rede zur distanzierten, berichtenden Wiedergabe von Äußerungen verwenden

Check dein Wissen!

1 a) Notiere mindestens drei Wortarten, die man verändern kann, und notiere jeweils zwei Beispiele. (6 P.)

b) Welchen drei Wortarten lassen sich die folgenden Wörter zuordnen? Schreibe sie auf und ordne ihnen die passenden Wörter zu. (6 P.)

aber, als, auf, außer, bei, dort, durch, für, gegen, gestern, hinten, indem, mit, obwohl, ohne, sowie, täglich, und, unten, unter, vorn, weil, wenn

2 a) Finde im folgenden Satz die Adjektive und notiere sie. Schreibe auch ihre Grundform dazu: (5 P.)

Der abwechslungsreiche Wanderweg führte uns durch dunkle, tiefe Schluchten und nach einem steilen Anstieg zu einer schnuckeligen Almhütte.

b) Setze in den folgenden Sätzen die Ausdrücke mit Nomen in den richtigen Fällen ein: (6 P.)

Meine (xxx) in der Schule haben sich gelohnt (gut, Leistung). Mehrere Betriebe haben auf mein (xxx) geantwortet (aussagekräftig, Anschreiben). Mit (xxx) fand ich schließlich meinen Wunschberuf (die, tatkräftig, Hilfe, meine, Mutter).

3 a) Bestimme im folgenden Satz die Zeitform: *Am Wochenende schwamm ich die 200 Meter Schmetterling.* (1 P.)

b) Schreibe den Satz im *Präsens*, im *Perfekt*, im *Plusquamperfekt*, im *Futur I* und im *Futur II* auf. (5 P.)

4 Formuliere die folgenden Wünsche einer Lehrerin in den Konjunktiv II um. Beginne mit „Ich wünschte, …" (6 P.)

A) „Alle Schüler machen ihre Hausaufgaben endlich zuverlässig."

B) „Wir haben alle Spaß an der Schule."

C) „Ich brauche nicht alles zehnmal zu erklären."

5 Formuliere die folgenden Sätze in indirekte Rede um. (6 P.)

A) Lehrer: „Die Klassensprecherwahl ist gültig. Gewonnen hat Lena Krause mit 18 Stimmen."

B) Lena: „Ich nehme die Wahl an. Ich hoffe, das passt für alle."

Gesamtzahl der möglichen Punkte: 41

Du kannst anhand deiner Punkte deinen Lernfortschritt selbst einschätzen:

41–38 Super, du weißt sehr viel!
37–33 Gut, du weißt schon ziemlich viel.
32–26 Du weißt einiges, musst aber noch üben.
25–16 Du hast noch Lücken. Sprich mit deiner Lehrkraft und übe mit einem Partner/einer Partnerin.
15–0 Du musst mehr üben. Lasse dich von deiner Lehrkraft beraten.

4.2 (3) die bekannten Wortarten unterscheiden und die eigenen Kenntnisse beim reflektierten Sprachhandeln einsetzen · 4.2 (4) Wörter der bereits bekannten Wortarten sicher flektieren, um diese Kenntnis für das eigene Sprachhandeln zu nutzen

Sätze untersuchen und Satzglieder erkennen

1 a) Betrachte das Bild. Worum könnte es gehen?
b) Recherchiere im Internet zu der Expedition „MOSAiC".

2 a) Bilde aus den folgenden Wörtern die Sätze A–C. Du darfst kein Wort verändern, weglassen oder hinzufügen.
A) an – Arktis – die – einem – Freitagmorgen – Hafen – im – in – Polarstern – Richtung – September – startet – Tromsö – vom
B) das – dort – driften – ein – eingefroren – gebaute – im – Jahr – lang – massiv – Meereis – Schiff – wird
C) dabei – Daten – gewinnen – Klimaerforschung – werden – wichtige – Wissenschaftler – zur
b) Vergleicht zu zweit eure Sätze.
c) Stellt eure Sätze um und schreibt pro Satz zwei verschiedene Fassungen auf.

3 a) Stelle dir vor, du schreibst eine Zeitungsnachricht. Wähle aus den Sätzen aus Aufgabe 2 jeweils die Fassung aus, die zum Lesen anregt. Unterstreiche sie.
b) Besprecht zu zweit eure Lösungen. Begründet eure Wahl.

4 a) Ermittle die Satzglieder in den Sätzen aus Aufgabe 2 und kreise sie ein.
b) Benenne die Satzglieder mit den Fachbegriffen.
c) Tauscht euch in der Klasse über eure Ergebnisse aus.

5 a) Sprecht zu zweit darüber, was ihr über grammatische Proben wisst. Hinweise dazu findet ihr in der *Lernbox*.

Der Forschungseisbrecher Polarstern bricht zur Winterexpedition auf.

b) Ermittelt im folgenden Satz die Satzglieder mithilfe der Weglassprobe. Welche Satzglieder sind unverzichtbar?
Jörg fotografiert im Hafen das Schiff.
c) Wendet im folgenden Satz die Ersatzprobe an: *Ein Reporter begleitet die Expedition.*

6 Besprecht zunächst zu zweit, dann in der Gruppe, was ihr auf dieser Seite gelernt habt.

Lernbox

Grammatische Proben und Satzglieder

1 **Satzglieder:** Sätze bestehen aus Satzgliedern. Ein vollständiger Satz muss **Subjekt und Prädikat** enthalten (→ S. 310). Satzglieder lassen sich im Satz nur **gemeinsam umstellen**. Die wichtigsten Satzglieder sind das **Subjekt**, das **Prädikat**, die **Objekte** (→ S. 310) und die **Adverbialien** (→ S. 310).
2 **Grammatische Proben:** Sie helfen dabei, **Sätze** zu **untersuchen** und **Satzglieder** zu **finden** und **Texte flüssiger** und **informativer** zu gestalten.
Es gibt die **Umstellprobe**, die **Weglassprobe**, die **Erweiterungsprobe** und die **Ersatzprobe** (→ S. 310).

Subjektsätze erkennen und verwenden

1 a) Notiere die Sätze A–F.

A) Meine Freundin kommt jeden Nachmittag.
B) Mir gefällt ihr Besuch.
C) Gemeinsam machen wir die Hausaufgaben.
D) Das Wichtigste erledigen wir immer zuerst.
E) Niemand stört uns dabei.
F) Unnötig lange und komplizierte Matheaufgaben ärgern uns manchmal.

b) Unterstreiche jeweils das Subjekt in den Sätzen.

2 a) Notiere die folgenden Sätze untereinander und unterstreiche jeweils das Subjekt.
– *Ihre Fröhlichkeit gefällt mir.*
– *Dass sie fröhlich ist, gefällt mir.*

b) Erkläre die Unterschiede, die du dabei feststellst.

c) Vergleiche deine Feststellungen mit der *Lernbox*.

3 a) Notiere die folgenden Sätze untereinander und unterstreiche jeweils das Subjekt.
– *Sein Vertrauen freut mich.*
– *Ihr Singen fasziniert das Publikum.*

b) Formuliere die Sätze um, indem du die folgenden Nebensätze – so genannte Subjektsätze – einfügst:
Dass er mir vertraut, … Dass sie singt, … Wie sehr er mir vertraut, … Wie sie singt, …

4 a) Schreibe den folgenden Text ab.

Maja erklärt ihrer Freundin, dass sie heute später kommt. Zusammen schauen sie ein Basketballspiel an. Warum Jonas der Mannschaft fehlt, ist unbekannt. Ob der letzte Korb zum Sieg reicht, wird sich zeigen.

b) Prüfe, welche Nebensätze Subjektsätze sind. Unterstreiche sie.

c) Vergleicht zu zweit eure Ergebnisse.

5 a) Schreibe die Sätze A–C ab und unterstreiche jeweils das Subjekt.

A) Der Geschmack dieser Schokolade lässt zu wünschen übrig.
B) Dein Benehmen verschafft dir keine Freunde.
C) Das Vermehren des Plastikmülls bedroht unsere Meere.

b) Schreibe die Sätze mit Subjektsätzen auf.

c) Besprecht zu zweit eure Sätze.

Lernbox

Subjekt und Subjektsatz

1 Das **Subjekt** gibt an, wer oder was etwas tut, z. B.: *Seine Hilfe macht mich froh.*
So erfragst du das **Subjekt**: *Wer oder was macht mich froh?* → seine Hilfe.

2 Man kann das Subjekt durch einen Nebensatz ersetzen, den sogenannten **Subjektsatz**. Beispiel: *Dass er mir hilft, macht mich froh.*

3 Subjektsätze beginnen mit **Konjunktionen** (*dass, ob*) oder **Fragepronomen** (*wer, wessen, wem, wen, wie*).

4 Zwischen dem Subjektsatz und dem Hauptsatz steht ein **Komma**.

Objektsätze erkennen und verwenden

Die Trainerin erklärt ihren Spielerinnen die nächste Einheit. Dabei bedient sie sich eines Taktikbrettes. Sie fordert mehr Tempo. Dann gibt sie den Spielerinnen den Ball. Gespannt schaut sie dem Treiben zu.

1 a) Lies den Text oben. Klärt zu zweit, worum es darin geht.
b) Schreibe den Text ab. Achte auf die Rechtschreibung.
c) Bestimme durch Umstellen die Satzglieder in den Sätzen.
d) Lies die *Lernbox* und markiere jeweils die Objekte.

2 a) Notiere die folgenden Sätze untereinander und unterstreiche jeweils das Objekt.
– *Der Pilot entdeckt einen Waldbrand.*
– *Der Pilot entdeckt, dass der Wald brennt.*
b) Erkläre die Unterschiede, die du dabei feststellst.
c) Vergleiche deine Feststellungen mit der *Lernbox*.

3 a) Schreibe den Satz ab und unterstreiche das Objekt:
Der verletzte Spieler hofft auf schnelle Heilung.
b) Wähle aus den folgenden Möglichkeiten die aus, die am besten zu dem Satz oben passt. Schreibe den Satz neu auf.
– *…, dass der Bruch schnell verheilt.*
– *…, dass er schnell wieder gesund wird.*
– *…, dass seine Mannschaft auch ohne ihn gewinnt.*
– *…, dass er bald wieder spielen kann.*

Der Lehrer beobachtet die Arbeit der Schülerinnen und Schüler. Er erkennt, dass sie Fortschritte machen. Er freut sich über die sehr schönen Ergebnisse. Deshalb lobt er, wie sich seine Schützlinge eingesetzt haben. Er wünscht ihnen weiterhin viel Erfolg.

4 a) Schreibe den Text oben ab.
b) Unterstreiche Objektsätze und Objekte.
c) Forme die Objekte zu Objektsätzen und die Objektsätze zu Objekten um.
Beispiel: *Wie die Schülerinnen und Schüler arbeiten, beobachtet der Lehrer.*

Lernbox

Objekte und Objektsätze

1 **Objekte** ergänzen Verben, die nicht alleine stehen können, z. B.: *Ich plane einen Ausflug.*
So erfragst du das Objekt:
Wen oder was plane ich? → einen Ausflug.
2 Man unterscheidet **Dativobjekte**, **Akkusativobjekte** und **Genitivobjekte** (→ S. 310).
3 Man kann Objekte durch einen Nebensatz ersetzen, den sogenannten **Objektsatz**.
Beispiel: *Ich weiß nicht, wem das gehört.*
4 Objektsätze beginnen mit **Konjunktionen** (*dass, ob*) oder mit **Fragepronomen** (*wer, wessen, wem, wen, wie*).
5 Zwischen dem Objektsatz und dem Hauptsatz steht ein **Komma**.

4.2 (6) Kenntnisse über Satzglieder beim mündlichen und schriftlichen Sprachhandeln einsetzen

Mit Adverbialien anschaulich schreiben

1 Seht euch das Plakat rechts und den roten Aufkleber an. Besprecht, worum es geht.

2 a) Lies die folgende Vorankündigung, die zuvor in der Zeitung stand.

> ***Anni Müller & Band treten wieder auf***
> *Nach langer Zeit können die Hohenbreitbacher wieder einen Auftritt von Anni Müller & Band erleben. Am Montagabend werden sie in der Kongresshalle Main-Spessart ein Konzert geben. Wegen der mitreißenden Schlager werden sie überall mit Begeisterung gefeiert. Zum pünktlichen Eintritt sollten die Zuschauer frühzeitig eintreffen.*

b) Notiere die Vorankündigung. Achte auf die Rechtschreibung.

c) Unterstreiche die Adverbialien im Text. Hinweise dazu findest du in der *Lernbox*.

d) Notiere die Adverbialien untereinander und schreibe dazu, um welches Adverbiale es sich handelt und wie man danach fragt. Beispiel: *Nach langer Zeit → Seit wann? = Temporaladverbial.*

3 Am folgenden Tag erscheint ein Artikel zur Absage in der Zeitung.

a) Schreibe diesen Artikel. Berichte über die enttäuschten Menschen und die Ankündigung für Freitag. Der Wortkasten gibt zusätzliche Hilfen.

> *mit Bedauern – wegen der Erkrankung von – um ihre Gesundheit nicht zu gefährden – im Hotel – am Freitag – mit hängenden Schultern – seit langer Zeit*

b) Vergleicht eure Texte in einer Gruppe. Prüft, ob die Adverbialien treffend sind.

Lernbox

Adverbialien

1 Adverbialien liefern zusätzliche Informationen und machen Sätze und Texte anschaulicher.

2 Je nach Art der Information unterscheidet man:
- **Temporaladverbialien**
  Umstandbestimmung der Zeit: *Wann? Wie lange? Seit wann? Bis wann?*
- **Lokaladverbialien**
  Umstandsbestimmung des Ortes: *Wo? Woher? Wohin?*
- **Modaladverbialien**
  Umstandsbestimmung der Art und Weise: *Wie?*
- **Kausaladverbialien**
  Umstandsbestimmung des Grundes oder der Bedingung: *Warum? Weshalb?*
- **Finaladverbialien**
  Umstandsbestimmung des Zweckes oder des Zieles: *Wozu?*

3 Oft passen in einem Satz zwei oder mehr Adverbialien gut zusammen. Beispiel: *Gestern Abend besuchte Ben seine Freundin Klara im Krankenhaus.*

4 Adverbialien lassen sich auch als Nebensätze, sogenannte Adverbialsätze, gestalten. Beispiel: Die Mutter lobte Laura, *weil sie eine gute Note erzielt hatte.*

Attribute und Attributsätze

1 Betrachtet das Bild rechts und tauscht euch zu zweit über die Situation aus.

2 Laura hätte auch sagen können: *Das angekündigte Konzert von Anni Müller & Band fiel wegen der Erkrankung der Sängerin aus.*
- a) Notiere die Aussage und bestimme die Satzglieder mithilfe der Umstellprobe.
- b) Unterstreiche die Attribute. Hinweise dazu findest du in der *Lernbox*.
- c) Notiere die Attribute untereinander und schreibe dazu, um welches Attribut es sich handelt.

3 a) Notiere die Sätze A–C und ergänze die Lücken mit den Attributen aus dem blauen Wörterkasten unten.

A. Vor der *XXX* Kongresshalle waren viele *XXX* Besucher.
B. Der Veranstalter, die Agentur Immer-was-los, beschwichtigte die *XXX* Menschen.
C. Er verwies auf das Konzert *XXX* und hoffte auf *XXX* Gesundung *XXX*.

am kommenden Freitag – baldige – der Sängerin – enttäuschten – erwartungsvolle – neuen

b) Benenne die Attribute.

4 a) Finde die Apposition in den Sätzen A–C in Aufgabe 3.
- b) Bilde Sätze mithilfe der folgenden Satzanfänge und unterstreiche jeweils die Apposition.
  - *Der Ausflug, ein tolles Erlebnis, …*
  - *Die neue CD, ein absolutes Highlight, …*
- c) Bilde weitere Sätze mit Appositionen.

5 a) Vergleiche die folgende Aussage mit der Aussage von Laura in Aufgabe 2 und benenne die Unterschiede: *Das Konzert von Anni Müller & Band, das schon lange angekündigt war, fiel wegen der Erkrankung der Sängerin aus.*
- b) Ersetze in den Sätzen A–C in Aufgabe 3 die Attribute durch Relativsätze.
- c) Vergleicht zu zweit eure Ergebnisse. Besprecht, was ihr gelernt habt. Überlegt, wo euch dieses Wissen nützt.

Lernbox

Attribut und Attributsatz

1 **Attribute** („Beifügungen") gehören immer zu einem Nomen. Sie erläutern es genauer.
2 **Links vom Nomen** stehen **Adjektivattribute** (*das grüne Fahrrad*) und **Partizipialattribute** (*das glänzende Fahrrad*).
3 Meist **rechts vom Nomen** stehen Attribute im **Genitiv** (*das Rad meiner Freundin*) oder mit **Präposition** (*das Rad am Zaun*).
4 Auch **Adverbien** wie *dort, hier, oben, gestern* können ein Nomen näher bestimmen. Beispiel: das Fahrrad *dort*.
5 Ein Relativsatz, der ein Nomen näher beschreibt, wird auch **Attributsatz** genannt. Attributsätze können Adjektive oder Partizipien ersetzen (*das grüne Rad* → *das Rad, das grün ist*).
6 Eine **Apposition** beschreibt ein Nomen mithilfe von weiteren Nomen näher (*Das Gespräch mit Anna, unserer Freundin, war schwierig*).

4.2 (6) Kenntnisse über Satzglieder beim mündlichen und schriftlichen Sprachhandeln einsetzen

Satzreihen und Satzgefüge bilden

1 Betrachtet das Bild rechts. Tauscht euch zu zweit darüber aus, was ihr seht und was geschehen sein könnte.

2 a) Lies die folgenden Sätze (A–C) eines Zeugen.
A) Der Junge kam aus der Nebenstraße.
B) Er ging ruhig an der Gruppe vorbei.
C) Er wollte keinen Streit.
b) Notiere die Sätze und bestimme die Satzglieder.

3 a) Vergleicht zu zweit die folgenden Sätze:
– *Er ging ruhig an der Gruppe vorbei, denn er wollte keinen Streit.*
– *Er ging ruhig an der Gruppe vorbei, weil er keinen Streit wollte.*
b) Inwiefern unterscheiden sich die Sätze?
c) Erklärt, ob es sich bei den Sätzen um Satzreihen oder Satzgefüge handelt. Hinweise dazu findet ihr in der *Lernbox*.

4 a) Lies, was der Zeuge weiter erzählt.

Ein Mitglied aus der Gruppe stellte ihm ein Bein. Der Junge fiel hin. Er stand auf. Er sagte etwas, das ich nicht hören konnte. Der Junge mit dem roten Pulli fiel über ihn her. Mehrere Jugendliche schauten dabei zu. Ein kleinerer Junge ging dazwischen.

b) Schreibe einen zusammenhängenden Text. Verbinde Sätze, die inhaltlich verbunden sind, zu Satzreihen und Satzgefügen.
c) Vergleicht eure Texte in der Gruppe.

Tipp

zu 3 b)
Achte auf die Satzglieder und ihre Position im Satz.

5 Erstellt gemeinsam ein anschauliches Lernplakat zu Satzreihen und Satzgefügen.

Lernbox

Satzreihen und Satzgefüge bilden

1 Manche Sätze sind **inhaltlich so eng verbunden**, dass man das auch beim Sprechen und Schreiben ausdrücken möchte. Beispiel: *Ihr tut ein Zahn weh. Sie geht zum Zahnarzt. → Sie geht zum Zahnarzt, weil ihr ein Zahn wehtut.*

2 Sätze kann man auf verschiedene Weise verbinden: Man kann **zwei Hauptsätze** verknüpfen oder einen **Hauptsatz** mit einem **Nebensatz** kombinieren. Zwischen den Sätzen steht dann ein **Komma**.

3 Verknüpft man **zwei Hauptsätze**, entsteht eine **Satzreihe**. Beispiel: *Ich gehe heute Abend zum Italiener, denn ich esse gerne Pizza.*

4 Wichtige **Konjunktionen für Satzreihen** sind: *aber, und, denn, doch, oder, sondern*. Vor *und* bzw. *oder* muss kein Komma stehen.

5 Wenn man einen **Hauptsatz** und einen **Nebensatz** verknüpft, entsteht ein **Satzgefüge**. Der Nebensatz beginnt mit einer Konjunktion, das Prädikat steht am **Ende**. Beispiel: *Ich gehe heute Abend zum Italiener, weil ich gerne eine Pizza esse.*

6 **Konjunktionen für Nebensätze** sind: *als, weil, bevor, bis, damit, dass, indem, wenn, sodass, nachdem, obwohl, während.*

Adverbial- und Relativsätze

1 a) Lies die Sätze A und B.

A) Das Sportfest am Nachmittag fällt aus.
B) Das Sportfest fällt wegen des Regens aus.

b) Benenne jeweils das Subjekt und das Prädikat.

c) Notiere die unterstrichenen Satzglieder und bestimme sie.

2 a) Lies die Sätze C und D.

C) Das Sportfest, das am Nachmittag stattfinden sollte, fällt aus.
D) Das Sportfest fällt aus, weil es regnet.

b) Benenne jeweils das Subjekt und das Prädikat.

c) Notiere die unterstrichenen Satzglieder und bestimme sie.

d) Vergleicht eure Ergebnisse aus Aufgabe 1 und 2 (Sätze A–D) miteinander und benennt die Unterschiede. Hinweise dazu findet ihr in der *Lernbox*.

3 a) Lies den folgenden Text und notiere ihn. Lasse dabei immer eine Zeile frei.

> Nach der Prüfung werde ich entspannen. Meine Freunde und ich fahren wegen eines Kletterkurses nach Bad Wannstein. In dem Ort haben wir eine Unterkunft gebucht. Am nächsten Tag geht es los. Wenn die Morgendämmerung beginnt, müssen wir bereits da sein. Wir haben uns angemeldet, weil sie dort einen guten Ruf haben.

b) Unterstreiche alle Adverbialien und alle Adverbialsätze.

c) Forme die beiden Adverbialsätze zu Adverbialien im Hauptsatz um. Tauscht euch darüber aus, welche Form euch besser gefällt.

4 Formuliere die Sätze (A–C) so um, dass sie einen Adverbialsatz enthalten.

A) Er sah das Auto an der Ampel.
→ Er sah das Auto, als es …
B) Die Müllers ziehen in eine größere Wohnung.
→ Die Müllers ziehen dorthin, wo …
C) Das Sportfest findet bei schönem Wetter statt.
→ Das Sportfest findet statt, wenn …

5 Bilde Relativsätze, indem du die Sätze A und B umformulierst.

A) Siehst du den Spieler mit der Nummer 5?
→ Siehst du den Spieler, …
B) Mir gefällt das etwas kleinere Handy.
→ Mir gefällt …

Lernbox

Sätze verknüpfen

1 **Nebensätze**, die mit den **Relativpronomen** *der, die, das* oder *welcher, welche, welches* beginnen, heißen **Relativsätze** oder **Attributsätze**. Sie sind einem Nomen beigefügt und erläutern es näher. Beispiel: *Die Zeit, die er gelaufen ist, ist fantastisch.*

2 **Adverbialien** sorgen in vielen Sätzen für zusätzliche anschauliche Informationen: *Die Mädchen trainieren wegen der Finalrunde.* Adverbialien, die als **Nebensätze** gestaltet sind, nennt man **Adverbialsätze**: *Die Mädchen trainieren, weil die Finalrunde stattfindet.*

Besondere Sätze: Ellipsen

1 Sieh dir das Bild an. Worum geht es hier?

2 a) Notiere die Frage des rechten Wanderers.
b) Notiere auch eine mögliche Antwort.
c) Formuliere die Frage so um, dass ein vollständiger Satz entsteht. Bestimme auch die Satzglieder deines Satzes.
d) Vergleiche deinen Satz mit der Frage des Wanderers. Welche Satzglieder fehlen hier?

3 a) Notiere, welche Satzglieder zu einem vollständigen Satz gehören.
b) Erkläre mithilfe der *Lernbox*, was eine Ellipse ist.

4 a) Lies die folgenden Gespräche A–C.

A) „Fährt dieser Bus zum Bahnhof?"
– „Nein, in die Gartenstadt."
B) „Was hätten Sie gerne zum Trinken?"
– „Eine Cola, bitte."
C) „Hilfst du Sven bitte noch einmal beim Lesen?"
– „Noch einmal? Ok. Wird gemacht."

b) In welchen Situationen könnten die Gespräche stattgefunden haben? Notiere Stichpunkte.
c) Notiert zu zweit weitere Situationen und kurze Gespräche, in denen Ellipsen möglich sind.

5 a) Sucht Zeitungsüberschriften heraus und notiert sie.
b) Vergleicht eure Überschriften in der Klasse.
c) Besprecht, warum Zeitungsüberschriften oft Ellipsen sind.

6 a) Schreibe den folgenden Text auf. Unterstreiche mit unterschiedlichen Farben vollständige und unvollständige Sätze.

Die Luft stand zwischen den Häuserschluchten. Über dem Asphalt waberte die Luft. Kein Windhauch. Kein Mensch auf der Straße. Aus der Ferne leises Donnergrollen. Schon zogen dunkle Wolken auf. Endlich war Abkühlung in Sicht.

b) Lies Nummer 5 in der *Lernbox*. Beurteile die Wirkung der Sätze im Text.

Lernbox

Ellipse

1 Die **Ellipse** ist ein grammatikalisch unvollständiger Satz. Meist fehlt das Prädikat. Beispiele: *Alles klar?; Ruhe jetzt!*
2 Der jeweilige Satz bleibt aber dennoch in seiner **Aussage und Wirkung verständlich**. Es lässt sich aus dem Sinnzusammenhang erschließen, welcher Teil des Satzes fehlt.
3 Ellipsen kommen **häufig im Mündlichen** vor, oft auch in der **Umgangssprache**.
4 Im **Schriftlichen** findet man Ellipsen **oft in Überschriften**. Beispiel: *Neue Öffnungszeiten im Hallenbad.*
5 Ellipsen werden auch als **rhetorische Mittel** (→ S. 284) in Texten verwendet, um bspw. **Gesprochenes** und **Gedachtes** wiederzugeben. Zudem können sie das **Tempo des Geschehens** erhöhen.

Check dein Wissen!

In Hohenbreitbach spendete eine bei jüngeren Menschen angesagte Schlagerband nach ihrem Konzert ihre Gage der Lebenshilfe der nahen Kreisstadt.

1 a) Lies den langen Satz oben aufmerksam. Stelle ihn zweimal um und schreibe die beiden umgestellten Sätze auf. (2 P.)
b) Kreise die Satzglieder ein. (6 P.)
c) Bestimme die Satzglieder. (6 P.)

2 a) Lies noch einmal den folgenden Satzteil:
… der Lebenshilfe der nahen Kreisstadt.
Bezeichne den unterstrichenen Teil. (1 P.)
b) Schreibe den Satz oben ab und wandle den unterstrichenen Teil in einen Attributsatz um. (2 P.)

3 a) Zum Subjekt im Satz oben gehört ein längeres Attribut.
Schreibe dieses heraus. (1 P.)
b) Forme es in einen Attributsatz um. (2 P.)

4 a) Wie nennt man den folgenden unterstrichenen Nebensatz? (1 P.)
Wer das Spiel gewinnt, bekommt den Pokal.
b) Schreibe den Satz auf. Setze für den Nebensatz ein Subjekt ein. (2 P.)

5 a) Bestimme die Satzglieder im folgenden Satz: (3 P.)
Wir planen den Ablauf des Sportfestes.
b) Forme das Objekt in einen Objektsatz um. Schreibe den kompletten Satz auf. (3 P.)

6 a) Schreibe den folgenden Satz ab und unterstreiche den Objektsatz. (1 P.)
Wir freuen uns, dass das Sportfest gut gelungen ist.
b) Wandle den Objektsatz in ein Objekt um und schreibe den Satz auf. (2 P.)

7 a) Satzreihe oder Satzgefüge? Bestimme die folgende Satzverknüpfung: (1 P.)
Unser Lehrer ist fit, denn er läuft täglich eine große Jogging-Runde.
b) Begründe deine Entscheidung. (2 P.)
c) Schreibe den Satz auf, dieses Mal als Satzreihe bzw. Satzgefüge. (2 P.)
d) Beschreibe die Unterschiede. (2 P.)

8 a) Notiere, was du über den Relativsatz weißt. (2 P.)
b) Notiere einen beliebigen Satz, in dem ein Relativsatz vorkommt. (3 P.)

Gesamtzahl der möglichen Punkte: 44
Du kannst anhand deiner Punkte deinen Lernfortschritt selbst einschätzen:

44–40 Super! Du weißt sehr viel!
39–35 Gut, du weißt schon ziemlich viel.
34–28 Du weißt einiges, musst aber noch üben.
27–18 Du hast noch Lücken. Sprich mit deiner Lehrkraft und übe mit einem Partner/einer Partnerin.
17–0 Du musst mehr üben. Lasse dich von deiner Lehrkraft beraten.

4.2 (6) Kenntnisse über Satzglieder beim mündlichen und schriftlichen Sprachhandeln einsetzen

Fit für den Quali

Auf Seite 223 – 224 findet ihr Aufgaben, wie sie im Quali der letzten Jahre vorgekommen sind. Am besten könnt ihr eine der neun Aufgaben wöchentlich in der Klasse gemeinsam mit eurer Lehrkraft besprechen.

1 a) Löst zunächst die folgende Beispielaufgabe aus einem Quali.

Fit für den Quali – *Schreibe die Sätze ab und setze je ein dazu passendes Wort der geforderten Wortart ein, ohne die anderen Wörter zu verändern.*

Betriebe und Handwerker in Deutschland (ein Verb), dass es zunehmend weniger Fachkräfte gibt. Viele Tätigkeiten verlangen eine (ein Adjektiv) Ausbildung und auch berufliche (ein Nomen). Aber (ein unbestimmtes Zahlwort) Bewerber, die sich für eine Stelle interessieren, können die Anforderungen nicht (ein Verb).

b) Besprecht eure Lösungen in der Klasse. Ist euch die Lösung der Aufgabe schwergefallen?

c) Betrachtet anschließend die folgende Musterlösung und tauscht euch in der Klasse darüber aus.

Betriebe und Handwerker in Deutschland **beklagen/finden heraus/leiden darunter**, dass es zunehmend weniger Fachkräfte gibt.
Viele Tätigkeiten verlangen eine **qualifizierte/gute/spezifische/passende** Ausbildung und auch berufliche **Erfahrung/Praxis**.
Aber **viele/manche/einige** Bewerber, die sich für eine Stelle interessieren, können die Anforderungen nicht **erfüllen/befriedigen**.

2 a) Löst die Quali-Aufgaben. Orientiert euch bei der Lösung an dem Musterbeispiel.

b) Besprecht eure Lösungen in der Klasse.

1
Fit für den Quali – *Bestimme die Satzglieder!*
Das Nachschlagen im Wörterbuch hilft dir bei deinem Bemühen, richtig zu schreiben.
Die Personalchefs schätzen korrekte Unterlagen. Sie entnehmen schon dem Anschreiben, was sie von dem Bewerber halten sollen. So trennen sie in kurzer Zeit die Spreu vom Weizen.

2
Fit für den Quali – *Finde im Text die vier gesteigerten Adjektive und schreibe sie in der Grundform auf!*
Obwohl die Sonne scheint, geht Maja heute doch gerne zum Basketballtraining. Es ist zwar anstrengender als ein Bummel in der Stadt, aber am schönsten ist es doch, wenn die Mädels zusammen spielen. Deshalb sind sie in dieser Saison auch erfolgreicher, als in der Saison vorher. Siege gegen den Nachbarklub sind dabei immer am höchsten einzuschätzen.

3
Fit für den Quali – *Formuliere jeweils einen Fragesatz. Es müssen alle Wörter der Nummer unverändert verwendet werden.*

1 Boygroup neue Hast der Lied tollen das schon du?
2 neue Akku der deines Hielt Smartphones alte Stunden länger als

4

Fit für den Quali – *Wandle die direkte in indirekte Rede um!*

Im Schulforum wurde über Klassenfahrten diskutiert: Rektor Müller meinte: „Es ist gut, wenn in der Stufe 5/6 und 7–9 wenigstens je einmal weggefahren wird." „Da kommt man mal raus", bekräftigte Schülersprecher Rolf Beyer. Die Elternbeirätin Elke Manz mahnte: „Es darf aber nicht zu teuer werden. Schließlich sollen doch alle mitfahren können." „Nur so macht es auch Sinn für die Klassengemeinschaft", warf Lehrer Stengel ein.

5

Fit für den Quali – *Verknüpfe jeweils die beiden Sätze mit einer passenden Konjunktion. Bestimme, ob deine Satzverknüpfung ein Satzgefüge oder eine Satzreihe ist.*

1 Für Gesundheit und Fitness muss man auf seine Ernährung achten. Ab und zu sind Fastfood und etwas Süßes erlaubt.

2 Viel Bewegung und gezieltes Training unterstützen eine gesunde Lebensführung. Das stärkt den Kreislauf und die Muskulatur.

6

Fit für den Quali – *Schreibe den Text ab und setzte die alphabetisch geordneten Wörter in den Klammern grammatikalisch korrekt ein. Verändere aber nicht die anderen Wörter im Satz.*

Annalena bewundert schon lange das (neue, T-Shirt) von Mundocasa. Wegen (bunt, die, Farbe) findet sie, dass es (sie) gut steht. Sie schlägt (Freundin, ihr) vor, mit ihr einkaufen zu gehen. Stundenlang betrachten sie (Blusen, Hosen, modisch, und, viel). Natürlich kaufen sie auch einiges. Am Abend meint Annalena, dass sie eine (gut, treffen, Wahl).

7

Fit für den Quali – *Im Text findest du fünf Fremdwörter/Fachbegriffe. Schreibe sie heraus und notiere dazu die entsprechende deutsche Bedeutung.*

Das Jahr 2020 wird uns noch länger im Gedächtnis bleiben. Global überzog eine Pandemie die Menschheit. Besonnenes Handeln, Distanz und Hygiene schafften zwar eine gewisse Sicherheit. Doch das Social Distancing sorgte auch für Probleme. Viele Leute vereinsamten, viele Todesopfer waren zu beklagen.

8

Fit für den Quali – *Finde im Text für jede der geforderten Wortarten ein Beispiel. Notiere es und schreibe die Wortart dazu:*
***Adjektiv – Fragewort – Konjunktion – Adverb – Verb – Nomen*.**

Unser Körper lässt sich gerne darauf ein, Zucker und Süßes zu sich zu nehmen. Doch das ist nicht so einfach. Wer damit anfängt, möchte schließlich immer mehr davon. Und dann wird es ungesund. Wer faul herumliegt und nascht kann nicht nur Übergewicht mit einem unschönen Aussehen bekommen, sondern auch Herzkrankheiten, Diabetes und sogar Krebs. Also, lieber weniger naschen und mehr Bewegung.

9

Fit für den Quali – *Bestimme die unterstrichenen Satzglieder!*

In diesem Jahr wurden schlimme Zustände in der Landwirtschaft und in der Fleischindustrie bekannt. In engen Räumen zusammengepfercht fristeten Saisonarbeiter ihr Dasein. Für wenig Geld schlachteten und verarbeiteten sie Tiere. Oder sie halfen auf Spargelhöfen und Erdbeerhöfen. Die Politik hat sich vorgenommen, für besseren Schutz zu sorgen.

Wörter durch Reduktion bilden

1 a) Betrachte das Bild oben und notiere die Abkürzungen, die du bereits kennst. Ergänze ihre jeweilige Bedeutung.

b) Vergleicht zu zweit eure Notizen. Wer von euch kennt mehr oder sogar alle Bedeutungen?

2 a) Lies den folgenden Text. Verstehst du alles?

> <u>*Abk. im Allt.*</u>
> *Ein Text mit Abk. ist nicht leicht zu verst. Machm. ist d. sog. lästig o. unverständl. Trotzd. wird die Abk.-Spr. tägl. mehrf. verw. Denkt bloß mal an die Textnachr., die ihr jd. Tag schreibt. Da wimmelt es nur von „lol" oder „rofl". Bei d. sind die Abk. wahrsch. desh. entst., weil es am Anf. Z.begrenz. gab, vorh. kürzte man ab, um schnell zu schreib.*

b) Schreibe den Text ohne Abkürzungen ab.

c) Besprecht in der Klasse den Nutzen der Abkürzungen.

d) Welche Wörter im Text würdet ihr anders oder gar nicht abkürzen? Begründet eure Meinung.

3 Erstelle mit den Wörtern aus Aufgabe 1 und 2 eine Tabelle. Lies dazu die *Lernbox*.

Wort	*Reduziertes Wort*	*Punkt 1/2/3*
XXX	*XXX*	*XXX*
XXX	*XXX*	*XXX*

4 a) Betrachtet das Bild oben und besprecht zu zweit, woher das Missverständnis kommt.

b) Notiere mindestens drei wichtige Funktionen von Abkürzungen.

*LKW = Leberkäsweggla = Leberkäsebrötchen

Lernbox

Wörter reduzieren/abkürzen

1 Ein Wort wird auf **wenige Zeichen** oder **Wörter** reduziert, der Inhalt bleibt verständlich:
Mathematik → *Mathe*
Regenschirm → *Schirm*

2 Wörter werden **auf Buchstaben abgekürzt**, die sich meistens an den Silben orientieren:
Auszubildender → *Azubi*
Personenkraftwagen → *PKW*

3 Wörter werden **auf Buchstaben oder Kombinationen dieser** reduziert. Auf die Buchstaben folgt ein **Abkürzungspunkt**:
siehe oben → *s. o.* ; *und* → *u.*
Teils entstehen Neuschöpfungen, z. B.:
Z. begrenz.

MfG, mit freundlichen Grüßen
die Welt liegt uns zu Füßen,
denn wir stehen drauf.
Wir gehen drauf für ein Leben voller Schall
und Rauch, bevor wir fallen, fallen wir lieber
auf.

HNO, EKG und AOK
LBS, WKD und IHK
UKW, NDW und Hubert K
BTM, BKA, hahaha

LTU, TNT und IRA
NTV, THW und DPA
H&M, BSB und FDH
SOS, 110 – tatütata

SED, FDJ und KaDeWe
FAZ, BWL und FDP
EDV, IBM und WWW
HSV, VFB, oleole ...

5 a) Hört euch den Rap „MfG, mit freundlichen Grüßen" der Gruppe „Fanta 4" an.
b) Notiere für mindestens fünf Abkürzungen die vollständigen Wörter oder ergänze die Tabelle aus Aufgabe 3 (S. 225).

6 a) Erfinde eine eigene Strophe bestehend aus vier Versen.
b) Kannst du deine Version sogar gerappt vortragen?

7 a) Sara schreibt ihrer Freundin folgende Mitteilung per Handy. Lies sie in Ruhe durch.

Liebe Nadine, ak?
bidunowa? BSE. Corona nervt.
DaD! DaM!
Wir brauchen ein F2F.
HASE! HD!
Cu nach Corona.
MeDiWi!
SFH. Ts.
Sara

b) „Übersetze" die Nachricht in einen vollständig ausgeschriebenen Text. Suche die Bedeutung der Abkürzungen, die du nicht kennst, im Internet.

8 Wähle eine der folgenden Aufgaben.
a Erstelle selbst eine Handy-Nachricht, die du einem Partner zur Übersetzung vorlegst. Der Inhalt soll etwas mit der Schule zu tun haben.
b Erstelle einen Rap (mindestens eine Strophe) wie den von „Fanta 4" mit Abkürzungen, die du aus Handy-Mitteilungen kennst.

9 a) Sprecht in der Klasse darüber, warum Abkürzungen im Leben häufig vorkommen.
b) Finde mindestens fünf Beispiele von Abkürzungen, die dir auf deinem Weg zur Schule begegnen.

4.1 (3) Phänomene des Sprachwandels erkennen (z. B. Weglassen von Artikeln, Rückgang der Genitivverwendung) · 4.2 (2) Wortbildungsmöglichkeiten (z. B. Reduktion) bei der Analyse und Produktion von Texten nutzen

Sprache betrachten und sich schützen

Nur noch zwei Zimmer frei!

Diese Anzeige lesen gerade 6 Personen.

Schon 3656 zufriedene Gäste geben 5 Sterne ★★★★★

Luisa aus M: *Wahnsinn, würde ich sofort wieder machen.*

Hans aus B: *dieser Strand – und die Sportmöglichkeiten!*

1 Woche Mallorca
Sun-Fun-Hotel
All-inclusive für 2 Personen
nur 349 Euro*

Sun-Fun-Hotelanlage
Alles für Ihren Urlaub!
* Preis gilt pro Person
plus Flug 189 Euro pro Person
Handgepäck extra 23 Euro

Bestpreisgarantie nur bei uns!
Angebot zweimal gebucht in den letzten 3 Stunden!

Früher 598 Euro.
→ Sie sparen 250 Euro.

Dieses tolle Angebot gilt nur noch heute bis 17.00 Uhr!

„Tolle Lage – super Essen!" – **Martin aus Deutschland**

1 a) Lies die Anzeige aus dem Internet. Wofür wird hier geworben?
b) Ihr wollt zu zweit das Angebot nutzen. Notiere, was ihr als Gesamtpreis zahlen müsst.

2 Neben der Anzeige in der Mitte erscheinen zusätzlich weitere Informationen.
a) Um welche Informationen handelt es sich und wer hat sie geschrieben?
b) Welcher Text drängt am stärksten zu einer schnellen Buchung?

3 a) Lies die Info „Tricks der Online-Anbieter" rechts. Ordne die Informationen aus Aufgabe 2 zu.
b) Diskutiert, aus welchen Gründen die Online-Anbieter mit diesen Tricks werben.
c) Recherchiere, welche Tricks der Online-Anbieter rechtlich zulässig sind und welche nicht.

4 a) Arbeitet in Gruppen: Die eine Hälfte der Klasse untersucht, wie im Internet für den Kauf verschiedener Produkte (z. B. Reisen, Kleidung) geworben wird. Die andere Hälfte untersucht Anzeigen aus Zeitungen/Zeitschriften.
b) Notiert in Stichpunkten, welche „echten" Informationen genannt werden und welche Tricks die Online-Anbieter anwenden.
c) Stellt eure Ergebnisse in der Klasse vor und beurteilt die Anzeigen.
d) Besprecht, wie ihr euch vor falschen Kaufentscheidungen schützen könnt.

Tricks der Online-Anbieter
Sie geben vor, dass ...
- ... schon viele andere etwas gekauft/gebucht haben,
- ... viele andere zufrieden sind,
- ... das Produkt/die Reise knapp ist (wenig Restbestand) und bald ausverkauft sein wird (hohe Nachfrage),
- ... die Zeit des Angebots bald abläuft,
- ... das Angebot sehr günstig ist. Versteckte Preise, wie bspw. nicht enthaltene Leistungen, werden nicht genannt.

Den Sprachwandel erkennen

1 a) Betrachte die folgenden Abbildungen (1–4) und benenne die Gegenstände.

1

2

3

4

b) Tauscht euch zu zweit darüber aus, ob ihr die Bezeichnungen aller Gegenstände kennt und täglich nutzt.

c) Sprecht in der Klasse darüber, warum sich Sprache verändert und einige Begriffe aus dem täglichen Gebrauch verschwinden.

2 a) Tauscht euch in der Klasse darüber aus, wer von euch noch andere Sprachen spricht.

b) Gibt es in diesen Sprachen auch Begriffe, die aus dem täglichen Sprachgebrauch verschwunden sind? Notiert diese und findet eine deutsche Entsprechung.

3 a) Denke an deinen eigenen Sprachgebrauch. Welche Wörter und Sätze benutzt du oft, wenn du mit deinen Freunden redest? Notiere diese.

b) Würden deine Eltern oder Großeltern diese Wörter/Sätze auch verwenden? Finde eine standardsprachliche Entsprechung.

4 a) Lies die Titelthemen der Jugendzeitschrift oben.

b) Welche sprachlichen Unterschiede fallen euch auf? Tauscht euch zu zweit darüber aus.

c) Schreibt gemeinsam die Titelthemen in die jeweilige Sprache der anderen Zeit (1970 bzw. 2020) um.

5 a) Recherchiere weitere Titelthemen bekannter Jugendzeitschriften aus verschiedenen Jahren.

b) Tauscht sie untereinander aus und schreibt sie um.

Tipp

zu 4 b)
Achtet besonders auf den Satzbau und einzelne neumodische Wörter.

4.1 (3) Phänomene des Sprachwandels erkennen (z. B. Weglassen von Artikeln, Rückgang der Genitivverwendung) · 4.1 (4) Unterschiede und Gemeinsamkeiten verschiedener Sprachen reflektieren (z. B. Englisch, Herkunftssprachen der Schülerinnen und Schüler), auch um bestimmte Sprachentwicklungen (z. B. Modeerscheinungen, Neubildungen) einzuschätzen

6 a) Hört euch das folgende Gespräch an.

Beatrice: Yo hallo. Ich will zu Herrn Klopp.
Sekretärin: Guten Morgen erst einmal. Wie heißen Sie denn und haben Sie einen Termin?
Beatrice: Logo hab ich nen Termin. Ich will doch den einen Job haben. Hab schon mal ne Mail geschrieben und da hieß es, ich soll heute herkommen. Ich bin die Beatrice, aber meine Crew nennt mich nur Bea.
Sekretärin: Sie haben also ein Vorstellungsgespräch? Beatrice heißen Sie? Wie ist denn Ihr Nachname?
Beatrice: Ja safe hab ich ein Vorstellungsgespräch. Sonst wär ich ja wie gesagt gar nicht hier. Beatrice Hämpler. Kann ich jetzt bitte zum Klopp? So viel Zeit hab ich jetzt auch nicht.
Sekretärin: Herr Klopp befindet sich im Moment noch in einem anderen Vorstellungsgespräch. Sie können gerne in der Zwischenzeit im Foyer Platz nehmen. Ich hole Sie dann ab.
Beatrice: Wie der is in nem anderen Gespräch? Pff voll unnötig! Ich bin eh die Beste für den Job. Aber gut, dann setze ich mich halt noch. Das Foyer schaut ja ganz nice aus. Ich darf dort doch eine rauchen oder?
Sekretärin: Natürlich dürfen Sie auch bei uns in geschlossenen Räumen nicht rauchen. Gehen Sie dafür bitte vor die Tür.
Beatrice: Oh man, das ist ja voll der Spießerladen.

b) Besprecht, was euch an diesem Gespräch problematisch erscheint. Ihr könnt noch einmal im Text nachlesen.
c) Spielt die Situation in der Klasse nach.
d) Diskutiert, ob ihr Beatrice einstellen würdet. Begründet eure Meinung.

7 a) Schreibe die Sätze von Beatrice in eine angemessene Sprache um.
b) Lest euch zu zweit gegenseitig eure Texte vor und gebt einander Feedback.
c) Geht in Kleingruppen zusammen und spielt euch zwei der umgeschriebenen Situationen gegenseitig vor.
d) Sprecht darüber, wie ihr die Situation nun einschätzen würdet. Ist eine Verbesserung zu sehen? Woran liegt dies?

8 a) Lies die folgenden beiden Aussagen A und B:
A) Guten Morgen Anna. Verzeih mir bitte vielmals, dass ich mich verspätet habe. Mein Drahtessel hatte einen platten Reifen. Ich bin jetzt ganz schön kaputt.
B) Hey Bro. Sorry, dass ich zu spät bin. Hatte voll den Platten. Bin richtig gestresst jetzt. Muss erstmal kurz runterkommen.
b) Welche der beiden Aussagen könnte eher von dir stammen?
c) Besprecht zu zweit die Unterschiede der Aussagen. Was fällt euch in Bezug auf den Satzbau auf?

4.1 (2) weitere Sprachvarietäten (z. B. Soziolekt, geschlechtsspezifische Sprache) unterscheiden und deren Eigenschaften beschreiben, um über variable Sprachregister zu verfügen und um Zusammenhänge von Sprache und sozialen Verhältnissen zu reflektieren

Chat-Sprache verstehen

1 Betrachte das Bild. Warum könnte die Großmutter Verständnisprobleme haben?

2 Schreibe die Textnachricht in einen richtigen Text um. Beachte besonders die Satzzeichen.

3 a) Besprecht zu zweit die Unterschiede zwischen der Originaltextnachricht und euren umgeschriebenen Texten.

b) Warum sind Textnachrichten oft kürzer und anders geschrieben, als beispielsweise Briefe? Notiert eure Ideen in Stichpunkten.

4 a) Notiere zu folgenden Ausdrücken, die typisch für die Chat-Sprache sind, standardsprachliche Entsprechungen:

LG – VG – LOL – LY

b) Denke an dein eigenes Chatverhalten. Wie sehen deine Textnachrichten aus? Notiere Ausdrücke, die du häufig in Nachrichten nutzt, und finde eine standardsprachliche Entsprechung.

c) Vergleicht zu zweit eure Listen.

5 a) Schreibe folgende Textnachrichten (1–4) in Standardsprache um. Achte besonders auf die Satzzeichen.

1 Heute 3 Uhr bolzen?

2 K. CU ;)

3 Hey <3 Lust auf eis?

4 Was machste am we so

b) In den Nachrichten 2 und 3 sind Emojis enthalten. Welchen Nutzen haben diese in einem Chat? Sprecht zu zweit darüber.

6 *„Oje, sie schreibt ohne Emojis, bestimmt ist sie sauer."*

a) Sprecht zu zweit darüber, was du von dieser Aussage hältst.

b) Tauscht euch über eure Erfahrungen aus. Wurdet ihr auch schon einmal missverstanden, weil ihr keine Emojis benutzt habt?

7 Welchen Einfluss hat die Chatsprache auf die Standardsprache? Sprecht zu zweit darüber und notiert eure Gedanken. Sprecht anschließend in der Klasse darüber.

4.1 (6) die Sprache in digitalen Formaten (z. B. Chat, soziale Netzwerke) analysieren und sie mit der Standardsprache im Hinblick auf unterschiedliche sprachliche Mittel vergleichen (z. B. Ellipse, Reduktion)

Geschlechter in der Sprache erkennen

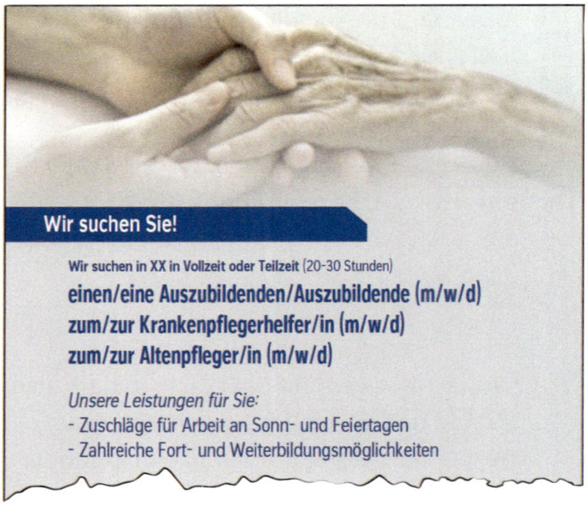

1 Betrachte die Stellenanzeige oben. Woran erkennt man, dass sich diese sowohl an männliche als auch an weibliche Personen richtet?

2 a) Was bedeutet m/w/d hinter den Berufsbezeichnungen? Sprecht zu zweit darüber.
b) Lest anschließend den Punkt 3 der *Lernbox*.
c) Erklärt euch gegenseitig, was der Begriff *divers* bedeutet.

3 a) Betrachte die Abbildung links unten. Besprecht zu zweit, wie das Mädchen auf diese Aussage kommt. Hinweise dazu findet ihr in der *Lernbox*.
b) Überlegt in der Klasse, warum nicht immer alle Geschlechter in der Sprache angesprochen werden.

4 a) Geht in Kleingruppen zusammen. Diskutiert darüber, wie wichtig ihr es findet, dass in der Sprache alle Geschlechter angesprochen werden.
b) Welche der in der *Lernbox* genannten Möglichkeiten, jedem Geschlecht gerecht zu werden, findet ihr persönlich am sinnvollsten?

Lernbox

Geschlechter in der Sprache erkennen

1 In der deutschen Sprache finden sich viele Ausdrücke, die sich aufgrund ihrer Endung besonders auf männliche Personen beziehen können. Beispiel: *die Schüler*

2 Um jedem Geschlecht gerecht zu werden, gibt es verschiedene Möglichkeiten, zu gendern (alle Geschlechter zu nennen):
- Die **vollständige Paarform**:
  → *die Mitarbeiter und Mitarbeiterinnen*
- Die **verkürzte Paarform**:
  → *die Lehrerin/der Lehrer*
- **Zusammenziehen** mit **großem I** oder **Sternchen**:
  → *die SchülerInnen, die Schüler*innen*
- **Zusammenziehen mit Schrägstrich**:
  → *ein/-e Partner/-in*

3 Mittlerweile wird besonders bei Stellenanzeigen nicht nur das männliche und weibliche Geschlecht berücksichtigt, sondern auch „divers“ (d), also diejenigen, die sich keinem der beiden genannten Geschlechter zugehörig fühlen.

4.1 (2) weitere Sprachvarietäten (z. B. Soziolekt, geschlechtsspezifische Sprache) unterscheiden und deren Eigenschaften beschreiben, um über variable Sprachregister zu verfügen und um Zusammenhänge von Sprache und sozialen Verhältnissen zu reflektieren

Fachbegriffe verwenden

Kunde: „Ich möchte mir ein Mountainbike kaufen. Können Sie mich beraten?“

Verkäufer: „Tja, wir haben eine große Modellpalette. Der Hit ist unser Downhill TRX3. Sehen Sie mal hier: Der professionelle Fullsized-Frame, titanlegiert natürlich, ist höchsten Belastungen gewachsen. Die Telegabel ist spezialverstärkt. Die Cantilever Brakes greifen unter allen Bedingungen sicher zu, Monoschock ist serienmäßig. Chain und Pedals sind ebenfalls extra gehärtet und premium light, alles eben ganz auf Adventure abgestimmt. Hier sehen Sie auch die Cross-Country-Profilierung der Bereifung für den Einsatz offroad. Zum Standardequipment gehören zusätzlich die Überzüge vom Gelsattel und der Bullhorns ganz in Hirschleder. Das ist strapazierfähig und hat einen ganz soften Touch. Natürlich gibt es zu einem Kauf auch das Safety-Paket. Wir checken alle Teile vor Auslieferung und beim ersten Service durch.“

Kunde: „Ja, naja, äh …“

1 a) Lest das Gespräch.
b) Sprecht zu zweit darüber, was euch an dem Gespräch auffällt und was schwierig ist.

2 a) Notiert Gründe, weshalb der Kunde den Verkäufer nicht versteht. Hinweise dazu findet ihr in der *Lernbox*.
b) Übertragt die folgende Tabelle in euer Heft und schreibt die Fachbegriffe aus dem Text heraus. Welche könnt ihr übersetzen, welche nicht?

Fachbegriff	Übersetzung	ohne Übersetzung
Downhill	*XXX*	*XXX*

3 a) Notiert zu zweit ein Gespräch, in dem sich Kunde und Verkäufer beim Fahrradkauf verstehen. Das Mountainbike muss aber auch sachgemäß erklärt sein.
b) Tragt das Gespräch eurer Klasse vor.

4 Wähle eine der folgenden Aufgaben.
a Sammle Fachbegriffe zu einem Beruf (z. B. aus dem Praktikum) in einem Cluster.

b Notiert zu zweit ein Gespräch, in dem sich zwei Personen nicht verstehen, weil die eine vor allem Fachbegriffe verwendet.

Lernbox

Fachbegriffe verstehen

1 Fachbegriffe sind Wörter, die nur in einem bestimmten Bereich und Berufsfeld verwendet werden. Sie helfen dabei, sich knapp und genau auszudrücken: *der Patient (medizinischer Fachbegriff) → eine von einem Arzt behandelte Person.*
2 Fachbegriffe bezeichnen oft komplizierte Sachverhalte.
3 Viele Fachbegriffe stammen aus anderen Sprachen; sie sind zugleich Fremdwörter.

4.1 (1) die Herkunft und Bedeutung ausgewählter Begriffe aus Fachsprachen erklären und die Merkmale unterschiedlicher Fachsprachen aufzeigen · 4.2 (1) den erweiterten Fach- und Bildungswortschatz in allen Fächern einsetzen, um sich situationsangemessen fachspezifisch auszudrücken

Fachbegriffe aus dem Sport verstehen

Text A
Herzlich willkommen, liebe Zuhörerinnen und Zuhörer, in der Brose Arena Bamberg zum Halbfinale der Deutschen Meisterschaft im (X) zwischen Alba Berlin und dem Gastgeber Brose Bamberg! Die vier besten (X) ermitteln in (X)-Spielen ihren (X). Schon gelaufen sind zwei Begegnungen im (X)-Modus zwischen beiden Mannschaften. Da es nach beiden Spielen (X) steht, fällt heute noch keine Entscheidung. Noch ist also (X), bevor es richtig losgeht.

Text B
Willkommen auch in Fürth! Zum Abschluss der (X)-(X) treffen sich hier die besten (X), um ihre Meister zu ermitteln. (X) Jochen sorgt für wummernde (X), das gesamte (X) des Freizeittreffs „Connect" sorgt für das beeindruckende (X), die johlenden (X) für die Unterstützung der Gruppen. (X) und (X) sind bei allen Teilnehmern ebenso wichtig wie eine gut abgestimmte (X) zur Musik. Am Ende sind hier alle Gewinner.

1 a) Lies die drei Radioreportagen über verschiedene Sportereignisse (Texte A–C). Um welche Sportarten geht es jeweils?

b) Schreibe die Texte ab oder nutze COPY 32. Suche aus den Wörterkästen unten die passenden Fachbegriffe heraus und setze sie in die Lücken ein.

c) Erkläre die Fachbegriffe. Nutze dafür das Internet oder ein Wörterbuch.

Champion – Best-of-5 – Remis – Warming-up – Basketball – Teams – Play-Off

Half-Pipes – Outfit – Skater – Elbow Pads – Boards

Choreografie – Beats – Hip-Hop – DJ – Hip-Hopper – Team – Catering – Supporter – Power – Saison – Moves

Text C
Hallo aus München! Nur ein kurzer Eindruck von mir. Die (X)-Szene trifft sich hier zur Leistungsschau. Die (X) werden ebenso bewundert wie das (X) der Fahrer. Fast alle tragen (X) und Helme, in der Halle sind mehrere (X) aufgebaut. Alles jubelt …

4.1 (2) weitere Sprachvarietäten unterscheiden und deren Eigenschaften beschreiben, um über variable Sprachregister zu verfügen und um Zusammenhänge von Sprache und sozialen Verhältnissen zu reflektieren · 4.3 (2) geläufige Wörter mit rechtschriftlichen Besonderheiten sowie häufig vorkommende Fremdwörter und Fachbegriffe richtig schreiben

Texte mit vielen Fremdwörtern verstehen

1 a) Lies zunächst nur die Überschrift des Textes rechts und betrachte das Bild. Worum könnte es in dem Text gehen?
b) Lies dann den gesamten Text.

2 Bearbeite die folgenden Aufgaben zum Text – es handelt sich um originale Quali-Aufgaben!

A) Formuliere drei Kernaussagen zum Inhalt des Textes.
B) Maya Götz hat in einer Studie den großen Erfolg der Castingshows erforscht. Schreibe stichwortartig vier wichtige Gründe dafür aus dem Text auf.
C) Folgende Begriffe kommen im Text als Fremdwörter vor. Suche sie heraus und ordne sie entsprechend zu:
a) fesselnde Wirkung, Anziehungskraft
b) überliefert, herkömmlich
c) voraussichtlicher Sieger
d) Begabung, Fähigkeit.

3 a) Notiere mindestens sechs weitere Fremdwörter aus dem Text in einer Tabelle und erkläre, was sie bedeuten.

Fremdwort	Bedeutung
XXX	*XXX*

b) Besprecht zu zweit, warum viele moderne Fremdwörter aus dem Englischen kommen, zum Beispiel Castingshow.

Faszination Castingshow

Castingshows haben in Deutschland Hochkonjunktur. Medienexperten erklären, warum sie vor allem bei Jugendlichen so beliebt sind.

„Talentwettbewerbe haben den Menschen schon immer interessiert“, sagt der Medienpsychologe Dr. Jo Groebel. „Sängerwettstreite gab es schon vor Hunderten von Jahren.“ Die modernen TV-Wettbewerbe, die nicht bloß auf der Suche nach guten Sängern sind, sondern gleich Superstars und Topmodels hervorbringen wollen, gibt es in Deutschland allerdings erst seit rund fünfzehn Jahren. [...] Castingshows sind mit teilweise über 62 % Marktanteil bei den 12- bis 17-Jährigen der Quotenerfolg dieses Jahrhunderts. Millionen von Zuschauern verfolgen die Sendungen und tauschen sich am nächsten Tag darüber aus. [...] Warum sind Jugendliche von diesen Sendungen so begeistert und verfolgen sie regelmäßig im Fernsehen? In einer Studie hat Maya Götz, Leiterin des Internationalen Zentralinstituts für das Jugend- und Bildungsfernsehen in München, den Erfolg von Castingshows ergründet. [...] Jugendliche verfolgen diese vor allem deshalb gerne, weil sie sich mitfreuen können, wenn der eigene Favorit seine Sache gut gemacht hat. Auch wollen viele sehen, ob sie mit der eigenen Einschätzung der Kandidaten richtig lagen. [...] Moderne Castingshows faszinieren insbesondere dadurch, dass sie traditionelle Talentwettbewerbe mit Geschichten rund um die einzelnen Kandidaten verknüpfen. Die Suche nach dem Sieger findet über Monate hinweg statt und dabei wird eine „Beziehung“ zu den Kandidaten aufgebaut. *

4.1 (1) die Herkunft und Bedeutung ausgewählter Begriffe aus Fachsprachen erklären und die Merkmale unterschiedlicher Fachsprachen aufzeigen · 4.1 (2) weitere Sprachvarietäten unterscheiden und deren Eigenschaften beschreiben, um über variable Sprachregister zu verfügen und um Zusammenhänge von Sprache und sozialen Verhältnissen zu reflektieren *verändert

4 a) Schreibe alle Fremdwörter aus dem Text „Faszination Castingshow“ heraus.
b) In die Lücken der folgenden Sätze passen Fremdwörter aus dem Text „Faszination Castingshow“. Notiere die vollständigen Sätze. Achtung: Die Wortart kann sich ändern!

A) *Das finde ich sehr XXX. Ich könnte es den ganzen Tag ansehen.*

B) *Die XXX nimmt wieder zu. Ich sollte mein Glück in Aktien versuchen.*

C) *Dafür habe ich kein XXX. Davon sollte ich lieber die Finger lassen.*

D) *XXX wäre schon mein Wunschberuf. Aber bei der Menge an jungen Schönheiten habe ich wohl keine Chance.*

E) *Diese Umfrage wurde XXX durchgeführt. Dadurch wissen wir jetzt, wie es in anderen Teilen der Welt aussieht.*

F) *Diese Mannschaft zählt für mich zu den XXX. Es würde mich wundern, wenn sie nicht aufsteigt.*

G) *Dieser XXX ist der beliebteste bei uns. Kein Wunder, dass er wieder Bürgermeister ist.*

5 a) Formuliere mit den folgenden Fremdwörtern eigene Sätze:

Casting – Medien – Psychologe – Superstar – Quote – Million – zentral – Institut – Show

b) Wie viele Wörter bekommst du in möglichst wenige Sätze?

Regie am Theater
Am letzten Sonntag hatte das neue Stück „Fantasie im Regen“ Premiere. Mit sicherem Gespür auch für feinste zwischenmenschliche Nuancen ging die Regisseurin Sandra Schulz-Bouvier an das Spiel mit den Charakteren. Sowohl der Rhythmus und das Engagement als auch der Enthusiasmus stimmten bei jedem Protagonisten. Faszinierend war das Setting, vor allem der minimalistische Background. Die stimmige Illumination sorgte für eine harmonische Atmosphäre einzelner Szenen ...

6 a) Lies den Auszug aus einem Theater-Podcast.
b) Sprecht zu zweit darüber, ob ihr die Bedeutung aller Fremdwörter kennen müsst, um den Text zu verstehen.
c) Vereinfacht den Text, ohne den Inhalt wesentlich zu ändern.

7 Wähle eine der folgenden Aufgaben.
a Erkläre mithilfe des Internets oder eines Wörterbuches die Bedeutung von mindestens sieben der folgenden Wörter.
b Schreibe mit mindestens sieben der folgenden Wörter einen kurzen Beitrag für einen Podcast.

online – Office – Konzentration – interessant – Atmosphäre – Restaurant – chatten – Virus – Redaktion – Chance – Management – Charakter – Krise – Background – Homepage

4.1 (1) die Herkunft und Bedeutung ausgewählter Begriffe aus Fachsprachen erklären und die Merkmale unterschiedlicher Fachsprachen aufzeigen · 4.3 (2) geläufige Wörter mit rechtschriftlichen Besonderheiten sowie häufig vorkommende Fremdwörter und Fachbegriffe richtig schreiben

Rechtschreibstrategien wiederholen

1 Lies den Text.

Fußball wird auf der ganzen Wel(d/t) gespielt. Und der Videobeweis sorgt wohl überall für (a/A)ufregung und Ärgernis. So einmal auch in der höchsten Saudi-Arabischen Liga. Dort blieb, als der Schiedsrichter den Videobeweis einsetzen wo(l/ll)te, der Bildschirm dunkel. Was war passiert? Beim Spiel zwischen Al-Fateh und Al-Nassr war sich der Schiedsrichter nicht sicher, ob er eine Situation richtig beurteilt hatte. Er wollte nachs(e/eh)en. Berichten zufolge aber hatte ein Mitarbeiter der Technik den Stecker des Gerätes gezogen. Er wollte nur mal sein Handy aufladen. Die Folge: Der Bildschirm im Stadion blieb schwa(rz/rtz).

2 a) Im Text sind fünf Stellen als Zweifelsfälle gekennzeichnet. Überlege die richtige Schreibung und notiere die Wörter.
b) Notiere stichpunktartig auch die Strategie, die jeweils zur Lösung geführt hat.
c) Besprecht zu zweit eure Ergebnisse und einigt euch jeweils auf eine Strategie.

3 a) Überlege, in welchen anderen Fällen du Probleme bei der Schreibung hast. Notiere diese wie im Beispiel:
Woher weiß ich, wann ein z oder ein tz steht? Zum Beispiel im Wort „schwarz"?
b) Tragt in der Gruppe eure Fragen zusammen.
c) Versucht gemeinsam, Lösungsstrategien für die schwierigen Fälle zu finden.
d) Notiert die Lösungsstrategien auf einem Plakat und schreibt jeweils ein Beispielwort bzw. einen Beispielsatz dazu.

4 a) Schreibe die folgenden Wörter richtig auf und notiere dahinter jeweils die passende(n) Rechtschreibstrategie(n).

*(v/V)*ersäumnis	Ich spreche das Wort deutlich. Ich achte auf die Endung. Ich achte auf f oder v. Ich mache die Artikelprobe. Ich bilde den Plural.
Es kla*(p/pp)t*	Ich suche ein verwandtes Wort. Ich steigere das Wort. Ich trenne das Wort in Silben. Ich suche die Grundform und achte auf den kurz gesprochenen Vokal.

b) Vergleicht eure Ergebnisse in der Gruppe. Begründet eure Entscheidungen.

5 a) Notiere drei weitere Zweifelsfälle wie in Aufgabe 4. Erstelle auch ein Lösungsblatt.
b) Tauscht eure Zweifelsfälle aus und notiert die richtige Lösung. Überprüft eure Ergebnisse jeweils mit dem Lösungsblatt.
c) Besprecht, welche Strategien ihr bei der Lösung angewendet habt.

4.3 (5) individuelle Fehlerschwerpunkte erkennen und an diesen mit selbst ausgewählten Trainingsprogrammen arbeiten, um die eigene Rechtschreibleistung zu verbessern

6 a) Lies die beiden Gespräche oben.
b) Notiere eines der Gespräche. Beachte die Satzzeichen. Leite die wörtliche Rede entsprechend ein.
Beispiel: *Er sagt zu ihr: „Du, einer muss hier mal den Geschirrspüler ausräumen."*
c) Besprecht in der Gruppe, wie ihr sicher die richtigen Satzzeichen setzt.

7 a) Lies die *Lernbox*.
b) Erstelle mithilfe der Informationen einen „Spickzettel" wie im Beispiel.
c) Verwende ihn, wenn du eigene Texte schreibst.

„Spickzettel" für Rechtschreibstrategien
(1) Ich spreche Wörter deutlich aus.
(2) Ich achte auf den Vokal. …
(3) …
…
(5) Ich lerne Wörter ohne Regeln auswendig.

Lernbox

Rechtschreibstrategien im Überblick

1 Wörter deutlich sprechen: Sprich die Wörter deutlich aus. Die meisten schreibt man, wie man sie spricht: *fragen*.

2 Auf den Vokal achten
- In jeder **Silbe** ist ein Vokal: *fra-gen, ren-nen*.
- Nach einem **lang gesprochenen Vokal** steht nur ein Konsonant: *fragen*. Das lange *-i* schreibt man meist mit *-ie*: *Liebe*.
- Auf einen **kurz gesprochenen Vokal** folgen zwei Konsonanten: *gerne*. Hört man nur einen, wird dieser verdoppelt: *fallen, Kette, Himmel*. Für den k-Laut und den z-Laut schreibt man *-ck* und *-tz*: *Decke, Katze*.

3 Wörter verändern
- Verlängere Wörter mit *b/d/g: gro(b/p)* → *grobe*.
- Bilde den Infinitiv: *sa(g/k)st* → *sa-gen, sie(h)st* → *se-hen, ka(n/nn)st* → *kön-nen*.
- Suche verwandte Wörter: *nahm – neh-men; häufig – Haufen; Kälte – kalt*.

4 Groß-/Kleinschreibung
- Schreibe Satzanfänge und Nomen groß.
- Nomen kannst du an Signalwörtern erkennen: *das Schwimmen, beim Spielen, ihr Lächeln, dieses Arbeiten, etwas Neues*.
- Nomen kannst du an Endungen erkennen: *-ung, -heit, -tum, -keit, -nis, -schaft: Einigkeit*.
- Adjektive kannst du an Endungen erkennen: *-ig, -lich, -bar, -sam, -haft, -los, -isch*.

5 Wörter ohne Regeln auswendig lernen:
- Wortstamm merken: *nehm-en* → *abneh-men*.
- Vorsilben: *ver-/vor-* → *Verkehr, Vorfahrt*.
- Fremdwörter: *transportieren, Nation*.

Mit dem Wörterbuch arbeiten

1 a) Sieh dir das Bild und die Bildunterschrift rechts an. Besprecht, wo man so ein Bild finden könnte.
b) Finde die beiden falsch geschriebenen Wörter in der Bildunterschrift. Notiere sie in korrigierter Form. Schlage dafür, wenn nötig, im Wörterbuch nach.
c) Besprecht eure Lösungen in der Gruppe. Erklärt auch, welche Rechtschreibstrategien ihr angewandt habt.

Der Personalchef übergab den Praktikanden die Praktikumsvertrege mit einem schönen Gruß.

2 a) Notiere in Stichpunkten, was du über das Nachschlagen im Wörterbuch weißt.
b) Tauscht euch zu zweit über eure Notizen aus.
c) Tragt die Ergebnisse in der Klasse zusammen. Erstellt dazu ein Lernplakat oder eine digitale Präsentation.
d) Besprecht, was euch beim Nachschlagen im Wörterbuch schon gut gelingt und wo ihr noch Probleme habt.

3 Entscheide dich für eine der folgenden Aufgaben.
a Lies Text A im Kasten rechts und notiere ihn in korrigierter Form. Vier Wörter sind bereits markiert, hinzu kommen vier weitere Wörter, die falsch geschrieben sind.
b Lies Text B im Kasten rechts und notiere ihn in korrigierter Form. Einige Wörter sind bereits markiert, hinzu kommen vier weitere Wörter, die falsch geschrieben sind.

A

Anna-Lena sitzt auf der <u>Te(r/rr)asse</u> und richtet ihren neuen Labtop ein. Neben einer schnellen Festplatte hat er eine HDD über ein <u>Te(r/rr)abyte</u>. Aber das W-Lan ist langsam und das nerft. Da hilft als <u>(T/Th)erapie</u> nur ein bischen Gymnastick. Zum Glück liegt ihr <u>(T/Th)eraband</u> griffbereit.

B

Florian hatte zu einem <u>(i/I)talienischen Abend</u> eingeladen. Er wollte mit seinen drei Freunden einfach mal schön abhengen. Zur Vorspeise servierte er Tomaten mit <u>Mo(z/zz)arella</u> und Basilikumblättern in einer Marienade mit <u>Balsami(c/ck/k)oessig</u>. Danach gab es <u>Spaghetti/Spagetti</u> mit Pesto und Ravioli mit einer feinen Tomatensoße. Den Abschluß bildete ein schmackhaftes <u>Tieramisu</u>. Dieser Abend war gelungen, auch ohne Ketschup und <u>Mayonaise</u>.

4 Schlage die unterstrichenen Fremdwörter in Text A und Text B nach. Notiere jeweils, was sie bedeuten und aus welcher Sprache sie kommen.

5 a) Schlage die folgenden Wörter im Wörterbuch nach: *Möbeldesign, Textildesign, Schmuckdesign, Modedesigner/in*. Notiere in Stichpunkten dein Vorgehen.
b) Besprecht euer Vorgehen in Kleingruppen und in der Klasse.

4.3 (5) individuelle Fehlerschwerpunkte erkennen und an diesen mit selbst ausgewählten Trainingsprogrammen arbeiten, um die eigene Rechtschreibleistung zu verbessern

Ein Rechtschreibgespräch führen

> **Per Video<u>chat</u> in England**
> Wir, die <u>Chat</u>gruppe der Klasse 9a, halten wöchentlich den Kontakt zu unserer Partnerschule Charly Mayor in England. Da die Schüler dort bis um 16 Uhr Unterricht haben, geht das am Nachmittag von unserem Schüler<u>café</u> aus per Video<u>chat</u>. Dazu benutzen wir die Web<u>cam</u> unseres Laptops. So sehen wir uns und „prosten" uns manchmal sogar mit einem <u>Cappuccino</u> zu. Ab und zu schicken wir uns Bilder oder Video<u>clips</u>.

1 a) Lies den Beitrag für eine Schülerzeitung im Kasten oben und fasse ihn mit eigenen Worten zusammen.
b) Notiere die unterstrichenen Wörter oder Wortteile, die alle mit einem c/C beginnen.
c) Was fällt dir bei diesen Wörtern auf? Notiere Stichpunkte.
d) Vergleicht zu zweit eure Ergebnisse.

2 a) Schlagt die folgenden Wörter im Wörterbuch nach:
Café, Kaffee, Charme, Scham, Chat, Jet, Celsius, Zelle.
Wie werden sie korrekt ausgesprochen?
b) Erklärt, weshalb es beim Nachschlagen der Wörter Probleme geben könnte.
c) Notiert weitere Wörter, die zu diesen Beispielen passen.

3 a) Führt zu den Wörtern aus den Aufgaben 1 und 2 ein Rechtschreibgespräch durch.
b) Überlegt euch gemeinsam Strategien, die euch dabei helfen können, die Wörter korrekt zu schreiben.

4 a) Führt ein Rechtschreibgespräch zu den folgenden Wörtern durch: *cool, googeln, Looping* oder *Faden, Vater, Phantom, Vase, waten.*
b) Notiert weitere Wörter, die euch schwierig erscheinen. Besprecht sie in der Gruppe.

Tipp

zu 3 a)

Ein Rechtschreibgespräch führen

Ein Rechtschreibgespräch könnt ihr **in Gruppen** oder **in der Klasse** führen. Wendet die Methode möglichst regelmäßig an.

1 **Wählt ein Wort aus**, das euch schwierig erscheint. Notiert es.
2 Überlegt, was euch **alles zur Schreibung** einfällt. Greift dabei auf **Rechtschreibregeln** und auf **Strategien** (→ S. 237) zurück.
- Überlegt, was ihr über die **Wortfamilie** zusammentragen könnt.
- Betrachtet die jeweilige **Wortart**.
- Manchmal ist es wichtig, wie **das Wort in einem Satz** gebraucht wird.
- Ihr könnt auch die **Zeichensetzung in Texten** als Thema wählen.

3 Macht euch bei Bedarf **Stichpunkte** und **diskutiert** eure Erkenntnisse gemeinsam.
4 Haltet wichtige Ergebnisse in eurer **Rechtschreibkartei** (siehe S. 244) fest.

4.3 (5) individuelle Fehlerschwerpunkte erkennen und an diesen mit selbst ausgewählten Trainingsprogrammen arbeiten, um die eigene Rechtschreibleistung zu verbessern · 4.3 (3) gesicherte Rechtschreibstrategien zur individuellen Fehlervermeidung und Fehlerbehebung in selbst verfassten und fremden Texten anwenden (z. B. in einem Rechtschreibgespräch)

Einen Text auf Rechtschreibfehler überprüfen

1 a) Lies den folgenden Text.

b) Sprecht in der Klasse darüber, ob euch das Ergebnis der Studie überrascht.

Bewegungsmangel gefärdet die Gesundheit von Jugendlichen

In Deutschland bewegen sich 80 Protsent der Kinder und Jugendlichen zu wenig. Das ist das ergebnis einer Studie, welche Wissenschaftler des Karlsruhä Instituts für Technologie und des Robert-Koch-Instituts durchgefürt haben.

Es klinkt paradox. Immer mehr Kinder und Jugendliche sind in Deutschland in Sportvereinen aktiv. Und dennoch haben die meisten von ihnen zu wenig bewegung. Das jedenfalls besagt die „Studie zur körperlichen Aktivität und Fitnes von Kindern und Jugendlichen in Deutschland“, die nun vorgestellt wurde. Die Studie ist eine Langzeitstudie, die deshalb auch Vergleiche ermöglicht. Etwa 6 000 Kinder und Jugendliche namen daran teil. Wichtigste Erkenntnis: In den letzten zwölf Jahren sang die sportliche körperliche Aktivität um etwa 37 Protsent. Man trifft sich weniger im freien, auf einem Sportplatz zum Beispiel, spielt weniger mit dem Ball, fährt weniger mit dem Fahrrad. Und da giebt es auch noch die vielen Schülerinnen und Schüler, die mit dem Auto in die Schule gefahren werden. Das hat Folgen. Die motorischen Fähigkeiten sind im Vergleich etwa zehn Protsent schlechter als vor 40 Jahren. Dazu gehöhren Kraft, Beweglichkeit, Geschick und Ausdauer. Dazu gehören Bewegungsableufe, die bei Sportlichen Betätigungen wichtik sind. Zum Beispiel das werfen und das fangen eines Balles. Die Zahl der übergewichtigen Kinder nimmt zu. Viele von ihnen bleiben auch als Erwachsene übergewichtig. Es gibt aber eine Lösung: Bewegt euch, treibt Sport. Geht zu Fuß, wo es möglich ist. Steigt Treppen und nehmt nicht den Aufzug.

2 a) Nicht alle Wörter im Text sind richtig geschrieben. Finde die 19 Fehler. Nimm dafür deinen „Spickzettel“ von Seite 237 zur Hilfe oder nutze COPY 33.

b) Notiere die falsch geschriebenen Wörter auf einem Blatt und schreibe die korrekte Schreibweise daneben.

c) Schreibe in Stichpunkten dazu, wie du die falschen Wörter erkannt und mit welchen Überlegungen du sie korrigiert hast.

3 a) Vergleicht eure Ergebnisse zunächst zu zweit, anschließend in der Klasse. Einigt euch auf die richtigen Lösungen.

b) Besprecht, bei welchen Wörtern euch die richtige Schreibung größere Probleme bereitet hat.

c) Erstellt gemeinsam einen Plan, wie ihr an euren Schwachpunkten in Zukunft arbeiten wollt.

4.3 (5) individuelle Fehlerschwerpunkte erkennen und an diesen mit selbst ausgewählten Trainingsprogrammen arbeiten, um die eigene Rechtschreibleistung zu verbessern · 4.3 (3) gesicherte Rechtschreibstrategien zur individuellen Fehlervermeidung und Fehlerbehebung in selbst verfassten und fremden Texten anwenden (z. B. in einem Rechtschreibgespräch)

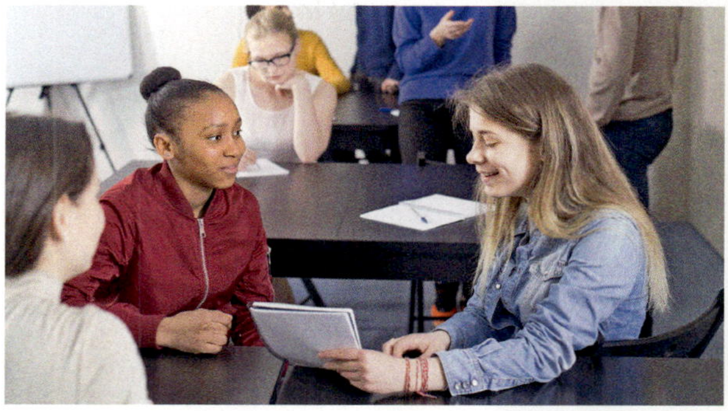

Eigene Texte richtig schreiben

Das Thema „Bewegung und Gesundheit" liegt vielen am Herzen. Viele Menschen, zunehmend auch Kinder und Jugendliche, bewegen sich zu wenig. Lies zunächst den Text auf Seite 240 und alle Aufgaben auf dieser Seite. Bearbeite dann eine der folgenden Aufgaben 1–5. Fahre anschließend auf Seite 242 fort. (Tipp: Auf S. 304-305 kannst du dich über die verschiedenen Textsorten informieren.)

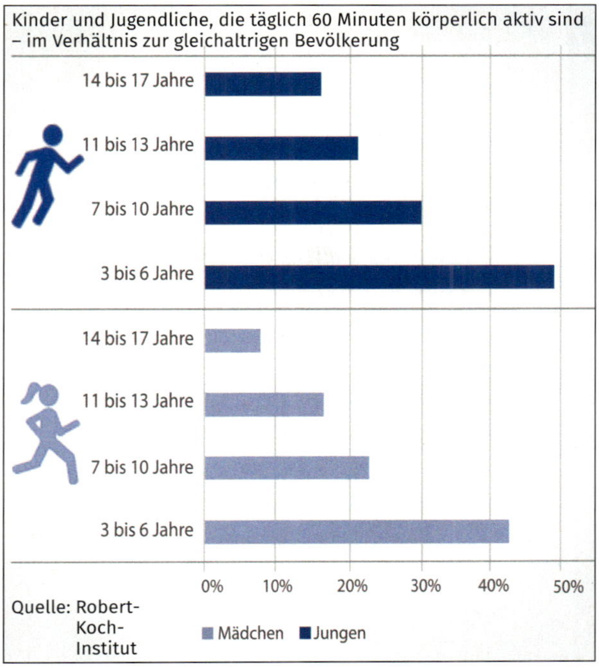

1 In der Schülerzeitung soll ein Beitrag über den Bewegungsmangel bei Kindern und Jugendlichen erscheinen. Greife auf die Fakten aus dem Text auf Seite 240 zurück und interpretiere dazu auch die Grafik oben. Schreibe einen für Schülerinnen und Schüler geeigneten Beitrag (ungefähr 250 Wörter). Gib am Ende auch deine eigene Meinung wieder.

2 In der Schülerzeitung soll neben dem Beitrag aus Aufgabe 1 auch ein Appell erscheinen, der zu genügend Bewegung im Alltag aufruft. Stelle dazu einige Fakten dar und gib Anregungen für motivierende Bewegungsmöglichkeiten, Sport und Spiele.

3 In einem Kommentar zum Thema gibst du deine Meinung zum Ausdruck. Informiere dich über den Aufbau von Kommentaren. Überlege dir deinen Standpunkt und schreibe einen Kommentar für die Schülerzeitung.

4 Du bewegst dich gerne und hast selbst viel Erfahrung mit Sport in der Freizeit in eurem Ort oder Stadtviertel. Gib deine Erfahrungen und Tipps dazu weiter: Wie und wo kann man sich bei euch sportlich betätigen? Schreibe dies für die Schülerzeitung so, dass bei den Leserinnen und Lesern das Interesse geweckt wird, sich selbst sportlich zu betätigen.

5 Du bewegst dich gerne und hast beim Sport schon viel Lustiges oder Spannendes erlebt. Erzähle von so einem Erlebnis. Denke daran, was gutes Erzählen ausmacht. Gestalte deinen Text entsprechend. Er soll die Leserinnen und Leser der Schülerzeitung zum Lesen anregen.

3.2 (6) zu aktuellen Themen Stellung nehmen und dabei Thesen formulieren, Argumente und Gegenargumente benennen und gewichten sowie Schlussfolgerungen ziehen; für das Erörtern bzw. zur Darstellung von Problemen auch journalistische Textformen nutzen (z. B. Kritik, Leitartikel)

Eigene Fehlerschwerpunkte finden

1 a) Ihr habt zum Thema „Bewegungsmangel“ verschiedene Texte geschrieben. Bildet nun Vierergruppen, um diese gemeinsam zu überarbeiten.
b) Lest euch eure Texte gegenseitig vor. Die Zuhörerinnen und Zuhörer machen sich währenddessen Notizen dazu, was schon gut gelungen ist und wo es Unklarheiten gibt.
c) Tauscht euch anschließend über eure Notizen aus.
d) Beurteilt, ob der Text die Merkmale der entsprechenden Textsorte enthält und der jeweilige Aufbau eingehalten wurde.

2 a) Lies noch einmal deinen eigenen Text und setze unter jedes Wort, bei dem du dir in der Schreibung unsicher bist, einen Punkt. Markiere Fehler, die du jetzt schon entdeckst.
b) Tauscht anschließend in der Gruppe eure Texte im Uhrzeigersinn aus. Lest die fremden Texte sorgfältig rückwärts. Beginnt mit dem letzten Wort. Markiert Wörter, die nicht korrekt geschrieben sind.
c) Gebt die Texte noch einmal im Uhrzeigersinn weiter und korrigiert auch diesen Text.

3 a) Lasst euch pro Gruppenmitglied eine Kopie der Checkliste auf Seite 243 (COPY 34) geben. Lest die Checkliste und macht euch mit den einzelnen Fehlerarten vertraut.
b) Besprecht eure korrigierten Texte aus Aufgabe 2 und tragt gemeinsam für jedes Gruppenmitglied die Zahl seiner Fehler unter *Text 1* ein.

4 a) Diktiert euch zu zweit gegenseitig den Text „Nachts schlafen die Ratten doch“ auf Seite 126 bis Zeile 16 „Fingerspitzen“.
b) Korrigiert eure Texte. Tragt die Fehlerwörter in die Checkliste (COPY 34) unter *Text 2* ein.

5 a) Überlege dir ein Thema, zu dem du etwas schreiben kannst, z. B. über ein Hobby, ein Erlebnis, Pläne für deine Zukunft, eine Idee für eine Klassenfahrt, ...
b) Schreibe dazu einen Text von etwa 200 Wörtern.
c) Korrigiert zu zweit eure Texte wie in Aufgabe 3 und 4. Trage die Anzahl deiner Fehler in die Checkliste (COPY 34) unter *Text 3* ein.

6 a) Wertet zu zweit eure Checklisten aus.
b) Arbeitet mit den notierten Wörtern. Besprecht, mit welcher Strategie man die Fehler vermeiden kann.
c) Übertrage die Fehlerwörter auf Karteikärtchen und übe sie mithilfe deiner Rechtschreibkartei (→ S. 244).

Tipp

zu 6 a)

1 Fehlerwörter der **rosa unterlegten Zeilen** solltest du unbedingt üben: **Notiere sie.**
2 Fehlerwörter der **gelb unterlegten Zeilen** kannst du künftig vielleicht durch Nachdenken vermeiden.
Notiere aber **Wörter, die dir schwierig erscheinen**, damit du sie üben kannst.
3 Fehler der **grün unterlegten Zeilen** kannst du künftig durch Sorgfalt und Nachdenken vermeiden.

4.3 (5) individuelle Fehlerschwerpunkte erkennen und an diesen mit selbst ausgewählten Trainingsprogrammen arbeiten, um die eigene Rechtschreibleistung zu verbessern · 4.3 (3) gesicherte Rechtschreibstrategien zur individuellen Fehlervermeidung und Fehlerbehebung in selbst verfassten und fremden Texten anwenden (z. B. in einem Rechtschreibgespräch)

Checkliste: Meine häufigsten Rechtschreibfehler				
Art der Fehler	**Text 1**	**Text 2**	**Text 3**	**Strategie**
Buchstaben, ä-, ö-, ü-Striche, i-Punkte, Satzschlusszeichen weggelassen	*XXX*	*XXX*	*XXX*	Wörter mitsprechen und genau kontrollieren
Nach lang gesprochenem Vokal falsches Dehnungszeichen (-h, Doppelvokal) geschrieben	*XXX*	*XXX*	*XXX*	Wörter mitsprechen und daran denken: normal ist ohne Dehnungszeichen
Nach lang gesprochenem Vokal fehlt silbentrennendes -h: *geht* → *ge-hen*	*XXX*	*XXX*	*XXX*	Über diese Wörter nachdenken, z. B. verlängern
Nach lang gesprochenem Vokal fehlt Dehnungs-h oder aa/ee/oo	*XXX*	*XXX*	*XXX*	Diese Wörter auswendig lernen
Nach kurz gesprochenem Vokal nur einen Konsonanten geschrieben, z. B. in *Apfel*	*XXX*	*XXX*	*XXX*	Diese Wörter deutlich sprechen, zwei Konsonanten schreiben
Nach kurz gesprochenem Vokal nur einen Konsonanten gehört und geschrieben, z. B. in *rennt* → *ren-nen*	*XXX*	*XXX*	*XXX*	Wörter deutlich in Silben sprechen, den Konsonanten verdoppeln; Wörter verlängern
b/p, d/t, g/k verwechselt: *gelb* → *gelbe*	*XXX*	*XXX*	*XXX*	Wörter verlängern
f, v, ph verwechselt	*XXX*	*XXX*	*XXX*	Wörter auswendig lernen
x, chs, gs, ks verwechselt	*XXX*	*XXX*	*XXX*	Wörter auswendig lernen
ä/e und äu/eu verwechselt: *Wände* → *Wand; Zäune* → *Zaun*	*XXX*	*XXX*	*XXX*	Nachdenken: Wörter ableiten
Großschreibung von Nomen	*XXX*	*XXX*	*XXX*	Nachdenken: mit Strategien Nomen prüfen, Wörter lernen
Verben und Adjektive, die wie Nomen gebraucht werden, kleingeschrieben	*XXX*	*XXX*	*XXX*	Wörter prüfen: auf den Sinn im Satz achten
Groß-/Kleinschreibung von Zeitangaben	*XXX*	*XXX*	*XXX*	Wörter prüfen: auf den Sinn achten
Andere Wörter großgeschrieben	*XXX*	*XXX*	*XXX*	Nachdenken: Welche Wortart liegt vor?
Getrennt- und Zusammenschreibung	*XXX*	*XXX*	*XXX*	Wörter lernen, auf den Sinn im Satz achten
Fremdwörter falsch geschrieben	*XXX*	*XXX*	*XXX*	Wörter nachschlagen, üben
Kommas und andere Satzzeichen	*XXX*	*XXX*	*XXX*	Satzverknüpfungen und wörtliche Reden prüfen

4.3 (5) individuelle Fehlerschwerpunkte erkennen und an diesen mit selbst ausgewählten Trainingsprogrammen arbeiten, um die eigene Rechtschreibleistung zu verbessern · 4.3 (3) gesicherte Rechtschreibstrategien zur individuellen Fehlervermeidung und Fehlerbehebung in selbst verfassten und fremden Texten anwenden (z. B. in einem Rechtschreibgespräch)

Mit einer Rechtschreibkartei üben

1 a) Ordne die Fehlerwörter aus dem Text auf Seite 240 nach Nomen, Verben und Adjektiven.

b) Notiere vier der Fehlerwörter aus dem Text einzeln auf Karteikarten, wie im folgenden Beispiel:

die Bewegung (Nomen)
Die Bewegungen, Be-we-gung
Ich bemühe mich im Training um saubere Bewegungen.
***Strategie:** Bewegung erkenne ich als Nomen wegen der Endung -ung und weil man den Artikel „die" davorsetzen kann.*

teilnehmen (Verb)
ich nehme teil, du nahmst teil, er hat teilgenommen
teil-neh-men → die Teilnahme
Wir nehmen am Sportfest teil.
***Strategie:** Ich merke mir, dass der Wortstamm „nehmen" ein Dehnungs-h enthält. Im Satz kann „teilnehmen" getrennt werden.*

sportlich (Adjektiv)
sportlich, sportlicher (als), (am) sportlichsten
sport-lich, sport-lich-er, sport-lichs-ten
In der Halle findet eine sportliche Veranstaltung statt.
***Strategie:** Dass „sportlich" ein Adjektiv ist, erkenne ich an der Endung -lich und daran, dass ich wie folgt danach fragen kann: „**Wie** ist er?" → sportlich.*

2 a) Legt Kärtchen mit schwierigen Wörtern an und übt sie, wie in der *Lernbox* vorgeschlagen.

b) Überlegt auch, mit welcher Strategie ihr das Wort sicher schreiben könnt. Notiert die Strategie auf der Rückseite.

Lernbox

Mit einer Rechtschreibkartei üben

1 Bereite einen **Karteikasten** mit **fünf Fächern** vor.
2 **Notiere schwierige Wörter** auf Karteikarten. Lege sie in **Fach 1**.
3 Beginne mit Wörtern aus Fach 1. Übe **sechs bis zehn Wörter**. Schreibe sie alphabetisch auf, sortiere sie nach der Zahl der Silben, nach der Wortart oder verwende sie in Sätzen.
4 Erledige nun andere Aufgaben. Schreibe etwa **30 Minuten später** die Wörter auswendig auf. Jedes richtig geschriebene Wort wandert ein Fach weiter.
5 Übe immer nur **Wörter aus einem Fach**.
6 Wenn du **Wörter aus Fach 5** richtig kannst, darfst du sie herausnehmen.

4.3 (5) individuelle Fehlerschwerpunkte erkennen und an diesen mit selbst ausgewählten Trainingsprogrammen arbeiten, um die eigene Rechtschreibleistung zu verbessern · 4.3 (3) gesicherte Rechtschreibstrategien zur individuellen Fehlervermeidung und Fehlerbehebung in selbst verfassten und fremden Texten anwenden (z. B. in einem Rechtschreibgespräch)

Wörter mit lang gesprochenem Vokal

1 a) Sprich die folgenden Wörter deutlich aus:
Saat – saht – satt
b) Setze unter das lang gesprochene *-a* einen Strich, unter das kurz gesprochene *-a* einen Punkt.
c) Beschreibe, was die Wörter gemeinsam haben und was sie unterscheidet.

2 a) Betrachtet das Bild rechts und besprecht zu zweit, was ihr bereits über Seehunde wisst.
b) Lest den Text.

Seehunde

Seehunde sehen zwar niedlich aus, gehören aber wie alle Robben zu den Raubtieren. Fische sind ihre Hauptnahrung. Die Ohren sind zurückgebildet, sodass nur noch die Ohrenlöcher zu sehen sind. Ihre Nasenlöcher können sie beim Tauchen verschließen. Auf der Abbildung erkennt man auch gut ihre Barthaare. Zwischen den Zehen haben sie Schwimmhäute, die das Schwimmen erleichtern.

3 a) Arbeitet zu zweit oder in einer Gruppe. Lest die *Lernbox* und besprecht die einzelnen Punkte.
b) Legt eine Tabelle wie im Beispiel an. Tragt die im Text unterstrichenen Wörter entsprechend ein.
c) Findet im Text noch jeweils ein weiteres Beispiel für jede Spalte und ergänzt die Tabelle.

Vokal wird lang gesprochen			
normal	silbentrennendes -h	Dehnungs-h	Doppelvokal
lesen	*nähen*	*Kohle*	*leer*

4 a) Wähle ein Thema, welches dich interessiert. Schreibe etwa sieben bis zehn Sätze dazu.
b) Unterstreiche die Wörter mit lang gesprochenem Vokal und trage sie in die Tabelle von Aufgabe 3 ein.
c) Tauscht eure Texte aus und ergänzt die Tabellen.

Lernbox

Wörter mit lang gesprochenem Vokal

1 Wird in einem Wort der Vokal lang gesprochen, schreibt man fast immer, wie man spricht: *rot, Nase, Leben, Kuchen, Schiene*. Weil man jeden Laut, den man hört, auch schreibt, nennt man solche Wörter **Mitsprechwörter**. Das lang gesprochene *-i* wird fast immer mit *-ie* geschrieben: *sieben*.

2 Überlege aber immer, ob du zwei Vokale direkt nacheinander hörst: *[ge:en; mü:e]*. Zwischen diesen beiden Silben steht ein **silbentrennendes -h**: *ge-hen; Mü-he*. Manchmal musst du das Wort verlängern: *Schuh – Schu-he, geht – ge-hen*. Bei diesen Wörtern handelt es sich um **Nachdenkwörter**.

3 Es gibt auch **Merkwörter** mit einem **Dehnungs-h**: *Wahl, wahr, Sohn* (selten) oder einem **Doppelvokal**: *Waal, Seele* (ganz selten). Das Dehnungs-h kommt nur vor *-l, -m, -n, -r* vor. Diese Wörter muss man lernen.

Wörter mit kurz gesprochenem Vokal

1 a) Betrachtet das Bild und tauscht euch darüber aus, um welches Tier es sich handelt.
b) Lies den Text.

Oktopusse sind Meerestiere, die wir am liebsten im mediterranen Essen genießen. Dabei ist es interessant, etwas mehr über sie zu wissen. Gut versteckt auf dem Meeresgrund sind sie nicht leicht zu finden. Sie können dort krabbeln, aber auch schwimmen. Ihre acht Arme benutzen sie sowohl zum Fortbewegen als auch zum Greifen. Ihre Körperfarbe passen sie der Umwelt an und bei Gefahr strömen sie Tinte aus. Zudem gehören sie zu den klügsten Tieren, die wir kennen.

2 a) Schlage Wörter, die du nicht verstehst, im Wörterbuch nach. Notiere die Wörter und ihre Bedeutung in Stichpunkten.
b) Erkläre, warum einige Verben im Text großgeschrieben sind.

Lernbox

Wörter mit kurz gesprochenem Vokal

1 Nach einem kurz gesprochenem Vokal (*a, e, i, o, u; ä, ö, ü*) folgen immer zwei oder mehr Konsonanten: *wandern, Herbst, Winter, rund*.
2 Hörst du nur einen Konsonanten, musst du ihn verdoppeln: *[hale]* → *Halle*.
3 Wird der k-Laut oder der z-Laut verdoppelt, schreibt man *-ck* (*Jacke*) und *-tz* (*blitzen*).
4 Besteht das Wort nur aus einer Silbe, musst du es verlängern: *schafft* → *schaffen*.
5 In der Wortfamilie bleibt der Wortstamm meist gleich: *kennen, Kenntnis, anerkennen*.
6 Die kleinen Wörter *im, in, bis, zum, am* haben nur einen Konsonanten.

3 a) Im Text sind fünf Wörter unterstrichen. Schreibe sie heraus.
b) In den fünf Wörtern sind fünf Stellen farbig markiert. Halte in Stichpunkten fest, auf welche Gemeinsamkeiten und welche Unterschiede die Markierungen hinweisen.

4 Lest die *Lernbox*. Besprecht, was ihr noch über Wörter mit kurz gesprochenem Vokal wisst.

5 a) Lege eine Tabelle nach folgendem Muster an und trage die unterstrichenen Wörter aus dem Text entsprechend ein.

Doppelkonsonant	zwei Konsonanten	-tz und -ck
Essen	*xxx*	*xxx*

b) Markiere jeweils den kurz gesprochenen Vokal.
c) Finde im Text noch jeweils ein weiteres Beispiel für jede Spalte und ergänze die Tabelle.

6 a) Recherchiere im Internet über Oktopusse. Erweitere den Text um acht Sätze.
b) Unterstreiche die Wörter mit kurz gesprochenem Vokal und trage sie in die Tabelle von Aufgabe 5 ein.
c) Tauscht eure Texte aus und ergänzt die Tabelle.

4.3 (1) Regeln der deutschen Rechtschreibung richtig anwenden: Getrennt- und Zusammenschreibung (z. B. Peripheriebereich, zwei Möglichkeiten, Entstehung neuer Wörter wie anhand, mithilfe, aufgrund), Schreibung von Straßennamen, Worttrennung

Vokale und Konsonanten

1 a) Lest die Überschrift des Textes und betrachtet die Bilder. Sprecht in der Klasse darüber, was ihr über dieses Thema wisst.
b) Lest nun den gesamten Text.

Hurrikans – die Sommerplage Amerikas
Der Sturm tobt, Blitze zucken und der Wind drückt alles nieder, was sich ihm in den Weg stellt. Ungeheure Wassermassen regnen vom Himmel, was oft verheerende Folgen nach sich zieht.
Ein Hurrikan erreicht das Land vom Meer her. Sein Auge kann einen Durchmesser von bis zu 9 Kilometern haben. Jeder Einwohner an Mexikos oder Floridas Küste hofft, dass er von größeren Schäden verschont bleibt. Stundenlang tobt sich das Unwetter aus. Wenn es sich wieder beruhigt hat, sieht man das angerichtete Chaos: Bäume sind umgeknickt, Häuser, Stromleitungen und vieles mehr sind zerstört. Noch weht der Wind, aber schon steigt feuchte Hitze auf und die Sonne brennt vom Himmel herab.

2 a) Notiere das Wort *Sommerplage* getrennt in seine zwei Bestandteile.
b) Unterstreiche den Vokal der jeweils ersten Silbe: Wird er lang oder kurz gesprochen? Die Klangprobe hilft.

3 a) Lies die *Lernbox* auf Seite 245. Notiere zu jeder Regel mindestens ein Beispiel aus dem Text oben.
b) Lies dann die *Lernbox* auf Seite 246. Notiere auch hier zu jeder Regel mindestens ein Beispiel aus dem Text oben.
c) Finde im Text noch jeweils zehn Wörter mit lang gesprochenem und mit kurz gesprochenem Vokal. Ergänze deine Sammlung.

4 *lebt – lept? get – geht? rent – rennt?*
a) Beschreibe mit eigenen Worten, weshalb die korrekte Schreibung der Wörter nicht ganz einfach ist.
b) Erkläre, mithilfe welcher Strategie du die richtige Schreibung der Wörter herausfinden kannst.
c) Notiere die richtige Schreibung.
d) Notiere weitere Wörter aus dem Text (jeweils wenigstens zwei), bei welchen die korrekte Schreibung ebenfalls nicht ganz einfach ist. Erkläre das Problem.

5 *lassen – aussagen, kennen – einnehmen, dribbeln – abbauen, treffen – auffordern, wetten – enttäuschen, zerren – verraten*
a) Notiere die 12 Wörter und unterstreiche die Doppelkonsonanten.
b) Entscheide und begründe, ob es sich um echte Doppelkonsonanten im Wort oder um unechte handelt.
c) Finde noch weitere Beispiele für unechte Doppelkonsonanten. Notiere diese und besprecht sie in der Klasse.

Großschreibung – das wisst ihr schon

1 a) Lies den folgenden Text und betrachte das Bild dazu.
b) Diskutiert über das Thema in der Klasse.

Jugendliche fahren auf Dach der S-Bahn mit

S-Bahnhof, am Sonntagmorgen. Es ist noch dunkel. Die Bundespolizei nimmt drei jugendliche S-Bahn-Surfer in Gewahrsam. Sie hatten die zahlreichen Verbots- und Hinweisschilder ignoriert und waren auf dem Dach der S-Bahnlinie 3 mitgefahren, wie die Bundespolizei am Sonntagnachmittag mitteilte. der schaffner, der den jungen und die beiden mädchen auf dem dach entdeckte, rief die beamten, die wenige minuten später eintrafen und die jugendlichen festnehmen konnten. die drei sind nicht die ersten, die keinen sinn für das gefährliche beim hochsteigen haben, für das unheimliche, das in den oberleitungen lautert. So gab es in den vergangenen jahren mehrere, zum teil sogar tödlich endende mitfahrten auf dächern der S-bahnen.

2 a) Bis zur Zeile 9 ist der Text korrekt geschrieben. Schreibe diesen Teil des Textes auf.
b) Unterstreiche alle Wörter, die großgeschrieben sind.
c) Warum sind die Wörter großgeschrieben? Sprecht zu zweit darüber.
d) Lest die *Lernbox* und vergleicht mit euren Überlegungen.

3 a) Schreibe den zweiten Teil des Textes korrekt (Z. 10 – 19) auf. Achte dabei auf die richtige Groß- und Kleinschreibung.
b) Vergleicht eure Texte in einer Gruppe und begründet die Schreibweise der einzelnen Wörter.

4 a) Was sind eigentlich Nomen? Tragt in einem Rechtschreibgespräch alles zusammen, was ihr über Nomen wisst.
b) Haltet eure Ergebnisse auf einem Lernplakat oder in einer digitalen Präsentation fest.

Lernbox

Großschreibung

1 Im Deutschen schreibt man **normalerweise klein**.

2 **Groß** schreibt man ...
- das **erste Wort einer Überschrift**,
- das **erste Wort eines Satzes**,
- **Nomen**,
- **Verben**, **Adjektive** und Wörter anderer Wortarten, die im Satz **wie Nomen gebraucht werden**.

3 **Nomen** erkennt man oft an **Signalwörtern**:
- am **Artikel**: *die Idee – eine Idee*
- an einem **Pronomen**: *ihre Idee*
- an einem **Adjektiv**, das zum Nomen gehört: *eine gute Idee, durch ihre tolle Idee*.
- Manchmal ist der **Artikel** in kleinen Wörtern **verborgen**: *am, ans, beim, im, ins.* Beispiel: *zur Idee = zu der Idee*.

4 Viele Nomen kann man an ihrer Endung erkennen: *-ung, -heit, -keit, -schaft, -nis, -tum, -sal, -ling, -ei*. Beispiele: *Drehung, Klugheit, Landschaft, Eigentum*.

4.3 (1) Regeln der deutschen Rechtschreibung richtig anwenden: Getrennt- und Zusammenschreibung (z. B. Peripheriebereich, zwei Möglichkeiten, Entstehung neuer Wörter wie anhand, mithilfe, aufgrund), Schreibung von Straßennamen, Worttrennung

Groß oder klein? – knifflige Fälle

1 a) Schreibe den folgenden Text fehlerfrei auf. Verwende die richtige Großschreibung.

am vergangenen freitag eröffnete das neu renovierte freibad in hohenbreitbach. das tolle ist nun eine riesige röhrenrutsche.
beim rutschen muss man trotz der riesenröhre genügend abstand zum vordermann halten.

b) Vergleicht zu zweit eure Ergebnisse. Begründet eure Lösungen.

2 a) Lies die *Lernbox*. Schreibe anschließend die Texte in den folgenden Kästen (1–5) auf Seite 249–250 fehlerfrei auf oder nutzt COPY 35.

b) Besprecht eure Lösungen in einer Gruppe. Ordnet die Kästen (1–5) den entsprechenden Punkten der *Lernbox* zu.

Geografische Namen **1**

Ich lese gerne einfache (e/E)nglische Texte. So kann ich mich in (e/E)nglisch besser ausdrücken. Das hilft mir auch, wenn wir unsere (l/L)ondoner Partner empfangen. Wir zeigen ihnen die (b/B)ayerischen Seen und auch viele (m/M)ünchner Sehenswürdigkeiten.

Tageszeiten, Straßennamen, Eigennamen **2**

Als ich (g/G)estern (m/M)orgen über den (a/A)lten Markt lief, konnte ich schon (f/F)rühmorgens Bauarbeiten beobachten. Denn in der (l/L)angen (s/S)traße erstellt die (b/B)ayerische (b/B)augesellschaft neue Wohnungen. Sie bilden mit den Häusern (a/A)n (d/D)er (h/H)ohen (g/G)asse eine Einheit. Am (a/A)bend kannst du dort die (g/G)roßen Wagen sehen, und am Nachthimmel den (g/G)roßen Wagen.

Lernbox

Knifflige Fälle der Großschreibung

1 **Nomen** und **Verb** schreibt man normalerweise getrennt, das Nomen groß: *Müll sammeln, Hilfe leisten*. Groß und zusammen schreibt man Ausdrücke wie diese in Sätzen wie: *Die Freunde treffen sich zum Radfahren.*

2 Bei **Nomen** und **Adjektiv** schreibt man normalerweise nur das Nomen groß: *bekannte Sportler, leckeres Essen*.
In **Namen** und **Titeln** schreibt man beide Wörter groß: *der Erste Weltkrieg, die Schwarze Mamba*.
Von **geografischen Namen** abstammende Wörter, die auf *-er* enden, schreibt man groß: *Nürnberger Bratwürste*. Von geografischen Namen abstammende Wörter, die auf *-isch* enden, schreibt man klein: *bayerische Seen* – außer sie gehören zu einem Namen: *Fränkische Schweiz*.

3 **Tageszeiten nach Adverbien** schreibt man groß: *heute Mittag, jeden Abend*.

4 **Zeitadverbien** und andere **Adverbien** mit *-s* schreibt man klein: *samstags, abends*.

5 **Farben** und **Sprachen** können als **Nomen groß-** oder als **Adjektiv kleingeschrieben** werden: *Meine neue Jeans ist blau. Da passt das Grau des T-Shirts gut dazu. Es ist ein italienisches Lokal. Du kannst dich auf Italienisch unterhalten.*

6 **Grundzahlen unter einer Million** schreibt man klein: *Alle fünf waren älter als vierzehn. Sie kam erst um neun.*
Werden **Zahlen als Nomen gebraucht**, schreibt man sie groß: *eine Sechs würfeln, eine Zwei schreiben*.
Ordnungszahlen, die alleine stehen, werden großgeschrieben: *Maja wurde Erste.*

4.3 (1) Regeln der deutschen Rechtschreibung richtig anwenden: Getrennt- und Zusammenschreibung (z. B. Peripheriebereich, zwei Möglichkeiten, Entstehung neuer Wörter wie anhand, mithilfe, aufgrund), Schreibung von Straßennamen, Worttrennung

Zahlen 3

Etwa (f/F)ünfzig Zuschauer besuchten (j/J)edes (m/M)al die Spiele. Ich war auch (d/D)reimal dabei. Aber sie begannen erst um (a/Acht). Der Raser fuhr mindestens mit (a/A)chtzig durch die Stadt. Die Polizei blitzte ihn (s/S)ieben (m/M)al. Beim (l/L)etzten (m/M)Mal wurde er gestoppt. Ab dem (n/N)eunten September ist wieder Schule. In Mathe möchte ich gerne eine (e/E)ins haben. Wegen Corona hatten (t/T)ausende von Schülern unterrichtsfrei.

Besondere Wortgruppen 4

Das ist mir (r/R)echt. Unser Lehrer hat (r/R)echt. Von (f/F)rüh bis (s/S)pät läuft die Musik. Das stört zwar nicht im (g/G)eringsten, aber im (s/S)tillen hätten wir es doch lieber ohne. In der Arbeit sind noch kleine Fehler, aber im (g/G)roßen und (g/G)anzen stimmt sie. Ich sag's dir im (g/G)uten. Lass am (b/B)esten die Finger von der Sache. Die (m/M)eiste Zeit passiert nichts, aber wenn, bist du (s/S)chuld daran.

Signale der Großschreibung helfen 5

Zum Training joggte er den Anstieg dreimal (a/A)uf und (a/A)b. Im Spiel gingen die Ballwechsel (h/H)in und (h/H)er. Das ständige (a/A)uf und (a/A)b in der Tabelle nervte die Fans. Als das Auto im Schlamm stecken blieb, gab es kein (v/V)or und (z/Z)urück mehr. Sein (d/D)ribbeln war gut, aber (w/W)erfen konnte er nicht. Die Auswanderer zogen in das ferne Land (h/H)in, ein (z/Z)urück gab es für sie nicht mehr. Sie sprachen bald nicht mehr (d/D)eutsch und konnten sich auf (p/P)ortugiesisch ausdrücken.

3 a) Erstellt zu zweit fünf Texte wie in den Kästen 1–5.
b) Tauscht die Aufgaben in der Klasse aus und löst sie in eurem Zweierteam.

4 a) Lest die folgenden Sätze (A–C). Was fällt euch an den Schreibweisen der markierten Wörter auf?
*A) In Norwegen würde ich am **liebsten** leben, denn dort gibt es viele Naturwunder zu entdecken.*
*B) Wenn ich an die vielen Prüfungen denke, wird mir **angst und bange**.*
*C) Mir gefallen die Bilder. Besonders gut finde ich die **modernen**.*
b) Begründet die jeweilige Schreibweise mithilfe der *Lernbox*.

5 a) Notiere die folgenden Sätze (A–C) in korrekter Schreibweise.
A) Die Prüfung in Deutsch war am (E/e)infachsten.
B) Ich bin nicht (S/s)chuld daran, dass ich zu spät nach Hause gekommen bin.
C) Morgen früh werde ich den Bus nehmen, und zwar den (E/e)rsten.
b) Besprecht eure Lösungen in der Klasse.

Lernbox

Achtung: Kleinschreibung!

In folgenden Fällen wird stets kleingeschrieben:

1 Wenn sich Adjektive und Zahlwörter auf ein vorangegangenes oder ein nachgestelltes Nomen beziehen: *Sie war die netteste meiner Kundinnen. Mir schmeckt die Schokolade. Besonders gerne mag ich die dunkle.*
2 Bei Superlativen mit am: *Diese Regeln sind am schwersten.*
3 Wörter in Verbindung mit sein, bleiben oder werden: *Mir wird angst und bange.*

4.3 (1) Regeln der deutschen Rechtschreibung richtig anwenden: Getrennt- und Zusammenschreibung (z. B. Peripheriebereich, zwei Möglichkeiten, Entstehung neuer Wörter wie anhand, mithilfe, aufgrund), Schreibung von Straßennamen, Worttrennung

Check dein Wissen!

1 Was weißt du über den lang gesprochenen Vokal? Erkläre anhand der Beispielwörter die Unterschiede in der Schreibung. Notiere zu jedem Wort einen Satz. (6 P.)
baden, Bahn, glauben, leer, sieben, stehen

2 a) *(er) kent – (er) kennt?*
Notiere das richtige Wort. (1 P.)
Beschreibe die Strategie, mit der du die richtige Schreibung herausgefunden hast. (2 P.)
b) *(sie) lenckt – (sie) lenkt (den Wagen)*
Notiere das richtige Wort. (1 P.)
Notiere die Regel, die zur richtigen Schreibung führt. (2 P.)

3 a) Notiere drei Wörter mit silbentrennendem *-h*. (3 P.)
b) *Das Ziel ist schon <u>nah</u>. Man <u>sieht</u> es dort. Der <u>Schuhkarton</u> bleibt im Laden.*
Welches Problem taucht bei den unterstrichenen Wörtern auf? Beschreibe es in einem Satz. (1 P.)
c) Beschreibe die Strategie, mit der du die richtige Schreibung der Wörter herausfindest. Beachte auch die unterschiedlichen Wortarten. (3 P.)

4 a) Lies den folgenden kurzen Text.

> im deutschen schreibt man die meisten wörter klein. doch um das lesen zu erleichtern, werden ab und zu großbuchstaben verwendet. leider führt das beim schreiben oft zu fehlern. das gute daran: die meisten fälle kann man lernen.

b) Überlege, was du über die Großschreibung weißt. Schreibe dann den Text korrekt auf. (13 P.)
c) Notiere für mindestens drei der Nomen oder als Nomen gebrauchten Wörter die entsprechende Regel zur Großschreibung. (3 P.)

5 a) Entscheide, ob die Wörter im folgenden Text groß- oder kleingeschrieben werden. (11 P.)
b) Begründe die korrekte Schreibung jeweils in einem Satz. (11 P.)

> In <u>(b/B)ayern</u> kann man in jeder Region gut essen. Hier gibt es die <u>(s/S)chwäbischen</u> Spätzle, dort die <u>(c/C)oburger</u> Bratwürste. Egal, ob man <u>(m/M)orgens</u> ein Frühstück sucht oder am <u>(a/A)bend</u> ein gepflegtes Menü, überall werden <u>(v/V)iele</u> Spezialitäten angeboten. Manchmal sticht das kräftige <u>(g/G)rün</u> des Gemüses ins Auge, manchmal der Spargel. Gerne werden <u>(s/S)echs</u> Stangen mit einer <u>(w/W)eißen</u> Soße serviert. Berühmt sind auch die „<u>(d/D)rei</u> in am Weggla". Gut, wenn sie schön <u>(b/B)raun</u> sind.

Gesamtzahl der möglichen Punkte: 57
Du kannst anhand deiner Punkte deinen Lernfortschritt selbst einschätzen:

57–52	Super, du weißt sehr viel!
51–56	Gut, du weißt schon ziemlich viel.
45–36	Du weißt einiges, musst aber noch üben.
35–26	Du hast noch Lücken. Sprich mit deiner Lehrkraft und übe mit einem Partner/einer Partnerin.
25–0	Du musst mehr üben. Lasse dich von deiner Lehrkraft beraten.

4.3 (5) individuelle Fehlerschwerpunkte erkennen und an diesen mit selbst ausgewählten Trainingsprogrammen arbeiten, um die eigene Rechtschreibleistung zu verbessern

Sich am Wortstamm orientieren

1 Betrachtet das Bild rechts und erklärt, was darauf zu sehen ist. Die Wörter *interessieren* und *experimentieren* können euch dabei helfen.

2 a) Viele Verben, die aus einer anderen Sprache kommen, enden auf *-ieren*: *interessieren, experimentieren, faszinieren*. Notiert weitere solcher Verben. Schlagt, wenn nötig, im Wörterbuch nach.
b) Klärt in der Gruppe die Bedeutung der Wörter.
c) Bildet mindestens fünf Sätze, in denen ihr die Verben oben verwendet.
d) Besprecht eure Sätze in der Klasse.
e) Klärt, was starke und schwache Verben sind.

3 a) Notiere die folgenden Wörter: *interessieren, das Interesse, interessant, Interessenskonflikt*.
b) Finde noch weitere Wörter dieser Wortfamilie und notiere sie. Hinweise dazu findest du in der *Lernbox*.
c) Bildet mit den Wörtern vier Sätze.

4 a) Bilde Wortfamilien zu den folgenden Wörtern: *leben, tanzen, singen, sagen*. Markiere jeweils den Wortstamm.
b) Vergleicht eure Lösungen in der Klasse.

5 a) Bilde die 2. Person (Du-Form) und die 3. Person (Er-/Sie-Form) der Verben *lieben, laufen, gießen, schreiben*.
b) Unterstreiche den Wortstamm. Was bleibt jeweils übrig? Markiere.

6 a) Bilde zu *schön, hell, weit* jeweils die Steigerungsformen.
b) Unterstreiche auch hier den Wortstamm wie in Aufgabe 5 b).

7 Lies die *Lernbox* (Punkt 7 und 8). Vergleiche mit deinen Lösungen zu Aufgabe 5 und 6.

Lernbox

Wortstamm und Endungen

1 Zu vielen Wörtern kannst du eine **Wortfamilie** bilden: *wohnen, Wohnung, wohnlich, bewohnen, Mietwohnung*.
2 Der **Wortstamm** bleibt meist gleich. Das gilt auch für zusammengesetzte Wörter.
3 Manchmal ändert sich der **Stammvokal**: *fahren – fährt – fuhr*.
4 Das **Dehnungs-h** in Wörtern mit einem lang gesprochenen Vokal bleibt in allen Wörtern der **Wortfamilie** erhalten. Es steht aber nur vor *l, m, n, r*, zum Beispiel in: *Zahl, nehmen, wohnen, fahren*.
5 Bei starken **Verben** ändern sich manchmal sogar der Wortstamm und die Vokallänge: *fließen* → *floss*; *essen* → *aß*.
6 Dieses Wissen hilft auch bei **Ableitungen**: Wenn es zu einem Wort die Grundform mit *-a* oder *-au* gibt, schreibt man es mit *-ä* oder *-äu*: *lassen – lässt, laufen – läuft*.
7 Verben enden in der 2. Person auf *-st*: *du rennst*; in der 3. Person auf *-t*: *sie rennt*.
8 Adjektive hängen bei der Steigerung ein *-er* an: *schnell* → *schneller*; bei der Höchststufe *ein -(e)ste(n)*: *der schnellste Läufer; am weitesten*. Beachte: Die Höchststufe mit *am* schreibt man immer klein: *am weitesten, am besten*.

Fremdwörter richtig schreiben

1 a) Lies den folgenden Text.

> Zwei Fans unterhalten sich: „Also, wenn du objektiv bist, war das schon ein Foul.“ – „Ich sehe aber ganz subjektiv, dass er zuerst den Ball gespielt hat.“ – „Auf alle Fälle war es strategisch geschickt noch vor dem Strafraum.“

b) Notiere die drei unterstrichenen Wörter. Schreibe auch die Wortart dazu.
c) Schlage die Bedeutung der Wörter im Wörterbuch nach.

2 a) *Eine Mannschaft, die viele Tore schießt, ist xxx sehr gut. Eine Mannschaft, die wenig Tore zulässt, ist xxx stark.*
Finde für xxx jeweils ein passendes Adjektiv, welches auf *-iv* endet.
b) Notiere noch weitere Adjektive, die auf *-iv* enden. Kläre ihre Bedeutung.

3 a) Adjektive aus Fremdsprachen enden oft auch auf *-isch, -iell, -il, -al*. Notiere die folgenden Adjektive sowie ihre Bedeutung: *automatisch, substantiell, mobil, rational.*
b) Finde im Wörterbuch weitere Beispiele für Adjektive aus Fremdsprachen und notiere diese. Kläre immer auch ihre Bedeutung.

4 a) Lies die beiden Wortkästen. Links stehen typische Wortanfänge für Fremdwörter, rechts die Ergänzungen.
b) Setze passende Fremdwörter zusammen.
c) Notiere hinter den Fremdwörtern die jeweilige Bedeutung in Stichpunkten.
d) Formuliere mit jedem der Fremdwörter mindestens einen Satz.

Anti-	-bol -ponieren
Im- im-	-position -jekt
de- De-	-trahieren -port
ex- Ex-	-legieren -mokratie
prä-	-pathisch -plizit
sym- Sym	-sentieren -pasti

5 a) Notiere weitere Wörter mit den Wortanfängen aus dem linken Kasten. Besprecht, was sie bedeuten.
b) Bilde mindestens fünf Sätze mit den Fremdwörtern.

6 Bei dem folgenden Silbenrätsel werden weitere Fremdwörter gesucht. Notiere sie.

> Cock – Jour – view – pit – list – In – Ther – genz – ter – na – mos – tel – tat – li – genz
>
> 1. Kabine des Piloten im Flugzeug
> 2. Befragung
> 3. Person, die beruflich für Presse, Rundfunk oder Fernsehen schreibt
> 4. Wärmeregler
> 5. Geistige Fähigkeit, Klugheit

4.3 (2) geläufige Wörter mit rechtschriftlichen Besonderheiten sowie häufig vorkommende Fremdwörter und Fachbegriffe richtig schreiben

Wichtige Buchstabengruppen kennen

1 a) Betrachte das Bild. Lies dazu die Überschrift der Zeitung.
b) Betrachte auch das Wort *Marathon*. Beschreibe in einem Satz, warum es schwierig sein könnte, das Wort richtig zu schreiben.

2 a) Lege eine Tabelle an und sortiere die Wörter im blauen Kasten unten nach *ph-*, *rh-* und *th-*.

Apotheke, Atmosphäre, Mathematik, phänomenal, Pharmazie, Philosophie, Physik, Rhabarber, Rhein, Rheuma, Rhön, Rhythmus, Strophe, Theater, Thema, Theorie, Thermometer, These, …

b) Klärt gemeinsam in der Klasse die Bedeutung der Wörter.
c) Notiere, wenn möglich, weitere Wörter der Wortfamilien, z. B. *Thema – thematisch – …*

3 a) Notiere noch weitere Wörter mit den Buchstabenkombinationen *ph-*, *rh-* und *th-*.
b) Nimm die Wörter, die du häufig verwendest, in deine Rechtschreibkartei auf.
c) Zwei der Nomen im blauen Kasten oben sind keine Fremdwörter. Notiere sie.

4 a) Lies die folgenden Wörter.
Du musst für = immer ein *k* sprechen.

=lown =allcenter =aos =or =lor
=orrigieren =appucino =ousin =ontainer
=arakter =ristlich =ousine =rom
=assette =ronik =onkurrenz =iosk

b) Setze für das = jeweils den richtigen Buchstaben/die richtige Buchstabenkombination ein und notiere die Wörter in einer Tabelle.

xxx	*Ch-*	*xxx*
Clown	*xxx*	*xxx*

c) Vergleicht zu zweit eure Tabellen. Welche Probleme haben sich beim Eintragen der Wörter in die Tabelle ergeben?
d) Suche im Wörterbuch noch weitere Wörter mit *c-/C-*, *ch-/Ch-* und *k-/K*. Trage sie in die Tabelle ein.

5 a) Lies die folgenden Wörter.
Du musst für = immer ein *sch* sprechen.

=op =ampignons =orts =ance
=armant =eriff =ef =ic =irt =aker
=oppen =ampoo =arme T-=irt

b) Setze für das = jeweils den richtigen Buchstaben/die richtige Buchstabenkombination ein und notiere die Wörter in einer Tabelle wie in Aufgabe 4.
c) Vergleicht zu zweit eure Tabellen. Welche Probleme haben sich beim Eintragen der Wörter in die Tabelle ergeben?
d) Suche im Wörterbuch noch weitere Wörter mit *sh-/Sh-*, *ch-/Ch-*. Trage sie in die Tabelle ein.

4.3 (1) Regeln der deutschen Rechtschreibung richtig anwenden: Getrennt- und Zusammenschreibung (z. B. Peripheriebereich, zwei Möglichkeiten, Entstehung neuer Wörter wie anhand, mithilfe, aufgrund), Schreibung von Straßennamen, Worttrennung

Wörter richtig trennen

1 a) Lies die Wörter im folgenden Kasten. Überlege, wie du sie trennen kannst.

Abendsonne – anfeuern – Bäcker – Backofen – bemühen – Fußball – Gegend – hinterherlaufen – Hitze – Mühe – Paare – schauen – Sommer – Sportplatz – vorbeischießen

b) Notiere die Wörter mit Silbentrennungsstrichen, z. B. *auf-schrei-ben*.
c) Vergleicht zu zweit eure Ergebnisse.

2 a) Tragt in der Klasse zusammen, was ihr über Worttrennung wisst.
b) Erstellt in Gruppen ein übersichtliches Lernplakat.

3 a) Einige Wörter wurden vom Rechtschreibprogramm des Computers falsch getrennt. Notiere die Wörter mit korrekten Silbentrennungsstrichen.

Von London aus fuhren wir nach Süden-
gland, um in Portsmouth alsbald den Hafe-
n zu erreichen. Es sah wie das Welten-
de aus. Manchen wurde da schon himme-
langst. Im Becken trieb ein Boot kielo-
ben.

b) Ein Wort ist nicht falsch getrennt. Worin liegt dessen Problem?

4 a) Warum sind die folgenden Silbentrennungen irreführend?

Drucker-zeugnis	*Sprecher-ziehung*
Sau-erbraten	*Stiefel-tern*
Fange-meinde	*Hühnerei-er*
Torf-laute	*Windgene-ratoren*

b) Trenne die Wörter sinnvoll. Die *Lernbox* kann dir dabei helfen.

5 Schlage die Fremdwörter im Wörterbuch nach. Schreibe sie mit Silbentrennungsstrichen auf.

Aggression	*Redaktion*	*Atmosphäre*
interessant	*Annonce*	*Ingenieur*

Lernbox

Regeln der Worttrennung

1 Einfache Wörter werden nach Sprechsilben getrennt. Enthält das Wort einen Konsonanten, steht er immer in der nachfolgenden Silbe: *Wa-gen, sau-er*. Einzelne Vokale dürfen nicht abgetrennt werden: *Uhu, oder*.
2 Bei mehreren Konsonanten kommt der letzte zur zweiten Silbe: *Pfos-ten, knusp-rig.*
3 Achtung: *ch, ck, sch, ph* und *th* gelten als ein Konsonant: *Dra-che, Dru-cker, wa-schen.*
4 Trenne keine einsilbigen Wörter: *Schwamm, Stall, warm.*
5 Zusammengesetzte Wörter werden nach Wortbausteinen getrennt: *Pro-gramm, ver-daut, Laub-frosch.*

Getrennt- oder zusammenschreiben?

Umwelt-AG der Mittelschule Hohenbreitbach

Einladung zum ersten Treffen

Wann? Mittwoch, 25. 09. 20xx, 11.35 Uhr
Wo? Neue Cafeteria unserer Schule
Wer? Schülerinnen und Schüler der Klassen 7–10

Mögliche Themen:
- Schulsachen checken und empfehlen
- Mit dem Fahrrad in die Schule
- Nistkästen zusammenbauen und aufhängen

1 a) Betrachte die Einladung oben. Habt ihr auch eine Umwelt-AG an eurer Schule?
b) Worum könnten sich Umwelt-AGs kümmern? Tauscht euch darüber aus.

2 a) Lies den folgenden Text.

Eine Gruppe der Umwelt-AG befasst sich mit dem Thema „Sicher mit dem Rad fahren“. Die Gruppe „Nistkästen bauen“ darf schon mal arbeiten gehen. Sie müssen nur noch die fertigen Nistkästen glatt schmirgeln und sie dann mit Holzschutzfarbe und Feuchtigkeitslack anstreichen.

b) Notiere die unterstrichenen Wörter und bestimme die jeweilige Wortart.
c) Besprecht in der Klasse, was ihr über die Getrennt- und Zusammenschreibung dieser Wortarten wisst. Hinweise dazu findet ihr in den *Lernbox*en auf den Seiten 256–257.

3 Arbeitet zu zweit: Einer von euch bearbeitet Text A, der andere Text B.
a) Betrachtet die unterstrichenen Wörter in Text A bzw. in Text B. Notiert in Stichpunkten, worin sie sich unterscheiden.
b) Besprecht gemeinsam eure Notizen und erklärt euch gegenseitig mithilfe der *Lernbox*en auf den Seiten 256–257, warum die Wörter jeweils zusammen- oder getrenntgeschrieben werden.

A *Die Schüler der 9b können wirklich toll zusammenhalten. Wir schaffen das, wenn wir die Kiste zusammen halten. Wir müssen sie nur zusammen nehmen. Jammer nicht, du solltest dich besser zusammennehmen.*

B *Das Buch war in dem Schulranzen. Er fand es, indem er im Schulranzen suchte. Müssen wir wirklich so bald aufstehen? Ja, wir gehen los, sobald ihr fertig seid. Sie fragte, ob gleich ein Zug nach Nürnberg fahren würde. Er brach auf, obgleich es schon regnete.*

Lernbox

Wortverbindungen aus Verben

1 Zweiteilige Ausdrücke aus **Verben** werden getrennt geschrieben: *schwimmen gehen*.
2 Werden sie **als Nomen** gebraucht, schreibt man sie zusammen: *das Schwimmengehen*.
3 Zweiteilige Ausdrücke aus einem **Partizip** und einem **Verb** werden getrennt geschrieben: *geschenkt bekommen, spielend lernen*.
4 Bekommen Ausdrücke eine **neue Bedeutung**, schreibt man sie **zusammen**: *sich zusammennehmen*.

4.3 (1) Regeln der deutschen Rechtschreibung richtig anwenden: Getrennt- und Zusammenschreibung (z. B. Peripheriebereich, zwei Möglichkeiten, Entstehung neuer Wörter wie anhand, mithilfe, aufgrund), Schreibung von Straßennamen, Worttrennung

4 a) Notiere den folgenden Satz zweimal – einmal mit dem Verb *anstreichen* und einmal mit dem Verb *bestreichen*:
Die Schüler … die Nistkästen.
b) Erkläre, inwiefern sich die Sätze unterscheiden.

5 a) Bilde immer mit zwei Verben sinnvolle Kombinationen und schreibe diese auf.

gefangen kennen bleiben
hängen gehen lassen
nehmen lernen sitzen
spazieren geschenkt bekommen

b) Ergänze zu den gefundenen Verbpaaren eine Partizipform, wenn dies möglich ist: *(einen Freund) hängengelassen – hängenlassen.* Beachte, dass man manchmal getrennt, manchmal zusammenschreiben muss.

Lernbox

Wortverbindungen aus Adjektiv und Verb

1 Zweiteilige Ausdrücke aus Adjektiv und Verb schreibt man in der Regel getrennt, wenn sie wörtlich gemeint sind: *Der Schüler hat frei gesprochen. (= Er hat nicht abgelesen).*
2 Zweiteilige Ausdrücke aus Adjektiv und Verb schreibt man zusammen, wenn durch die Verbindung eine neue Bedeutung entsteht: *Der Angeklagte wurde freigesprochen. (= Er wurde nicht verurteilt).*
3 Oft hilft die **Betonungsprobe**: Betont man die erste Silbe, schreibt man das Wort zusammen.
4 Verbindungen aus *sein* und einem Adjektiv schreibt man immer getrennt: *nett sein.*

6 a) Notiere die folgenden Sätze A–D. Entscheide, ob die Wörter in den Klammern getrennt- oder zusammengeschrieben werden müssen.
A) Sie wollten ihren Gästen noch (Dank sagen/danksagen) für die schöne Hochzeitsfeier.
B) Dabei hätte der Tag nicht holpriger (losgehen/los gehen) können.
C) Die Braut hatte sich für das (Autofahren/Auto fahren) zum Standesamt entschieden, während der Bräutigam lieber (Fahrrad fahren/Fahrradfahren) wollte.
D) So kam es dazu, dass die Frau in ihrem (Aufsehen erregenden / aufsehenerregenden) Kleid im Verkehr (stecken blieb/steckenblieb).

b) Vergleicht und begründet eure Schreibweise in der Klasse.

Lernbox

Wortverbindungen aus Nomen und Partizip

1 Die meisten Verbindungen aus Nomen und Partizip können **getrennt- oder zusammengeschrieben** werden: *Angst erzeugende/angsterzeugende Geräusche.*
2 Einige Verbindungen werden aber **nur zusammengeschrieben**: *ein freudestrahlender Polizist.* Wenn du unsicher bist, mache die Umformungsprobe, indem du den Ausdruck als Satz formulierst: *Der Polizist strahlt vor Freude.* Musst du bei der Umformprobe ein Wort ergänzen, dann schreibst du die Wörter zusammen.
3 Im Zweifelsfall schreibe die Verbindungen aus Nomen und Partizip immer zusammen, dann machst du keinen Fehler.

Straßennamen richtig schreiben

1 Lest die Straßennamen auf den Schildern oben und besprecht die unterschiedlichen Schreibweisen. Hinweise dazu findet ihr in der *Lernbox*.

2 a) Sammle Straßennamen aus deiner Stadt und trage sie in eine Tabelle ein.

Zusammen-schreibung	*Getrennt-schreibung*	*Schreibung mit Binde-strichen*
xxx	*xxx*	*xxx*

b) Erkläre die Schreibung der Straßennamen mithilfe der *Lernbox*.

3 a) Lies die folgende Wegbeschreibung:

Wegbeschreibung zu einer Sehenswürdigkeit:
gehen sie vom bahnhof aus die *lindenallee* entlang bis zum *landrat dr nüssel platz*. biegen sie dort nach links in die *chemnitzer straße*, an deren ende sie die *lange straße* erreichen. biegen sie von der *lange* in die *graue straße*. von dort ist es nicht mehr weit bis zum ziel *im historischen eck*. dort erwartet sie ein bürgerhaus von 1758.

b) Besprecht zu zweit, welche Wörter großgeschrieben werden müssen.
c) Schreibe die Wegbeschreibung korrekt auf.
d) Vergleicht eure Lösungen in der Klasse.

4 Gestalte ein Stadtplanrätsel. Gehe so dabei vor:
- *Nimm einen Stadtplan deines Heimatortes zur Hand – evtl. aus dem Internet.*
- *Verfasse eine Wegbeschreibung zu einer Sehenswürdigkeit in eurer Stadt wie in Aufgabe 3. Der Startpunkt kann z. B. eure Schule oder der Bahnhof sein. Achte auf die korrekte Schreibweise der Straßennamen.*
- *Tauscht eure Wegbeschreibungen aus und findet heraus, zu welcher Sehenswürdigkeit sie führen sollen.*

Lernbox

Straßennamen

1 Das erste Wort eines Straßennamens wird großgeschrieben, ebenso alle zum Namen gehörenden Adjektive und Zahlwörter: *Im Loh, An den Vier Buchen, Im Neuen Quartier.*

2 a) Zusammengesetzte Namen bilden ein Wort: *Kilianstraße, Altgasse, Hochmoorweg.*
b) Ableitungen von Ortsnamen auf -er, werden getrennt: *Hallstadter Straße, Münchner Platz.*

3 Straßennamen aus mehreren Teilen schreibt man mit Bindestrichen: *Bürgermeister-Lang-Straße, E.-T.-A.-Hoffmann-Platz.*

4 Fasst man mehrere Straßennamen zusammen, setzt man einen Ergänzungsstrich, wenn dadurch ein Teil eingespart wird: *von der Berg- in die Wiesenstraße.*

4.3 (1) Regeln der deutschen Rechtschreibung richtig anwenden: Getrennt- und Zusammenschreibung (z. B. Peripheriebereich, zwei Möglichkeiten, Entstehung neuer Wörter wie anhand, mithilfe, aufgrund), Schreibung von Straßennamen, Worttrennung

Kommas richtig setzen

1 a) Lies den folgenden Text.

Das Fränkische Seenland bietet viele Möglichkeiten Wassersport zu treiben. Beliebt sind das Surfen Kitesurfen das Fahren auf dem Wakeboard oder das Stand-Up-Paddling. Zugpferd ist zwar der Wassersport jedoch ist die Region auch für ihren Triathlon berühmt. Tausende Zuschauer säumen die Wege wenn die Weltelite antritt. Viele trainieren jeden Tag um einmal diesen Wettkampf zu gewinnen. Aber auch Wanderer kulturell Interessierte und Genießer von gutem Essen kommen auf ihre Kosten.

b) Informiere dich über das Fränkische Seenland. Wo genau liegt es und was kann man dort alles machen?

2 Der Text ist ohne Kommas geschrieben.

a) Notiere den Text und setze die fehlenden Kommas.

b) Vergleicht in einer Gruppe eure Lösungen und begründet sie mithilfe der Regeln in der *Lernbox*.

3 a) Notiere die folgenden Sätze A–E. Ergänze die fehlenden Kommas.

A) Zur Vorbereitung kann man alte Aufgaben rechnen sich mit Freunden besprechen Lösungen vergleichen und viel üben.

B) Man kann bei schönem aber auch bei schlechtem Wetter ins Freie gehen.

C) Lena konnte in der Zeit alle Aufgaben lösen jedoch nur mit Fehlern.

D) Der Nachmittagsunterricht ist nicht am Montag sondern am Donnerstag.

E) In der Prüfung gab es Rechtschreibfragen Grammatikaufgaben und Schreibaufträge.

b) Vergleicht zu zweit eure Ergebnisse.

Lernbox

Wichtige Kommaregeln

1 Kommas trennen **Aufzählungen**: *Sie mag Gyros, Calamari, Zaziki und frischen Salat. Sie wanderten auf Berge, besuchten Museen und Kirchen, nutzten das Schwimmbad und genossen das Essen.*

2 Vor **Konjunktionen** wie *aber, doch, jedoch, sondern* muss ein Komma stehen: *Die Mannschaft bemühte sich sehr, doch leider vergebens.*

3 Kommas trennen **Haupt- und Nebensätze**: *Er nahm ein Taxi, weil kein Bus mehr fuhr. Er hofft, dass er den Zug noch erreicht. Die Aufgabe, die sie löst, bringt viele Punkte.*

4 **Infinitivgruppen** werden durch ein Komma vom Hauptsatz getrennt. Sie können vor oder nach dem Hauptsatz stehen. Häufig werden Infinitivgruppen durch *um, ohne, statt, anstatt, außer, als* eingeleitet: *Amelie spielt lieber Gitarre, anstatt zu lernen. Um noch rechtzeitig zur Schule zu kommen, nimmt Anton den Bus.*

4.3 (6) die Regeln der Zeichensetzung (z. B. Gedankenstrich und Apostroph) sicher anwenden und Fehler in eigenen und fremden Texten verbessern

4 a) Lies und notiere die folgenden Sätze (A – E):

A) Carmen fuhr in die Stadt, weil sie sich eine neue Hose kaufen wollte.

B) Sie konnte sich, da die Auswahl so groß war, nicht richtig entscheiden.

C) Ihre Freundin, die auch mitgekommen war, riet ihr zur hellblauen.

D) Sie meinte, dass ihr die Farbe gut stehen würde.

E) Bevor Carmen die Hose kaufte, schaute sie aber noch in einen anderen Laden.

b) Lies die *Lernbox* auf Seite 259. Suche und markiere dann jeweils die kleinen Wörter, die die Nebensätze einleiten: Konjunktionen oder Relativpronomen.

c) Suche und markiere anschließend das Verb am Ende des Nebensatzes.

d) Unterstreiche den gesamten Nebensatz.

e) Vergleicht eure Ergebnisse in der Gruppe.

5 a) Schreibe den folgenden Text ab:

Manchmal geht bei Dunkelheit das Licht an wenn man an einem Haus vorübergeht. Doch woher weiß die Lampe dass sie jetzt angehen muss? Das Geheimnis ist ein Sensor der in der Lampe eingebaut ist. Er spürt während jemand sich nähert die Veränderung der Temperatur. Weil die Körperwärme der Menschen etwa 37 Grad beträgt erhöht sich beim Näherkommen auch die Lufttemperatur. Der Sensor schaltet das Licht an.

b) Suche und markiere jeweils die kleinen Wörter, die die Nebensätze einleiten: Konjunktionen, Relativpronomen oder *dass*.

c) Unterstreiche die Nebensätze und setze die fehlenden Kommas.

d) Vergleicht eure Ergebnisse in der Gruppe.

6 a) Bilde aus jeweils zwei Sätzen einen zusammengesetzten Satz mit Haupt- und Nebensatz.

A) Ali freut sich. Er sieht das neue Fahrrad.

B) Bernd klopfte am Sekretariat an. Er ging hinein.

C) Es war ziemlich laut in ihrem Zimmer. Die Sekretärin hörte ihn nicht.

D) Lea schaute aus dem Fenster. Sie bemerkte, dass es schneit.

b) Unterstreiche jeweils das einleitende Wort und das Verb am Ende des Nebensatzes.

c) Besprecht eure Lösungen in der Gruppe.

4.3 (6) die Regeln der Zeichensetzung (z. B. Gedankenstrich und Apostroph) sicher anwenden und Fehler in eigenen und fremden Texten verbessern

Kommasetzung bei Infinitivgruppen

Löst zu zweit die Aufgaben 1–4. Besprecht eure Ergebnisse anschließend in einer Gruppe.

1 Notiert die vier Sätze (A–D) und unterstreicht jeweils die Infinitivgruppe:

A) *Matthias weigerte sich, uns zu helfen.*
B) *Ich empfehle, die Aufgaben sorgfältig zu lösen.*
C) *Lenas Hinweis, die Wanderung rechtzeitig fortzusetzen, fand Zustimmung.*
D) *Die Aufgabe noch einmal zu prüfen, war ein guter Rat unserer Lehrerin.*

2 a) Notiert die Sätze (A–E) und unterstreicht jeweils die Infinitivgruppe:

A) *Für mich gibt es nichts Schöneres, als ein gutes Buch zu lesen.*
B) *Laura beabsichtigt, nach der Prüfung weiter auf eine Schule zu gehen.*
C) *Maja hilft ihrer Mutter, ohne dazu aufgefordert worden zu sein.*
D) *Sie zeigten den Willen, das Spiel zu gewinnen.*
E) *Alina erinnert Ben daran, ihr das Buch zu geben.*

b) Lest die *Lernbox*. Warum muss in den Sätzen A–E ein Komma stehen? Notiert die entsprechende Nummer der *Lernbox* hinter den Sätzen.

3 a) Notiert die folgenden Sätze A–E.

A) *Er ging lieber Eis essen anstatt zu trainieren.*
B) *Lena telefonierte mit ihrer Freundin um sich mit ihr zu treffen.*
C) *Sie versprach zu helfen.*
D) *Laura versprach ihrer Mutter ihr Zimmer aufzuräumen.*
E) *Gestern musste die Klasse anstatt Sport zu haben noch für den Quali üben.*

b) Unterstreicht die Infinitivgruppen und setzt die fehlenden Kommas.

4 a) Lest die Sätze. Findet das Problem:

Theresa versprach am Dienstag zur Party zu kommen. Mutter riet Lena nicht die Show zu besuchen. Annalena freut sich auch wenn Lukas ihr zum Geburtstag nur eine E-Mail schreibt.

b) Notiert die Sätze zweimal und setzt die Kommas an verschiedene Stellen. Inwiefern verändert sich der Sinn?

Lernbox

Komma bei Infinitivgruppen

1 In **Infinitivgruppen** stehen ein **Verb im Infinitiv** und das **Wörtchen** *zu*: *Sie versprach, zu lernen.* Die Infinitivgruppe kann auch aus mehreren Wörtern bestehen: *Sie versprach, das Gedicht noch heute zu lernen.*

2 Ein **Komma** trennt die Infinitivgruppe vom Satz ab. In manchen Fällen müsste kein Komma stehen, aber es ist **nie falsch**.

3 Wird die Infinitivgruppe mit *um, ohne, statt, anstatt, außer, als* **eingeleitet**, **muss** ein **Komma** stehen: *Sie schrieb eine E-Mail, anstatt zu telefonieren.*

4 **Hängt** die Infinitivgruppe von einem **Nomen** ab, **muss** ein **Komma** stehen: *Mein Vorschlag, gemeinsam zu lernen, wurde angenommen.* Steht die Infinitivgruppe im Satz, benötigt sie zwei Kommas.

5 **Bezieht sich** die Infinitivgruppe auf ein **hinweisendes Wort**, **muss** ein **Komma** stehen: *Sie war schon immer gut darin, sich in andere einzufühlen.*

4.3 (6) die Regeln der Zeichensetzung (z. B. Gedankenstrich und Apostroph) sicher anwenden und Fehler in eigenen und fremden Texten verbessern

Besondere Zeichen: Apostroph und Gedankenstrich

1 Betrachtet das Bild oben und sprecht darüber, welche Fehler Anja unterlaufen sind.

2 a) Notiere die Sätze A–D und unterstreiche die Wörter mit Apostroph.
A) Der gold'ne Herbst machte seinem Namen alle Ehre.
B) Dies ist Matthias' Mathebuch.
C) Was darf's denn sein?
D) Dann wird's 'ne Weile dauern.
b) Lies die *Lernbox* unten. Erkläre, welche Buchstaben bei der Schreibweise mit Apostroph ausgelassen sind.
c) Erkläre den Apostroph in Satz B.

Lernbox

Der Apostroph

Mit dem Apostroph macht man deutlich, dass ein oder mehrere Buchstaben fehlen.

1 Häufig steht er zur **Wiedergabe von gesprochener Sprache**: *Wie geht's? Nimm's leicht. So 'n Pech.*
2 Er steht bei **Namen im Genitiv** (2. Fall), wenn der Name auf einen **s-, z- oder x-Laut endet**: *Jonas' Geburtstag.*
3 **Kein Apostroph** steht bei **gängigen Verkürzungen** wie *ans, ins, durchs, mal.*
4 Auch im **Plural** steht das **s** immer ohne Apostroph: *die Autos, die CDs.*

3 a) Schreibe die Sätze (A–C) ab und ersetze die Kommas durch Gedankenstriche.
A) An einem Wochenende, es war im September, fuhren wir zum Zelten.
B) Das Schwimmbad, ein Naturbad, war dort am schönsten.
C) Das sonnige Wetter lud zum täglichen Schwimmen ein, vor allem am späten Nachmittag.
b) Lies die *Lernbox* zum Gedankenstrich und notiere hinter den Sätzen den entsprechenden Punkt der *Lernbox*.

4 a) Bilde zu den einzelnen Punkten der *Lernboxen* jeweils einen entsprechenden Satz.
b) Vergleicht eure Sätze in der Klasse.

Lernbox

Der Gedankenstrich

Der Gedankenstrich wird häufig da verwendet, wo man beim Sprechen eine deutliche Pause macht.

1 Oft steht er bei **Einschüben** anstelle eines Kommas. *Am Abend – es war mitten im Winter! – badeten wir. Am Abend – war es mitten im Winter? – badeten wir.*
2 Der Gedankenstrich kündigt an, dass **etwas Unerwartetes** folgt: *Er glaubte sich in Sicherheit – ein großer Irrtum.*
3 Zwischen Sätzen kann der Gedankenstrich den **Wechsel eines Themas** anzeigen. *Wir sprachen letzte Stunde über das Komma. – Wer hat übrigens Tafeldienst?*
4 Mit Gedankenstrichen kann man **Zusätze oder Nachträge** vom restlichen Text abgrenzen: *Das Bild – es war das wertvollste der Sammlung – wurde gestohlen.*

4.3 (6) die Regeln der Zeichensetzung (z. B. Gedankenstrich und Apostroph) sicher anwenden und Fehler in eigenen und fremden Texten verbessern

Check dein Wissen!

1 a) Lies diesen Text. Überlege dir die Wort- und Satzgrenzen.

DIESENTEXTZULESENISTGARNICHTSOL
EICHTWORANLIEGTDASOHNEPUNKTKOM
MAUNDWEITERESATZZEICHENMUSSMAN
DENSINNERSTEINMALERKENNENDAZU
TRAGENAUCHDIEWORTGRENZENDIEBEIM
SCHREIBENDURCHLEERZEICHENAUSGE
DRÜCKTWERDENUNDDIERICHTIGETREN
NUNGBEIAUCHDIEGROßSCHREIBUNGHILF
TBEIMSINNENTNEHMENGOTTSEIDANKSIN
DUNSEREBÜCHERHEUTEFÜRUNSVERSTÄND
LICHGEDRUCKT

b) Schreibe den Text ab – in korrekter Groß- und Kleinschreibung mit allen notwendigen Satzzeichen.
(Sätze und Satzanfänge finden: 6 P. – Komma finden: 4 P. – Nomen und als Nomen gebrauchte Verben im Satz finden: 13 P.)

2 a) Schreibe die Sätze (A–D) ab und setze die fehlenden Kommas. (6 P.)

A) Für das Sportabzeichen wählt Maja den 800-m-Lauf für Ausdauer den Standweitsprung für Kraft den 100-m-Lauf für Schnelligkeit und den Weitsprung für Koordination.

B) Weil sie Leichtathletik trainiert hat sie diese Disziplinen gewählt. Sie ist zuversichtlich die Anforderungen gut zu bewältigen.

C) Sie möchte wieder das Goldabzeichen das sie auch schon im letzten Jahr gewonnen hat.

D) Um dies zu erreichen trainiert sie fleißig.

b) Erkläre an zwei Sätzen, nach welchen Regeln du die Kommas gesetzt hast. (4 P.)

3 Finde den richtigen Buchstaben:

a) k/K – c/C – ch/CH? Schreibe auf. (4 P.)
(X)amel, (X)amäleon, (X)lor, (X)lan.

b) ch/Ch – sch/Sch – sh/Sh? Schreibe auf. (4 P.)
(X)ef, (X)itstorm, (X)oppen – (X)ance.

c) f/F – ph/Ph – th/Th? Schreibe auf. (5 P.)
Am(X)i(X)eater, (X)iloso(X), (X)iligran

4 a) Schreibe den Text korrekt auf. Achte auf Getrennt- oder Zusammenschreibung. (6 P.)

Bei unserem Besuch in Nürnberg konnten wir auch mit der (U-Bahn fahren)/(U-Bahnfahren). Wer das (Bahn fahren)/(Bahnfahren) noch nicht kannte, konnte es hier einmal (kennen lernen)/(kennenlernen). Durch den Gruppenpreis konnten wir (günstig fahren)/(günstigfahren). Unsere Lehrkraft achtete darauf, (ob schon)/(obschon) alle an der Haltestelle ausgestiegen waren. Das klappte gut, (ob schon)/(obschon) es für manche neu und aufregend war.

b) Erkläre, warum *ob schon* einmal zusammengeschrieben wird und einmal nicht. (4 P.)

Gesamtzahl der möglichen Punkte: 56
Du kannst anhand deiner Punkte deinen Lernfortschritt selbst einschätzen:

56–52	Super! Du weißt schon sehr viel!
51–45	Gut, du weißt schon ziemlich viel.
44–35	Du weißt einiges, musst aber noch üben.
34–28	Du hast noch Lücken. Sprich mit deiner Lehrkraft und übe mit einem Mitschüler/einer Mitschülerin.
27–0	Du musst mehr üben. Lasse dich von deiner Lehrkraft beraten.

4.3 (5) individuelle Fehlerschwerpunkte erkennen und an diesen mit selbst ausgewählten Trainingsprogrammen arbeiten, um die eigene Rechtschreibleistung zu verbessern

Fit für den Quali

Auf Seite 264–265 findet ihr Aufgabentypen, wie sie im Quali der letzten Jahre vorgekommen sind. Am besten könnt ihr eine der acht Aufgaben wöchentlich in der Klasse gemeinsam mit eurer Lehrkraft besprechen.

1 a) Löst zunächst die folgende Beispielaufgabe aus einem Quali.

Fit für den Quali – *Im folgenden Text sind vier Wörter falsch geschrieben. Finde sie heraus und schreibe sie korrekt auf.*

Viele Menschen in Afrika und Asien stellen unter den schlimsten bedingungen Konsumgüter her, die wir für wenig Geld kaufen. Der Online-Handel macht es möglich, das wir mit einem Klick bestellen, was wir wollen. Leider belasten wir dabei zusetzlich die Umwelt durch diese unkontrollierten Herstellungsbedingungen und den CO_2-Ausstoß auf dem langen Lieferweg.

b) Besprecht eure Lösungen in der Klasse. Ist euch die Lösung der Aufgabe schwergefallen?

c) Betrachtet anschließend die folgende Musterlösung und tauscht euch in der Klasse darüber aus.

Viele Menschen in Afrika und Asien stellen unter den <u>schlimmsten</u> <u>Bedingungen</u> Konsumgüter her, die wir für billiges Geld kaufen. Der Online-Handel macht es möglich, <u>dass</u> wir mit einem Klick bestellen, was wir wollen. Leider belasten wir dabei <u>zusätzlich</u> die Umwelt durch diese unkontrollierten Herstellungsbedingungen und den CO_2-Ausstoß auf dem langen Lieferweg.

2 a) Löst auch die folgenden Quali-Aufgaben. Orientiert euch bei der Lösung an dem Musterbeispiel auf der linken Seite.

b) Besprecht eure Lösungen in der Klasse.

1

Fit für den Quali – *Im folgenden Text sind sechs Wörter falsch geschrieben. Finde sie heraus und schreibe sie korrekt auf.*

Du stest in einem Zimmer mit zwei Ausgengen. Der eine fürt durch einen Raum mit einem lodernden Feuer. Der andere durch ein Gehege mit Löwen, die seid acht Wochen nichts mehr zu Fressen bekommen haben. Du hast nur eine Wahl. Welchen Ausgang nimst du?

2

Fit für den Quali – *Schreibe den folgenden Text in korrekter Groß- und Kleinschreibung auf.*

natürlich den mit den löwen. denn wenn sie seit acht wochen nichts mehr gefressen haben, sind sie bereits tot. nach dem fressen einer größeren beute können sie zwar ein paar tage pausieren. aber nach acht wochen sind sie alle tot und du kannst gefahrlos durch das gehege gehen.

4.3 (5) individuelle Fehlerschwerpunkte erkennen und an diesen mit selbst ausgewählten Trainingsprogrammen arbeiten, um die eigene Rechtschreibleistung zu verbessern

3

Fit für den Quali – *Welche Rechtschreibstrategie hilft, die richtige Schreibung zu finden? Notiere das Wort und schreibe die passende Strategie dazu.*

Gewissheit	Ich suche ein verwandtes Wort. Ich verlängere das Wort. Ich achte auf die Endung. Ich mache die Artikelprobe.
Entt**äu**-schung	Ich suche ein verwandtes Wort. Ich verlängere das Wort. Ich achte auf die Endung. Ich mache die Artikelprobe.

4

Fit für den Quali – *Im folgenden Text fehlen sieben Satzzeichen. Schreibe ihn ab und trage die Satzzeichen ein. Diskutiert eure Lösungen.*

So ein Wetter heute Ist das schon ein Zeichen des Klimawandels Aber nicht jeder Sonnentag nicht jeder gewaltige Regen nicht jeder massive Schneefall zeugt vom Klimawandel Meteorologen haben genau beschrieben was sie unter Klima und was sie unter Wetter verstehen

5

Fit für den Quali – *Nur ein Satz ist völlig richtig geschrieben. Finde ihn heraus und schreibe ihn fehlerfrei auf. Besprecht die Fehler in den anderen beiden Sätzen.*

A. Im Schülercafé legt man besonderem Wert auf die zuverlässige Mitarbeit aller.
B. Im Schülercafé legt man besonderen Wert auf die zuverlässige Mitarbeit aller.
C. Im Schülercafé legt man besonderen Wert auf die zuverlessige Mitarbeit aller.

6

Fit für den Quali – *Arbeite mit dem Wörterbuch. Beantworte die folgenden Fragen.*

De-s-til-la-ti-on, die; –, ...en; <lat.>; Trennung flüssiger Stoffe durch Verdampfung und Wiederverflüssigung

1. Aus welcher Sprache stammt das Wort?
2. Schreibe es im Plural auf.
3. Suche das Verb dazu und schreibe es auf.
4. Erkläre die Bedeutung des Wortes mit eigenen Worten.

7

Fit für den Quali – *Zeitangaben klein oder groß? Schreibe den Text korrekt auf.*

Heinz und seine Freunde trafen sich gestern/Gestern nachmittag/Nachmittag in der Sporthalle. Dort ist ab 16 Uhr werktags/Werktags Gelegenheit zum Basketballspielen. Außerdem hilft nachmittags/Nachmittags ein Betreuer bei Fragen zu Schule und Berufswahl. Nach dem täglichen/Täglichen Sport und den Hausaufgaben bleibt heute/Heute abend/Abend Zeit fürs Kino.

8

Fit für den Quali – *Schreibe den Text in der richtigen Schreibung auf.*

wetteristdas,waswirtäglicherleben. mankannesanhanddertemperatur,derbewölkung,derniederschlägeundderluftfeuchtigkeitbeschreiben. tiefdruckgebieteundhochdruckgebiete wechselnsichab. diesekurzzeitigen,örtlicheneerscheinungenunterscheidendaswettervomklima, dasübereinenlängerenzeitraumbeobachtet wird.

Eine Mindmap erstellen

1 a) Tragt zu zweit zusammen, worauf ihr beim Erstellen einer Mindmap achten müsst.
b) Tauscht eure Ergebnisse in einer Gruppe aus und ergänzt eure Notizen. Lest bei Bedarf in der *Lernbox* nach (→ S. 267).

2 Mindmaps kannst du unter anderem nutzen, um einen Text zu erarbeiten und den Inhalt übersichtlich darzustellen. Probiere es aus:
a) Lies den Text über den Löwen rechts.
b) Betrachtet zu zweit die begonnene Mindmap einer Schülerin.
Besprecht, wie sie vorgegangen ist.

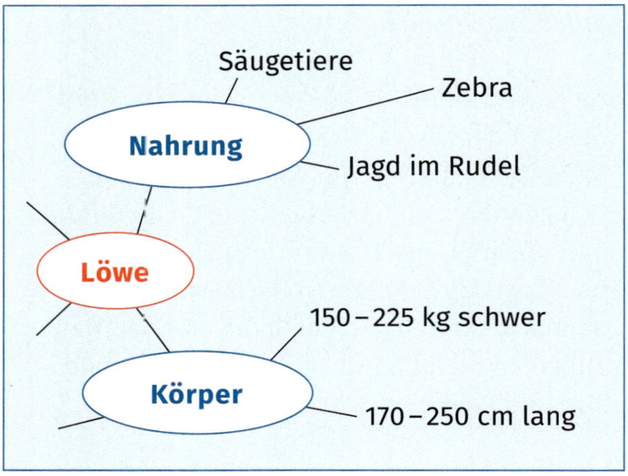

c) Schreibt die Mindmap ab und ergänzt weitere Informationen aus dem Text.

3 Überlege, welche weiteren Angaben über den Löwen interessant und wichtig wären. Recherchiere im Internet und ergänze die Mindmap mit weiteren Informationen.

Tipp

zu 3) Weitere mögliche Oberbegriffe: *Fortpflanzung, Lebensraum, Gefährdung, Bestand.*

Der Löwe

Allgemeines

Ausgewachsene Löwen erreichen eine Schulterhöhe von bis zu 123 Zentimetern und werden 170 bis 250 Zentimeter lang. Ihr Schwanz ist etwa einen Meter lang. Dazu erreichen sie ein Gewicht von 150 bis 225 Kilogramm. Löwen haben einen verhältnismäßig großen Kopf. Ihr Fell ist kurz und sandfarben. Die Männchen erkennt man an ihrer langen Mähne. Deren Farbe reicht von dunkelbraun und schwarz bis zu einem hellen, rötlichen Braun. Eine prächtige Mähne ist häufig ein Zeichen dafür, dass das Löwen-Männchen wohlgenährt und stark ist. Die Mähne des Löwen bildet sich im frühen Erwachsenenalter, wenn die Löwen vier bis sechs Jahre alt sind, erst vollständig aus.

Was frisst ein Löwe?

Löwen sind Rudeltiere und jagen daher ihre Beute auch im Rudel. Sie fressen täglich sieben bis zehn Kilogramm Fleisch. Allerdings brauchen Löwen nicht unbedingt jeden Tag Nahrung, sondern können auch bis zu 40 Kilogramm auf einmal verschlingen und dann ein paar Tage pausieren. Zu ihren Beutetieren zählen Säugetiere – vor allem Antilopen, Gazellen, Zebras und Gnus.

Wie lebt ein Löwe?

Im Gegensatz zu den meisten Katzen sind Löwen gesellige Rudeltiere und leben in großen Gruppen. Diese bilden sich aus vorrangig zehn bis 15 weiblichen Tieren, deren Jungtieren und zwei bis vier erwachsenen Männchen. Die gesamte Rudelgröße kann durchaus bis zu 30 Löwen umfassen. [...]

2.1 (1) Lese- und Texterschließungstechniken eigenständig in komplexen kontinuierlichen und diskontinuierlichen Texten anwenden und Gelesenes grafisch sowie strukturiert visualisieren

Thema A: Mauerfall und Wiedervereinigung

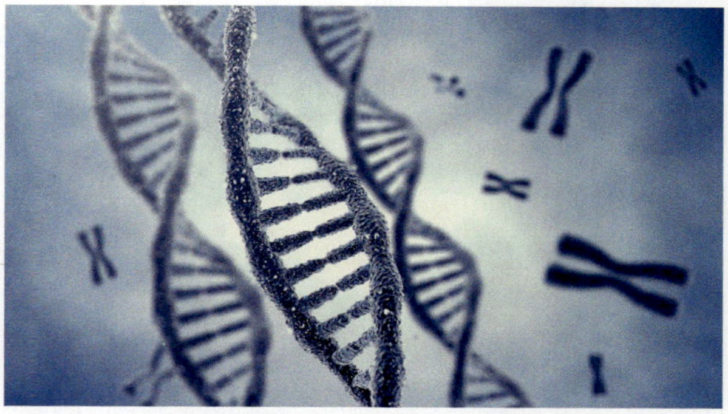

Thema B: Erbkrankheiten

4 a) Betrachtet die Bilder oben. Besprecht zu zweit, was euch spontan dazu einfällt.
b) Bildet Gruppen und wählt gemeinsam eines der beiden Themen aus den Fächern Geschichte/Politik/Geographie oder Natur und Technik aus. (Ihr könnt euch in der Klasse aber auch auf andere Themen verständigen.)
c) Informiert euch mit eurem Buch und euren Aufzeichnungen über das Thema und erstellt eine Mindmap auf DIN-A3-Papier.

Mit Mindmaps fit für den Quali!
Schon gewusst? Eine Mindmap kann dir auch bei der **Prüfungsvorbereitung** helfen: Du kannst damit zu einem Thema den Lernstoff zusammenfassen und übersichtlich darstellen!

Tipp

zu 4 c)
Folgende Oberbegriffe könnt ihr beim Erstellen der Mindmap zum Beispiel nutzen:
- **Thema A:** *wirtschaftliche Probleme in der DDR, Massenflucht, Bürgerrechtsbewegung, Massendemonstrationen, Öffnung der Grenzen, Mauerfall*
- **Thema B:** *Zellaufbau, Vererbung, Erbinformationen, Fehler bei Chromosomenverteilung*

5 Tauscht Tipps und Hinweise zu den Mindmaps in einer Feedback-Runde aus. Geht dabei nach folgender Anleitung vor:

Feedback-Runde
1 Hängt alle Mindmaps in der Klasse auf.
2 Seht euch die Mindmaps der anderen an und besprecht sie in eurer Gruppe.
3 Gebt zu jeder Mindmap ein Feedback mit einem *grünen* und einem *roten* Zettel.
→ Schreibt einen Punkt, der besonders gelungen ist, auf einen *grünen* Zettel.
→ Welchen Tipp könnt ihr der Gruppe geben? Schreibt ihn auf einen *roten* Zettel.

Lernbox

Eine Mindmap erstellen

Eine Mindmap hilft dir, ein Thema zu **strukturieren** und wichtige Informationen **knapp** und **übersichtlich** darzustellen.
1 Nutze ein großes Blatt (DIN-A3) und lege das **Papier quer** auf den Tisch.
2 Schreibe dein **Thema in die Mitte**.
3 Zeichne ausgehend vom Thema **Äste** ein, die jeweils zu einem **Oberbegriff** führen.
4 Von jedem Oberbegriff gehen **Zweige** ab, die den Oberbegriff genauer erklären.
5 Du kannst zusätzlich mit **Farben, Pfeilen, Rahmen** und **Symbolen** arbeiten.

2.1 (1) Lese- und Texterschließungstechniken eigenständig in komplexen kontinuierlichen und diskontinuierlichen Texten anwenden und Gelesenes grafisch sowie strukturiert visualisieren

Aufgaben entschlüsseln

1 a) Betrachtet das Bild und sprecht zu zweit darüber: Wie fühlt sich die Schülerin vermutlich? Wie würdet ihr euch fühlen?
b) Besprecht, wie die Situation möglichst stressfrei zu bewältigen ist.
Was könnte der Schülerin dabei helfen?
c) Welche Gedanken macht ihr euch in Bezug auf die Quali-Prüfung? Sprecht darüber.

2 a) Lies den folgenden Text in Ruhe durch und schreibe ihn sauber ab.
Einige Mannschaftssportarten erfordern spezifische Lauftechniken, die sich zwischen Sprint und Ausdauerlauf befinden. Freizeitläufer wählen in der Regel ein für sie selbst angenehmes Lauftempo.
b) Lies die Aufgaben (1–4) zum Text rechts und ordne ihnen die passende Lösung zu. Die Buchstaben ergeben ein Lösungswort.

Aufgabe	Lösung
1 Setze den zweiten Satz ins Futur (Zukunft).	**Y** Präsens
2 Finde jeweils ein Beispiel für ein Verb, ein Adjektiv, eine Präposition und eine Numerale.	**O** Freizeitsportler werden in der Regel ein für sie selbst angenehmes Lauftempo wählen.
3 Ergänze im zweiten Satz eine adverbiale Bestimmung des Ortes.	**A** In Deutschland wählen Freizeitläufer in der Regel ein für sie selbst angenehmes Lauftempo.
4 Bestimme die Zeitform des zweiten Satzes.	**K** erfordern, spezifische, für, einige

3 a) Lies die Aufgaben 1–4 oben erneut. Sprecht zu zweit darüber, welche Begriffe schwierig für dich sind.
b) Schlagt die Begriffe auf den Seiten 296 bis 312 oder im Wörterbuch nach und erklärt sie euch gegenseitig.

1.3 (4) eigene Lernstrategien beschreiben, Rückmeldung über den eigenen Lernstand geben, das eigene Lernen bewerten und sich angemessene neue Ziele setzen - 3.3 (4) Lernerfahrungen benennen und den eigenen Lernprozess dokumentieren und reflektieren

QUALIFIZIERENDER ABSCHLUSS
DER MITTELSCHULE XXX
BESONDERE LEISTUNGSFESTSTELLUNG
DEUTSCH
XX.XX.20XX
8:30 Uhr - 11-45 Uhr

Ein deutschsprachiges Wörterbuch in Printform ist **erlaubt**.

	Gesamtbewertung		Erst-korrektur	Zweit-korrektur
Teil A	**Zuhören**	12 Punkte		
Teil B	**Sprachgebrauch - Sprachbetrachtung**	6 Punkte		
	Sprachgebrauch - Recht-schreiben	6 Punkte		
Teil C	**Lesen**	12 Punkte		
Teil D	**Schreiben**	24 Punkte		
	Summe	60 Punkte		

4 a) Lies das Original-Quali-Deckblatt oben. Besprecht zu zweit, welche Prüfungsteile auf euch zukommen werden.
b) Welchem Prüfungsteil würdet ihr die Aufgabe 2 von Seite 268 zuordnen?
c) Welchen Anteil an der Gesamtbewertung hat welcher Prüfungsteil? Sprecht darüber, was das für die Bearbeitung bedeutet.

5 a) Lies den folgenden Text aus einer älteren Prüfung der vergangenen Jahre. Besprecht den Inhalt des Textes zu zweit.

Achtung – ☹ Fehler im Text ☹!
Vor allem Anfänger glauben, sich keine speziele Laufart angewönen zu müssen. Das ist jedoch falsch, denn ein gesunder Laufstiel beugt Verletzungen vor. Wichtiger als eine Troföe ist es für den Marathonleufer, ins Ziel zu kommen.

b) Welche der rechtschriftlichen Aufgaben (A–E) passen zum Text?
A) Schreibe den Text fehlerfrei ab.
B) Verbessere die fünf Fehlerwörter.
C) Trenne die dreisilbigen Wörter richtig.
D) Erkläre die Großschreibungen im Text.
E) Notiere die Wörter mit Doppelkonsonanten in ihrer Grundform.
c) Löse die Aufgaben, die zum Text passen.

6 a) Lest die Rechtschreibstrategien A–H und findet zu zweit Wörter, die ihr mit diesen Strategien richtig schreiben könnt.
b) Diktiere anderen Schülern in einer kleinen Gruppe ein Wort. Diese müssen das Wort richtig aufschreiben und die passende Strategie dazu nennen.

Rechtschreibstrategien
A) Ich trenne das Wort in Silben.
B) Ich bilde den Singular.
C) Ich bilde den Plural.
D) Ich achte auf den kurzgesprochenen Vokal.
E) Ich steigere das Wort.
F) Ich achte auf die Endung.
G) Ich führe die Artikelprobe durch.
H) Ich suche ein verwandtes Wort.

7 Bearbeite eine der folgenden Aufgaben.
a Sammle in einem Cluster (→ S. 296) Wörter mit Doppelkonsonanten zum Thema „Sport".
b Suche in einem alten Quali mindestens fünf Aufgaben aus dem Prüfungsteil B (Sprachgebrauch) und löse sie schriftlich.

Tipp

zu 6 a)
A. *Step-pe*; B. *Häuser* – *Haus*; C. *Tasse* – *Tassen*; D. *Kick*; E. *schlau* – *schlauer*; F. *Klarheit* → *Nomen*; G. *die Mutter* → *Nomen*; H. *Häuser* – *Haus*

Aufgaben verstehen

Teil C: LESEN
Hier liegt der Fokus explizit auf dem Leseverstehen, sodass sich die Punktevergabe ausschließlich auf den Inhalt der Antworten bezieht. Die sprachliche Darstellungsleistung wird nicht bepunktet.

Teil D: SCHREIBEN
- Jeder Prüfling wählt eine der beiden AUFGABENGRUPPEN (I oder II) aus und bearbeitet alle darin gestellten Aufgaben. Jede AUFGABENGRUPPE enthält informierende, narrative und argumentative/appellierende Schreibaufgaben.
- Die Prüflinge schreiben auf ein gesondertes Blatt.
- Alle Aufgaben aus Prüfungsteil D werden nach Inhalt, Form, Sprache und Stil bewertet.
- Grammatik und Orthographie fließen in die Bewertung mit ein.

1 Lies die Informationen zu den Prüfungsteilen C und D oben. Besprecht zu zweit folgende Fragen dazu:
a) Wie viele Texte werden bearbeitet?
b) Welche Bewertungskriterien gibt es?
c) Warum denkt ihr, spielen Form und Rechtschreibung eine Rolle, obwohl es für Rechtschreibung den Teil B gibt?
d) Was ist der Unterschied zwischen C und D?

2 Bei welchen Aufgaben suchst du die Antwort wörtlich im Text (T), bei welchen überlegst du dir selbst Formulierungen (S)? Notiere jeweils den Buchstaben, so entsteht ein Lösungswort. Die *Lernbox* hilft dir dabei.

Aufgaben	T	S
Formuliere einen Einleitungssatz.	S	W
Schreibe das Beispiel weiter.	E	A
Finde ein Beispiel aus dem Text.	H	M
Fasse die Aussagen zusammen.	I	R
Markiere Gedanken und Gefühle.	H	P
Erkläre seine Bedeutung.	A	E
Suche Merkmale heraus.	I	N
Begründe deine Meinung.	L	T

3 Betrachtet zu zweit das Bild und sprecht über folgende Fragen: *Wie kann ich schwierige Aufgaben erkennen? Welche Aufgaben nehme ich mir bei einer Textarbeit zuerst vor?*

4 a) Lies die folgenden Aufgaben (A–D). Notiere jeweils, wie deine Antwort aussehen muss und welchen Umfang sie haben sollte.

A) Notiere zwei Eigenschaften … 1/1
B) Schildere Gedanken und Gefühle … 2/2
C) Erkläre die Bedeutung von … 1/1
D) Äußere detailliert deine Meinung … 2/2

b) Besprecht zu zweit, wie die Punktangaben am Ende der Zeile helfen könnten.

Lernbox

Aufgaben verstehen

Das Verb in der Aufgabe gibt dir Hinweise, welche Lösung von dir erwartet wird:

1 Bei folgenden Aufgaben findest du die Information in der Regel wörtlich im Text: *markiere, suche heraus, schreibe heraus, zitiere, belege am Text, gib wieder, notiere.*

2 Bei diesen Aufgaben musst du weiter denken und selbst formulieren: *fasse zusammen, erkläre, schreibe weiter, nimm Stellung, begründe, zeige an Beispielen, schreibe einen Aufruf.*

1.3 (4) eigene Lernstrategien beschreiben, Rückmeldung über den eigenen Lernstand geben, das eigene Lernen bewerten und sich angemessene neue Ziele setzen - 3.3 (4) Lernerfahrungen benennen und den eigenen Lernprozess dokumentieren und reflektieren

Aufgaben gezielt lösen

Auf dieser Seite findest du einen Text und Aufgaben aus einer Quali-Prüfung. Bearbeite die Aufgaben zunächst allein. Besprecht die Ergebnisse dann zu zweit, in Gruppen oder in der Klasse.

Schluss mit dem Gaffen!

Sonntagabend in Ingelheim: An einer Parkplatzausfahrt krachen zwei Pkw ineinander. Ein Fahrer wird am Kopf verletzt und muss noch auf dem Boden liegend vom Notarzt behandelt werden. Im Nu versammeln sich Schaulustige, die ohne jede Scheu die Hilfskräfte behindern.

Ein Einzelfall? Leider nicht. Wo immer in letzter Zeit Polizisten, Notärzte, Sanitäter, Feuerwehrleute befragt werden, stets gibt es gleichlautende Antworten: Die Behinderung von Rettungsarbeiten durch Gaffer, Pöbler, uneinsichtige Egoisten hat ein unerträgliches Maß erreicht. Zunehmende Rücksichtslosigkeit, Respektlosigkeit, fehlende Hilfsbereitschaft, deutlich gesunkene Hemmschwelle – das sind nur einige der bitteren Erfahrungen, von denen Helfer berichten. [...]

Hauptkommissar Angermeier ist Autobahnpolizist in Fürstenfeldbruck. Regelmäßig wird er zu schweren Unfällen gerufen. Bei jedem Einsatz schaut er in die Objektive von Smartphone-Kameras, die aus vorbeirollenden Autos auf die verwüsteten Fahrzeuge, auf ihn, auf seine Kollegen und auf die Verletzten gerichtet sind. Und es ist nicht nur der rücksichtslose Blick auf menschliches Leid, der ihn aufregt. Sondern auch die Sorge um die Gesundheit der Helfer: „Die Leute schauen nicht mehr auf den Verkehr, wenn sie filmen. Das macht sie zur Gefahr für alle." [...] Manchmal schaut sich Hauptkommissar Angermeier nach einem Einsatz im Internet um. Er findet dabei oft Unfallvideos von Hobbyfilmern. Dann sieht er noch einmal „seinen Unfall" [...].

Besonders bedenklich: Auch Opfer landen gelegentlich im Netz, [...]. Eine Polizeisprecherin meldete kürzlich, ein Verletzter sei schneller auf diversen Videoplattformen gelandet als auf dem OP-Tisch.

1 Formuliere vier wesentliche Aussagen des Textes mit eigenen Worten.
Inhalt: 2/Sprache: 1

2 Für folgende Begriffe kommen im Text Fremdwörter vor. Suche sie heraus und notiere sie.
A) Belichtungsöffnung beim Fotoapparat
B) bewegte Bilder
C) weltweites Netz
D) eine Person denkt nur an sich
Inhalt: 2/Sprache: 0

3 Gaffer werden bei Unfällen immer unverschämter und rücksichtsloser. Zitiere zwei Beispiele aus dem Text, die dies belegen.
Inhalt: 2/Sprache: 1

4 Im Text erwähnt Hauptkommissar Angermeier „seinen Unfall". Erkläre, warum die beiden Wörter in Anführungszeichen stehen.
Inhalt: 1/Sprache: 1

5 Der Gesetzgeber will die Unfallopfer besser schützen und die Bußgelder für Gaffer drastisch anheben. Äußere deine Meinung zu diesem Vorhaben und begründe sie mit mindestens zwei Argumenten (→ S. 180)
Inhalt: 2/Sprache: 2

1.3 (4) eigene Lernstrategien beschreiben, Rückmeldung über den eigenen Lernstand geben, das eigene Lernen bewerten und sich angemessene neue Ziele setzen - 3.3 (4) Lernerfahrungen benennen und den eigenen Lernprozess dokumentieren und reflektieren

Eine Schreibkonferenz planen und durchführen

Mit der Schreibkonferenz überarbeitet ihr von euch geschriebene Texte. Dies geschieht am besten in einer Gruppe mit verteilten Aufgaben. Häufig schreibt ihr Texte zu unterschiedlichen Sachverhalten. Dabei werdet ihr manchmal berichten, beschreiben oder zu aktuellen Themen Stellung nehmen (argumentieren). Zur Überprüfung könnt ihr die Listen auf Seite 273 verwenden (→ COPY 36–38 enthalten zusätzlich ausführliche Prüflisten zu weiteren Textformen).

1 a) Schaue das Bild in der *Lernbox* an. Beschreibe in Stichpunkten, was du siehst.
b) Besprecht in der Gruppe den Ablauf von Schreibkonferenzen. Haltet fest, was ihr darüber wisst.

2 a) Lest die *Lernbox*. Ergänzt eure Notizen, die ihr in Aufgabe 1 festgehalten habt.
b) Führt eine Schreibkonferenz durch, wie in der *Lernbox* beschrieben. Verwendet dazu die Prüflisten auf Seite 273 oder COPY 36 –38.

Lernbox

Schreibkonferenz

Mit der Schreibkonferenz könnt ihr selbstgeschriebene Texte in der Gruppe überarbeiten.

1 Vorbereitung
Bildet Dreier- bis Sechsergruppen und kopiert die zu bearbeitenden Texte in der Anzahl der Gruppenmitglieder.
Kopiert auch die benötigten Prüflisten A, B und C und teilt ein, wer die Listen A und B bearbeitet.

2 Durchführung
Jedes Gruppenmitglied bekommt eine Kopie des Textes. Der Verfasser liest seinen Text vor. Die Zuhörer äußern sich spontan positiv:
- Wie hat ihm/ihr der Text insgesamt gefallen?
- Welche Einzelheiten sind positiv aufgefallen?

Die Gruppenmitglieder bearbeiten dann einzeln oder zu zweit den Text. Sie gehen dabei die einzelnen Punkte ihrer Prüflisten durch und notieren,
- was schon gut gelungen ist,
- was man noch verbessern müsste oder könnte.

Dann bearbeiten alle (außer dem Verfasser) die Prüfliste C.

3 Weiterarbeit
Alle Gruppenmitglieder besprechen ihre Ergebnisse mit dem Verfasser. Dieser entscheidet zum Schluss, welche Verbesserungsvorschläge er annehmen möchte und wie er seinen Text überarbeitet.

3.3 (1) fremde sowie eigene Texte kritisch überprüfen und auf Angemessenheit und Wirksamkeit sprachlicher Gestaltungsmittel mit Blick auf Situations- und Adressatenbezug achten; bei Rückmeldungen an Mitschülerinnen und Mitschüler auf einen respektvollen Umgang miteinander achten

Sachlich geschriebene Texte
Prüfliste A: Inhalt und Aufbau des Textes

→ Einleitung

1. Gibt es eine Hinführung zum Thema, eine erste Information? ☺ ☹

→ Hauptteil

2. Steht das Thema *(ein Ereignis, ein Vorgang, ein Anliegen)* im Mittelpunkt? ☺ ☹
3. Ist der Text auf dieses Ereignis, den Vorgang oder das Anliegen beschränkt? ☺ ☹
4. Wird alles Wichtige aufgeführt (*z. B. alle W-Fragen beantwortet, alle Arbeitsmittel, Materialien und Arbeitsschritte genannt, das Anliegen beschrieben*)? ☺ ☹
5. Wird nichts Unnötiges oder Falsches hinzugefügt (*z. B. Vermutungen*)? ☺ ☹
6. Stimmt der Aufbau des Textes (*z. B. ist das Ereignis richtig im Ablauf, die einzelnen Schritte des Vorgangs in der richtigen Reihenfolge, Argumente nach Wichtigkeit sortiert*)? ☺ ☹
7. Sind die Argumente schlüssig und aussagekräftig? ☺ ☹

→ Schluss

8. Gibt es einen zusammenfassenden Satz, eine sachliche Bewertung? ☺ ☹

→ Gesamteindruck

9. Ist der Bericht, die Beschreibung oder die Anleitung vollständig? Wurde das Anliegen klar benannt und beschrieben? ☺ ☹

Sachlich geschriebene Texte
Prüfliste B: Stilmittel und Sprache

1. Ist der Text sachlich und ohne Ausschmückungen geschrieben? ☺ ☹
2. Werden passende Verben, Adjektive und Fachbegriffe verwendet? ☺ ☹
3. Wird die richtige Zeitform eingehalten (*Beschreibung: Präsens/Bericht: Präteritum*)? ☺ ☹
4. Werden Wortwiederholungen vermieden? ☺ ☹
5. Sind die Sätze abwechslungsreich gestaltet? ☺ ☹
6. Werden, wo nötig, Aussage- und Aufforderungs-/Befehlssätze verwendet? ☺ ☹
7. Werden Aussagen von Personen in indirekter Rede wiedergegeben? ☺ ☹
8. Wird die Anrede (*Du-Form, Man-Form*) durchgehend beibehalten? ☺ ☹
9. Bei Briefen: Werden die äußere Form und eine höfliche Sprache eingehalten? ☺ ☹

Für alle Texte
Prüfliste C: Rechtschreibung und Form

1. Ist der Text gut leserlich und mit passenden Absätzen geschrieben? ☺ ☹
2. Sind die Sätze vollständig? ☺ ☹
3. Fehlen keine Buchstaben, ä-, ö- und ü-Striche oder i-Punkte? ☺ ☹
4. Sind alle Wörter richtig klein- oder großgeschrieben? ☺ ☹
5. Sind alle schwierigen Stellen in den Wörtern richtig geschrieben? ☺ ☹
6. Stimmen alle Satzzeichen (*Kommas, wörtliche Reden*)? ☺ ☹

3.3 (1) fremde sowie eigene Texte kritisch überprüfen und auf Angemessenheit und Wirksamkeit sprachlicher Gestaltungsmittel mit Blick auf Situations- und Adressatenbezug achten; bei Rückmeldungen an Mitschülerinnen und Mitschüler auf einen respektvollen Umgang miteinander achten

Mitschreiben – aber wie?

1 a) Lies den Comic oben. Gib mit eigenen Worten wieder, was den Jungen stört.
b) Kennst du ähnliche Situationen? Sprich mit einem Partner darüber.
c) Formuliert zu zweit einen Tipp, den ihr dem Jungen geben würdet, damit ihm das Ausrichten von Informationen leichter fällt.

2 a) Sieh dir die Situationen 1–3 an. Erkläre, warum sich die Jugendlichen in diesen drei Situationen etwas notieren.
b) Auf welche Informationen werden die Jugendlichen beim Mitschreiben jeweils wohl besonders achten?

3 a) Sammle in einem Cluster weitere Alltagssituationen, in denen es sinnvoll sein kann, Dinge mit- und aufzuschreiben.
b) Besprecht eure Ideen zu zweit und ergänzt eure Notizen.

Situation 1

Situation 2

Situation 3

3.2 (4) über Sachverhalte, Gegebenheiten und Vorgänge (z. B. aus Sachbüchern, Diskussionen, Dokumentationen) informieren und Arbeitsergebnisse zusammenfassend in Form von sachlogisch aufgebauten kontinuierlichen und diskontinuierlichen Texten festhalten

Text A

Corona in Wuhan im Januar 2020

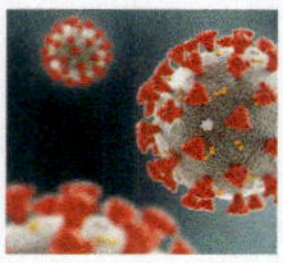

Von der Stadt Wuhan aus hat sich das Coronavirus mittlerweile in alle Regionen Chinas ausgebreitet. Inzwischen ist die Zahl der Infizierten in China auf mehr als 9600 Menschen gestiegen. 213 Menschen sind bereits daran gestorben, viele von ihnen waren ältere Menschen und vorher schon geschwächt. Die meisten Erkrankten leben in der Großstadt Wuhan. Dort war das Virus auch zum ersten Mal aufgetaucht. Damit sich die Krankheit nicht immer weiter ausbreitet, sollen die Menschen in Wuhan ihr Zuhause nicht mehr verlassen.

4 a) Schlage dein Buch zu und höre dir Text A an. Notiere möglichst alle wichtigen Informationen.
b) Vergleicht zu zweit eure Notizen.
c) Was ist dir schwergefallen? Tauscht euch in der Klasse darüber aus.

5 a) Wie kann man wichtige Informationen möglichst schnell notieren? Schreibe drei Tipps auf.
b) Vergleicht die Tipps zu zweit und ergänzt eure Notizen.

6 a) Lest die *Lernbox* und sprecht zu zweit über die Punkte 1–5. Welche findet ihr hilfreich?
b) Findet zu zweit noch weitere Beispiele für Abkürzungen und Kurzwörter (Punkt 4).

7 a) Höre dir Text B an und schreibe möglichst genau mit. Nutze die Tipps der *Lernbox*.
b) Vergleicht eure Ergebnisse in der Klasse.

Text B

Corona in Deutschland im April 2020

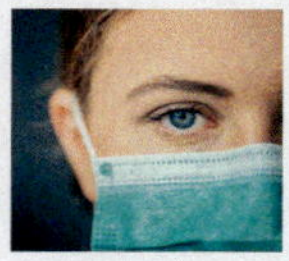

Seit zwei Wochen gelten strenge Regeln in ganz Deutschland. Sie sollen verhindern, dass die Zahl der Infizierten weiter steigt.
1. Es dürfen sich nicht mehr als zwei Personen gemeinsam draußen aufhalten. Für Menschen, die zusammenwohnen, gilt das aber nicht.
2. Zu anderen Menschen soll ein Mindestabstand von 1,5 Metern eingehalten werden.
3. Im ganzen Land haben alle Friseure und Restaurants geschlossen. Restaurants dürfen Essen nur noch liefern oder zum Abholen anbieten. Außerdem dürfen nur noch Geschäfte geöffnet haben, die zum täglichen Leben wichtig sind. Dazu gehören zum Beispiel Lebensmittelläden, Apotheken, Bäckereien und Tankstellen.

Lernbox

Genau zuhören und Stichpunkte notieren

1 **Konzentriere** dich auf das, was du hörst (und siehst).
2 Mache dir **Stichpunkte**. Schreibe nur die wichtigsten Schlagwörter auf.
Beispiel: *„Morgen treffen sich die wichtigsten Regierungschefs der EU in Brüssel."*
→ *Regierungschefs EU: Treffen in Brüssel*
3 **Markiere**, wo ein neues Thema beginnt (z. B. durch Linien, Absätze oder Spiegelstriche).
4 Verwende **Abkürzungen** und Kurzwörter:
zum Beispiel → z. B.; das heißt → d. h.
-lung → -g. (Versammlung → Versammlg.)
-lich → -l. (gefährlich → gefährl.)
5 Verwende Symbole:
+ gut – schlecht ! wichtig ? nicht verstanden
→ daraus folgt ↑ steigt ↓ fällt
= bedeutet ↔ im Gegensatz zu
Ø Durchschnitt ∑ Summe/Anzahl

3.2 (4) über Sachverhalte, Gegebenheiten und Vorgänge (z. B. aus Sachbüchern, Diskussionen, Dokumentationen) informieren und Arbeitsergebnisse zusammenfassend in Form von sachlogisch aufgebauten kontinuierlichen und diskontinuierlichen Texten festhalten

Genau zuhören und mitschreiben

1 a) Lies die Überschrift im Kasten unten. Worum könnte es im Text gehen?
b) Schlage dein Buch zu und höre dir den Text zweimal an.
– *Schreibe beim ersten Mal wichtige Schlagwörter auf.*
– *Notiere beim zweiten Mal möglichst viele wichtige Informationen.*
c) Vergleicht eure Ergebnisse zu zweit.

Ozeane so warm wie nie

Die Weltmeere waren einer aktuellen Analyse zufolge im vergangenen Jahr so warm wie nie zuvor seit Beginn der globalen Erfassung. Die Erwärmung der Ozeane durch den Klimawandel beschleunige sich zudem, warnt ein Team von 14 Wissenschaftlern aus 11 Instituten verschiedener Länder. Die vergangenen zehn Jahre hätten die höchsten Temperaturen der Meere seit den 1950er-Jahren gebracht, wobei die jüngsten fünf Jahre die jeweils wärmsten gewesen seien, geht aus der Untersuchung hervor, die im Fachmagazin „Advances in Atmospheric Sciences" vorgestellt wird. Die Wissenschaftler verbanden ihre Warnung mit einem Aufruf zum Handeln, den Klimawandel zu stoppen. Die Folgen seien katastrophal. Steigende Meerestemperaturen führten zu Wetterextremen wie Wirbelstürmen und heftigen Niederschlägen. Auch seien sie einer der Hauptgründe dafür, dass es zu verheerenden Waldbränden wie gerade in Australien sowie in Kalifornien und im Amazonas-Gebiet komme. In den Meeren drohten Sauerstoffarmut, Schäden für Fische und andere Lebewesen. Thermische Ausdehnung lasse den Meeresspiegel ansteigen.

2 Seht euch nun die beiden Notizzettel unten an. Mit welchen Notizen könnt ihr mehr anfangen? Begründet eure Meinung.

Notizzettel 1

Die Weltmeere waren noch nie so warm wie heute. Der Klimawandel beschleunigt sich. Ein Team von 14 Wissenschaftlern aus 11 Instituten warnt. In den vergangenen 10 Jahren war das Meer noch nie so warm. Das sagt eine Untersuchung aus einem Fachmagazin. Die Wissenschaftler fordern zum Handeln auf. Die Folgen des Klimawandels sind katastrophal: steigende Meerestemperaturen, Wirbelstürme und heftige Niederschläge. Auch Waldbrände sind die Folge. In den Meeren gibt es Sauerstoffarmut und die Tiere sterben.

Notizzettel 2

– *Weltmeere noch nie so warm wie letztes Jahr*
– *Erwärmung Ozeane: durch Klimawandel*
– *Temp. ↑, höchster Wert seit 1950*

Folgen:
→ *Wirbelstürme, viel Regen, Waldbrände*
→ *Sauerstoffarmut im Meer*
→ *Schäden für Lebewesen*

→ *Wissenschaftler fordern: Klimawandel stoppen!*

3 Vergleicht die Notizzettel mit euren eigenen. Benennt Gemeinsamkeiten und Unterschiede.

Mitschreiben und präsentieren

1 Bearbeite eine der folgenden Aufgaben.

a Beschäftige dich eine Woche lang mit dem aktuellen Tagesgeschehen.
Nutze dafür eines der folgenden Medien:

Sieh dir im Ersten oder Zweiten Deutschen Fernsehen die Nachrichten an und notiere wichtige Ereignisse und Hintergründe.

Höre dir auf einem öffentlich-rechtlichen Radiosender die Nachrichten an und notiere die wichtigsten Schlagzeilen und Informationen.

Suche dir eine seriöse Internetseite aus, auf der du Nachrichten streamen kannst, und schreibe die wichtigsten Meldungen und Informationen mit. Achte darauf, dass es sich um keine ideologisch einseitige Nachrichtenseite handelt.

b Wähle ein Fach, in dem du den Quali machen möchtest (besonders gut eignet sich ein Sachfach, z. B. Natur und Technik oder Geschichte/Politik/Geografie).
Notiere eine Woche lang alle wichtigen Informationen, die deine Lehrkraft gibt.

2 a) Stellt eure Ergebnisse in kurzen Präsentationen der Klasse vor (2–5 Min.).

b) Gebt euch gegenseitig Feedback. Nehmt dabei Bezug auf die Fragen im Kasten.

Feedback zur Präsentation – Leitfragen

- *Ist die Präsentation klar strukturiert?*
- *Hat der Vortrag eine angemessene Länge?*
- *Werden alle W-Fragen beantwortet?*
- *Werden unbekannte und schwierige Begriffe geklärt?*
- *Ist die Sprache verständlich?*
- *Werden die Zuhörerinnen und Zuhörer direkt angesprochen, können sie Fragen stellen?*

c) Ergänzt in der Fragen-Liste gegebenenfalls gemeinsam weitere Feedback-Kriterien.

Tipp

zu 1 a)
Um den Überblick zu behalten, kannst du eine Tabelle nach diesem Muster anlegen:

Thema/ Ereignis	*Zeit*	*Ort*	*wichtige Infos*
Festival	*03.08.– 06.08.XX*	*Berlin*	*- Es werden 50 000 Zuschauer erwartet. - Es spielen über 25 Bands.*
Wahl	*XXX*	*XXX*	*XXX*

zu 2 a)
1 Achte beim Präsentieren auf **Stimme**, **Körperhaltung** und **Blickkontakt**.
2 Tipps und Übungen, um **Gestik** und **Mimik** zu trainieren und gezielt einzusetzen, findest du auf den Seiten 56–60.

5-Schritt-Lesemethode für Sachtexte

Mit der 5-Schritt-Lesemethode kannst du einen Sachtext erschließen, indem du wichtige Informationen erkennst und herausschreibst. Nach dieser Vorbereitung erstellst du eine Zusammenfassung mit eigenen Worten. Bearbeite den Text auf Seite 279 mithilfe der folgenden Anleitung (Schritte 1–5).

Schritt 1: Feststellen, wovon der Text handelt

1 a) Lies die Überschrift und sieh dir das Bild an. Überlege dir, worum es in diesem Text gehen könnte und was du schon zu dem Thema weißt.
b) Notiere Fragen zum Text:
Wie viele Männer sehen es als ihre Aufgabe an, bei der Kindererziehung mitzuhelfen? …
c) Lies dir den Text aufmerksam durch und beantworte deine Fragen, soweit möglich.

Schritt 2: Unbekannte Wörter klären

2 a) Schreibe dir unbekannte Wörter aus dem Text heraus oder unterstreiche sie auf einer Kopie des Textes (→ COPY 39).
b) Versuche, die Bedeutung der Wörter aus dem Textzusammenhang zu erklären:
Alphatier = Leittier einer Herde
c) Schlage die Wörter, die du dir noch nicht erklären konntest, im Wörterbuch nach oder nutze dafür das Internet.

Schritt 3: Schlüsselstellen im Text markieren

3 Schlüsselstellen sind die Stellen im Text, die dir deine Fragen beantworten oder besonders wichtige Informationen enthalten. Markiere nur die wichtigsten Wörter.

Schritt 4: Den Text in Sinnabschnitte gliedern

4 Ein Sinnabschnitt ist ein Abschnitt des Textes, der inhaltlich zusammengehört.
a) Lies dazu deine markierten Schlüsselstellen und gehe den Text erneut durch.
b) Lege dann eine Tabelle nach folgendem Muster an und ergänze sie.

Sinnabschnitt	Zeilen	Überschrift
1	*X–X*	*Umfrageergebnisse einer Online-Partnerbörse*
2	*XXX*	*XXX*

c) Überlege dir zu jedem Sinnabschnitt eine Überschrift und trage sie in die Tabelle ein.

Schritt 5: Die Information zusammenfassen

5 Fasse den Text mithilfe der Schritte 1–4 mit eigenen Worten zusammen. Fachbegriffe darfst du aus dem Text übernehmen. Beginne immer mit einem Einleitungssatz:

In dem Text „Wann ist ein Mann ein Mann?" geht es um die Frage, was für Männer und Frauen in der heutigen Zeit einen Mann ausmacht. …

2.1 (1) Lese- und Texterschließungstechniken eigenständig in komplexen kontinuierlichen und diskontinuierlichen Texten anwenden und Gelesenes grafisch sowie strukturiert visualisieren

Wann ist ein Mann ein Mann?

Am 19. November ist internationaler Männertag. Doch was bedeutet Mann-Sein im Jahr 2018? Für eine Online-Partnerbörse wurden rund 5 600 Frauen und Männer gefragt, welche Rolle ein Mann aus ihrer Sicht heutzutage erfüllen sollte – allgemein und in einer Partnerschaft. Die Ergebnisse räumen mit einigen Klischees auf.
Nicht nur Frauen, sondern auch Männer selbst sehen sich ganz selbstverständlich in emotionalen Rollen. Gefühle zulassen und zeigen können gehört für acht von zehn Männern zum Mann-Sein dazu, auch Engagement bei der Kindererziehung und im Haushalt sind für die meisten typisch männlich. Dagegen sehen nur noch 58 Prozent der Männer und 60 Prozent der Frauen den Mann in der Pflicht, finanziell für die Familie zu sorgen.

Der Mann als Alphatier? Ein Bild der Vergangenheit. Wie die Umfrage zeigt, gehören für Männer emotionale Seiten nicht nur zu ihrem Selbstbild dazu, sie sind dort sogar stärker verankert als klassische Versorger-Rollen. Nur noch 58 Prozent der Männer sehen es als Aufgabe des Mannes, finanziell für die Familie zu sorgen, nur jeder zweite findet, Erfolg im Beruf gehört zum Mann-Sein dazu. Stattdessen ist es mit 87 Prozent für fast jeden Mann selbstverständlich, ein liebender und verständnisvoller Partner zu sein. Ähnlich viele sehen es als ihre Aufgabe, ein engagierter Vater zu sein, der für die Kinder da ist. Und für 78 Prozent gehört es eindeutig zur männlichen Rolle dazu, Gefühle zulassen und zeigen zu können. Was bleibt: Die Rolle als Beschützer. Sie geben Männer auch im Jahr 2018 noch nicht ab. Sich schützend vor die Partnerin zu stellen, ist bei 82 Prozent der Männer im Selbstbild verankert.

Frauen sehen die männliche Rolle kaum anders als Männer selbst. Sie drängen den Mann nicht in die Rolle des Versorgers: Auch Frauen sehen es nur noch zu 60 Prozent als Aufgabe des Mannes an, finanziell für die Familie zu sorgen. Nur 55 Prozent der Frauen finden, Erfolg im Beruf gehört zum Mann-Sein dazu. Allerdings stellen Frauen über nahezu alle Antwortmöglichkeiten hinweg etwas höhere Ansprüche an den Mann. Der größte Unterschied zeigt sich beim Thema Emotionalität: Für Frauen gehört es noch selbstverständlicher zum männlichen Rollenbild dazu, Gefühle zu zeigen. Während Männer hier zu mehr als drei Vierteln zustimmen, sind es bei den Frauen sogar 88 Prozent. Wer als Mann mit seiner Emotionalität hadert, kann also unbesorgt sein – denn die überwiegende Mehrheit der Frauen erwartet genau das. Auch, wenn es darum geht, soziale Kontakte zu pflegen, haben Frauen höhere Ansprüche an den Mann als Männer selbst. […]

Dass sich in puncto Rollenbilder ein Wandel vollzogen hat, zeigt nicht zuletzt auch ein Blick auf die Altersgruppen: Traditionelle Rollenerwartungen als Versorger rücken im Generationenvergleich immer mehr in den Hintergrund. Männer, die zwischen 60 und 69 Jahre alt sind, sehen den Mann zu 73 Prozent in der Rolle des Versorgers. In jüngeren Altersgruppen schwankt die Zustimmungsrate dagegen zwischen 50 und 60 Prozent. Auch die Beschützerrolle nimmt für ältere Männer einen wichtigeren Part im Selbstbild ein als bei jüngeren Männern. Ähnlich verhält es sich mit dem Erfolg im Beruf: 62 Prozent der über 60-jährigen Männer verankern beruflichen Erfolg in ihrem Selbstbild, in jüngeren Altersgruppen ist es nur jeder Zweite.*

2.1 (1) Lese- und Texterschließungstechniken eigenständig in komplexen kontinuierlichen und diskontinuierlichen Texten anwenden und Gelesenes grafisch sowie strukturiert visualisieren *verändert

Ein Schaubild auswerten

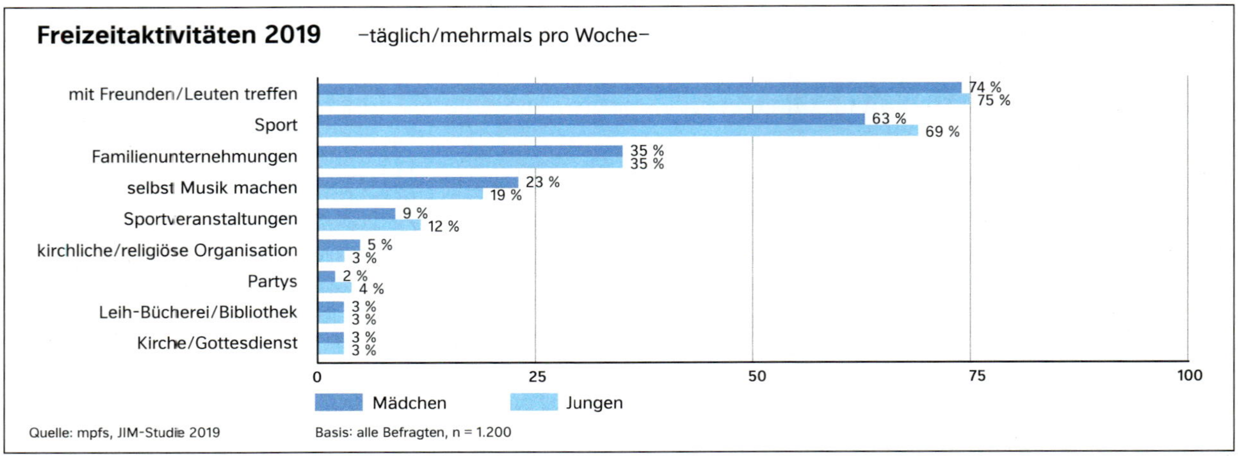

1 a) Betrachte das Schaubild oben und fasse kurz zusammen, worum es darin geht.
b) Lies die *Lernbox* und werte das Schaubild Schritt für Schritt aus.
c) Vergleicht zu zweit eure Ergebnisse.

2 Besprecht in der Klasse: Wozu könnte man die Informationen des Schaubildes nutzen?

3 a) Suche weitere Schaubilder im Internet oder in einer Tageszeitung. Gib an, um welche Art der Darstellung es sich jeweils handelt.
b) Entscheide dich für ein Schaubild und stelle es der Klasse vor.

4 Führt in der Klasse selbst eine Umfrage durch und erstellt dazu ein Schaubild.

Tipp

zu 3 a)
Oft bestehen Schaubilder aus **Diagrammen**. Man unterscheidet *Kreis-, Balken-, Säulen-* und *Kurvendiagramme*.

Lernbox

Ein Schaubild auswerten

Schaubilder bieten Informationen zu einem Thema, ähnlich wie ein Sachtext. Oft enthalten sie Daten und Zahlen (z. B. aus einer Umfrage).

So wertest du ein Schaubild aus:

1 Lies zunächst die **Überschrift**. Sie verrät dir das Thema: *Das Schaubild zeigt …*
2 Sieh dir an, wie das Schaubild aufgebaut ist und welche **Farben** und **Beschriftungen** es gibt. Was zeigen die Achsen, Flächen oder Balken (z. B. *Prozente, Jahre, Personen*)?
3 Formuliere Sätze, die den **Inhalt des Schaubildes** wiedergeben. Nenne Beispiele: *Drei Prozent der Mädchen besuchen täglich oder mehrmals pro Woche eine Kirche.*
4 Fasse die **zentrale Aussage** zusammen: *Im Jahr 2019 waren die regelmäßigen Freizeitaktivitäten von Jungen und Mädchen ziemlich ähnlich.*
5 Suche die **Quelle des Schaubildes**. Prüfe, ob der Verfasser oder Herausgeber mit der Veröffentlichung ein bestimmtes Ziel verfolgt.

Ein Schaubild kritisch bewerten

Sachschaden durch Wölfe in Deutschland

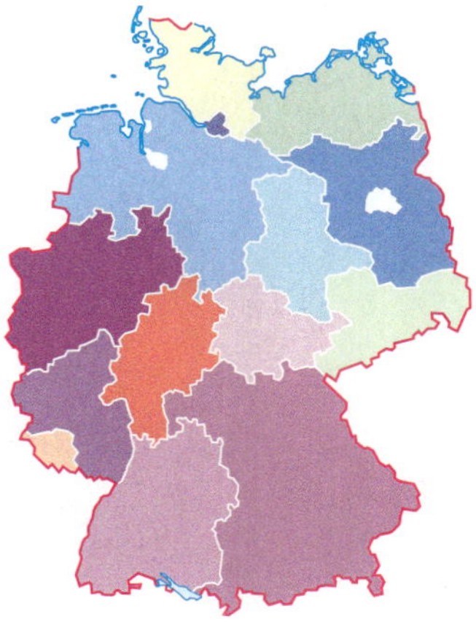

Quelle: t-online

Brandenburg	252 492,00 €
Niedersachsen	125 310,34 €
Sachsen-Anhalt	104 829,21 €
Sachsen	83 100,00 €
Mecklenburg-Vorpommern	67 000,00 €
Schleswig-Holstein	39 567,24 €
Thüringen	15 677,51 €
Baden-Württemberg	9 440,00 €
Bayern	6 000,00 €
Rheinland-Pfalz	2 840,00 €
Nordrhein-Westfalen	1 700,00 €
Hamburg	160,00 €
Hessen	0,00 €
Saarland	0,00 €
Summe	**708 116,30 €**

1 a) Seht euch zu zweit das Schaubild oben an und wertet es aus (→ *Lernbox*, S. 280).
b) Erklärt, was hier mit „Sachschaden" konkret gemeint sein könnte.

2 Stelle dir vor, du bist dagegen, dass sich Wölfe in Deutschland weiter ausbreiten. Argumentiere mithilfe des Schaubildes.

3 a) Schaue dir das Schaubild unten an. Vergleiche die Schäden, die jährlich von Wölfen und Mardern verursacht werden.
b) Wie ließe sich mit diesem Schaubild argumentieren?
c) Vergleiche die Schaubilder auf dieser Seite. Wie wirken sie jeweils, bezogen auf den Wolf? Lies dazu die *Lernbox*.

Sachschäden in Deutschland (pro Jahr)

durch Wölfe	ca. 210 000 Euro
durch Marder	ca. 60 Millionen Euro

4 Erkläre mit eigenen Worten, wie man mit Schaubildern Meinungen beeinflussen und in eine bestimmte Richtung lenken kann.

Lernbox

Ein Schaubild kritisch bewerten

Zur Auswertung eines Schaubildes gehört auch die kritische Bewertung. Drei Fragen helfen dabei:

1. **Wer hat das Schaubild veröffentlicht?** Ist die Quelle vertrauenswürdig? Manchmal wollen die Verfasser nicht nur informieren, sondern in ihrem Interesse Stimmung machen.
2. **In welchem Zusammenhang wird das Schaubild gezeigt?** Manchmal sollen die Leser durch die Überschrift oder begleitende Texte und Bilder beeinflusst werden.
3. **Wie ist das Schaubild gestaltet?** Die Art der Darstellung (z. B. Kreis-, Balken- oder Säulendiagramm) hat Einfluss darauf, wie das Schaubild insgesamt wirkt. Oft werden etwa Zahlen hervorgehoben oder Kurven besonders steil gezeichnet, um eine größere Wirkung zu erzielen. Eine langsame Entwicklung kann so z. B. als dramatische Krise erscheinen.

Eine Karikatur interpretieren

Bild 1

Bild 2

1 a) Sieh dir die Bilder 1 und 2 genau an und entscheide dich für eine der beiden Karikaturen.
b) Beschreibt zu zweit, was zu sehen ist. Stellt euch dabei vor, euer Gegenüber hätte das Bild noch nie gesehen.
c) Überlege dir, auf welches Problem der Zeichner hinweisen möchte. Versuche das Thema in wenigen Worten zu formulieren.
d) Diskutiert zu zweit eure eigene Meinung zum Thema.

2 a) Suche nach weiteren Karikaturen im Internet oder in der Tageszeitung.
b) Entscheide dich für eine und stelle sie in der Klasse vor.

Tipp

zu 1 b)
So kannst du beginnen:
– *Die Karikatur zeigt …*
– *Auf dem Bild ist … zu sehen.*
– *Auf der rechten/linken Seite/In der Mitte …/*
– *Im Vordergrund …/Im Hintergrund …*

Lernbox

Eine Karikatur interpretieren

Eine **Karikatur** ist eine lustige, oft übertriebene Zeichnung, mit der der Zeichner ein aktuelles Thema kommentiert und dazu Stellung nimmt. Meist macht eine Karikatur auf einen **Missstand** aufmerksam oder möchte jemanden oder etwas **kritisieren**.

So kannst du eine Karikatur erschließen:

1 Beschreibe genau, was du siehst: Welche Figuren sind zu sehen? Wo befinden sie sich? Was tun sie? Wie sehen sie aus?
2 Überlege, worin **der Witz/die Pointe** der Karikatur besteht (→ S. 30 – 31).
Beispiel (Bild 1): *Normalerweise würde niemand an dem Ast sägen, auf dem er sitzt.*
3 Erkläre die **zentrale Aussage** der Karikatur mit eigenen Worten. Mögliche Satzanfänge: *Die Karikatur macht auf folgendes Problem aufmerksam: …/Der Zeichner kritisiert mit der Karikatur …*
4 Nimm selbst Stellung und **bewerte die Aussage** der Karikatur kritisch: *Ich bin einer Meinung/nicht einer Meinung mit dem Zeichner, weil …*

2.3 (1) aus komplexen, eigenständig recherchierten Texten aus unterschiedlichen Medien gezielt Informationen zur Entwicklung von Standpunkten und zur interessengeleiteten Ausweitung von Kenntnissen entnehmen (z. B. zu lebensbedeutsamen, auch berufsorientierenden Themen)

3 a) Lies die *Lernbox* auf Seite 282 und interpretiere die Karikatur oben.
b) Besprecht eure Ergebnisse zu zweit, dann in der Klasse.

4 a) Sieh dir die Karikatur unten an und beschreibe, was darauf zu sehen ist.
b) Überlege dir einen Satz, den der Eisbär sagen könnte.
c) Formuliere eine alternative Überschrift für die Karikatur.
d) Präsentiert eure Ergebnisse in der Klasse.

Dramatische Eisschmelze in der Arktis ...

5 a) Einigt euch in der Klasse auf ein aktuelles Thema. Sucht im Internet oder in Zeitungen nach Karikaturen dazu.
b) Teilt die Karikaturen untereinander auf. Entscheidet euch jeweils für eine Karikatur.
c) Formuliert Fragen und Aufgaben zu eurer Karikatur und notiert euch auch die Antworten bzw. Lösungen.
Beispiel: *Auf welches Problem macht der Zeichner aufmerksam?*
d) Arbeitet dann zu zweit zusammen. Tauscht die Karikaturen und bearbeitet jeweils die Aufgaben eures Partners dazu.
e) Überprüft und besprecht gemeinsam die Antworten und Lösungen.

6 a) Wähle eine der Karikaturen von den Seiten 282–283 aus und interpretiere sie. Schreibe einen zusammenhängenden Text bestehend aus Einleitung, Hauptteil und Schluss.
b) Tauscht eure Texte untereinander aus und gebt einander Feedback.

2.3 (3) die Intention unterschiedlicher Texte erkennen (z. B. Information, Kritik, Appell), auch unter Einbeziehung ihrer Sprachcodes, und Texte kritisch hinsichtlich ihres Informationsgehalts beurteilen

Rhetorische Mittel erkennen

1 a) Lies den folgenden Satz: *Lukas liest lieber Liebesromane als Comics.*
b) Sieh dir die ersten vier Wörter des Satzes genauer an. Was fällt dir auf?
c) Lies die *Lernbox*. Tauscht euch anschließend zu zweit darüber aus, welches rhetorische Mittel in dem Satz oben verwendet wurde.

2 Besprecht in der Klasse, in welchen Textsorten häufig rhetorische Mittel vorkommen und in welchen eher seltener.

3 a) Lies die folgenden Sätze (A–F). Sie enthalten alle ein rhetorisches Mittel.
b) Notiere die Sätze und ergänze dahinter den Fachbegriff für das jeweilige rhetorische Mittel.
c) Besprecht in der Klasse, welche Wirkung die rhetorischen Mittel haben.

A *Als die letzte Staffel meiner Lieblingsserie zu Ende war, weinte ich ein Meer aus Tränen.*
B *Die Blätter des Baumes rascheln laut, wenn der Wind hindurchfegt.*
C *Frau Ludwig lacht laut.*
D *Jeden Sonntag essen wir bei Oma. Jeden Sonntag steht das Essen um 12.00 Uhr auf dem Tisch. Jeden Sonntag gibt es Braten und Klöße.*
E *Erst die Arbeit, dann das Vergnügen.*
F *Ab Juni qualieren wir in den Fächern Mathe und Deutsch.*

4 In der Werbesprache werden oft rhetorische Mittel verwendet.
a) Recherchiert in Kleingruppen Werbesprüche im Internet und überprüft, ob sie rhetorische Mittel enthalten. Beispiel: *Quadratisch. Praktisch. Gut.* → Ellipse
b) Sammelt eure Ergebnisse auf einem Plakat. Präsentiert es eurer Klasse.

Lernbox

Rhetorische Mittel

Rhetorische Mittel sind besondere sprachliche Ausdrucksmittel. Man kann damit Teile eines Textes **hervorheben** oder besonders **anschaulich** und **einprägsam** formulieren. Hier findest du eine Reihe häufig genutzter rhetorischer Mittel:

1 Alliteration: aufeinanderfolgende Wörter beginnen mit dem gleichen Buchstaben, z. B.: *Milch macht mich munter.*
2 Anapher: Wörter am Satzanfang werden wiederholt, z. B.: *Ich stehe um sechs Uhr auf. Ich ziehe mich an. Ich laufe anschließend zum Bus und ich fahre zur Schule.*
3 Lautmalerei: Geräusche werden durch Wörter hörbar gemacht, z. B.: *Die Bienen summen.*
4 Hyperbel: Übertreibung, z. B.: *blitzschnell, unendlich lang.*
5 Ellipse: Wörter oder Satzteile werden weggelassen, z. B.: *„Wirklich?" „Nein, auf keinen Fall!", stotterte ich ungläubig.*
6 Neologismus: Erfindung eines neuen Wortes, z. B.: *Smombie* (= Kombination aus *Smartphone* und *Zombie*), siehe S. 78.
7 Wiederholung: Wörter werden mehrmals hintereinander genannt, z. B.: *Ich überlegte und überlegte, aber es fiel mir nicht ein.*

3.2 (2) im Rahmen des produktiven Schreibens verschiedene Erzähltechniken anwenden und dabei sprachlich gestalterische Mittel bewusst einsetzen (z. B. Metaphern, rhetorische Fragen)

Sprachliche Bilder deuten

1 a) Lies die Sätze in den Herzen und erkläre, was der Sprecher/die Sprecherin damit ausdrücken möchte.
b) Wann verwendet man solche Sätze?
c) Lies die *Lernbox*. Welche sprachlichen Bilder enthalten die Sätze jeweils?

2 a) Lies die folgenden Sätze (A–C), die alle sprachliche Bilder enthalten.
b) Notiere die Sätze und ergänze dahinter den Fachbegriff für das jeweilige sprachliche Bild.

A *Ich werde dir nie das Herz brechen.*
B *Der Himmel weinte, als du gegangen bist.*
C *Du gibst mir so viel Rückenwind wie mein Motorroller.*

3 Du möchtest jemandem zeigen, dass du ihn magst. Drücke dies mit einem Vergleich, einer Metapher oder einer Personifikation aus.
Beispiel: *Meine Liebe ist so tief wie der Ozean.* → Vergleich

Tipp

zu 5 b)
Mögliche Bedeutungen: *Frieden, Ehe, Liebe, christlicher Glaube, Verliebtsein*

4 a) Recherchiert in Kleingruppen Sprichwörter und Redewendungen im Internet. Prüft, ob sie ein sprachliches Bild enthalten.
Beispiel: *Wer anderen eine Grube gräbt, fällt selbst hinein.* → Metapher
b) Sammelt eure Ergebnisse auf einem Plakat. Präsentiert es in der Klasse.

5 a) Seht euch zu zweit die Bilder 1–3 an. Was stellen sie dar?

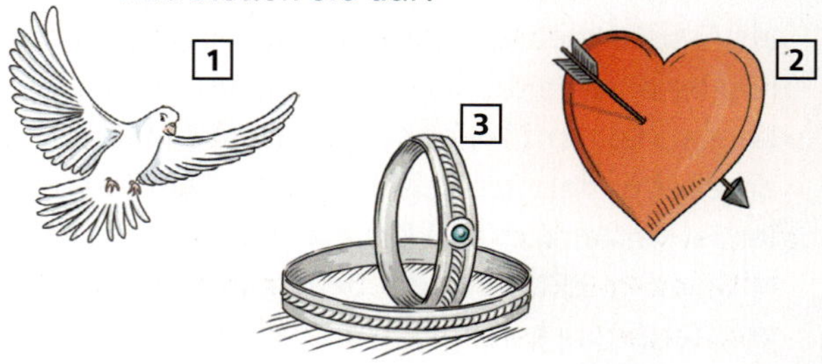

b) Die dargestellten Dinge werden oft als Symbol verwendet. Notiert, was sie jeweils bedeuten können.
Die *Lernbox* hilft euch dabei.
c) Vergleicht zu zweit eure Ergebnisse.

Lernbox

Sprachliche Bilder

1 **Vergleich:** Dinge werden miteinander verglichen, z. B.: *Du bist schnell wie ein Pfeil.*
2 **Personifikation:** Dinge werden vermenschlicht, z. B.: *Meine Gefühle fahren Achterbahn.*
3 **Metapher:** Die Bedeutung wird übertragen, z. B.: *Ich habe Schmetterlinge im Bauch.*
4 **Symbol:** Ein konkretes Ding (Gegenstand oder Tier) steht als Zeichen für eine Idee oder eine komplexe Bedeutung, z. B.: ♥ → Symbol für Liebe

Richtig zitieren

1 a) Lies den folgenden Text.
b) Besprecht in der Klasse, worum es geht.

Fitzgerald Kusz

Fitzgerald Kusz wurde 1944 in Nürnberg geboren und ist der Sohn einer waschechten Fränkin und eines Berliner Opernsängers. Er wuchs in dem kleinen Dorf Forth in der Nähe von Nürnberg auf und studierte in Erlangen Germanistik und Anglistik. Nach einem Jahr als Assistenzlehrer in Nuneaton, Warwickshire (England), arbeitete er zunächst zehn Jahre lang als Lehrer in Nürnberg. Seit 1982 lebt und arbeitet er dort als freischaffender Schriftsteller, ist verheiratet und hat drei Kinder. Kusz ist Mitglied im PEN-Zentrum Deutschland[1]. Sein größter Erfolg gelang ihm mit seinem in fränkischer Mundart geschriebenen Theaterstück „Schweig, Bub!“, das am 6. Oktober 1976 am Staatstheater Nürnberg uraufgeführt und dort mittlerweile mehr als 700-mal gespielt wurde.

[1] *PEN-Zentrum* = ein bekannter Schriftstellerverband; PEN steht für Poets, Essayists, Novelists

2 a) Lies Punkt 1 in der *Lernbox*. Zitiere dann den Satz in den Zeilen 5–7 wörtlich.
b) Prüft zu zweit, ob ihr richtig zitiert habt.

3 a) Lies den letzten Satz des Textes (Zeile 13–18) noch einmal genau.
b) Vergleiche mit dem folgenden Satz und benenne Unterschiede:
Sein größter Erfolg gelang ihm mit seinem […] Theaterstück „Schweig, Bub!“, das am 6. Oktober 1976 am Staatstheater Nürnberg uraufgeführt wurde […].
c) Überlegt, was die eckigen Klammern bedeuten könnten. Vergleicht anschließend mit Punkt 2 in der *Lernbox*.

4 a) Zitiere den Satz in den Zeilen 7–10. Lasse dabei einen Teil des Satzes weg. Denke daran, dass der Satz immer noch einen Sinn ergeben muss.
b) Kontrolliere deine Lösung mithilfe von Punkt 2 in der *Lernbox*.

5 a) Zitiere einen weiteren Satz aus dem Text. Lasse dabei etwas aus oder stelle den Satz um. Lies dazu Punkt 3 in der *Lernbox*.
b) Überprüft zu zweit eure Lösungen.

Lernbox

Richtig zitieren

Wenn du wichtige Formulierungen oder ganze Sätze wörtlich aus einem Text übernimmst, musst du sie als Zitat kennzeichnen. Beachte dabei folgende Punkte:

1 Wenn du aus einem Text zitierst, setzt du die Stelle, die du übernimmst, in **Anführungszeichen** und notierst dahinter die Zeilenangabe. (Dabei kannst du *Zeile* auch abkürzen: Z.) Beispiel: *„Kusz ist Mitglied im PEN-Zentrum in Deutschland.“ (Zeile 12 f.)*

2 Wenn du wörtlich aus einem Text zitierst, aber Wörter, Sätze oder ganze Abschnitte weglässt, musst du diese **Auslassungen** mit […] markieren. Beispiel: *„Nach einem Jahr als Assistenzlehrer […] arbeitete er zunächst zehn Jahre lang als Lehrer in Nürnberg.“ (Z. 7 – 10)*

3 Wenn du eine Textstelle wörtlich zitierst, aber Wörter hinzufügst oder den Satzbau umstellst, stehen die Ergänzungen in eckigen Klammern. Beispiel: *„Er wuchs in dem kleinen Dorf Forth in der Nähe von Nürnberg auf und studierte in Erlangen [die Fächer] Germanistik und Anglistik.“ (Z. 5 – 7)*

3.1 (3) direkte und indirekte Zitate zielorientiert in eigene Texte integrieren und auch Quellen zweckentsprechend und formgerecht angeben

Beleglesen

1 Lies den folgenden Text über das Theaterstück „Schweig, Bub!“, von Fitzgerald Kusz.

„Schweig, Bub!“

[...] Das Achtpersonenstück ist eine humorvoll-satirische Darstellung einer typischen kleinbürgerlichen Familienfeier anlässlich einer Konfirmation, bei der die Erwachsenen essen und trinken, tratschen und streiten und der „Bub“ an seinem Ehrentag kaum zu Wort kommt. [...]

Von dem Stück existieren auch Hörspielfassungen und zahlreiche Übersetzungen in andere deutsche Dialekte, z. B. Berlinerisch, Hessisch, Schwäbisch und Niederdeutsch. Es zählt zu den beliebtesten deutschen Mundartstücken. Mit „Schweig, Bub!“ schrieb der Autor einen Klassiker des modernen Volkstheaters und wurde dadurch einem breiten Theaterpublikum im gesamten deutschsprachigen Raum bekannt. [...]

2 a) Erkläre, was mit den Wörtern *Dialekt* (Z. 10) und *Autor* (Z. 14) gemeint ist.
b) Notiere für beide Begriffe ein anderes Wort mit der gleichen Bedeutung (= ein Synonym).

3 a) Beantworte die Fragen und belege deine Antworten mithilfe des Textes. Hinweise dazu findet du in der *Lernbox*.
- *Welches Fest wird in dem Stück gefeiert?*
- *Was machen die Erwachsenen an diesem Tag, anstatt mit dem „Bub“ zu sprechen?*
- *In welche weiteren Dialekte wurde das Stück übersetzt?*

b) Vergleicht zu zweit eure Ergebnisse.

4 Belege die folgenden Aussagen (A–D) mithilfe des Textes.
A) *In dem Theaterstück können acht Personen mitspielen.*
B) *Am Tag seiner Konfirmation wird der Konfirmand von seiner Familie nicht beachtet.*
C) *Das Theaterstück ist sehr erfolgreich.*
D) *Gerhard Kusz wurde mit diesem Stück berühmt.*

5 Erkläre, was die Klammern [...] am Anfang und am Ende des Textes bedeuten.

Lernbox

Beleglesen

1 Beim Beleglesen suchst du in einem Text die Antworten auf bestimmte Fragen. Du gibst eine Textaussage mit eigenen Worten wieder und nennst als Beleg die Zeilen im Text:
Frage: In welcher Gesellschaftsschicht spielt das Stück?
Antwort: *In einer typisch kleinbürgerlichen Familie (vgl. Z. 2 f.).*

2 Um deine Antworten zu belegen, kannst du die Zeilen auch wörtlich zitieren.

Sicher im Netz unterwegs sein

1 a) Überfliege den Text und betrachte das Bild.
b) Welche Fragen hast du an den Text?
c) Tauscht euch zu zweit darüber aus.
d) Lies den Text genau.

Das Smartphone effektiv schützen
Auch wenn Sie es nicht bemerken, wird Ihr Smartphone im Netz oft von potentiell schadhafter Software bedroht. So sorgen Sie für einen Basisschutz.

A *XXXXXXXXXXXXXX*
Viele Angriffe zielen auf Schwachstellen, die erst durch Updates der Hersteller geschlossen werden. Prüfen Sie regelmäßig, ob Aktualisierungen verfügbar sind oder besser: Aktivieren Sie die automatische Update-Funktion, damit Sicherheitsupdates direkt eingespielt werden.

B *XXXXXXXXXXXXXX*
Installieren Sie Apps nur aus vertrauenswürdigen Quellen – etwa den im Smartphone voreingestellten App-Stores. Apps aus anderen Portalen werden nicht untersucht und können daher ein Risiko darstellen. Entfernen Sie Anwendungen, die Sie nicht mehr nutzen.

C *XXXXXXXXXXXXXX*
Viele Apps räumen sich ohne Grund umfassende Rechte ein. Ein Zugriff auf beispielsweise Standortdaten, Adressbuch oder den Telefonstatus ist nicht bei jeder App notwendig. Prüfen Sie daher zunächst vor der Installation, welche Rechte die App verlangt. Im Zweifelsfall ist es besser, eine App nicht zu installieren.

D *XXXXXXXXXXXXXX*
Vor einem Verkauf alle Datenspeicher überschreiben. Entfernen Sie die SD-Karte und die SIM-Karte.

E *XXXXXXXXXXXXXX*
Achten Sie darauf, dass die SIM- und die Bildschirmsperre Ihres Telefons stets aktiviert sind. Auch sensible Anwendungen, wie Onlinebanking und App-Käufe, sollten mit PIN, Fingerabdruck oder Passwort geschützt werden.

F *XXXXXXXXXXXXXX*
Deaktivieren Sie Drahtlosschnittstellen, wie WLAN, Bluetooth oder NFC, wenn Sie diese nicht benötigen. Schließen Sie Ihr mobiles Gerät nur an vertrauenswürdige Rechner an und verwenden Sie ihr eigenes Ladegerät.

G *XXXXXXXXXXXXXX*
In öffentlichen WLAN-Netzen ist der Zugang zum Internet meist unverschlüsselt. Nutzen Sie, sofern möglich, eine gesicherte Verbindung, die Sie am Kürzel „https" in der Adresszeile erkennen. Außerdem surfen Sie deutlich sicherer, wenn Sie eine App verwenden, die ein Virtuelles Privates Netzwerk (VPN) aufbauen kann.

H *XXXXXXXXXXXXXX*
Rufen Sie Nummern, die Ihnen unbekannt sind, nicht ungeprüft zurück. Sperren Sie bei Bedarf bestimmte Rufnummern in Ihrem Handy.*

2.1 (1) Lese- und Texterschließungstechniken eigenständig in komplexen kontinuierlichen und diskontinuierlichen Texten anwenden und Gelesenes grafisch sowie strukturiert visualisieren · 2.4 (5) die aktuellen digitalen Medien und sozialen Netzwerke kritisch und verantwortungsbewusst unter Beachtung wesentlicher rechtlicher und sozialer Grundlagen verwenden *verändert

2 a) Notiere für die Abschnitte A–H passende Zwischenüberschriften.
b) Welche Funktion übernehmen die Zwischenüberschriften? Sprecht zu zweit darüber.

3 Entscheide bei den Aussagen A–I, ob sie wahr (w), falsch (f) oder nicht im Text (n) sind. Schreibe richtige Aussagen ab, stelle falsche Aussagen richtig.

		w	f	n
A	In dem Text geht es um einen grundlegenden Schutz für Handys.	X	X	X
B	Automatische Updates sind gefährlich.	X	X	X
C	Apps greifen oft auf die Kamera des Handys zu.	X	X	X
D	Apps können bedenkenlos installiert werden.	X	X	X
E	Telefone werden durch SIM-und Bildschirmsperre geschützt.	X	X	X
F	Man kann sein Handy sicher an jeden Rechner anschließen.	X	X	X
G	Öffentliche Hotspots gibt es mittlerweile nahezu überall.	X	X	X
H	Sichere Internet-Verbindungen erkennt man am Kürzel „http“.	X	X	X
I	Unbekannte Telefonnummern sollte man nicht ungeprüft zurückrufen.	X	X	X

4 a) Einigt euch zunächst zu zweit auf die drei wichtigsten Tipps.
b) Einigt euch dann in Kleingruppen auf die für euch fünf wichtigsten Tipps. Visualisiert diese auf einem Plakat.

5 a) Erkläre die Fremdwörter in der Abbildung oben. Übertrage dazu die folgende Tabelle in dein Heft.

Fremdwort	Zeile	Erklärung	Herkunftssprache
XXX	Z. X	XXX	XXX

b) Finde weitere Fremdwörter im Text und ergänze die Tabelle.
c) Recherchiere im Internet die Herkunftssprache der Fremdwörter.

6 Bearbeite eine der folgenden Aufgaben:
a Schreibe einen Aufruf an deine Mitschülerinnen und Mitschüler – sie sollen ihr Handy besser schützen (→ S. 183).
b Erstelle ein kurzes Erklärvideo, das die für dich wichtigsten Hinweise zum Schützen des Handys enthält (→ S. 150).

2.1 (1) Lese- und Texterschließungstechniken eigenständig in komplexen kontinuierlichen und diskontinuierlichen Texten anwenden und Gelesenes grafisch sowie strukturiert visualisieren · 2.4 (5) die aktuellen digitalen Medien und sozialen Netzwerke kritisch und verantwortungsbewusst unter Beachtung wesentlicher rechtlicher und sozialer Grundlagen verwenden

Zum Fach Deutsch recherchieren

1 a) Notiere fünf Dinge, die du für das Fach Deutsch im Internet recherchieren kannst.
b) Tauscht euch zu zweit darüber aus. Auf welche weiteren Ideen kommt ihr gemeinsam?

2 a) Suche dir mindestens fünf der folgenden Rechercheaufträge aus. Führe sie durch. Achte dabei auf die Nutzung seriöser Internetseiten.
b) Sprecht zu zweit über eure Ergebnisse.

Rechercheauftrag 1: Schreibweise
Finde die richtige Schreibung dieser Wörter:
registriren; persöhnliche; Insditut; Pädagogig; Kontackt; Wettkampffase; Massnahme

Rechercheauftrag 2: Gegenteile
Finde die Gegenteile dieser Wörter:
Betrübnis; verlieren; nachvollziehbar; zuwider

Rechercheauftrag 3: Plural
Finde die richtigen Pluralformen dieser Wörter:
Atlas; Komma; Globus; Rhythmus; Visum; Pizza

Rechercheauftrag 4: Synonyme
Finde Synonyme zu folgenden Wörtern:
Republik; apart; Besonderheit; fördern; Weise

Rechercheauftrag 5: Fremdwörter-Bedeutung
Finde passende Fremdwörter zu den Wörtern:
nachahmen; Entfernung; versperren; Wunschvorstellung; vermindern; aufgezeichnet

Rechercheauftrag 6: Fremdwörter-Herkunft
Finde die Herkunfts-Sprache dieser Wörter:
Akustik; Qualifikation; Amateur; Tourist; Pizza

Rechercheauftrag 7: Wortarten
Finde die Wortart dieser Wörter:
Biologie; geschichtlich; die; untersuchen; und

Rechercheauftrag 8: Abkürzungen
Finde die Bedeutung folgender Abkürzungen:
BKA; HNO; UKW; SOS; THW; APP; BRD; EDV

Rechercheauftrag 9: Sprachliche Bilder
Finde die Bedeutung dieser sprachlichen Bilder:
„wie ein Buch reden"; „den Faden verlieren"; „etwas in Kauf nehmen"; „hinter dem Mond leben"

3 Bearbeite eine der folgenden Aufgaben:
a Sucht zu einzelnen Rechercheaufträgen eigene Wörter im Internet. Stellt euch dann zu zweit gegenseitig eure Aufgaben.
b Findet weitere Aufgabenstellungen im Internet und tauscht sie zu zweit aus.

2.4 (3) sich selbstständig geeignete Medien (z. B. aus Bücherei, Mediathek) beschaffen und sie zur Freizeitgestaltung sowie zum Mediengenuss nutzen · 2.4 (6) für Präsentationen und zur kreativen Produktion selbstständig und zielorientiert anspruchsvolle technische Hilfsmittel und Programme nutzen

Personen und Zitate richtig zuordnen

1 Auf dieser Seite siehst du Bilder und Zitate von bekannten Personen. Immer ein Zitat und ein Bild gehören zusammen.
a) Lies die Texte und betrachte die Bilder.
b) Erkennst du spontan einzelne Personen? Kannst du einem Bild ein Zitat zuordnen?

2 Recherchiere im Internet und ordne die Zitate und Bilder einander richtig zu. Notiere die Lösung folgendermaßen:
Person C – Konrad Adenauer – Zitat 7

3 Besprecht die Lösungen in der Klasse.

A

5 *Wir erschrecken über unsere eigenen Sünden, wenn wir sie an anderen erblicken.*

B

3 *Der Schwache kann nicht verzeihen.*

7 *Nehmen Sie die Menschen, wie sie sind, andere gibt's nicht.*

G

2 *Manchmal graut mir vor dem Krieg, und alle Hoffnung will mir vergehen.*

F

C

D

6 *Man braucht nichts im Leben zu fürchten, man muss nur alles verstehen.*

4 *Jedes Kind ist ein Künstler.*

E

1 *Dies ist ein kleiner Schritt für einen Menschen, aber ein riesiger Sprung für die Menschheit*

Tipp

zu 2)
– Suche **Namen** mit Anführungszeichen oder Plus: *„Konrad Adenauer"* oder *Konrad+Adenauer*
– Suche **Zitate** immer mit Anführungszeichen: *„Nehmen Sie die Menschen, wie sie sind, andere gibt's nicht."*

2.4 (3) sich selbstständig geeignete Medien (z. B. aus Bücherei, Mediathek) beschaffen und sie zur Freizeitgestaltung sowie zum Mediengenuss nutzen · 2.4 (6) für Präsentationen und zur kreativen Produktion selbstständig und zielorientiert anspruchsvolle technische Hilfsmittel und Programme nutzen

Textverarbeitungsprogramme zur Gestaltung nutzen

1 Besprecht zu zweit die folgenden Fragen:
- *Mit welchen Textverarbeitungsprogrammen habt ihr schon einmal gearbeitet?*
- *Welche Textverarbeitungsprogramme nutzt ihr zu Hause?*
- *Welches verwendet eure Schule?*

2 a) Wozu nutzt du Textverarbeitungsprogramme? Übernimm die folgenden Cluster und ergänze sie.

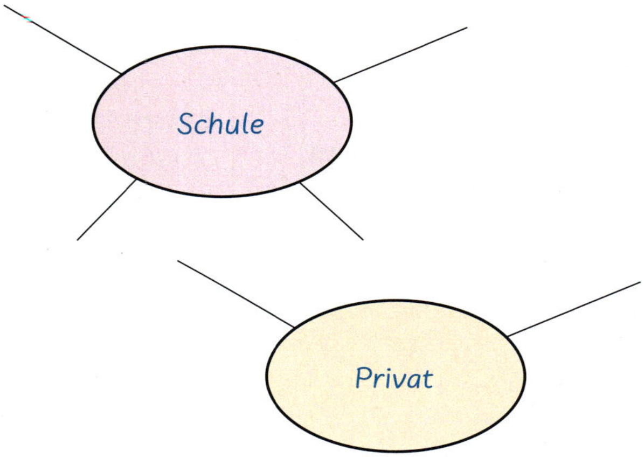

b) Vergleicht eure Cluster in der Klasse.

3 a) Lies den folgenden Text.

> *Das ist Personalchefs besonders wichtig*
>
> *Eine Bewerbung muss in wenigen Minuten überzeugen. Eine Umfrage zeigt, worauf Personalchefs vor allem bei Anschreiben und Lebenslauf achten.*
>
> *Auf den ersten Blick: Bewerber haben wenig Zeit, um zu überzeugen. 40 Prozent der Personaler nehmen sich für einen ersten Bewerbercheck maximal 5 Minuten Zeit. Weitere 47 Prozent investieren immerhin zwischen 6 bis 15 Minuten. Der Rest nimmt sich mehr Zeit.*
>
> *Was interessiert: Drei von vier Personalern (75 Prozent) checken als Erstes den Lebenslauf. 22 Prozent schauen auf das Anschreiben. Das Bewerbungsfoto, Zeugnisse und Arbeitsproben spielen bei kaum jemanden beim ersten Blick auf die Unterlagen eine Rolle.*
>
> *Was gar nicht geht: 60 Prozent der Befragten sortieren Bewerbungen mit Rechtschreibfehlern sofort aus. Etwa jeder Zweite nimmt es übel, wenn der Name des Ansprechpartners beim Arbeitgeber falsch geschrieben ist, für 46 Prozent sind Lücken im Lebenslauf, bei denen eine Erklärung fehlt, ein Problem.*
>
> *Netzrecherche: Bewerber sollten sich darauf einstellen, dass Personaler sie im Netz suchen. Fast jeder Dritte (32 Prozent) schaut sich zumindest in Einzelfällen das Profil in den sozialen Medien eines Bewerbers an. Mehr als jeder Zweite googelt den Jobkandidaten.*

b) Tauscht euch zu zweit über den Inhalt des Textes aus. Gibt es darin Aussagen, die euch überrascht haben?

c) Sprecht über die Formatierung des Textes. Notiert, was ihr ändern würdet.

2.4 (6) für Präsentationen und zur kreativen Produktion selbstständig und zielorientiert anspruchsvolle technische Hilfsmittel und Programme nutzen

4 a) Schreibe den Text auf Seite 292 mit einem Textverarbeitungsprogramm ab.
b) Lies die *Lernbox*.
c) Formatiere den Text nach den Vorgaben der *Lernbox*.

5 a) Suche zum Text auf Seite 292 mithilfe einer Suchmaschine im Internet ein passendes Bild.
b) Besprecht zu zweit, welches Bild ihr jeweils ausgewählt habt. Begründet eure Entscheidung mithilfe des Textes.
c) Füge das Bild neben deinem Text aus Aufgabe 4 ein.
d) Besprecht zu zweit, wie ihr vorgegangen seid.

Lernbox

Texte formatieren

1 Texte sollten in der **Schriftgröße 11 oder 12** verfasst werden. Die **Schriftart** muss **gut lesbar** sein.
2 Meistens sind Texte im **Blocksatz** formatiert. Dabei muss jedoch auf die **Silbentrennung** geachtet werden.
3 Der **Zeilenabstand** sollte **1,5 cm** betragen.
4 Die **Seitenränder** sollten **oben und unten 2 bis 2,5 cm, links und rechts 2,5 bis 3 cm** betragen. Du kannst die Seitenränder in deinem Schreibprogramm unter **„Layout“** und **„Seitenränder“** in der Menüleiste oben einstellen.

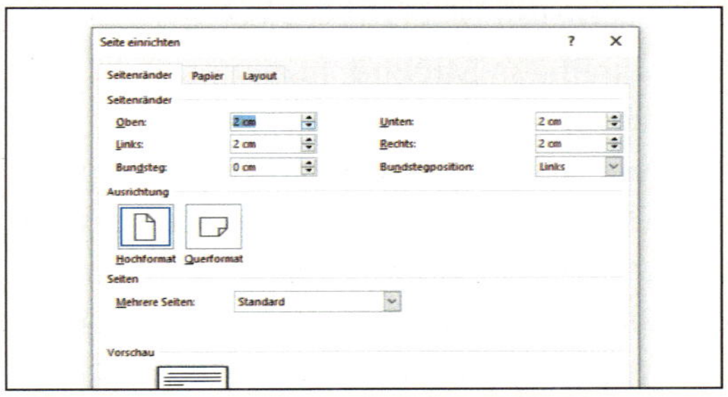

6 Bei der Gestaltung eines Anschreibens für eine Bewerbung am PC kommt es besonders darauf an, sich an formelle Vorgaben zu halten.
a) Notiere, welche formellen Vorgaben dies sein könnten.
b) Sprecht zu zweit über eure Notizen und vergleicht sie mit der *Lernbox*.

Tipp

zu 5 c)
Mit Bildern arbeiten

1 Suche ein passendes Bild aus.
2 Klicke mit der **rechten Maustaste** auf das Bild und wähle **„Kopieren“** aus.
3 Gehe nun zu dem Text zurück, in den du das Bild einfügen möchtest. Mit der **rechten Maustaste** öffnet sich wieder ein Fenster, in dem du eine der beiden **Einfügeoptionen** auswählst.
4 Mit einem **Doppelklick auf das Bild** öffnet sich in der Menüleiste oben die Option **„Zeilenumbruch“**.
5 Am strukturiertesten wirkt es, wenn der Text als **Quadrat** um das Bild verläuft.

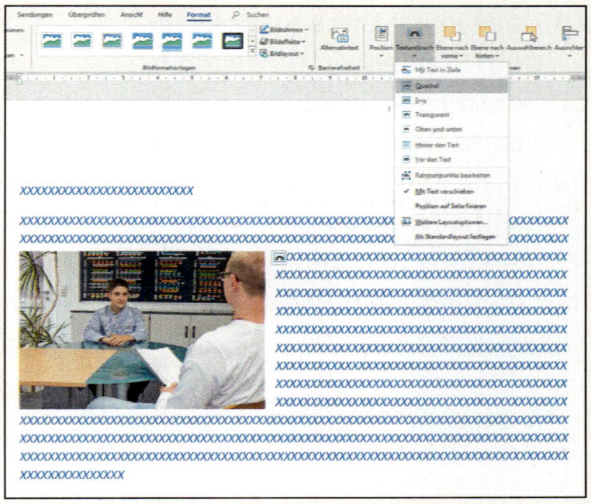

Einen Lebenslauf mit einem Textverarbeitungsprogramm gestalten

1 Überlegt zu zweit, welche Punkte in einen Lebenslauf gehören. Notiert Stichpunkte.
– Name
– ...

2 Sprecht in der Klasse darüber, worauf es bei der Formatierung des Lebenslaufes mit einem Textverarbeitungsprogramm ankommt.

3 a) Erstelle deinen Lebenslauf mit einem Textverarbeitungsprogramm und drucke ihn aus.

Tipp

zu 3 a)
Einen Lebenslauf mit einem Textverarbeitungsprogramm erstellen
1 Überschrift (fett gedruckt) einfügen.
2 Tabelle mit zwei Spalten einfügen.

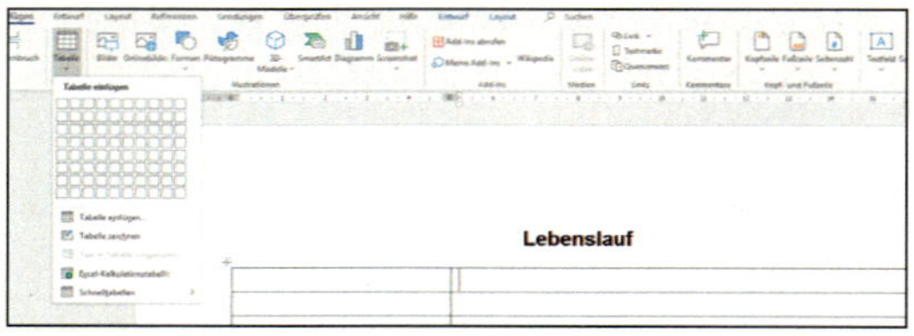

3 Trage in die **linke Spalte** die **Oberthemen** ein (*Ausbildung, Sprachkenntnisse usw.*), in die **rechte Spalte** deine **persönlichen Angaben**.
4 Mache den **Tabellenrahmen** anschließend **unsichtbar**, indem du die Tabelle markierst und unter den Rahmenoptionen „Kein Rahmen" auswählst.

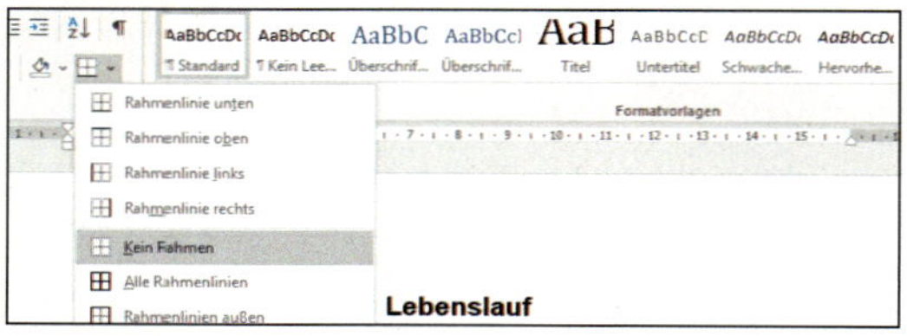

Lebenslauf

Persönliche Daten:	
Name:	Sara Schneider
Geburtsdatum:	25. Juni 2005
Geburtsort:	Nürnberg
Anschrift:	Birkenweg 66 98765 Musterstadt
Telefonnummer:	0123/55 66 77
E-Mail:	m.mustermann@mail.de
Schulbildung:	
Grundschule:	2011–2015 Pestalozzi-Grundschule Nürnberg
Mittelschule:	seit 2015 Petersen-Mittelschule Nürnberg
Voraussichtlicher Abschluss:	Juli 2020, mittlerer Schulabschluss an der Mittelschule
Praktische Erfahrung:	
Praktika:	15.04.–26.04.2018 Arzthelferin, Gemeinschaftspraxis Dr. Meier, Nürnberg 8.11.–22.11.2018 Zahnarzthelferin, Praxis Dr. Huber, Fürth
Kenntnisse und Interessen:	
Kenntnisse:	Englisch – gute Kenntnisse Textverarbeitung – Grundkenntnisse Präsentationsprogramm – Grundkenntnisse
Hobbys:	Tanzen, Joggen

Nürnberg, 27.01.20XX

Sara Schneider

b) Tauscht eure Lebensläufe zu zweit aus und gebt euch gegenseitig Feedback.

Lernbox

Einen Lebenslauf erstellen

1 Unterteile den **Inhalt** in **Abschnitte**: *Angaben zur Person, Schulbildung, praktische Erfahrungen, Fähigkeiten und Interessen.*
2 Schreibe in **Stichpunkten** und gliedere den Lebenslauf durch **Zwischenüberschriften**.
3 Füge ein geeignetes **Foto** ein.
4 Wähle eine **gut leserliche Schriftart** in **geeigneter Schriftgröße** (11 bis 12 Punkt).
5 Verwende **Absätze** und **Zeilenabstände**.

3.2 (9) in Kooperation mit dem Fach Wirtschaft und Beruf und den berufsorientierenden Wahlpflichtfächern formalisierte Texte erstellen (z. B. Projektmappe, Geschäftsbrief), auch für das Berufswahlportfolio, und situationsangemessen das geeignete Medium wählen

Textverarbeitungsprogramme zur Überprüfung der Rechtschreibung nutzen

1 Besprecht zu zweit, woran ihr in einem Textverarbeitungsprogramm Rechtschreibfehler erkennt.

2 Überprüfe deinen Lebenslauf aus Aufgabe 3 auf Seite 294 mithilfe eines Rechtschreibprogrammes auf Fehler.

3 a) Recherchiere, was ein *Synonymwörterbuch* ist und wofür es verwendet wird.
b) Tauscht euch in der Klasse über eure Ergebnisse aus.

4 a) Betrachte die folgenden Synonyme (bedeutungsgleiche Wörter), die das *Synonymwörterbuch* eines Textverarbeitungsprogrammes zu den Wörtern A–D gefunden hat.
A) Straße = *Allee, Avenue*
B) Pflanze = *Bodengewächs*
C) Büro = *Geschäftsraum, Dienstzimmer*
D) Sekretariat = *Vorzimmer, Anmeldung*
b) Diskutiert zu zweit darüber, ob die Synonymvorschläge passend sind.
c) Notiert nur die passenden Synonymvorschläge. Findet mithilfe des Synonymwörterbuches eures Textverarbeitungsprogrammes weitere Synonyme zu den Wörtern A–D und ergänzt sie.

5 a) Gib fünf unterschiedliche Wörter in ein Textverarbeitungsprogramm ein.
b) Dein Partner soll mithilfe des Thesaurus Synonyme (bedeutungsgleiche Wörter) für die Wörter finden und notieren.
c) Diskutiert über die Wortvorschläge.
d) Schlagt die Wörter im Wörterbuch nach und notiert ihre Bedeutung.

Tipp

zu 4 c)

Ein Synonymwörterbuch in einem Textverarbeitungsprogramm anwenden

1 Gebt das Wort, zu dem ihr ein Synonym finden möchtet, in das Textverarbeitungsprogramm ein.
2 Markiert das Wort und wählt in der Menüleiste oben „Thesaurus“ aus. Anschließend werden euch bedeutungsgleiche Wörter angezeigt.

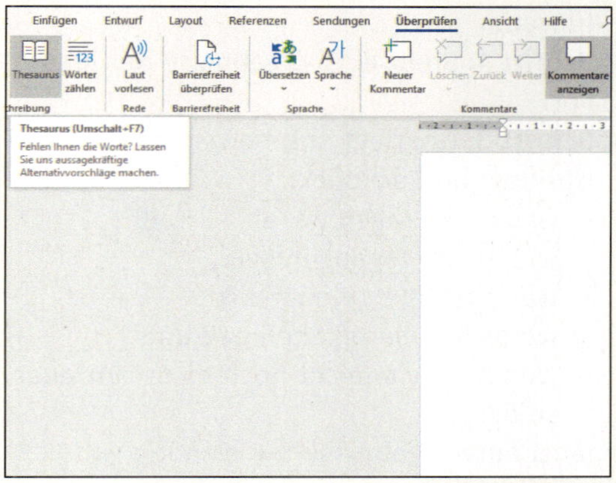

Wichtige Begriffe und Arbeitstechniken

Miteinander arbeiten und lernen

Ein Projekt planen und durchführen

Bei einem Projekt arbeitet ihr über längere Zeit in Gruppen eigenständig an einem Thema. Am Schluss stellt ihr eure Ergebnisse der ganzen Klasse vor.

1 **Schritt 1:** Überlegt, welches Thema euch so interessiert, dass ihr euch in der nächsten Zeit damit beschäftigen wollt.

2 **Schritt 2:** Plant eure Arbeit gemeinsam.
Legt fest,
- welche Fragen und Aufgaben ihr bearbeiten wollt,
- wie viel Zeit ihr dafür braucht,
- welche Informationen ihr einholen müsst,
- wo und von wem ihr Informationen bekommt,
- welche Materialien ihr braucht,
- wie euer Ergebnis aussehen soll und
- wie ihr es präsentiert (Beispiele: eine Aktion, ein Lernplakat, eine Zeitung, ein Hörspiel, eine Aufführung).

Legt auch fest, wer mit wem zu welchem (Unter-)Thema arbeitet.

3 **Schritt 3:** Teilt die Arbeit in der Gruppe untereinander auf und führt eure Gruppenarbeit wie geplant durch.
Besprecht und prüft regelmäßig, ob ihr im Zeitplan seid und ob eure Arbeiten zum Ziel führen.

4 **Schritt 4:** Stellt eure Ergebnisse der Klasse vor.

5 **Schritt 5:** Überlegt und bewertet eure Arbeit.
Überlegt im Rückblick,
- was eure Fragen waren,
- wie ihr vorgegangen seid,
- was euch gut gelungen ist,
- wo es Schwierigkeiten gab und
- womit ihr vielleicht noch nicht zufrieden seid.

Ergänzt eure Ergebnisse, wo es nötig ist.

Cluster und Mindmaps anlegen

1 In einem **Cluster** sammelst du spontane Ideen. Schreibe das Thema in die Mitte und notiere ringsherum alles, was dir dazu einfällt.

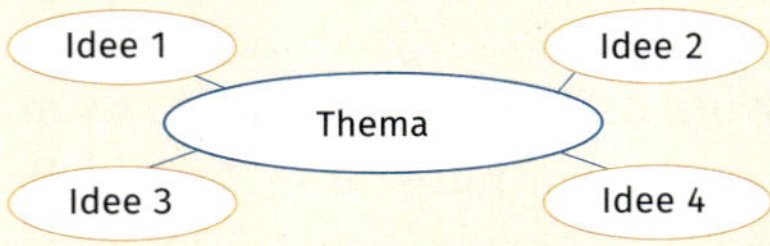

2 In einer **Mindmap** kannst du deine Gedanken zu einem Thema ordnen. Notiere deine Gedanken, Ideen und Informationen in Stichworten. Ordne sie dabei Oberbegriffen zu.

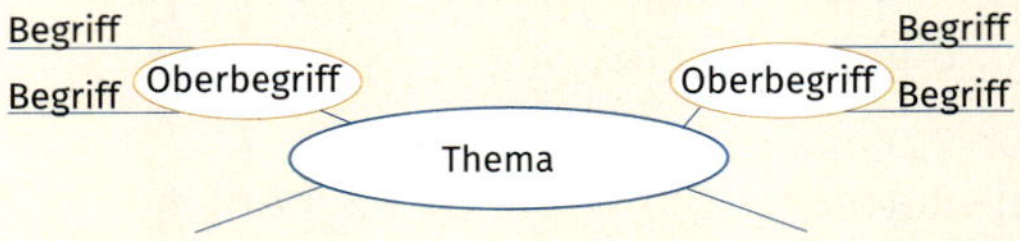

3 Eine **Mindmap** kann auch helfen, den Inhalt eines Textes übersichtlich zusammenzufassen. Schreibe dafür die Überschrift in die Mitte, Jeder Hauptast steht für einen Sinnabschnitt. Notiere daran zentrale Schlüsselbegriffe.

Think – Pair – Square – Share
Ich – Du – Wir – Alle

1 **Think/Ich:** Ich erarbeite meine Aufgaben und mache mir Notizen. Niemand spricht.

2 **Pair/Du:** Ich bespreche das Ergebnis mit einem Partner. Wir prüfen, ergänzen, verbessern und einigen uns auf eine Lösung.

3 **Square/Wir:** Wir gehen in eine (Vierer-)Gruppe, vergleichen unsere Ergebnisse und erstellen eine gemeinsame Lösung für die Präsentation vor der Klasse.

4 **Share/Alle:** Wir stellen die Ergebnisse der Klasse vor, diskutieren darüber und kommen zu einem gemeinsamen Ergebnis.
Die Schritte **3** und **4** können auch zusammengefasst werden (Think–Pair–Share).

Mündlich kommunizieren

Einen geeigneten Lernweg finden

Oft hängt es vom Lernstoff ab, welcher Lernweg sich anbietet. Besonders gut und nachhaltig lernst du, wenn du verschiedene Lernwege kombinierst.

1 **Lernen durch Hören** (auditives Lernen): Du nimmst Informationen auf, indem du sie hörst.
Tipps fürs Lernen: Selbstgespräche führen, Audioaufnahmen anhören
No-gos: Nebengeräusche, Musik

2 **Lernen durch Sehen** (visuelles Lernen): Du merkst dir Dinge, indem du sie anschaust.
Tipps fürs Lernen: im Unterricht mitschreiben, beim Lesen Notizen machen, Skizzen und Schaubilder anfertigen
No-go: Unordnung am Arbeitsplatz

3 **Lernen durch Tun** (haptischer Lernweg): Du lernst, indem du aktiv etwas tust.
Tipps fürs Lernen: Lernmaterial zum Anfassen nutzen, Rollenspiele spielen, Versuche durchführen
No-go: langes Sitzen ohne Bewegung

4 **Lernen im Gespräch** (kommunikativer Lernweg): Du lernst, indem du dich mit anderen über ein Thema austauschst.
Tipps fürs Lernen: Lerngruppen bilden, diskutieren

Feedback geben

1 Beobachtungen in der Ich-Form beschreiben:
Ich finde, dass ... Ich erkenne, dass ...

2 Konkrete und wertschätzende Verbesserungsvorschläge machen (in der Du-Form):
Gut ist ... Du könntest ... Das nächste Mal ...

3 Einander ausreden lassen und zuhören.

4 Verallgemeinerungen vermeiden:
Das ganze Plakat ist hässlich.

5 „Killerphrasen“ vermeiden. Sie beenden ein Gespräch, ohne es zu einer Lösung zu führen.
So wird das morgen nichts!

Einem Hörtext Informationen entnehmen

Über Tonträger, Radio und Internet kannst du verschiedene Texte hören, z.B. einen literarischen Text, ein Hörspiel, ein Gespräch im Podcast oder einen Sachtext. Um daraus Informationen zu entnehmen, gehe so vor:

1. **Vor dem ersten Hören:**
   - Sie dir Überschriften und Bilder an.
   - Überlege, was du schon über das Thema weißt.
   - Sieh dir die Aufgabentypen an. Was wird verlangt (Multiple Choice, ganze Sätze, ...)?
   - Welche Informationen/Schlüsselbegriffe werden gesucht?
2. **Globale Informationen entnehmen:**
   - Um welche Textsorte handelt es sich (Interview, Nachrichten, Durchsage ...)?
   - Mache dir beim ersten Hören nur allgemeine Notizen zum Thema/Inhalt. Notiere noch keine Details.
   - Offene Fragen geben mehr Informationen, lassen sich aber auch schwerer auswerten.
3. **Detaillierte Informationen entnehmen:**
   - Versuche möglichst viele W-Fragen zu beantworten (Wer? Was? Wann? Wo? ...).
   - Achte auf zentrale Begriffe in den Aufgaben.
   - Überprüfe deine Antworten, während du den Text ein weiteres Mal anhörst.

Kommunikations- und Nachrichtenwege

1 Jede **Nachricht** wird von einem **Sender** ausgesendet und ist an einen **Empfänger** gerichtet.

2 Je nach **Medium** verläuft die Kommunikation einseitig (nur vom Sender zu dir) oder beidseitig (du kannst reagieren, Fragen stellen oder deine Meinung sagen).

3 Manchmal **kennst du den Sender** einer Nachricht (z.B. Freunde, Eltern, Lehrkräfte oder eine seriöse Tageszeitung). Daher kannst du der Nachricht wahrscheinlich vertrauen.

4 Oft ist aber der **Sender unbekannt oder** unseriös. **Dann ist Vorsicht geboten.**

Mündlich eine Geschichte erzählen

1 **Plane die Geschichte**
- Überlege, was wichtig ist, damit die Zuhörer die Geschichte verstehen.
- Lasse weg, was nicht dazugehört.

2 Lege dir eine **Erzählkarte** an. Notiere darauf
- *die Personen, die vorkommen,*
- *wann und wo die Geschichte spielt,*
- *was nacheinander passiert,*
- *den ersten Satz, um die Zuhörer zu „packen".*

3 **Erzähle anschaulich und spannend**
- Verwende treffende Ausdrücke und Wörter, die Spannung erzeugen (*Da! Plötzlich ...*).
- Nutze wörtliche Rede, Ausrufe, Gedanken.
- Kurze Sprechpausen erhöhen die Spannung.

4 **Sprich deutlich für deine Zuhörer**
- Schaue deine Zuhörer an.
- Begleite den Vortrag mit Mimik und Gestik.

Szenisch spielen

Pantomime

1 Eine Pantomime ist ein Theaterspiel **ohne Sprache und Geräusche.**
2 Der Inhalt wird dem Zuschauer nur durch die **Mimik** und die **Körpersprache** mitgeteilt.
3 Profis haben oft ein weiß geschminktes Gesicht, damit man die Mimik deutlich sieht.

Improvisationstheater

1 Improvisationstheater ist ein **spontanes Theaterspiel** ohne vorgegebenen Text oder festgelegte Rollen.
2 Wenn Schauspieler improvisieren, setzen sie **spontan** Ideen um, die ihnen gerade in den Sinn kommen. Sie können sich auch abwechseln, schnell in **neue Rollen** schlüpfen und zum Beispiel eine begonnene Szene ganz anders und **überraschend** fortsetzen.

Einen Kurzvortrag halten

A. Den Vortrag vorbereiten

1 Suche ein **Thema** aus, stelle dir Fragen dazu.
2 Hole die nötigen **Informationen** ein.
3 Halte Wissenswertes auf **Vortragskarten** fest. Kläre die nötigen **Fachbegriffe**.
4 Erstelle eine **Gliederung** für deinen Vortrag.
5 Schreibe die Überschrift, den Einleitungs- und den Schlusssatz auf. Lerne sie auswendig.
6 Übe den Vortrag.

B. Den Ablauf strukturieren

1 **Einstieg:** Mache die Zuhörer **neugierig** und gib ihnen einen **Überblick** über den Vortrag.
2 **Hauptteil:** Informiere die Zuhörer mit deinem Vortrag. Setze Anschauungsmaterial ein.
3 **Schluss:** Beende deinen Vortrag mit einem eigenen Gedanken, z. B. einem Fazit.
4 Gib die **Quellen** an, die du verwendet hast (Bücher, Medien, Internetseiten).
5 Lasse **Fragen** zu und beantworte sie.

C. Medien für die Präsentation nutzen

1 Überlege dir, welche Überschrift, welche Stichpunkte und Bilder du zeigen willst.
2 Überlege dir, wie du die Teile anordnen willst. Du kannst dazu eine Skizze anfertigen.
3 Gestalte ein Plakat (DIN A2), Folien oder eine Präsentation am Computer. Schreibe groß, arbeite mit Farben und Unterstreichungen.

D. Den Kurzvortrag halten

1 Stelle dich vor die Klasse, halte **Blickkontakt.**
2 Nimm **Vortragskarten** und **Gliederung** dazu.
3 Sprich möglichst frei, ohne abzulesen.
4 Sprich **langsam, laut** und **deutlich.**
5 Lege Sprechpausen ein, blicke die Zuhörer an.
6 Verweise an passender Stelle auf deine **Bilder** und **Materialien.**

Sachtexte erschließen

Sachtexte unterscheiden

Sachtexte (pragmatische Texte) lassen sich nach ihrer **Intention** (nach ihrem Ziel) unterscheiden:

1 **Informierende Texte** behandeln ein Thema und vermitteln Fakten. Sie stellen Wissen und mögliche Argumente sachlich dar, damit sich alle eine eigene Meinung bilden können.

2 **Appellative Texte** formulieren eine **Bitte**, einen **Wunsch**, einen **Befehl** oder eine **Aufforderung**. Typische appellative Texte sind Werbeanzeigen für ein Produkt oder für eine Idee (Klimaschutz, Wahlwerbung), aber auch Verordnungen (Schulordnung) oder Gesetze.

3 **Instruktive Texte** geben dem Leser eine **Anleitung**. Instruktive Texte sind z. B. **Rezepte, Gebrauchsanweisungen** zu einem Gerät oder **Bastelanleitungen**. Auch die **Anleitung zum Lösen einer Aufgabe** oder eine **Versuchsbeschreibung** ist ein instruktiver Text. Leser sollen damit eine Handlung nachmachen oder selbst ausführen können.

Nachrichten in der Zeitung

1 Nachrichten sind die wichtigsten Beiträge in Zeitungen. Sie informieren über Neuigkeiten. Das Wichtigste steht gleich am Anfang des Textes. Schon die Überschrift weist darauf hin.

2 Eine Nachricht enthält Antworten auf alle wichtigen W-Fragen: *Wer? Wo? Wie? Was? Wann? Warum? Woher kommt die Information? Wer ist für den Artikel und das Bild verantwortlich?*

3 Nachrichten in der Zeitung haben einen bestimmten Aufbau:
   1. **Kern** der Nachricht: *Worum geht es?*
   2. **Quelle:** *Von wem stammt die Information?*
   3. **Einzelheiten:** *Was sind die wichtigsten Fakten zum Thema?*
   4. **Weiterführende Informationen** und Hintergründe: *Was ist darüber hinaus wissenswert?*

Reportage

1 Es gibt Reportagen in **Zeitungen** und **Zeitschriften**, aber auch im Fernsehen und im Radio (oft z. B. von Sportereignissen).

2 Eine Reportage in der Zeitung ist ein **informativer Text**, der den Lesern das Gefühl gibt, ein **Ereignis selbst mitzuerleben**. Dabei stehen im Text auch **persönliche Eindrücke und Meinungen** des Autors/der Autorin.

3 Die Reportage **beantwortet die W-Fragen**: **Was? Wer? Wo ? Wann? Wie? Warum? Welche** Folgen?

4 Ein Reportage hat meist eine **Schlagzeile**, die Interesse weckt. Ein **Lead/Vorspann** gibt eine kurze Information zum Thema, eine **Einleitung** „packt" den Leser. Im **Hauptteil** sind informierende Abschnitte und Eindrücke und Anmerkungen gemischt.

5 Die **Sprache der Reportage** ist informierend und fängt erzählend die Atmosphäre ein. Das gelingt durch **bildhafte Sprache** (treffende Verben, anschauliche Adjektive, Vergleiche), die Beschreibung von **Sinneseindrücken** (Farben, Gerüche, Geschmack und Geräusche), wörtliche **Zitate** und die Zeitform **Präsens**.

Kommentar

1 Ein **Kommentar** informiert nicht in erster Linie, sondern gibt die **Meinung des Verfassers** wieder. In Zeitungen stehen deshalb stets der Name und meist auch ein Bild dabei.

2 Ein Kommentar **bezieht sich** meist auf eine **Nachricht** oder eine **Reportage**, die in der Zeitung auf derselben Seite stehen.

4 Der **Autor**/Die **Autorin** des Kommentars schreibt, worum es geht (**Thema**), gibt die eigene **Meinung** dazu wieder und nennt **Gründe** für seine/ihre Meinung.

5 Oft werden im Text auch mögliche **Gegenargumente** genannt und **entkräftet**.

Einen Sachtext erschließen (5-Schritt-Lesemethode)

1 **Schritt 1:** Schaue dir **Überschrift**, **Bilder** und **Grafiken** an. Vermute, worum es geht, und notiere dir Fragen dazu. Lies dann den Text.
2 **Schritt 2:** Kläre **unbekannte Wörter** aus dem Zusammenhang oder schlage nach.
3 **Schritt 3:** Finde **Schlüsselstellen** im Text, die dir Antworten auf deine Fragen geben.
4 **Schritt 4:** Finde **Sinnabschnitte** im Text, meist helfen die Absätze. Gib jedem Abschnitt eine Überschrift; notiere die Fachbegriffe dazu.
5 **Schritt 5:** Schreibe eine **Zusammenfassung**.
   - Verwende dazu deine Notizen.
   - Nenne in der Einleitung den Titel des Textes und den Verfasser. Notiere auch, woher der Text stammt.
   - Gib den Inhalt des Textes in der Reihenfolge der Sinnabschnitte mit eigenen Worten wieder.
   - Schreibe sachlich, ohne persönliche Wertungen und im Präsens.

Einen Sachtext zusammenfassen

1 Nenne in der Einleitung den **Titel**, den **Autor**, die **Quelle**, die **Textsorte** (z. B. Reportage, Interview, Zeitungsnachricht), **das Erscheinungsjahr** und das **Thema**. (Mit „Thema“ ist gemeint, womit sich der Text insgesamt auseinandersetzt, hier z. B. *Ausgrenzung behinderter Menschen.*)
Der/Die/Das … (Textsorte) „…“ (Titel) von … (Autor) wurde … (Jahr) in … (Quelle) veröffentlicht. In dem Text geht es um … (Thema).
2 **Fasse im Hauptteil** den Text **abschnittsweise zusammen**. Nutze deine Notizen.
3 Formuliere **mit eigenen Worten**, schreibe sachlich und vermeide persönliche Kommentare. **Zahlen, Fachbegriffe** und **Namen** darfst du aus dem Text übernehmen.
4 Schreibe im **Präsens**.
5 Schreibe am Schluss deine **Meinung** zum Text. (Du kannst zum Beispiel schreiben, was der Text bei dir bewirkt hat, was du über ihn denkst oder wie du ihn findest.)

Ein Schaubild/Diagramm auswerten

1 Lies die **Überschrift** und überlege dir, um welches Thema es geht.
2 Betrachte das Schaubild und überlege:
   - **Was weißt du schon** über das Thema?
   - Welche **Fragen** hast du zu dem Thema, welche werden dir in den **Aufgaben** gestellt?
3 Versuche nun, das Schaubild zu verstehen:
   - Was bedeuten die **Begriffe**, die neben oder unter dem Schaubild stehen? Schlage nach.
   - Was kannst du den **Zahlen** entnehmen?
   - Wie können dir die unterschiedlichen **Farben** oder die **Bilder** helfen?
4 **Beantworte** nun die Fragen zum Thema.

Aus einem Text zitieren

1 Beim Zitieren gibst du wörtlich eine Textstelle wieder und setzt sie in Anführungszeichen.
2 Dazu nennst du die Zeile, in der das Zitat steht: *„Die Erdatmosphäre hat die Wirkung einer Schutzhülle.“ (Z. 1–2)*
3 Du kannst ein Zitat auch in die Antwort einfügen: *Die zentrale Aussage steht in Zeile 1–2: „Die Erdatmosphäre hat die Wirkung einer Schutzhülle.“*
4 Wenn du beim Zitieren etwas weglässt, machst du die **Auslassung** mit […] kenntlich: *Nur ein Teil der Wärmeenergie wird […] ins Weltall zurückgeworfen […]. (Z. 4–5)*
5 Wenn du etwas hinzufügst oder den Satzbau umstellst, stehen die Ergänzungen in eckigen Klammern. *Die Folge ist: „[A]uf der Erde [herrschen] relativ warme Temperaturen“ (Z. 4– 5).*

Literarische Texte untersuchen

Literarische Gattungen unterscheiden

Literarische Texte kann man in drei große Gruppen einteilen. Man nennt sie Gattungen.

1 **Lyrik:** Gedichte, Balladen und Lieder bestehen aus **Versen**, die häufig **Strophen** bilden. Lyrische Texte **reimen sich** häufig, haben einen regelmäßigen **Rhythmus** (Versmaß) und enthalten viele **sprachliche Bilder**.

2 **Epik:** Ein **fortlaufender Text in ganzen Sätzen** (das nennt man **Prosa**) erzählt, was die **Hauptfigur** erlebt, denkt, fühlt und tut. Beispiele für epische Texte sind Märchen, Sagen, Fabeln, Erzählungen und Romane.

3 **Dramatik:** Theaterstücke (Dramen) bestehen vor allem aus **wörtlicher Rede**. **Regieanweisungen** beschreiben das Bühnenbild und geben den Schauspielern Tipps, wie sie den Text sprechen sollen.

Gedichte

1 Gedichte bestehen manchmal aus einer, oft aber aus mehreren **Strophen**.

2 Jede Strophe hat mehrere Verse (= Zeilen).

3 Verse können sich **reimen**.

4 Verse im Gedicht haben oft einen bestimmten Rhythmus. Der **Rhythmus** entsteht durch den Wechsel von betonten und unbetonten Silben: *„Ich reime mich auf Zuckerbäcker", sagt der alte Rasselwecker.*

5 Viele Gedichte haben ein klares Reimschema. Es gibt zum Beispiel den ...

Paarreim	**Kreuzreim**	**umarmenden Reim**
a sechs	*a Dingen*	*a beschritten*
a Hex	*b fort*	*b Mineral*
b sieben	*a singen*	*b allemal*
b Rüben	*b Zauberwort*	*a verbitten*

Balladen

Eine Ballade erzählt eine dramatische Handlung in Versform. Balladen gelten als Gedichte, sind aber eigentlich eine **Mischung aus Gedicht, Erzählung und Theaterstück**. Balladen vereinen also Merkmale aller *drei Literaturgattungen*:

1 Balladen sind in **Strophen** eingeteilt, die einzelnen **Verse reimen sich**. → *Lyrik*

2 Balladen **erzählen** eine spannende **Geschichte**. Ein außergewöhnliches Ereignis und eine **(heldenhafte) Hauptperson** stehen im Mittelpunkt. → *Epik*

3 Balladen enthalten **Dialoge** zwischen den Figuren in wörtlicher Rede. Die Handlung läuft auf einen **Höhepunkt** zu. → *Dramatik*

Erzählungen

Eine Erzählung ist eine **Geschichte** – ähnlich wie der Roman, nur kürzer und nicht so verschachtelt. Es gibt meist nur eine Handlung, die zeitlich nacheinander abläuft (ohne Rückblenden, Erinnerungen, Nebenhandlungen). Der Erzähler nutzt die **Ich-Form** oder die **Er-/Sie-Form**.

Romane

1 Romane sind Bücher, die eine Geschichte erzählen (z. B. Kinder- und Jugendbücher). Die Handlung dreht sich um eine **Hauptperson** oder um eine **Gruppe von Menschen**, z. B. Freunde.

2 Dabei kann es im Verlauf der Geschichte **mehrere Nebenhandlungen** geben sowie **Rückblicke** in die Vergangenheit und den überraschenden Einbezug neuer Personen.

3 Das Geschehen im Roman umfasst eine größere **Zeitspanne**, geht oft über Tage oder Wochen.

Kurzgeschichten

1 **Umfang:** Kurzgeschichten sind recht kurz, die Handlung beschränkt sich auf das Wesentliche.
2 **Anfang und Ende:** Statt mit einer Einleitung zu beginnen, „springt“ eine Kurzgeschichte mitten ins Geschehen. Das Ende ist meist offen und manchmal überraschend.
3 **Erzählte Zeit:** Die erzählte Handlung dauert oft nur Minuten oder wenige Stunden.
4 **Themen und Personen:** Es geht um Personen und Themen aus dem Alltag.
5 **Orte und Personen:** Handlungsorte und Personen werden meist nicht genauer beschrieben oder vorgestellt.
6 **Ein besonderes Ereignis:** Im Mittelpunkt steht ein Ereignis, das das Leben des Protagonisten verändert/verändern kann.
7 **Sprache:** In einer Kurzgeschichte gibt es meist viele Dialoge. Die Sätze sind kurz und einfach. Es gibt nur wenige Beschreibungen.

Theaterstück (Drama)

Dramen bestehen meist aus diesen Elementen:
1 **Dialoge:** In wörtlicher Rede steht der Text, den die Schauspieler sprechen.
2 **Regieanweisungen:** Regieanweisungen sind meist kursiv gedruckt und geben Hinweise für die Inszenierung auf der Bühne.
3 **Akte:** Was im Roman ein Kapitel ist, heißt bei Theaterstücken Akt. Am Ende eines Aktes schließt sich meist der Bühnenvorhang.
4 **Szenen:** Eine Szene ist kürzer als ein Akt. Mehrere Szenen ergeben einen Akt.

Ellipse

Die Ellipse ist ein grammatikalisch unvollständiger Satz. Obwohl das Prädikat meist fehlt, bleibt der Satz verständlich. Ellipsen kommen häufig im Mündlichen oder in Überschriften vor. Als rhetorisches Mittel können sie das **Tempo des Geschehens** erhöhen. Beispiel: *Alles klar?*

Einen literarischen Text erschließen

1 Lies die **Überschrift** und schaue dir die Bilder an, wenn welche dabei sind. Mache dir **erste Gedanken** über die Geschichte.
2 Lies den **Text** und überlege, **worum es geht**. Gehe ihn in Gedanken noch einmal durch.
3 Kläre **unbekannte Begriffe** und Textstellen.
4 Beantworte die **W-Fragen**:
- **Wer** spielt in der Geschichte mit? *(Hauptfiguren)*
- **Wann** und **wo** spielt die Geschichte? *(Zeit/Ort)*
- **Was** geschieht? (*Ausgangssituation – Problem/Aufgabe/Wunsch – Lösungswege*)
- **Wie endet** die Geschichte?

5 Bilde dir eine Meinung zu der Geschichte.

Eine literarische Figur beschreiben

1 Einen Text, der eine literarische Figur genau beschreibt, nennt man **Charakterisierung**.
2 Du beschreibst darin das **Aussehen**, das **Verhalten** und die **Gefühle**, **Gedanken** und **Absichten** einer Figur, so wie man sie der Geschichte entnehmen kann.
3 Beim Lesen musst du also darauf achten, was über die Figur gesagt wird und wie sie sich verhält. Oft kannst du auch die Gefühle einer Figur aus ihrem Verhalten erschließen.

Die Erzählform untersuchen

Man unterscheidet zwei Erzählformen:
1 **Ich-Erzähler:** Die Erzählung ist in der Ich-Form geschrieben. Beispiel: *Wenn ich es nicht mache, schlagen sie mich wieder zusammen [...].*
2 **Er-/Sie-Erzähler:** Der Text steht in der Er- oder Sie-Form: *Rolf kniet auf dem Boden des Klassenzimmers, unbeweglich, erstarrt.*

Außer der Erzählform kann man auch die **Erzählperspektive** bestimmen (Innensicht/Außensicht): Wird das Geschehen nur *von außen* beschrieben oder wird auch deutlich, was *in den Personen* vorgeht (Gefühle und Gedanken)?

Sprachliche Mittel untersuchen

Sprachliche Mittel regen die Fantasie der Leser an: Man kann sich dadurch besser **einfühlen** und sich leichter **vorstellen**, worum es in einem Gedicht oder einem Text geht.

1 **Metapher:** Die Metapher ist ein sprachliches Bild und ersetzt oft eine lange Beschreibung. Die Aussage ist nicht wörtlich zu verstehen, sondern hat eine **übertragene Bedeutung**. Beispiel: *Es trieft der Wald von Sonnengold.*
→ Die Sonne lässt die Blätter der Bäume leuchten und wie Gold glänzen.

2 **Vergleich:** Zwei Personen oder Dinge, die etwas gemeinsam haben, werden durch ***wie*** verbunden und verglichen. Dem Leser ist auf diese Weise sofort klar, was gemeint ist. Beispiel: *Lukas ist stark wie ein Bär.*

3 **Personifikation:** Dinge oder Tiere werden beschrieben, als wären sie Menschen. Beispiel: *Die Sonne lacht.*

4 Das „Ich" im Gedicht ist nicht unbedingt der Autor selbst. Wenn jemand im Gedicht „ich" sagt, geht es oft um allgemeine Erfahrungen: Statt „ich" könnte dann auch „man" stehen.

5 **Alliteration:** Mehrere Wörter beginnen mit dem gleichen Buchstaben. Das sorgt für Aufmerksamkeit und betont die Aussage. Daher ist das Mittel in der Werbung beliebt. Beispiel: ***M**ilch **m**acht **m**üde **M**änner **m**unter.*

Ein Buch vorstellen

1 Nenne allgemeine Informationen: den Buchtitel, den Autor, den Verlag und die Art der Geschichte (z. B. *Krimi, Abenteuerroman*).

2 Beschreibe den Inhalt: Wer sind die Hauptpersonen der Geschichte? Wo und wann spielt sie? Worum geht es? (Verrate aber nicht zu viel, vor allem nicht den Schluss.)

3 Lies einen Ausschnitt vor. Erkläre zuvor kurz, was vorausgegangen ist.

4 Überlege dir für deine Vorstellung einen Anfangs- und einen Schlusssatz.

5 Beantworte am Schluss Fragen der Zuhörer.

Eine Textanalyse schreiben

1 **Einleitung:** Nenne am Anfang die Textsorte, den Verfasser/Autor, den Titel und das Thema des Textes, über den du schreibst.

Beispiele: *XXX ist eine Kurzgeschichte/eine Erzählung/ein Gedicht ... von ...*
Darin geht es um .../Das Thema ist ...

2 **Hauptteil:** Im Hauptteil der Analyse fasst du die Handlung der Geschichte zusammen und schreibst über die Personen und ihre Beziehung zueinander. Bei einem Gedicht machst du Angaben zu den besonderen Merkmalen (Form, Rhythmus, Reim ...) und beschreibst den Inhalt des Gedichtes genau. Du kannst auch auf die Spannung im Text und auf die Wirkung sprachlicher Mittel eingehen.

Beispiele: *Die Hauptfiguren sind ... Sie haben ein ... Verhältnis zueinander. Die Spannung entsteht dadurch, dass ... Das Gedicht enthält sprachliche Mittel: ... Dadurch wirkt es ...*

3 **Schluss:** Am Ende schreibst du, welche Botschaft der Text vermittelt, was der Text bei dir bewirkt hat, was du über den Text denkst oder wie du ihn findest.

Beispiele: *Der Text macht deutlich, dass ...*
Ich verstehe den Text so, dass ... Für mich wirkt der Text so, als ob ... Ich halte den Text für ...
Ich empfehle den Text, weil ...

Fachbegriffe zur Textanalyse verwenden

1 Die handelnden Figuren in einer Geschichte nennt man **Protagonisten** (oder auch: Hauptfiguren, Hauptpersonen).

2 Die Zeit, die nötig ist, um einen Text zu lesen, nennt man **Erzählzeit** (z. B. 10 Minuten).

3 Der Zeitraum, über den sich die Handlung der Geschichte erstreckt, nennt man **erzählte Zeit**. Das können Minuten, Stunden, Tage, Wochen, Monate, Jahre oder sogar Jahrhunderte sein.

Texte verfassen

Erzählen

A. Eine Geschichte planen

Erstelle zuerst einen Schreibplan, in dem du festhältst, wer deine Hauptpersonen sind, wo und wann deine Geschichte spielt, wie sie beginnt, was das erzählenswerte Ereignis wird und wie sie endet. Wenn du einen Geschichtenanfang fortsetzt, plane den Anschluss an die Geschichte.

B. Eine Geschichte schreiben

1 Der Anfang führt in die Ausgangssituation ein: Überlege dir einen einleitenden Satz, der die Leser neugierig macht.
2 Schreibe von den Personen, die du dir ausgedacht hast. Was macht sie so interessant? Schreibe auch, wann und wo die Geschichte spielt.
3 Erzähle Schritt für Schritt, in der richtigen Reihenfolge, was passiert. Achte darauf, dass du alles schreibst, was man wissen muss, um die Geschichte zu verstehen.
4 Lasse an der wichtigsten Stelle, dem Höhepunkt, etwas Außergewöhnliches, Überraschendes passieren.
5 Bleibe bei der Ich-Form oder Er-/Sie-Form.
6 Bleibe bei einer Zeitform, schreibe im Präteritum.
7 Schreibe zum Abschluss, wie deine Geschichte ausgeht (Auflösung der Geschichte).

C. Eine Geschichte überarbeiten

Prüfe die Geschichte mit der Checkliste im Buch (S. 163). Arbeite dabei allein oder mit anderen in einer Schreibkonferenz oder in einem Schreibkarussell.

1 Ist die Geschichte verständlich aufgebaut?
2 Sind Personen, ihre Gefühle, Orte der Handlung treffend beschrieben?
3 Steigert sich die Spannung (z. B. durch wörtliche Rede, Gedanken, Gefühle, Spannungswörter)?
4 Hast du Wiederholungen vermieden (z. B. durch abwechslungsreiche, treffende Wörter oder durch Umstellungen im Satz)?

Berichten

A. Aufbau eines Berichts

Ein Bericht besteht aus drei Teilen:

1 **Einleitung:** Die Einleitung beantwortet bereits die wichtigsten Fragen und gibt dem Leser einen Überblick. Sie enthält Angaben zu den Fragen: *Wo? Wer? Wann?* und allgemein zu der Frage: *Was?*
2 **Hauptteil:** Der Hauptteil enthält ausführliche Informationen darüber, was passiert ist. Wichtig ist, dass dabei die zeitliche Abfolge der Ereignisse eingehalten wird. Im Hauptteil stehen Angaben zu den Fragen: *Was? Wie? Warum?*
3 **Schluss:** Der Schluss gibt Antworten darauf, welche Folgen das Ereignis hatte oder wie das Problem am Ende gelöst wurde.

B. Einen Bericht planen

Beantworte dazu die 7 W-Fragen:

1 Was ist passiert?
2 Wer ist beteiligt?
3 Wann ist es geschehen?
4 Wo ist es geschehen?
5 Wie ist es passiert?
6 Warum ist es passiert?
7 Welche Folgen hatte das Ereignis?

C. Einen Bericht schreiben

1 Bleibe bei einem Ereignis.
2 Berichte in der richtigen zeitlichen Reihenfolge.
3 Schreibe im Präteritum.
4 Berichte wahrheitsgemäß.
5 Verwende keine wörtliche Rede, sondern nur die Redewiedergabe mit *dass* („Er sagte, dass er sich freut") oder die indirekte Rede.
6 Verzichte auf Kommentare und Wertungen.

D. Einen Bericht überarbeiten

Prüfe deinen Bericht mithilfe der oben genannten Kriterien (in den Abschnitten A, B und C). Arbeite allein oder mit anderen (Schreibkonferenz oder Schreibkarussell).

Beschreiben

Du kannst etwas beobachten, zum Beispiel einen Versuch, und den Vorgang beschreiben. Beschreibungen können aber auch Spielanleitungen, Kochrezepte oder Wegbeschreibungen sein.

A. Eine Vorgangsbeschreibung planen
1. Notiere in Stichpunkten das benötigte Material und die Arbeitsmittel.
2. Notiere die Arbeitsschritte oder sichtbare Wegmarken.
3. Ordne die Arbeitsschritte in der richtigen Reihenfolge.

B. Eine Vorgangsbeschreibung verfassen
1. Wähle eine passende Überschrift.
2. Beginne deinen Text mit dem benötigten **Material** und den **Arbeitsmitteln**.
3. Schreibe anschließend den **Ablauf in der richtigen Reihenfolge** auf.
4. Schreibe bei einem Versuch dazu, was du **beobachtest** und wie du es dir **erklärst**.
5. Bleibe in der Zeitform **Präsens**.
6. Verwende die **„Man-Form“** oder die **„Du-Form“**.
7. Schreibe **abwechslungsreiche Sätze**, die den Ablauf zeigen: *zuerst, anschließend …*

C. Eine Vorgangsbeschreibung überarbeiten
Prüfe deine Beschreibungen mit der Checkliste im Buch (→ S. 177). Arbeite allein oder mit anderen (Schreibkonferenz oder Schreibkarussell).

Meinungen und Anliegen darlegen

1. Mündlich und schriftlich geht es häufig darum, die **eigene Meinung** darzustellen und zu vertreten (z. B. in Gesprächen oder in Briefen).
2. Ein **Anliegen** kann ein Wunsch sein, eine Bitte um Hilfe oder um Erlaubnis.
3. Du kannst deine Meinung oder dein Anliegen als **Aussage** oder Behauptung aufschreiben.
   Dann nennst du **Gründe**, warum du etwas für gut oder schlecht hältst oder möchtest, dass etwas getan oder unterlassen wird. Zu den Gründen solltest du auch **Beispiele** nennen.
4. Begründungen beginnen oft mit den Wörtern *denn* oder *weil*.
5. Eine Aussage zusammen mit einer Begründung und mit Beispielen heißt **Argument**. Suche für deine Meinung möglichst viele Argumente und ordne sie nach der Wichtigkeit.
6. Überlege, mit welchem Argument du deine Leser vermutlich am besten erreichst. Bringe deine schwächeren Argumente zuerst, deine besten eher am Ende des Textes.

Aufbau eines Arguments

Mit Argumenten stützt du deine Meinung. Ein vollständiges Argument besteht aus einer **B**ehauptung, einer **B**egründung und einem anschaulichen **B**eispiel (B-B-B).
1. **Behauptung:** *Auch eine kleine Spende ist ein wichtiger Beitrag, …*
2. **Begründung:** *… weil es viele Menschen gibt, die spenden; so kommt viel Geld zusammen.*
3. **Beispiel:** *Im Supermarkt kann man Pfandbons spenden. So wurden letztes Jahr für das Jugendzentrum 2 500 € gesammelt.*

Einen Aufruf schreiben

1. Informiere sachlich über die **Hintergründe** und überzeuge durch **Fakten** und **Zahlen**.
2. Fasse deine Forderungen in **kurze und prägnante Sätze**.
3. Sprich den Leser direkt an (*du/wir*).
4. Verwende **Verben**, die deine **Aufforderung** unterstreichen, zum Beispiel: *müssen, sollen, fordern, verlangen, raten, darauf bestehen.*
5. Verwende den **Imperativ**:
   verzichten → verzichte! geben → gib!
6. Nutze **Bilder**, **Symbole** und **Slogans**, damit der Aufruf einprägsam und verständlich wird.

Ein Bewerbungsanschreiben erstellen

1 Orientiere dich beim Aufbau des Anschreibens an dem Muster auf S. 165. (Offizielle Vorlagen findest du auch in der DIN-Norm 5008.)
2 Wähle für dein Anschreiben eine **gut lesbare Schrift** (z.B. Arial, Calibri, Größe 11 oder 12). Lasse einen **Rand an den Seiten** und denke an **Absätze**.
3 Beginne mit dem **Absender** (deine Adresse). Schreibe rechts oben **Ort und Datum**. Dann folgt die **Anschrift des Unternehmens**.
4 Nutze **höfliche Anrede- und Grußformeln**.
5 Mache im Brief deinen **Berufswunsch** und die Gründe dafür deutlich. Begründe die Wahl des Unternehmens. Gib auch deinen (erwarteten) **Schulabschluss** und den Zeitpunkt an.
6 Bitte zum Schluss um einen Termin für ein **Vorstellungsgespräch**.

Einen Lebenslauf schreiben

Dein Lebenslauf informiert in knapper Form über dich, über deine bisherigen Erfahrungen, deine Leistungen, Fähigkeiten und Interessen.

1 Der Lebenslauf beginnt mit der **Überschrift** (fett gedruckt) und einem **Foto** (oben rechts).
2 Dann folgen **persönliche Daten**: *Name, Adresse, Telefon, E-Mail, Geburtsdatum.*
3 Weitere Angaben werden jeweils durch **Zwischenüberschriften** eingeleitet:
   - *Schulbildung* (Schulform mit Zeitraum, erwarteter Schulabschluss mit Zeitpunkt)
   - *Praktische Erfahrungen* (z.B. Praktika mit Zeitraum und Arbeitgeber)
   - *Besondere Kenntnisse* (passend zum Beruf, z.B. Sprachen, PC-Kenntnisse)
   - *Hobbys oder Interessen*, die einen guten Eindruck hinterlassen.
4 Am Schluss stehen **Ort und Datum** (= Datum des Anschreibens) und die Unterschrift.

Texte überarbeiten

Schreibkonferenz

A. Vorbereitung

In einer Schreibkonferenz arbeitet ihr in Gruppen zusammen. Erstellt zunächst drei Prüflisten: a) zum Aufbau und Inhalt, b) zur Sprache, c) zur Form (Absätze, Rechtschreibung, Schrift).

B. Ablauf der Schreibkonferenz

1 Jeder Schüler bekommt eine Kopie des Textes.
2 Der Verfasser liest seinen Text vor. Die anderen geben erste Eindrücke wieder: Wie gefällt ihnen der Text? Was ist gut gelungen?
3 Jeder Schüler übernimmt nun eine der Prüflisten und prüft die einzelnen Punkte. Er notiert dabei in Stichpunkten, was gut gelungen ist und was man verbessern könnte.
4 Nun werden die Tipps dem Verfasser mitgeteilt und mit ihm besprochen. Er entscheidet dann selbst, wie er seine Geschichte überarbeitet.

Schreibkarussell

A. Vorbereitung

Im Schreibkarussell arbeitet ihr zu sechst in einer Gruppe zusammen. Erstellt drei Prüflisten: a) zum Inhalt (grün), b) zur Sprache (blau) und c) zur Rechtschreibung (rot). Jedes Zweierteam übernimmt eine Liste und korrigiert mit dem entsprechenden Farbstift in Grün, Blau oder Rot.

B. Ablauf des Schreibkarussells

1 Klebt den zu bearbeitenden Text (DIN A4) zum Korrigieren in die Mitte eines DIN-A3-Blattes. Ihr könnt gleichzeitig drei Texte bearbeiten.
2 Lest den Text sorgfältig, prüft ihn mit eurer Prüfliste und schreibt Anmerkungen mit eurer Farbe neben den Text.
3 Gebt die Texte reihum weiter. Sind alle drei Farben bearbeitet, bekommt der Verfasser seinen Text zurück und kann ihn überarbeiten.

Über Sprache nachdenken

Wortfamilien und Wortfelder

1 Wörter, die einen gemeinsamen Wortstamm haben, bilden eine **Wortfamilie.** Bei verwandten Wörtern bleibt der Wortstamm fast immer gleich, z. B. bei Wörtern mit Dehnungs-h wie *fühlen, Gefühl, gefühllos, (du) fühlst* oder mit Doppelkonsonanten wie *Wasser, wässrig, Mineralwasser, Wasserscheide*. Es gibt aber auch Ausnahmen wie *essen, (du) isst, (er) aß*.

2 Ein **Wortfeld** ist eine Gruppe von Wörtern mit gleicher oder ähnlicher Bedeutung. Wortfelder können helfen, Wiederholungen zu vermeiden, z. B. *sehen (schauen, beobachten, betrachten ...)*.

3 **Oberbegriffe** fassen mehrere Begriffe zusammen: *Gewässer*. **Unterbegriffe** haben eine engere Bedeutung: *Bäche, Flüsse, Seen ...*

Wortarten erkennen

1 Es gibt Wörter, die man flektieren (beugen) kann. Sie können z. B. im Singular (Einzahl) und im Plural (Mehrzahl) stehen:
a) Nomen: *der Tag, die Verkäuferin, das Spiel*
b) Artikel: bestimmte Artikel *der, die, das* und unbestimmte Artikel: *ein, eine*
c) Verben, z. B.: *rennen, spielen, schreiben*
d) Pronomen: Personalpronomen: *ich, du, wir ...* und Possessivpronomen: *mein, dein, unser ...*
e) Adjektive: *klug, schwach, mutig, ehrlich*.

2 Es gibt **Wörter**, die man **nicht flektieren** (beugen) kann, z. B.:
a) Konjunktionen: *und, weil, denn, als, dass*
b) Präpositionen: *auf, in, zu, nach*
c) Adverbien: *heute, morgen, hier, dort, jetzt*.

Artikel

1 Artikel gibt es als bestimmte Artikel *(der, die, das)* und als unbestimmte Artikel *(ein, eine)*.

2 Der bestimmte Artikel wird verwendet, wenn etwas bekannt ist oder im Text schon erwähnt wurde.

Nomen

1 Nomen bezeichnen **Namen, Lebewesen, konkrete Dinge**, die man anfassen oder wahrnehmen kann und **Gefühle und Gedanken**.

2 Nomen schreibt man groß.

3 So kannst du Nomen erkennen:
a) **Artikelprobe:** *der, die, das* oder einen unbestimmten Artikel *(ein,-e)* davorsetzen, z. B. *ein Heft, die Freude.*
b) Es gibt in der Regel eine **Singular- und** eine **Pluralform**: *das Buch – die Bücher*.
c) Viele Nomen haben die **Endung** *-heit, -keit, -schaft, -ung, -nis* oder *-tum*.
d) Es stehen **Signalwörter** davor:
- **Artikel** oder Präpositionen mit verstecktem Artikel, z. B. *die Pizza, am Abend*,
- **Zahlwörter**, z. B. *drei Spieler, viele Bälle*,
- **Pronomen**, z. B. *mein Pullover, unser Dorf*,
- **Adjektive**, z. B. *frische Salate, feines Gemüse*.

4 Nomen können **in vier Fällen** auftreten. Mit W-Fragen kannst du den Fall erkennen: Nominativ (*Wer oder was?*), Genitiv (*Wessen?*), Dativ (*Wem?*), Akkusativ (*Wen oder was?*).

Pronomen

1 **Personalpronomen** ersetzen Nomen. So kannst du Wiederholungen vermeiden: *ich, mir, mich/du, dir, dich/er, ihm, ihn/sie, ihr/wir, uns/ihr, euch/sie, ihnen*.

2 **Possessivpronomen** geben an, wem etwas gehört: *mein, dein, sein, ihr, unser, euer, ihr.*

3 **Relativpronomen** *(der, die, das)* leiten einen Relativsatz ein und beziehen sich auf ein Nomen im Hauptsatz: *Hans schreibt die Bewerbung, die er heute abschicken will.*

4 **Demonstrativpronomen** weisen auf etwas zurück oder voraus. Sie können für ein Wort oder einen ganzen Satz stehen: *Üben lohnt sich. Das ist meine Erfahrung.* Demonstrativpronomen können auch ein Nomen begleiten: Ich hätte gern dieses Buch. Weitere Demonstrativpronomen sind *solcher/solche, jener/jene, derjenige/diejenige*.

Verben

Verben bezeichnen Tätigkeiten. Sie bilden verschiedene Zeitformen. Man unterscheidet regelmäßige und unregelmäßige Verben. Die unregelmäßigen Verben muss man lernen (→ S. 313).

1 Im **Präsens (Gegenwart)** drückst du aus, dass etwas regelmäßig oder gerade im Moment geschieht: *Lena füttert jeden Morgen die Fische. Gerade lese ich ein spannendes Buch.* Man kann das Präsens auch für die Zukunft verwenden: *Morgen gehe ich zum Sport.*

2 Das **Präteritum (1. Vergangenheit)** verwendest du, wenn du schriftlich berichtest oder erzählst, was schon geschehen und abgeschlossen ist. Es gibt regelmäßige Formen: Sie werden mit *-te* gebildet (*hoffen – er hoffte*). Bei den unregelmäßigen Formen wechselt der Vokal (*rufen – sie rief, lesen – sie las*).

3 Das Perfekt (**2. Vergangenheit**) verwendest du, wenn du mündlich berichtest oder erzählst, was schon vorbei ist: *Ich bin gefahren. Ich habe gehört.* Das Perfekt bildest du mit einem der Hilfsverben *sein* oder *haben* und dem Partizip: *Wir sind nach Hause gegangen. Sie haben sich beschwert.*
Unregelmäßige Verben verändern ihren Wortstamm im Präteritum und auch im Perfekt: *ich finde – ich fand – ich habe gefunden.*

4 Das **Plusquamperfekt** verwendest du, wenn etwas noch vor anderen Ereignissen in der Vergangenheit geschah. Man bildet das Plusquamperfekt mit dem Präteritum der Hilfsverben *sein* oder *haben* und mit dem Partizip: *Wir waren nach Hause gegangen, bevor es losging. Sie hatten sich oft beschwert, bis er es änderte.*

5 Das **Futur I** verwendest du, wenn du über die Zukunft schreibst. Es wird mit dem Hilfsverb *werden* und dem Infinitiv (= Grundform des Verbs) gebildet: *Ich werde es dir morgen sagen.* Das Futur wird häufig auch verwendet, um Vermutungen, Hoffnungen oder Wünsche auszudrücken: *Es wird schon nicht regnen. Er wird sicher noch kommen. Das wird toll!*

6 Das **Futur II** drückt aus, dass eine Handlung zu einem bestimmten Zeitpunkt in der Zukunft (vermutlich) abgeschlossen sein wird. *Morgen werde ich in Amerika gelandet sein. Nächste Woche wird sie ihn abgeholt haben.* Das Futur II wird mit *werden*, dem Partizip und den Hilfsverben *haben* oder *sein* gebildet.

7 Viele Verben sind aus Vorsilbe und Verb zusammengesetzt: *ver-lieren, mit-bringen*. Die Verben mit Vorsilben sind trennbar, wenn beim Sprechen die Vorsilbe betont wird, z. B. Verben mit *ab-, an-, auf-, ein-, mit-, vor-*. Bei diesen Verben wird im Präsens und im Präteritum die Vorsilbe abgetrennt: *mitbringen → Sie bringt ein Buch mit*. Wenn die Vorsilbe unbetont ist, bleibt das Verb zusammen, z. B. *bei be-, er-, ent-, ver-, vor-: erzählen → Sie erzählt von dem Buch*.

Verben im Konjunktiv

1 Der **Konjunktiv I** kommt oft in der **indirekten Rede** vor: Mein Freund sagt, das Spiel sei sehr spannend. Er sagt, es stehe gerade unentschieden. Das habe er im Radio gehört.

2 Mit dem **Konjunktiv II** kann man ausdrücken, wenn etwas **nicht wirklich** eintreten wird: Am Samstag muss ich arbeiten. Sonst käme ich zur Party./Sonst würde ich zur Party kommen.

3 Man kann auch **einen Wunsch** ausdrücken: Dieses Wetter! Wäre es doch etwas wärmer!, eine **besonders höfliche Bitte** äußern: Könnte ich bitte noch ein Brötchen bekommen?, etwas **vermuten:** Das Spiel noch zu gewinnen, dürfte schwierig werden, etwas **empfehlen:** Diese Jacke würde ich nicht kaufen! oder über etwas **staunen:** Ich hätte nicht mehr an den Sieg geglaubt.

4 Der **Konjunktiv II** wird mit dem Wortstamm des Präteritums gebildet. Bei den unregelmäßigen Verben (→ S. 313) kommen ein -e und oft ein Umlaut (ä, ö, ü) hinzu: ich begänne, er stände/er stünde. Mündlich nutzt man meist die würde-Form: ich würde beginnen, er würde stehen.

Indirekte Rede

1 Die **indirekte Rede wird mit dem Konjunktiv I gebildet**. Man kann damit wiedergeben, was jemand anderes gesagt hat, ohne selbst Stellung zu beziehen. Indirekte Rede findest du oft in Nachrichten und Zeitungsartikeln. Die **Formen** des Konjunktivs I im Präsens: *ich spiele, du spielest, er/sie/es spiele, wir spielen, ihr spielet, sie spielen*.

2 In der indirekten Rede gibt es nur eine Vergangenheit. Sie wird mit *sein* und *haben* gebildet: Sie sagte: „Ich bin gerannt." → *Sie sagte, sie sei gerannt.*/Er sagte: „Ich habe mich beeilt." → *Er sagte, er habe sich beeilt.*

Aktiv und Passiv

1 Das **Aktiv** betont den „Täter": Das Subjekt handelt aktiv. Dadurch wirkt der Satz lebendig: *Der Schiedsrichter zeigt die Rote Karte.*

2 Das **Passiv** betont das Geschehen. Das Subjekt im Satz ist die Person oder die Sache, mit der etwas geschieht: *Die Rote Karte wird gezeigt.*

3 So bildest du das Passiv: Subjekt + *werden* + Partizip Perfekt (oft mit Vorsilbe *ge-*).

Adjektive

1 Mit Adjektiven kannst du genau beschreiben. Du findest das Adjektiv mit der Frage: *Wie?* Beispiel: *Er ist mutig. Wie ist er? Mutig.*

2 Mit Adjektiven kannst du auch vergleichen. Dazu kann man viele Adjektive steigern.
a) Grundstufe (Positiv): *Ali springt weit.*
b) Vergleichsstufe (Komparativ): *Lena springt weiter.*
c) Höchststufe (Superlativ): *Larissa springt am weitesten.*

3 Wenn etwas gleich ist, verwendet man *wie*. Beispiel: *Elias ist so flott wie Ben.* Will man Unterschiede benennen, verwendet man *als*. Beispiel: *Mike ist jünger als Lea.*

4 Viele Adjektive enden auf *-lich, -isch, -sam, -ig, -los, -bar: wunderbar, königlich, furchtsam ...*

Konjunktionen

1 Konjunktionen (Bindewörter) verbinden Wörter (Es gibt Äpfel *und* Birnen) und Sätze (Ich zieh die Jacke an, *denn* es ist kalt).

2 Konjunktionen können verschiedene Funktionen haben: begründend *(weil, da, zumal, denn)*, zeitlich *(nachdem, als, wenn, bevor)*, einschränkend *(obwohl, während)*, entgegensetzend *(aber, doch, hingegen, jedoch)*, aneinanderreihend *(und, sowie, weder ... noch, sowohl ... als auch)*, auf ein Ziel hin *(damit, dass, um ... zu, sodass)*, bedingend *(falls, wenn, sofern)*.

Präpositionen

1 Präpositionen sind zum Beispiel folgende Wörter: *an, auf, unter, mit, nach, über, in*.

2 Präpositionen geben an, wie sich etwas zueinander verhält. Sie beziehen sich ...
- auf den **Ort** *(auf dem Sofa, neben der Tür)*,
- auf die **Zeit** *(während der Ferien)*,
- auf die **Art und Weise** *(mit Genauigkeit)*
- oder auf den **Grund** *(wegen des Regens)*.

3 Präpositionen stehen immer mit einem bestimmten Fall:
- mit dem **Genitiv** *(trotz, während, wegen;* Beispiel: *trotz des Regens)*,
- mit dem **Dativ** *(außer, bei, mit, seit;* Beispiel: *nach dem Spiel)* oder
- mit dem **Akkusativ** *(bis, durch, ohne;* Beispiel: *gegen die andere Klasse)*.

4 Einige Präpositionen können mit Akkusativ oder mit Dativ stehen. Damit ändert sich die Bedeutung: *Der Dachdecker klettert auf das Dach.* (Wohin?) *Er steht auf dem Dach.* (Wo?)

Adverbien

Adverbien (Singular: **Adverb**) sind nicht veränderbare Wörter, die beschreiben, **wo, wann, wie und warum** etwas geschieht. Sie helfen dabei, genaue Informationen zu geben und Wiederholungen zu vermeiden: *Die Jungs spielen in der Halle. Dort waren sie auch gestern.*

Sätze mit Proben untersuchen

1 Die **Umstellprobe** zeigt, welche Wörter im Satz zusammengehören. Sie bilden die **Satzglieder**. Sie können aus einem Wort oder aus mehreren Wörtern bestehen:
Sascha/trainiert/jeden Montag/in der Halle.
Jeden Montag/trainiert/Sascha/in der Halle.
In der Halle/trainiert/Sascha/jeden Montag.
Meist besteht ein Satz aus mehreren Satzgliedern. Das Satzglied am Anfang des Satzes wird besonders betont. Die Umstellprobe kann dir helfen, abwechslungsreich zu schreiben.

2 Mit der **Weglassprobe** findest du in einem Satz das **Subjekt** und das **Prädikat**: *Laura geht im Herbst am Abend, wenn ihre Freundin kommt, gerne ins Kino.* Wenn du alles andere weglässt, bleibt der Satz: *Laura geht.*

3 Mit der **Ersatzprobe** kannst du Wiederholungen in Texten vermeiden, indem du einzelne Wörter oder Satzglieder durch andere ersetzt. *Laura geht heute ins Kino. Laura freut sich schon aufs Kino. Ersatzprobe: Laura geht heute ins Kino. Sie freut sich schon darauf.*

4 Mit der **Erweiterungsprobe** kannst du Texte anschaulicher gestalten: *Laura geht ins Kino.* → *Laura geht heute Nachmittag, weil ein toller Film läuft, ins Kino im City-Palast.*

Subjekt und Prädikat

1 Das **Prädikat** gibt an, was geschieht oder was jemand tut: *Was tut der Spieler?* → *Er trainiert.*
Das Prädikat wird mit Verben gebildet.
Es richtet sich nach dem Subjekt:
Ein Schüler rechnet. Alle Schüler rechnen.
Im Aussagesatz steht das Prädikat an der zweiten Stelle: *Gestern/ging/ich ins Kino.*
Im Perfekt ist das Prädikat zweiteilig: *Ich bin gestern in die Stadt gelaufen. Er will das Spiel gewinnen.*

2 Das **Subjekt** gibt an, wer oder was etwas tut: *Die Lehrerin verteilt die Arbeitsblätter.*
Das **Subjekt** erfragst du mit dem Prädikat: *Wer oder was lässt uns Zeit?* → *die Lehrerin.*

Objekte

Viele Verben verlangen im Satz eine oder mehrere weitere Ergänzungen: die **Objekte**.

1 **Objekte** ergänzen Verben, die nicht alleine stehen können (z. B. *schenken, leihen, geben, nehmen*). Sie geben dem Satz zusätzliche Informationen. Das macht Texte anschaulicher.

2 Das **Dativobjekt** gibt Antwort auf die Frage ***Wem?*** *Ben schreibt seiner Freundin Klara.*
Wem schreibt Ben? → seiner Freundin Klara.

3 Das **Akkusativobjekt** gibt Antwort auf die Frage: ***Wen oder was?***
Klara nimmt ein Erdbeereis.
Was nimmt Klara? → ein Erdbeereis.

4 Manche Verben verlangen **beide Objekte** (Akkusativobjekt und Dativobjekt):
Ben schenkt seiner Freundin ein Erdbeereis.

5 Manchmal steht ein Nebensatz für ein Objekt: *Ben schreibt, dass er Klara einlädt.* Solche Nebensätze nennt man **Objektsätze**.

Adverbialien

1 **Adverbialien** liefern zusätzliche Informationen und machen Sätze und Texte anschaulicher. Je nach Art der Information unterscheidet man:
- **Temporaladverbialien** (Zeit: *Wann? Wie lange? Seit wann? Bis wann?*)
- **Lokaladverbialien:** (Ort: *Wo? Woher? Wohin?*)
- **Modaladverbialien** (Art und Weise: *Wie?*)
- **Kausaladverbialien** (Grund oder Bedingung: *Warum? Weshalb?*)
- **Finaladverbialien** (Zweck oder Ziel: *Wozu?*)

2 Oft passen im Satz zwei oder mehr Adverbialien gut zusammen: *Am Nachmittag* schreibt Ben *in seinem Zimmer eine Mail an seine Freundin Klara, um sich mit ihr zu verabreden.*

Subjektsätze und Objektsätze

1 **Nebensätze**, die für ein Subjekt stehen, heißen Subjektsätze. Nebensätze, die für ein Objekt stehen, heißen Objektsätze.
2 Nach **Subjektsätzen** fragt man mit: *Wer oder was?* Beispiel: *Ob das stimmt, ist unklar.*
3 **Objektsätze** ersetzen Objekte im Genitiv, Dativ oder Akkusativ. Man fragt danach mit: *Wessen?, Wem?* oder *Wen oder was?* Beispiel: *Ich weiß nicht, wem das gehört.*
4 Subjekt- und Objektsätze beginnen mit **Konjunktionen** (*dass, ob*) oder mit Fragepronomen (*wer, wessen, wem, wen, wie*).
5 Zwischen dem Subjektsatz oder Objektsatz und dem Hauptsatz steht ein **Komma**.

Sätze miteinander verknüpfen

1 Man kann zwei oder mehr Sätze verknüpfen. So entstehen *Satzreihen* oder *Satzgefüge*.
2 **Satzreihe** wird die Verknüpfung von zwei Hauptsätzen genannt: *Es ist schon ziemlich kühl, aber wir spielen noch im Freien.* Typische Konjunktionen in einer Satzreihe sind: *aber, und, denn, doch, oder.*
3 **Satzgefüge** nennt man die Verknüpfung von einem Hauptsatz mit einem Nebensatz: *Es ist schon spät, als wir nach Hause kommen.* Typische Konjunktionen im Satzgefüge sind: *da, als, weil, bevor, bis, damit, dass, indem, nachdem, obwohl, sodass, solange, während, wenn.*
4 Verknüpfte Sätze werden fast immer durch ein Komma getrennt. Nur vor *und* bzw. *oder* muss kein Komma stehen.
5 Nebensätze, die mit der Konjunktion *dass* beginnen, werden mit einem Komma vom Hauptsatz getrennt. Sie stehen oft nach Verben des Denkens, Sagens oder Fühlens: *Ich hoffe, dass ich eine gute Note bekomme.*
6 Nebensätze, die mit dem Relativpronomen *der, die, das* oder *welcher, welche, welches* beginnen, werden mit einem Komma vom Hauptsatz getrennt: *Erinnerst du dich an die Frau, die ich dir gezeigt habe?*

Attribut und Attributsatz

1 **Attribute** („Beifügungen") gehören immer zu einem Nomen. Sie erläutern es genauer.
2 **Links vom Nomen** stehen **Adjektivattribute** (*das rote Fahrrad*) und **Partizipialattribute** (*das glänzende Fahrrad*).
3 Meist **rechts vom Nomen** stehen Attribute im **Genitiv** (*das Rad meiner Freundin*) oder mit Präposition (*das Rad am Zaun*).
4 Auch **Adverbien** wie *dort, hier, oben, gestern* können ein Nomen näher bestimmen. Beispiel: *das Fahrrad dort*.
5 Ein Relativsatz, der ein Nomen näher beschreibt, wird auch **Attributsatz** genannt. Attributsätze können Adjektive oder Partizipien ersetzen (*das rote Fahrrad* → *das Fahrad, das rot ist; das reparierte Fahrrad* → *das Fahrrad, das repariert wurde.* Um Missverständnisse auszuschließen, stehen Attributsätze immer nahe beim Nomen.

Richtig schreiben

Satzzeichen bei der wörtlichen Rede

1 Die wörtliche Rede wird durch **Anführungs- und Schlusszeichen** gekennzeichnet.
2 Ein **Redebegleitsatz** gibt an, wer etwas sagt. Er kann vor der wörtlichen Rede stehen. *Ben sagte: „Mathe schaff' ich auch noch."*
3 Der Redebegleitsatz kann auch nach der wörtlichen Rede stehen:
„Du musst mehr üben", sagte der Trainer.
„Hast du noch die Kraft dazu?", fragte er.
„Spiel den Ball schneller ab!", rief er.
Folgt ein Redebegleitsatz, steht am Ende der wörtlichen Rede kein Punkt. Ein Ausrufe- oder ein Fragezeichen bleibt jedoch stehen.
4 Der Redebegleitsatz kann zwischen der wörtlichen Rede stehen: *„Ich komme", kündigte die Oma an, „bald zu Besuch."*

Rechtschreibstrategien nutzen

Mit den folgenden Strategien kannst du prüfen, wie ein Wort geschrieben wird.

1 **Wörter deutlich sprechen:** Sprich die Wörter deutlich in Silben. Die meisten schreibt man, wie man sie spricht: *fra-gen, Na-me, Scho-ko-la-de*. In jeder Silbe ist ein Vokal.

2 Wird der Vokal lang oder kurz gesprochen? Danach richtet sich in den meisten Fällen die Schreibung der folgenden Konsonanten.
   a) Viele Wörter nach einem lang gesprochenen Vokal werden geschrieben, wie man sie spricht: *sagen, kleben, toben, kluge.* Wörter mit einem lang gesprochenen *-i* schreibt man meist mit *-ie*: *Liebe, siegen.* Wörter mit *–h* muss man auswendig lernen: *Nä-he* (silbentrennendes -h), *nehmen, Lohn, Bahn* (Dehnungs-h).
   b) Nach einem kurz gesprochenen Vokal folgen fast immer zwei Konsonanten: *fest, Hemd*. Hört man nur einen, wird er verdoppelt: *offen, Stelle, Himmel, Tanne, Treppe, knurren, Wasser, Kette*. Für den k-Laut schreibt man *-ck*, für den z-Laut *-tz*: *Decke, Hitze*.

3 **Wörter verlängern:** *b, d, g* am Wortende klingen wie *p, t, k*. Um die Schreibung zu klären, bilde zu Nomen den Plural *(Hand – Hände)*, zu Verben den *Infinitiv (schrieb – schreiben)* und steigere Adjektive oder verwende sie mit Nomen: *lieb – lieber; gelb – das gelbe Auto.*

4 Verwandte Wörter suchen: Oft helfen Wörter aus der Wortfamilie weiter:
   a) Wörter mit *-ä* und mit *-äu*: *kälter – kalt, ängstlich – Angst; säubern – sauber.*
   b) Wörter mit Dehnungs-h: *fuhr – fahren*.
   c) Wörter mit Doppelkonsonanten: *verkümmert – Kummer, himmlisch – Himmel.*

5 Ersatzprobe bei *das* und *dass*: Das Relativpronomen *das* kannst du durch *dies, dieses* oder *welches* ersetzen.
Die Konjunktion *dass* steht oft nach Verben des Denkens, Fühlens und Sagens:
Ich hoffe, dass ... Wir glauben, dass ...

Getrennt- und Zusammenschreibung

1 Ausdrücke aus **Nomen und Verb,** aus **Adjektiv und Verb** oder aus **zwei Verben** schreibt man in der Regel auseinander: *mit dem Rad fahren, einen Aufsatz schreiben, liegen bleiben, spazieren gehen, gut essen, schön schreiben.*

2 Verwendet man diese Ausdrücke aber als Nomen, werden sie zusammengeschrieben: *beim Radfahren, beim Aufsatzschreiben, beim Spazierengehen, das Liegenbleiben, beim Schönschreiben.*

3 Bekommt ein Ausdruck eine neue Bedeutung, schreibt man ihn zusammen: *schwerfallen*.
Er ist beim Wandern schwer gefallen.
Mathe ist mir schwergefallen.

4 Adjektive plus *sein* schreibt man auseinander: *glücklich sein, traurig sein*.

5 Verwendet man diese Ausdrücke aber als Nomen, werden sie zusammengeschrieben: *das Glücklichsein*.

Groß- und Kleinschreibung

1 **Großschreiben** musst du Nomen, als Nomen gebrauchte Verben und Adjektive, Satzanfänge und das erste Wort der Überschrift sowie die Höflichkeitsanrede *Sie, Ihr, Ihre*.

2 **Nomen** erkennst du an der Bedeutung (Lebewesen, Dinge, Gefühle). Außerdem geben Signalwörter Hinweise auf ein Nomen oder auf ein als Nomen gebrauchtes Verb oder Adjektiv:
der Ball, ein Anzug, das Schwimmen, beim Spielen, ihr Lächeln, etwas Neues, das Blau.

3 Nomen erkennst du auch an den Endungen *-heit, -keit, -nis, -schaft* oder *-tum*.

4 **Adjektive** erkennst du oft an der Endung: *-ig, -lich, -isch, -sam, -bar*. Adjektive musst du kleinschreiben: *lustig, haltbar, ängstlich*.

Unregelmäßige Verben

Infinitiv	Präteritum	Perfekt
befehlen	befahl	hat befohlen
beginnen	begann	hat begonnen
beißen	biss	hat gebissen
biegen	bog	hat gebogen
bitten	bat	hat gebeten
blasen	blies	hat geblasen
bleiben	blieb	ist geblieben
brechen	brach	ist gebrochen
bringen	brachte	hat gebracht
denken	dachte	hat gedacht
erschrecken	erschrak	ist erschrocken
essen	aß	hat gegessen
fahren	fuhr	ist gefahren
fallen	fiel	ist gefallen
fangen	fing	hat gefangen
finden	fand	hat gefunden
fliegen	flog	ist geflogen
fließen	floss	ist geflossen
fressen	fraß	hat gefressen
frieren	fror	hat gefroren
geben	gab	hat gegeben
gehen	ging	ist gegangen
gelingen	gelang	ist gelungen
geschehen	geschah	ist geschehen
gewinnen	gewann	hat gewonnen
gießen	goss	hat gegossen
greifen	griff	hat gegriffen
haben	hatte	hat gehabt
halten	hielt	hat gehalten
hängen	hing	hat gehangen
heben	hob	hat gehoben
heißen	hieß	hat geheißen
helfen	half	hat geholfen
kennen	kannte	hat gekannt
klingen	klang	hat geklungen
kommen	kam	ist gekommen
können	konnte	hat gekonnt
laden	lud	hat geladen
lassen	ließ	hat gelassen
laufen	lief	ist gelaufen
leihen	lieh	hat geliehen
lesen	las	hat gelesen
liegen	lag	hat gelegen
nehmen	nahm	hat genommen
raten	riet	hat geraten
reißen	riss	hat gerissen

Infinitiv	Präteritum	Perfekt
reiten	ritt	ist geritten
rennen	rannte	ist gerannt
riechen	roch	hat gerochen
rufen	rief	hat gerufen
scheinen	schien	hat geschienen
schieben	schob	hat geschoben
schießen	schoss	hat geschossen
schlafen	schlief	hat geschlafen
schlagen	schlug	hat geschlagen
schleichen	schlich	ist geschlichen
schließen	schloss	hat geschlossen
schneiden	schnitt	hat geschnitten
schreiben	schrieb	hat geschrieben
schreien	schrie	hat geschrien
schweigen	schwieg	hat geschwiegen
schwimmen	schwamm	ist geschwommen
schwören	schwor	hat geschworen
sehen	sah	hat gesehen
sein	war	ist gewesen
singen	sang	hat gesungen
sinken	sank	ist gesunken
sitzen	saß	hat gesessen
sprechen	sprach	hat gesprochen
springen	sprang	ist gesprungen
stehen	stand	hat gestanden
stehlen	stahl	hat gestohlen
steigen	stieg	ist gestiegen
sterben	starb	ist gestorben
streichen	strich	hat gestrichen
streiten	stritt	hat gestritten
tragen	trug	hat getragen
treffen	traf	hat getroffen
treten	trat	hat getreten
trinken	trank	hat getrunken
vergessen	vergaß	hat vergessen
verlieren	verlor	hat verloren
verzeihen	verzieh	hat verziehen
wachsen	wuchs	ist gewachsen
waschen	wusch	hat gewaschen
werden	wurde	ist geworden
werfen	warf	hat geworfen
wissen	wusste	hat gewusst
ziehen	zog	hat gezogen
zwingen	zwang	hat gezwungen

Textsortenverzeichnis

Stichwortverzeichnis

Fett gedruckte Ziffern verweisen auf eine *Lernbox*.

Textquellen

11 Die Ärzte: Junge. Aus: Jazz ist anders. Hot Action Records. 02.11.2007 (https://www.bademeister.com/songs/junge).

12 Hans Bahrs: Die Lehrlingsprobe. Aus: Deutsches Lesebuch 3. Hg. von Ernst Bender. Karlsruhe: Verlag G. Braun 1966.

13 Friedrich Schiller: Hoffnung. Aus: Ders.: Sämtliche Werke, Band 1, München: Hanser Verlag 1962.

33-34 Babak Ghassim und Usama Elyas: Hinter uns mein Land. RebellComedy: Text: Babak Ghassim; Vortrag: Babak Ghassim, Usama Elyas. Aus: Flucht und Migration. Hg. v. Elif Özmen und Anita Rösch. Stuttgart: Philipp Reclam jun. Verlag 2018. S. 36-39.

56 Johann Wolfgang von Goethe: Diese Richtung ist gewiss. Aus: Ders.: Berliner Ausgabe. Poetische Werke, Band 1, Berlin: Aufbau Verlag 1960. S. 630-631.

56 Johann Wolfgang von Goethe: Liebhaber in allen Gestalten. Aus: Ders.: Gedichte. Ausgabe aus letzter Hand 1827. Stuttgart/Tübingen: Verlag der J. G. Cotta'schen Buchhandlung 1827.

61 Johann Wolfgang von Goethe: Brief an Schiller vom 24.06.1794. Aus: Ders.: Briefwechsel zwischen Schiller und Goethe. Stuttgart/Tübingen: Verlag der J.G. Cotta'schen Buchhandlung 1881. S. 12.

62 Johann Wolfgang von Goethe: Der Zauberlehrling. Aus: Ders.: Gedichte. Ausgabe aus letzter Hand 1827. Stuttgart und Tübingen: Verlag der J. G. Cotta'schen Buchhandlung 1827.

77 Irena Lauxen: Ein ganz normaler Tag. (Originalbeitrag)

78 „Smombies" im Straßenverkehr. Aus: Ester Zakirova: Smombie-Alarm: Weltweit erste Fallserie veröffentlicht. Esanum 17.04.2019 (https://www.esanum.de/today/posts/smombie-alarm-weltweit-erste-fallserie-veroeffentlicht) © Uniklinikum Leipzig

80 Die Tricks der Computerspielindustrie. Aus: Yannic Hannebohn: Wenn Computerspielen zur Krankheit wird. Deutschlandfunk 10.09.2020 (https://www.deutschlandfunk.de/zwischen-spass-und-sucht-wenn-computerspielen-zur-krankheit.724.de.html?dram:article_id=431524).

84 Unseriöse Online-Shops: Wie erkenne ich Fake-Shops? Zentrum für Europäischen Verbrau-

cherschutz e. V. (https://selbsthilfe.evz.de/unserioese-anbieter-erkennen-sich-schuetzen-und-richtig-reagieren)

85 Viren und Trojaner. Aus: Sascha Borowski: Viren, Trojaner, Würmer, Dos-Angriffe. Computerbetrug.de 2014 (https://www.computerbetrug.de/sicherheit-im-internet/viren-trojaner-wurmer)

85 Gefährliche Inhalte. Aus: Risiken und Schutzmaßnahmen - Kinder im Internet. Bundesamt für Sicherheit in der Informationstechnik (https://www.bsi-fuer-buerger.de/BSIFB/DE/DigitaleGesellschaft/Kinderschutz/Gefahren/gefahren_node.html)

85 Datendiebstahl. Aus: Zentrum für sichere Informationstechnologie – Austria 17.09.2018 (https://www.onlinesicherheit.gv.at/Themen/Gefahren-im-Netz/Computer-und-mobile-Geraete/Datendiebstahl.html)

89 Earth Overshoot Day 2020: Ressourcenbudget verbraucht. Umweltbundesamt 21.08.2020 (https://www.umweltbundesamt.de/themen/earth-overshoot-day-2020-ressourcenbudget)

92 Ursachen und Folgen von Lebensmittelverschwendung. Aus Bundesministerium für Umwelt, Naturschutz und nukleare Sicherheit (https://www.umwelt-im-unterricht.de/hintergrund/ursachen-und-folgen-von-lebensmittelverschwendung).

94 Jugendarbeitslosigkeit. Aus: Katharina Mass: Jugendarbeitslosigkeit in der EU: Eine Karte zeigt, in welchen EU-Staaten besonders viele junge Menschen ohne Job sind. Aus: BUSINESS INSIDER 03.05.2019 (https://www.businessinsider.de/wirtschaft/jugendarbeitslosigkeit-in-der-eu-eine-karte-zeigt-wo-viele-junge-menschen-ohne-job-sind-2019-5/)

96 Jugendliche trinken seltener – junge Erwachsene dafür exzessiver (dpa). Aus: Spiegel Online, 08.05.2019, ©dpa

98 Harald Schwiewagner: Gedanke. (Originalbeitrag)

98 Günter Kunert: Über einige Davongekommene. Aus: Ders.: Erinnerung an einen Planeten. München und Wien: Hanser Verlag 1963. S. 9.

98 Johann Wolfgang von Goethe: Willkommen und Abschied. Aus: Ders.: Goethe's Werke. Ausgabe letzter Hand. Bd. 1, Stuttgart und Tübingen: J.G. Cotta'sche Buchhandlung Verlag. S. 68-69.

98 Fitzgerald Kusz: lehmslauf. Aus: Ders.: Zwedschgä. Gedichte. Cadolzburg: ars-vivendi 2012.

99 Hans Manz: Verschiedene Sprachen. Aus: Lese- und Arbeitsbuch. 9. Schuljahr. Hg. von Eckhard Duwe, Theodor Karst und Franz-Josef Payrhuber. Bonn: Dürr'sche Buchhandlung 1991.

99 Johann Wolfgang von Goethe: Mailied. Aus: Ders.: Poetische Werke. Gedichte. Berlin und Weimar: Aufbau-Verlag 1976. S. 51-52.

100 Walter Flemmer: S'Leem is ned vui wert. Lesespaß - Lesebuch für bayerische Hauptschulen, Band 9. Hg. von Dieter Hermann, Siegfried Baumann, Anton Huber. Braunschweig: Westermann Verlag 1988. S. 21.

100 Helmut Zöpfl: Geh weiter, Zeit, bleib steh. Rosenheim: Rosenheimer Verlagshaus 2010.

101 Wilhelm König: A Wält. Aus: Ders.: A Gosch wia swärt. © 1976, 2019 Wilhelm König und SAGA Egmont (E-Book).

101 Harald Weigand: Subbermän. Aus: Ders.: Franknleid. Gedichte. Cadolzburg : Ars-Vivendi-Verlag 1998.

102 Detlev von Liliencron: Einer Toten. Adjudantenritte und andere Gedichte, Leipzig 1883. S. 95-97.

102 Sarah Connor: Das Leben ist schön. Aus: Dies.: Muttersprache. (https://www.universal-music.de/sarah_connor/videos/das-leben-ist-schoen-live-420366)

106 Walther Petri: Umwelt. Aus: Hg. von H.J. Gelberg: Großer Ozean. Gedichte für alle. Weinheim/Basel: Beltz Verlag 2000.

107 Johann Wolfgang von Goethe: Maifest. Aus: Ders.: Poetische Werke. Gedichte. Berlin und Weimar: Aufbau-Verlag 1976. S. 51f.

108 Johann Wolfgang von Goethe: Über allen Gipfeln. Aus: Ders.: Berliner Ausgabe. Poetische Werke, Band 1, Berlin: Aufbau Verlag 1960. S. 68.

108 Johann Wolfgang von Goethe: Nicht ist alles Gold. Aus: Ders.: Berliner Ausgabe. Poetische Werke, Band 1, Berlin: Aufbau Verlag 1960. S. 755.

109 Johann Wolfgang von Goethe: Abschied. Berliner Ausgabe. Poetische Werke, Band 1, Berlin: Aufbau Verlag 1960. S. 45-46.

109 Johann Wolfgang von Goethe: Wonniglich ist's. Aus: Ders.: Berliner Ausgabe. Poetische Werke, Band 1. Berlin: Aufbau Verlag 1960. S. 242-243.

110-112 Uwe Zissener und Stefan Gemmel: Befreiungs-

schlag. Würzburg: Arena Verlag 2017, S. 170-175, S. 224-229.
114-116 Marlene Röder: Schwarzfahren für Anfänger. Aus: Dies.: Melvin, mein Hund und die russischen Gurken. Ravensburg: Ravensburger Buchverlag 2013. S. 107-113.
119-121 Kirsten Boie: Schließlich ist letztes Mal auch nichts passiert. Aus: Texte dagegen. Autorinnen und Autoren schreiben gegen Fremdenhaß und Rassismus. Hg. von Silvia Bartholl. Weinberg/Basel: Beltz und Gelberg 1993. S. 34-37.
122 Julia Siegert: Die Nachkriegszeit in Deutschland. (Originalbeitrag)
124-125 Wolfgang Borchert: Draußen vor der Tür. Aus: Ders.: Das Gesamtwerk. Hg. v. Michael Töteberg. Hamburg: Rowohlt Taschenbuch Verlag 2009. S. 146-148.
126-128 Wolfgang Borchert: Nachts schlafen die Ratten doch. Aus: Ders.: Das Gesamtwerk. Hg. v. Michael Töteberg. Hamburg: Rowohlt Taschenbuch Verlag 2009 S. 255-258.
130 Gerhard Langer: Wolfgang Borchert. (Originalbeitrag)
131 Ingeborg Bachmann: Reklame. Aus: Literatur des 20. Jahrhunderts. Eine Textsammlung für die Oberstufe. Hg. von Peter Bekes und Volker Frederking. Braunschweig: Bildungshaus Schulbuchverlage. S. 182.
133 Klappentext zu John Green: Das Schicksal ist ein mieser Verräter. Aus dem Englischen von Sophie Zeitz. München: Carl Hanser Verlag 2012. (Text A)
133 Klappentext zu Helen Endemann: Todesstreifen. Hamburg: Rowohlt Taschenbuch Verlag 2019. (Text B)
133 Klappentext zu Karin Kaçi und Jan Braren: Homevideo. Hamburg: Carlsen Verlag 2016. (Text C)
133 Klappentext zu Kristina Aamand: Wenn Worte meine Waffe wären. Aus dem Dänischen von Ulrike Brauns. Hamburg: Dressler Verlag 2016. (Text D)
133 Klappentext zu Malala Yousafzai mit Patricia McCormick: Malala. Meine Geschichte. Aus dem Englischen von Maren Illinger. Frankfurt am Main: Fischer Verlag 2014. (Text E)
136-137 Karin Kaçi und Jan Braren: Homevideo. Hamburg: Carlsen Verlag 2016. S. 120-122.
138 Malala Yousafzai mit Patricia McCormick: Malala. Meine Geschichte. Aus dem Englischen von Maren Illinger. Frankfurt am Main: Fischer Verlag 2014. S. 92-94.
140-141 Helen Endemann: Todesstreifen. Hamburg: Rowohlt Taschenbuch Verlag 2019. S. 48-50.
142 Kristina Aamand: Wenn Worte meine Waffe wären. Aus dem Dänischen von Ulrike Brauns. Hamburg: Dressler Verlag 2016. S. 181-183.
144-145 John Green: Das Schicksal ist ein mieser Verräter. Aus dem Englischen von Sophie Zeitz. München: Carl Hanser Verlag 2012. S. 9-11.
148 Irena Lauxen: Überraschung im Flugzeug. (Originalbeitrag)
184 Paul Rademacher: Direkt nach der Schule eine eigene Wohnung? Aus: https://www.klassenarbeiten.de/klassenarbeiten/klasse10/deutsch/klassenarbeit322_eroerterung10.htm?loesung=1.
186 Désirée Linde: Sechs Prozent sind keine Peanuts. Aus: Handelsblatt 18.03.2019 (https://www.handelsblatt.com/meinung/kommentare/kommentar-sechs-prozent-sind-keine-peanuts/24115422.html?ticket=ST-1129697-PjbMQAOz3Wr1ieyZt2UQ-ap1)
188 Nora Imlau: Sollten Eltern ihre Kinder mit dem Auto zur Schule bringen? Aus: Dein SPIEGEL 9/2019. S. 14.
190 Sollten Tierversuche abgeschafft werden? Aus: GEOlino Extra 78/2019.
193-194 Ilse Aichinger: Das Fenstertheater. Aus: Dies.: Der Gefesselte. Erzählungen (1948-1952). Hg. v. Richard Reichensperger. Frankfurt am Main: Fischer Taschenbuch Verlag 2005.
196 Stefan von Borstel: Denn sie wissen nicht, was sie werden wollen. Aus: Welt Online 25.11.2014 (https://www.welt.de/politik/deutschland/article134721604/Denn-sie-wissen-nicht-was-sie-werden-wollen.html).
198 Sabrina Ebitsch: Start ins Berufsleben: Was sind die Alternativen, wenn ich keinen Ausbildungsplatz finde? Aus: Süddeutsche Zeitung 04.12.2017 © SZ.de/dd/jobr/edi
200 Sophie Timmermann: Umweltschützer warnen: Wassersport kann der Natur schaden. Bayerischer Rundfunk Online 15.07.2020 (https://www.br.de/nachrichten/deutschland-welt/umweltschuetzer-warnen-wassersport-kann-der-natur-schaden,S4nbhVr).
202 Astrid Lindgren: Niemals Gewalt. Festrede gehalten in der Frankfurter Paulskirche anlässlich der

Verleihung des Friedenspreises des Deutschen Buchhandels, 1978. Aus: Astrid Schüler: Begleiteter Umgang bei häuslicher Gewalt? – Chance oder Verlegenheitslösung? Aus: Handbuch Kinder und häusliche Gewalt. Hg. v. Barbara Kavemann und Ulrike Kreyssig. Wiesbaden: Springer Fachmedien 2006. S. 208-209.

212 Gerhard Langer: Interview mit einer Influencerin. (Originalbeitrag)

226 Die Fantastischen Vier: MfG, mit freundlichen Grüßen aus: Dies.: 4:99. And.Ypsilon, Hausmarke 1999.

229 Dorothée Hechenberger: Gespräch von Beatrice und einer Sekretärin. (Originalbeitrag)

234 Faszination Castingshow. Aus: https://www.goethe.de/de/spr/unt/kum/jug/21066576.html.

240 Gerhard Langer: Bewegungsmangel gefährdet die Gesundheit von Jugendlichen. (Originalbeitrag)

266 Der Löwe. Aus: Tierlexikon: Löwe. Aus: GEOlino Online (https://www.geo.de/geolino/tierlexikon/1755-rtkl-tierlexikon-loewe).

271 Schluss mit dem Gaffen! Aus: ADAC motorwelt 5/2017.

276 Ozeane so warm wie nie. Aus: Andreas Landwehr: „Die globale Erwärmung ist real, und es wird schlimmer" WELTOnline 14.01.2020 (dpa) (https://www.welt.de/wissenschaft/umwelt/article204987004/Ozeane-sind-so-warm-wie-nie.html) wgr/©dpa

279 Wann ist der Mann ein Mann? Aus: Schweriner Volkszeitung Online vom 17.11.2018, unter: https://www.svz.de/ratgeber/liebe-flirt-partnerschaft/Wann-ist-der-Mann-ein-Mann-Wann-ist-der-Mann-ein-Mann-id21667307.html, Stand: 10.09.2020

286 Fitzgerald Kusz. Aus: https://www.niederdeutsche-buehne.de/fitzgerald-kusz.

287 „Schweig, Bub!" Aus: https://www.niederdeutsche-buehne.de/fitzgerald-kusz.

288 Das Smartphone effektiv schützen. Aus: https://www.bsi-fuer-buerger.de/BSIFB/DE/Empfehlungen/BasisschutzGeraet/EinrichtungMobileGeraete/EinrichtungMobileGeraete_node.html, Stand 10.09.2020.

292 Das ist Personalchefs bei Bewerbungen besonders wichtig. Aus: https://bewerbung.com/personalchefs-umfrage-prioritaeten.

Abbildungen

|akg-images GmbH, Berlin: 26.1, 123.4, 125.2, 291.5; Almasy, Paul 39.1; Sammlung Berliner Verlag/Archiv 122.1; Schütz, Gert 123.3. |Alamy Stock Photo, Abingdon/Oxfordshire: Granger Historical Picture Archive 40.1; Maridav 196.1; Pictorial Press Ltd 228.1. |Alamy Stock Photo (RMB), Abingdon/Oxfordshire: Canetti 205.1; Heritage Image Partnership Ltd 61.1. |Arena Verlag GmbH, Würzburg: aus: Stefan Gemmel & Uwe Zissner / Befreiungsschlag. Coverillustration von: Carla Nagel unter Verwendung von Bildmaterial von Shutterstock/alsysun 13462226; 123RF Corporate/sharpshutter 25106460 110.1. |Ärzte gegen Tierversuche e.V., Köln: 191.2. |Beer, Frank, Düsseldorf: 186.2. |Berghahn, Matthias, Bielefeld: 152.1. |Bührle, Marion, Berlin: 287.1. |Bulls Pressedienst GmbH, Frankfurt am Main: 274.1. |Carl Hanser Verlag GmbH & Co. KG, München: John Green, Das Schicksal ist ein mieser Verräter. Aus dem Englischen von Sophie Zeitz. © 2012 Carl Hanser Verlag GmbH & Co. KG, München 134.4. |Carlsen Verlag GmbH, München: Karin Kaçi, Jan Braren, Homevideo © Carlsen Verlag 2016 134.1. |Dölling, Andrea, Berlin: 157.2, 157.4. |Dressler Verlag GmbH, Hamburg: (c) 2018 134.5. |Evelyn Neuss Illustration, Hannover: 5.4, 98.1, 100.1, 101.2, 101.3, 104.1, 104.2, 137.2, 141.1, 143.1, 145.1. |Feldhaus, Hans-Jürgen, Münster: 24.1, 24.2, 25.1, 25.2, 27.1, 27.2, 28.1, 29.1, 30.1, 31.2, 172.1, 172.2, 174.1, 175.1, 175.2, 175.3, 175.4, 176.1, 176.2, 176.3, 176.4, 176.5, 176.6, 229.1, 237.1, 237.2, 254.1. |fotolia.com, New York: contrastwerkstatt 295.1; graphixmania 68.2; JackF 15.2; Jumo 43.5; Kara 31.1; Kneschke, Robert 103.2; marb, markus 126.1, 127.1; maxoidos 15.1; Moritz Wussow 222.1; Petrik 227.2; Robert Kneschke 291.3. |Fotostudio Henke, Paderborn: 9.4, 155.1, 218.1, 236.1, 241.2, 272.1. |frankzimmermann.org, Hamburg: 20.1. |Fredrich, Volker, Hamburg: 173.1. |Getty Images, München: AFP / AAMIR QURESHI 139.2; Fairfax Media 139.1; Fine Art 108.2. |Global Footprint Network/www.footprintnetwork.org, Oakland: 91.2. |Heimrich, Heike, Berlin: 157.5. |Hot Action Records GmbH, Berlin: Nele König 11.1. |Imago, Berlin: blickwinkel 246.1; Leemage 291.7. |iStockphoto.com, Calgary: 7713Photography 105.1; Adrian Assalve 228.5; alvarez 238.1; AndreaObzerova 183.1; AndreyPopov 85.3; Antonio_Diaz 235.1; AntonioGuillem 58.1, 70.1, 219.1; BartekSzewczyk 184.1; BongkarnThanyakij 255.1; burçin tolga kural 228.3; CalypsoArt 187.1; CasarsaGuru 169.4; chendongshan 74.5; Daisy-Daisy 85.2; Daniel Ernst 166.1, 294.1; Daniel R. Burch 228.2; Deagreez 79.1; DGLimages 192.1; Don Bayley 66.3; dragana991 58.3; ehrlif 157.1; energyy 66.2; Eva Katalin Kondoros 66.4; Evgeny Sergeev 264.1; Exclusive Visual 169.5; EXTREME-PHOTOGRAPHER 158.2; FangXiaNuo 179.1; Farknot_Architect 289.1; FatCamera 103.1; filadendron 69.1, 69.3; fizkes 60.1; fokusgood 258.1; franz12 164.1; Frommeyer-Brand 99.3; furtaev 106.1; gilaxia 74.4; grinvalds 85.1; Halfpoint 278.1; IRYNA KAZLOVA 169.6; Izabela Habur 66.5; jacoblund 159.1; Jovanmandic 216.1; kali9 260.1; Kodamatobi 56.1, 56.3; Loiselle, Daniel 76.3; MachineHeadz 92.1; mactrunk 228.6; mahout 108.3; malerapaso 76.4; mediaphotos 133.1; mikkel william 253.1; Milenko Bokan 288.1, 289.2; milindri 76.1; Motortion 69.4; nensuria 210.1; Olena Kurashova 191.1;

oversnap 74.3; oxinoxi 89.1; Paket 86.1; PeopleImages 169.2, 169.3; pixdeluxe 11.2; Prostock-Studio 67.1; Ranta Images 166.2; Rawpixel 102.1; SDI Productions 22.2, 56.2, 57.1, 118.1, 197.1; simonkr 161.1; skynesher 60.3, 74.1, 268.1; Solovyova 158.1; South_agency 215.1; stefanamer 230.1; Steve Debenport 101.1, 231.2, 260.2; stockfour 58.2; StockRocket 99.1; sturti Titel; Stígur Már Karlsson 38.1; Stígur Már Karlsson /Heimsmyndir 23.2; Szepy 169.1; toxawww 15.8; Urupong 182.2; Vladimir Zapletin 158.3; William_Potter 84.2; wundervisuals 228.4; yacobchuk 69.2; YakubovAlim 178.1; Yaraslau Saulevich 193.1; Виктор Высоцкий 74.2. |Karnath, Brigitte, Wiesbaden: 23.1. |Kehrig, Kerstin, Kottenheim: 43.4. |Microsoft Deutschland GmbH, München: 43.1, 43.2, 293.1, 293.4, 294.2, 294.3, 295.2. |Mihm, Karin, Düsseldorf: 283.1. |Mithoff, Stephanie, Gehrden: 10.3, 10.4, 10.5, 39.2, 39.3, 39.4, 40.2, 42.1, 42.2, 42.3, 42.4, 42.5, 45.1, 46.1, 47.1, 47.2, 47.3, 231.1. |NASA - Earth Observatory: Scientific Visualization Studio 88.1, 88.2. |Naumann, Andrea, Aachen: 157.6, 244.1. |OKAPIA KG - Michael Grzimek & Co., Frankfurt/M.: imagebroker/Krabs, Michael 245.1; Vezo, Tom 266.2. |PantherMedia GmbH (panthermedia.net), München: Pixelchaos 101.4. |Picture-Alliance GmbH, Frankfurt/M.: akg-images/Vaccaro, Tony 291.8; AP 34.2; APA/picturedesk 156.1; dpa 123.2, 124.1; dpa / Daniel Karmann 286.1; dpa / Uwe Anspach 86.2; dpa-infografik GmbH 93.2, 186.1; dpa/Hennig, Alfred 291.6; dpa/Julian Stratenschulte 94.1; dpa/Michael Bahlo 214.1; dpa/Thomas Warnack 188.1; imageBROKER / Oberhäuser, Rupert 80.1; Jens Niering 102.2; Markou, Tasos 36.2; REUTERS 37.2; REUTERS/Peter, Thomas 226.1; ullstein bild/Archiv Gerstenberg 291.2; ZUMA Press/Khader, Ibrahim 98.2. |Robert Koch-Institut, Berlin: Studie KiGGS Welle 1, Erhebung 2009–2012 241.1. |Rowohlt Verlag GmbH, Hamburg: Cover: Helen Endemann „Todesstreifen" 134.3. |S. Fischer Verlag GmbH, Frankfurt/Main: M. Yousafzai und P. McCormick: Malala, Meine Geschichte (Fischer Taschenbuch Verlag) 134.2. |Scheidler, Klaus, Minden: 282.1. |Schwarwel, Leipzig: 282.2. |Schwarzstein, Yaroslav, Hannover: 32.1, 62.1, 64.1, 65.2, 111.1, 112.1, 114.1, 115.1, 116.1, 120.1, 127.2, 128.1, 129.1, 129.3, 135.1, 202.1, 203.1. |Shutterstock.com, New York: Alex from the Rock 82.2; Anton_Ivanov 291.4; Antonello Marangi 132.1; FotoKina 247.1; Jacob Lund 13.1, 13.2; Jojje 82.1; kovop58 275.2; koya979 76.2; Monkey Business Images 15.6; Photo Smoothies 10.2; Rawpixel.com 84.1; sirtravelalot 8.1, 252.1; Temelkov, Zoran 277.1; Tompkins, Jack 15.4; Tyler Olson 153.1; Vaclav P3k 10.6; VH-studio 81.1; Yalana 15.7; Yeti studio 83.1. |Staatsarchiv Hamburg, Hamburg: Foto: Willi Beutler, 720-1/343-1/01756_45 122.2. |stock.adobe.com, Dublin: Africa Studio 290.1; Aldeca Productions 275.1; Andy 240.4; Antonioguillem 180.1; auremar 168.2, 189.1; Countrypixel 15.5; Daxenbichler, Patrick 277.2; DDRockstar 100.2; DragonImages 14.1, 14.2; F16-ISO100 170.6; F8studio 15.3; Fälchle, Jürgen 99.4; Fotolia Premium 247.2; franzeldr 262.1; hammann1982 170.8; homydesign 200.1; JackF 239.1; Jan H. Andersen 77.1; Jürgen Fälchle 170.3; Karina Baumgart 43.3; kmit 185.1; Kneschke, Robert 168.3; kommstu 248.1; KopoPhoto 240.1, 259.1; Kzenon 96.1; Lasse Kristensen 170.7; Monkey Business 168.1, 240.3; naypong 204.1; nobeastsofierce 267.3; Noel 170.4; Photozi 170.1; Pixel-Shot 170.2; pressmaster 60.2; Savelov Maksim 170.9; Schwier, Christian 100.3; silvioheidler 129.2; Smith, John 99.2, 107.1; Snapic. PhotoProduct 66.1; sp4764 170.5; Topchii, Max 240.2; VRD 170.10, 170.11, 170.12; Wolf, Daniela 148.1; yavdat 109.2; ©Zerbor 277.3. |Straeter, Gerhard, Essen (Heidhausen): 50.1, 59.1, 59.2, 59.3, 59.4, 151.1, 232.1, 233.1, 233.2, 233.3, 234.1, 274.2, 274.3, 274.4. |Ströer Digital Publishing GmbH, Frankfurt am Main: t-online 281.1. |Stuttmann, Klaus, Berlin: 283.2. |TEDxEastEnd, Berlin: 33.1. |Thies, Tobias, Hamburg: 3.1, 7.2, 9.1, 10.1, 16.1, 19.1, 20.2, 21.1, 21.2, 21.3, 22.1, 67.2, 68.1, 70.2, 70.3, 70.4, 71.1, 71.2, 88.3, 146.1, 160.1, 160.2, 162.1, 162.2, 180.2, 208.1, 213.1, 217.1, 221.1, 225.1, 225.2, 268.2, 269.1, 270.1, 284.1, 285.1, 285.2, 285.3. |ullstein bild, Berlin: Clausen, Rosemarie 130.1; Estorff, Friedhelm von 131.2; image-BROKER/Michalke, Norbert 267.2; Lineair/MinBuZa 291.1. |UNHCR Germany, Berlin: http://data2.unhcr.org/en/situations/mediterranean 35.2. |vario images, Bonn: Cultura RM/Honey, Nancy 163.1. |Wefringhaus, Klaus, Braunschweig: 30.2, 48.1, 49.1, 49.2, 49.3, 51.1, 52.1, 52.2, 52.3, 72.1, 72.2, 72.3, 72.4, 73.1, 73.2, 73.3, 293.2, 293.3. |Wiatrowski, Tonia, Braunschweig: 157.3. |www.nachhaltig-in-graz.at, Jakob Altendorfer, Graz: (unter Verwenung einer Abbildung von Fotolia) 90.1. |Zahn, Elke, Bayreuth: 154.1. |„Runter vom Gas" (runtervomgas.de), Berlin: 78.1.